LA COLLÉGIALE
DE
SAINT-THOMAS-LE-MARTYR-LES-CRESPY

LA COLLÉGIALE

DE

SAINT-THOMAS-LE-MARTYR-LES-CRESPY

COUP D'ŒIL

SUR

L'HISTOIRE DU VALOIS

ET PRINCIPALEMENT DE

CRÉPY, SA CAPITALE

PENDANT LE RÈGNE DES VALOIS

SUIVI DU

MÉMOIRE HISTORIQUE SUR LE VALOIS

PAR M. MINET

Président au Bailliage et Siège présidial de Crespy en 1743.

In Labore Requies.

SENLIS
TYPOGRAPHIE ET LITHOGRAPHIE E. PAYEN
9-11, Place de l'Hôtel-de-Ville, 9-11
1884

A Monsieur l'Abbé Eugène Müller,

qui a bien voulu « aider à mes besongnes par les eschanges très libérales de son esprit. »

Marquis P. de FLEURY.

CHAPITRE I#er

Avant-Propos.

La France n'a guère eu de temps plus malheureux que celui où a régné la branche des Valois. Tel est le jugement porté par le président Hénault, sur cette période de l'histoire de France qui commence avec le règne de Philippe VI, en 1328, et se termine en 1589, par la mort tragique d'Henri III. La Guerre de Cent-Ans, la Jacquerie, les guerres de religion, qui ne durèrent pas moins de trente ans, et furent aussi atroces que la Guerre de Cent-Ans ; tels sont, avec quelques expéditions en Italie et les luttes contre Charles-Quint, les évènements qui ont donné à cette période une teinte si sombre, et provoqué le jugement que je viens de relater. Mais si, après avoir envisagé ces évènements dans leurs rapports avec l'ensemble de la monarchie française, nous les considérons au regard de la province dont les Valois portaient le nom et surtout de sa capitale, oh! alors l'appréciation que nous devons en faire sera bien plus triste encore. Une circonstance imprévue, la découverte d'une inscription ancienne qu'aucun historien du Valois n'avait signalée, et que j'ai pris à tâche d'interpréter, m'a porté à faire, à ce point de vue restreint, une étude sommaire et rapide de ces évènements. Elle a démontré, pour moi, que l'avènement de cette branche souveraine au trône de France, avait ouvert, pour le pays du Valois et pour sa capitale, une ère de calamités et de ruines ; que cette ère désastreuse avait pris fin seulement au moment où cette branche souveraine avait disparu ; que cette province et sa capitale ne s'en sont jamais relevées. Cette espèce de solidarité entre la destinée des Valois et celle de la province dont ils portaient le nom, va ressortir, avec éclat, à chaque ligne de cette étude.

Qu'on ne s'attende pas, d'ailleurs, à trouver dans cet écrit rien qui, de près ou de loin, ait la prétention de ressembler à une histoire détaillée, méthodique du Valois, ou seulement de Crépy, durant cette période. D'autres, avant moi, se sont appliqués à réunir et à classer les matériaux de cette histoire ; d'autres, après moi et mieux que moi, les compléteront. Le champ que la découverte de cette inscription a ouvert devant mes yeux est plus circonscrit, et bien mieux en rapport, par conséquent, avec mes aspirations et mes forces. Je n'ai pas prétendu, je n'aurais pas pu faire œuvre d'historien. Tout au plus, en saisissant à leur passage quelques-uns des faits spéciaux et des évènements dont la succession devait servir à l'interprétation de cette inscription, me suis-je attaché à les approfondir, à les fouiller dans leurs replis, afin d'en dégager une petite partie de cette chose précieuse, respectable, que tout écrivain qui touche à l'histoire, fut-ce, comme moi, d'une main inexpérimentée, et pour un objet en apparence futile, doit envisager comme le but unique de ses efforts : la vérité.

Quelques mots encore avant de commencer cette étude.

Peu d'années avant l'avènement de Philippe VI au trône, son père Charles de France, pour qui Philippe-le-Hardi avait érigé en comté les quatre châtellenies de Crépy, La Ferté-Milon, Pierrefonds et Béthisy-Verberie, et qui devait en retenir le nom de Valois, avait accompli un acte considérable en faveur des habitants de son apanage. Le 19 avril 1311, par un élan spontané de sa volonté, inspiré par les plus nobles sentiments, il avait aboli la servitude dans toute l'étendue du ressort de sa souveraineté.

Troisième fils de Philippe-le-Hardi, et chef de la branche collatérale de Valois, Charles mourut le 16 décembre 1325, trois ans avant le moment où cette branche devait parvenir à la couronne dans la personne de son fils. Il avait été mêlé aux plus grands évènements politiques et militaires de son temps ; il passait pour le plus grand capitaine de son siècle; on a dit de lui qu'il avait été fils de roi, frère de roi, oncle de trois rois, et père de roi, sans être roi. A ces titres divers, je me complais à ajouter celui qui aurait dû rendre sa mémoire bien chère dans le pays du Valois : il a été le bienfaiteur d'une population nombreuse dont il a reconnu et consacré le *droit naturel* (ce sont ses expressions) à la liberté.

Au moment où je vais me trouver amené à exposer les vicissitudes que le Valois a traversées pendant le temps où ses descendants ont régné, je me sens obligé de rendre, tout d'abord, cet hommage à la mémoire du prince qui a été la tige de cette famille, et qui, devançant les idées de ses contemporains, a joint, à l'illustration que sa supériorité et sa valeur lui avaient acquise, le mérite plus grand d'avoir proclamé des premiers que la *servitude était haineuse;* d'avoir exposé, en termes éloquents et émus, la *douloureuse et chétive vie* qu'elle imposait à des êtres *formés à l'image de Dieu*, et de l'avoir proscrite autour de lui.

CHAPITRE II

Découverte de l'inscription.

Après la Révolution de février 1848, la ville de Crépy-en-Valois se vit dans la nécessité d'organiser des ateliers de charité. Au nombre des travaux que ces ateliers devaient exécuter se trouvait le chemin qui longe, en contre-bas, le mur de soutènement du cours Minet, et qui a porté depuis le nom de chemin de la République. Plusieurs membres du Conseil municipal, désignés par leurs collègues, étaient chargés de la direction de ces ateliers. J'étais du nombre de ces surveillants, ce qui m'amenait souvent à séjourner à l'extrémité nord du grand chemin vert. Par sa surélévation, ce point formait une sorte d'observatoire, d'où l'œil dominait à la fois l'ensemble du cours Minet et le parcours du chemin en construction, depuis son point de jonction avec la descente de Compiègne, jusqu'à plusieurs centaines de mètres dans la direction de Geresme; mais de ce point, également, en se retournant vers le sud, on apercevait à l'extrémité du chemin vert, et dans la direction exacte de son axe, le clocher de Saint-Thomas, dont la cloche, alors unique à Crépy, se faisait, comme aujourd'hui, entendre à cinq heures du matin, à midi et à huit heures du soir. Cette cloche servait, en outre, aux principales sonneries de la paroisse de Saint-Denis, laquelle, à cette époque, était dépourvue de clocher et de cloches. C'est, en effet, en 1852 seulement, qu'à l'aide d'une souscription et d'offrandes de la ville, dont le produit s'éleva à 11,000 fr., et d'une subvention de l'Etat de 4,000 fr., que le petit clocher de Saint-Denis a été édifié ; c'est encore avec une somme de 6,307 fr. 95 c., produite également par des quêtes ou des offrandes, qu'il a été pourvu de trois cloches. Mais en 1848, ce fait singulier d'une église paroissiale manquant de clocher et de cloches, desservie, pour les besoins du culte, par un clocher et une cloche situés à l'autre extrémité de la commune, existait encore.

Ce fait sur lequel mon attention était attirée, plusieurs fois par jour, excitait, au plus haut point, mon intérêt. En ce qui concernait l'église de Saint-Thomas, les anciens du pays que j'interrogeais et qui, pour la plupart, l'avaient vue encore debout dans toute sa splendeur, me racontaient les légendes relatives à son édification ; surtout au vocable sous lequel elle avait été consacrée et à sa destruction ; légendes qui ajoutaient singulièrement à la poésie de ses ruines. Quant à la cloche, ils savaient seulement que la destruction de l'église et la suppression du culte, pendant la Révolution, l'avaient réduite au rôle de beffroi de la commune, et que le rétablissement du culte à Saint-Denis, lui avait restitué une partie de ses attributions religieuses primitives. En dehors de cela ils ne pouvaient rien me dire, si ce n'est qu'elle devait être très ancienne.

Piqué par la curiosité, impatienté par cet oubli, par cette obscurité qui s'était produite dans les traditions locales, je résolus d'aller interroger la cloche elle-même, et de lui demander par une inspection minutieuse, si elle ne pouvait pas me révéler, avec son âge, le secret de son origine, sur laquelle le temps avait jeté un voile d'indifférence, qu'aucun document ne me permettait de déchirer.

En conséquence, aidé de quelques personnes, plus aptes que moi à tenter cette escalade, je me hissai, un jour, jusqu'auprès de la cloche de Saint-Thomas, et je recueillis l'inscription suivante, enroulée, en lettres gothiques, à sa partie supérieure :

1528. — *Et tout mon premier être.*
1590. — *Par guerre et feu pérye.*
1597. — *Thomasse a fait renaître.*
.... *Et la troupe endormie.*

Au-dessous de cette inscription on lisait les mots suivants, en lettres capitales ordinaires :

CRESPY EN VALLOIS

J'avais fait, non sans quelque danger, un grand effort pour aller demander à cette cloche quel était son nom, quelle était la date de son baptême, quels avaient été son parrain et sa marraine. A la place de ces renseignements que j'étais allé chercher au milieu de la charpente compliquée qui la soutenait, elle me répondait par une sorte de quatrain accompagné de dates. Par son texte et par ces dates, ce quatrain ouvrait un vaste champ à mes conjectures; mais ce que je ne pouvais pas ne pas comprendre tout d'abord, c'était que ce métal sonore que je voyais de près, que ma main touchait avec respect, avait été témoin et victime d'évènements bien graves. Ce métal me disait que la guerre et le feu lui avait fait subir les plus cruelles atteintes; que sorti, une première fois du creuset, pour jeter au loin, à la gloire de Dieu, ses notes harmonieuses, il avait dû y être précipité de nouveau à l'état de débris, pour en sortir encore avec la même mission, celle de répandre ces notes à travers les siècles, comme pour témoigner de l'impuissance des hommes qui, dans leurs luttes misérables, auraient prétendu le détruire.

Et cette inscription n'était pas l'unique témoignage que la cloche me fournissait des sévices qu'elle avait subis. Sur sa surface, un grand médaillon irrégulier, de forme triangulaire, s'offrait à mes regards, et provoquait, par sa disposition singulière, mon attention; mais, après une inspection rapide, j'étais amené à reconnaitre que ce médaillon étrange avait été formé par le surmoulage de quatre fragments, dont il était aisé de reconnaitre les brisures, et qui, par leur rapprochement, présentaient un sujet religieux, celui de l'Annonciation. Il était, dès lors, évident, pour moi, que ce surmoulage avait été fait à l'aide de quelques-uns des débris du premier être de la cloche détruit par la guerre et le feu, et placé là pour confirmer le sens de l'inscription.

Au centre du triangle se trouvait une branche de lys dont la ciselure n'avait souffert du temps que de légères atteintes. A gauche de cette branche, et lui faisant face, je voyais une femme en prière, tenant un livre; à droite, je relevais un archange, tenant une harpe. Au sommet du triangle, je distinguais un groupe de nuages, desquels sortait le Saint-Esprit, projetant des rayons et se dirigeant vers la femme.

Le sens de ce médaillon, la façon dont il avait été composé, les cassures qui entouraient les fragments dont il était formé, ne pouvaient me laisser aucun doute sur l'intention qu'avait eue le fondeur en l'appliquant à la surface de la cloche. Il l'avait évidemment placé là comme un commentaire confirmatif du sens de l'inscription. J'avais donc sous les yeux quatre échantillons des ciselures répandues à la surface de la cloche primitive, qui semblait avoir été richement ornée.

Mais ce n'était pas tout. En jetant mes regards sur les murs formant au-dessous de la flèche, la cage dans laquelle la cloche était suspendue, je constatais aussitôt des traces d'incendie; c'était une confirmation nouvelle du sens général de l'inscription. Je courais à ces murs pour m'assurer que mes yeux ne me trompaient pas; des fragments de pierre cédaient sous ma main; elles étaient calcinées. C'était bien là, oui, c'était là, dans ce cadre où je me trouvais, que le premier être de la cloche avait péri en 1590, par la guerre et le feu, comme le disait l'inscription; tout ce qui m'entourait portait, de ces sinistres évènements, le plus éclatant et le plus irrécusable des témoignages.

Mais quels étaient ces évènements auxquels faisait allusion cette inscription, dont je n'avais trouvé les traces dans aucun document historique, et qui s'offrait à moi tout à coup, comme une sorte de problème sinistre posé, depuis plusieurs siècles, aux générations oublieuses de l'avenir? Les Archives de Crépy, si pauvres, ne me fournissaient aucun moyen de tenter la solution de ce problème. Le temps, d'ailleurs, me manquait alors pour les rechercher; mais voilà plus de trente ans que le souvenir de cette découverte a fait sur mon esprit une empreinte profonde. Je cède donc aujourd'hui aux préoccupations qu'elle a fait naître, en essayant de donner de cette inscription une interprétation suffisante pour mettre en lumière les circonstances qui ont présidé, en 1528, à la première pose de la cloche de Saint-Thomas, celles qui ont donné lieu, en

1590, aux sévices qu'elle a subis, et enfin celles qui ont amené, en 1597, son rétablissement (1).

Mais avant d'aborder cette étude, il me paraît intéressant de rappeler les légendes relatives à la destruction de l'église de Saint-Thomas, et surtout à celle du vocable sous lequel elle avait été consacrée. Cette légende se rattache à l'un des faits les plus dramatiques de l'histoire religieuse de l'Angleterre.

---

(1). En 1878 j'ai signalé cette inscription à M. l'abbé Gross, curé de Lévignen, qui préparait alors une histoire du pays, et qui est mort sans l'avoir publiée; mais, depuis peu, j'ai appris qu'un des habitants de Crépy, M. Dupas, l'avait relevée, de son côté, et l'avait relatée dans un manuscrit où il consigne, avec un soin religieux, tous les faits importants qui s'accomplissent sous ses yeux. Ce manuscrit offrira plus tard un vif intérêt pour l'histoire de Crépy, depuis la fin du siècle dernier jusqu'à ce jour.

CHAPITRE III

Fondation de la Collégiale de Saint-Thomas le Martyr. — Origine du vocable sous lequel elle fut consacrée.

En 1162, l'archevêque de Cantorbéry étant mort, Henri II, qui régnait alors en Angleterre, usa de toute son influence sur le chapitre de Cantorbéry pour faire nommer à ce siège important le précepteur de ses enfants, qu'il avait déjà élevé aux fonctions de grand chancelier. Ce précepteur, qui jusqu'alors avait eu les manières d'un courtisan, et déployé un grand faste, n'était autre que Thomas Becket. Ses origines étaient des plus romanesques; dans un pèlerinage qu'il avait fait à Jérusalem, son père, ancien schériff de Londres, ayant été enlevé et fait esclave par une bande de Sarrasins, la fille de son maître s'était éprise de lui, et après l'avoir aidé à briser ses fers, l'avait accompagné dans sa fuite. Amenée à Londres, convertie à la religion catholique, baptisée sous le nom de Mathilde, cette femme était devenue bientôt l'épouse de celui qu'elle avait arraché à la captivité. Thomas Becket était né de cette union.

A cette époque la ferveur religieuse régnait, avec une grande intensité, non-seulement en Angleterre, mais dans l'Europe entière, et, partout, le pouvoir séculier en était réduit à résister aux empiètements de l'Eglise. Les causes de conflits entre le Sacerdoce et l'Empire étaient nombreuses; les occasions étaient incessantes.

Aussi Becket, appréhendant, pour lui-même, les conséquences de son élévation à ces hautes fonctions, les refusa-t-il, tout d'abord, en suppliant le roi de ne pas les lui imposer. « Les droits de la
« Couronne et ceux de l'Eglise ne sont pas toujours d'accord,
« disait-il à Henri; vous aimez le chancelier, peut-être vous
« haïriez le primat. Le premier n'a d'autre devoir que de vous
« servir, le second serait quelques fois forcé de vous
« résister. »

Mais ce refus apparut aux yeux du roi comme un nouveau titre à son estime, et il força Becket à accepter l'archevêché de Cantorbéry (1).

A peine intrônisé sur ce siège, auquel était joint le titre et les droits de primat d'Angleterre, Becket se démit des fonctions de grand chancelier, et substitua, tout à coup, les pratiques les plus austères aux habitudes fastueuses qu'il avait déployées jusqu'alors. A partir de ce jour, les privilèges de l'Eglise n'eurent pas de défenseur plus ardent que lui, et la lutte ne tarda pas à éclater entre le nouveau primat et le pouvoir royal.

Un concile récemment rassemblé à Tours ayant condamné les usurpations des biens ecclésiastiques faites par des laïcs, quelque anciennes qu'elles fussent, le primat revendiqua des biens qui avaient appartenu, anciennement, à l'archevêché de Cantorbéry. Les détenteurs de ces biens s'alarmèrent; le roi intervint. Becket persista.

Des vassaux militaires de la couronne ayant tenté de mettre obstacle à l'exercice de quelques prérogatives de son siège, le primat les frappa d'excommunication. C'était une infraction formelle à une loi de Guillaume-le-Conquérant, qui déclarait coupable de haute trahison quiconque frappait d'excommunication aucun vassal militaire sans l'aveu du roi. Henri demanda que l'excommunication fut levée; le primat refusa.

Un laïque ayant dérobé un calice dans la cathédrale de Londres, le roi réclama son justiciable; mais le vol ayant été commis dans une église, l'archevêque déclara qu'il ne devait pas être soustrait à sa juridiction, et refusa de s'en dessaisir.

---

(1) C'était la première fois, depuis la conquête, que des fonctions aussi élevées étaient dévolues à un homme qui n'était pas d'origine normande.

Un clerc ayant séduit la fille d'un gentilhomme du comté de Worcester et assassiné ensuite son père, la question s'éleva de savoir devant quelle juridiction serait traduit le meurtrier ; l'officialité s'étant emparée de la cause, le clerc ne fut condamné qu'à la dégradation.

A tout instant et sur tous les points, ainsi que Thomas Becket l'avait prévu, les deux juridictions se trouvaient en contact, et, par là même, en conflit.

Poussé par l'indignation publique que cet acquittement déguisé avait soulevée, le roi convoqua un conseil général des nobles et des prélats, à l'effet d'examiner les immunités de l'Eglise et d'en marquer les limites. Cette haute cour statua que les clercs accusés d'un crime seraient, à l'avenir, jugés par les tribunaux civils. En présence de cette décision, Becket se soumit ; mais cette soumission fut de courte durée.

De son côté, le clergé, fier des privilèges qu'il avait jusqu'alors revendiqués, ne vit dans la sentence du conseil général qu'une atteinte portée à ses droits, et qu'une criminelle faiblesse dans la soumission de l'archevêque de Cantorbéry. Un de ses membres les plus jeunes, le clerc qui avait coutume de porter devant lui la croix épiscopale, se fit, dans une cérémonie publique, l'organe de cette indignation : « Je ne porterai plus, lui dit-il, la croix devant vous, « car vous avez trahi l'Eglise! (1) ».

Il n'en fallait pas tant pour exciter, pour réveiller l'énergie d'un prélat dans les veines duquel coulaient entremêlés le sang des Sarrasins et celui de la race anglo-saxonne. Le pape d'ailleurs, à qui la sentence du conseil général avait été déférée, ne l'avait pas approuvée. Becket rétracta donc hautement l'acquiescement qu'il lui avait donné, et la lutte, un moment assoupie, se réveilla plus ardente que jamais ; en 1165, le roi, considérant l'archevêque de Cantorbéry comme ayant été parjure, le dénonça au Parlement, qui le condamna à la confiscation de tous ses biens personnels et des revenus de l'archevêché, pour avoir violé le serment d'allégeance qu'il avait prêté au souverain.

---

(1) Lacordaire. Conférences de Notre-Dame.

Sous le coup de cette condamnation, Becket ne crut trouver de sûreté que dans la fuite, et se réfugia en France. Mais le bruit de sa lutte avec le pouvoir séculier, l'y avait précédé, et, la ferveur religieuse aidant, les plus grands seigneurs et Louis-le-Jeune lui-même, le considérant comme le martyr d'une sainte cause, l'accueillirent avec respect, et lui prêtèrent assistance, malgré les protestations du roi d'Angleterre.

Pendant son séjour en France, Becket reçut souvent l'hospitalité dans la capitale du Valois, et devint l'ami de Philippe d'Alsace, qui avait hérité de ce comté par la mort de Raoul V, son beau-frère. Un jour que Philippe avait amené l'archevêque visiter une église qu'il faisait bâtir dans le faubourg, à la place d'une chapelle ancienne consacrée à saint Etienne, Thomas lui demanda à quel saint il comptait dédier cet édifice : « *Au premier martyr,* » répondit Philippe. « *Est-ce à celui qui a été, ou à celui qui sera?* » reprit en souriant l'archevêque.

Cette parole, échappée aux préoccupations du prélat, devait être prophétique, et son souvenir devait laisser dans l'esprit de Philippe d'Alsace une empreinte profonde.

Peu de temps après, par l'intervention de Louis-le-Jeune, un rapprochement entre le roi d'Angleterre et l'archevêque fut préparé; une entrevue leur fut ménagée sur les frontières de la Normandie, dans laquelle Henri II lui prodigua les marques de la plus grande déférence, et Becket retourna en Angleterre, où il ne tarda pas à se montrer tout aussi absolu et tout aussi indépendant, sinon plus qu'auparavant, de l'autorité royale.

Une attitude aussi orgueilleuse, aussi contraire à celle qu'après ce rapprochement, le roi croyait devoir attendre de lui, exaspéra Henri qui, dans un mouvement de colère, s'écria, devant ses courtisans : « Quand donc serai-je débarrassé de ce brouillon ! »

C'est alors que quatre officiers de la maison de Henri, regardant ces paroles comme un reproche indirect fait à leur dévouement, s'engagèrent par serment à donner satisfaction aux désirs secrets du roi. Guillaume de Traci, Hugues de Morville, Réginald Fitz-Urse, et Richard Brito, — l'histoire nous a conservé les noms de ces hommes, comme pour les flétrir, — s'embarquèrent pour l'Angleterre.

Averti de leur dessein, Henri, qui était demeuré en Normandie, où les héritiers de Guillaume-le-Conquérant faisaient leur séjour de prédilection (1), leur dépêcha un messager, avec mission expresse de ne rien entreprendre contre le primat; mais il était trop tard. Le 29 décembre 1170, ils se présentaient au palais archiépiscopal de Cantorbéry où ils pénétraient sans armes, soi-disant pour remplir une mission du roi auprès du primat; mais aussitôt entrés, ils s'empressaient d'ouvrir les portes à une troupe de soldats qui les accompagnaient. En présence de cet appareil et ne pouvant se méprendre sur le danger qui le menaçait, l'archevêque se rendit à l'église où l'on commençait l'office du soir, en défendant à ceux qui l'entouraient d'en fermer les portes ni de faire aucune résistance, et il se plaça, haut et ferme, sur les marches du chœur.

A ce moment les assassins entrèrent dans l'église : « *Où est l'archevêque ?* » s'écria Réginald. — « *Le voici,* » dit Becket, d'un ton calme, et aussitôt Réginald le frappa d'une massue; mais le prélat n'étant pas tombé : « *O mon Dieu*, dit-il encore, *je vous recommande le salut de mon âme et celui de l'Eglise,* » et il expirait aussitôt sous les coups redoublés des meurtriers (2).

La nouvelle de cet attentat produisit, non-seulement en Angleterre, mais dans toute la chrétienté, un effet immense. Attentive aux péripéties de la lutte qui s'était poursuivie, depuis quelques années, entre le prélat et le roi, l'opinion de l'Europe, alors fervente catholique, s'émut. Dans le prélat qu'elle avait, par moments, été portée à juger comme un rebelle envers son souverain légitime, elle se montra disposée à ne plus envisager que le champion des immunités de l'Eglise, que le défenseur intrépide des intérêts de la religion, que la victime de son dévouement à ces intérêts, et elle l'érigea aussitôt en martyr d'une cause sacrée.

Dès que cette nouvelle lui parvint, le roi d'Angleterre donna les marques de l'affliction et de l'indignation les plus profondes. Il envoya des ambassadeurs au pape pour désavouer solennellement, en son nom, toute participation à cet attentat; il prescrivit pour le prélat des funérailles pompeuses; mais cela ne lui suffit pas. Revenu

---

(1) Henri II était alors en Normandie, dans son château de Bures, près de Caen.

(2) Suard. — Biographie universelle, t. IV, pages 22 et suiv. — Beaulieu, 1674-1679.

peu de temps après en Angleterre, il se rendit, sans retard, à Cantorbéry ; et, dès qu'il fut en vue de l'église, il descendit de cheval, et pieds nus, vêtu en pèlerin, il s'approcha de la tombe de Becket, se prosterna et voulut recevoir, de la main d'un moine, une sévère flagellation. Enfin il passa ce jour-là et la nuit entière à genoux sur la pierre, sans prendre aucune nourriture.

A partir de ce moment, les pèlerins accoururent de tous côtés, de tous les points de l'Europe, vers le tombeau de Thomas Becket qui, deux ans après, était canonisé. En une seule année les registres de l'église de Cantorbéry enregistrèrent les noms de plus de cent mille.

Dans les provinces françaises, où le prélat avait été accueilli pendant son exil, et où, par suite d'une similitude de nom avec une famille française, on lui attribuait des origines autres que les siennes, le culte pour sa mémoire se développa promptement, et l'entraînement, vers son tombeau, fut presque aussi grand qu'en Angleterre. Neuf années après sa mort, Louis VII lui-même, accompagné de Philippe d'Alsace, alla s'agenouiller auprès de ce tombeau sur lequel le roi de France déposa un joyau estimé le plus riche de la chrétienté. Ils en revinrent frappés de respect, convaincus que le martyr avait opéré des miracles, et à leur retour, le comte de Flandres, s'étant rappelé les paroles que le prélat lui avait adressées en 1169, alors qu'ils examinaient ensemble les travaux de l'église en construction, dans le faubourg de Crépy, décida qu'elle n'aurait pas d'autre patron que le martyr de Cantorbéry. Deux ans après ce pèlerinage, avant même que la Collégiale fut terminée, cette résolution fut exécutée ; sa dédicace fut faite par l'évêque de Senlis, en présence du légat du pape et du comte de Flandres ; et, pour mieux affirmer sa volonté de voir cette mémoire honorée dans cette église, ce dernier envoya en Angleterre un sculpteur français chargé de faire sa statue, que l'on disait très belle et très ressemblante, et que l'on voyait encore au moment de la destruction de l'église, entre les deux impostes du portail collatéral qui regardait le midi.

Telles furent les circonstances singulières et très exceptionnelles qui présidèrent au choix du vocable sous lequel l'église de Saint-Thomas devait être consacrée. Telles furent les origines, la vie et la mort de l'homme qui était appelé à lui donner son nom. Des jugements divers ont pu être portés sur son compte ; mais nul ne peut nier que Becket ait été une des personnalités les plus éminentes de son temps, et sa mort si tragique, ainsi que le courage qu'il déploya en face de ses meurtriers, ont jeté sur sa mémoire une sorte d'auréole, qui ajoute à sa grandeur.

Et comme si ce n'était pas assez de cette mort et des vicissitudes de la vie qui l'avait précédée, pour imprimer à cette grande personnalité un caractère exceptionnellement étrange, voilà que quatre siècles après son assassinat, surgit, tout à coup, un roi d'Angleterre qui, se portant comme le vengeur des droits de la couronne, méconnus par Becket, conçoit le ridicule et odieux projet de faire le procès de sa mémoire. Après s'être emparé du riche trésor amassé depuis quatre cents ans, sur l'autel de Becket, Henri VIII fit sommer le saint de comparaître devant sa cour de justice. Le saint n'ayant pas obtempéré à cette sommation, et pour cause, il fut jugé solennellement et condamné comme traître ; son nom fut rayé du calendrier ; l'office de sa fête fut effacé de tous les bréviaires ; ses os furent brûlés, et leurs cendres jetées au vent. Sa mémoire fut proscrite de sa patrie, et qui sait si la Collégiale de Saint-Thomas de Crépy ne demeura pas son dernier asile.

Quel esprit ne serait pas attristé à la pensée de cette fatalité qui, après quatre siècles d'un culte et d'une vénération, qu'aucun autre culte, qu'aucune autre vénération n'avaient surpassés, venait arracher à son tombeau et détruire les restes de ce grand homme ; mais, surtout, quel cœur ne serait pas indigné au spectacle de ce roi qui, dans son orgueil, ne craignait pas d'abaisser à ce degré d'insanité, la majesté royale, et ce qui est plus grave encore, la majesté de la justice.

Mais je reviens à la Collegiale de Saint-Thomas qui, à son tour, devait, près de trois siècles plus tard, recueillir sa part de cette fatalité.

« A droite, en entrant au chœur, à côté de la chapelle paroissiale, dit Carlier, se trouvait un pilier plus mince que les autres, sur lequel les sculpteurs avaient représenté une danse de personnes se tenant par la main. C'était, dit-on, l'emblème de la joie que David fit paraître lorsqu'il dansa devant l'arche. » Après quoi Carlier ajoute qu'une tradition fabuleuse porte « que ce pilier est creux, et qu'il contient dans sa capacité, une lampe qui

« brûle depuis la fondation de l'église, et qu'au moment où cette
« lampe finira, tout l'édifice s'écroulera. »

Carlier écrivait vers le milieu du XVIIIe siècle. Moins de trente ans après la publication de son histoire, la fatale tradition semblait se vérifier. Les voûtes de la chapelle de Saint-Antoine et de Saint-Jean qui formaient l'extrémité nord du transept s'écroulaient; et, bientôt après, le culte étant supprimé, l'église était vendue à un entrepreneur de démolitions de Compiègne et était détruite. Mais quelle qu'ait pu être la cause immédiate de ce désastre, n'y a-t-il pas dans ce rapprochement quelque chose de singulier, bien fait pour ramener la pensée vers la fatalité qui avait pesé sur le saint dont elle portait le nom, et qui avait poursuivi sa mémoire.

Commencée vers 1165; — dédiée à saint Thomas en 1181 ou 1182; — terminée vers 1371; — détruite une première fois en 1431 (1), et rétablie en 1470; — cette magnifique église devait disparaitre dans un épouvantable désastre, aux premiers jours de la Révolution. La statue du saint, comme celles de Pierre Barbette et d'Agnès, sa femme, qui avaient contribué à son achèvement, partagèrent le sort de l'église. Tout au plus quelques débris ont-ils pu être arrachés à ces ruines. Je citerai entre autres, un christ en bois, dont la disposition accuse une très haute antiquité, qui, après être demeuré longtemps égaré dans un grenier, a été réparé en 1872 et placé dans l'église de Bouillant.

---

(1) C'est la date que Carlier, dans son histoire du Valois, assigne à la prise et à la ruine de Crépy par les Anglo-Bourguignons. On verra plus loin que cet évènement dût s'accomplir en 1434, d'après les témoignages des chroniqueurs contemporains.

CHAPITRE IV

Motifs qui m'ont obligé à faire remonter cette étude à une époque de beaucoup antérieure à la première date portée sur l'inscription enroulée autour de la cloche de Saint-Thomas.

En entretenant le lecteur de la fondation de l'église de Saint-Thomas, je suis loin d'avoir perdu de vue l'inscription qui fait l'objet de cette étude et de m'être écarté de mon sujet. Je m'en suis rapproché au contraire; mais il me reste encore à franchir une étape avant de l'aborder. Cette étape sera triste; elle me contraindra à jeter un coup d'œil sur une des périodes les plus sombres de notre histoire nationale, afin de dégager, au milieu des horreurs qui la remplissent, la part de souffrances et d'épreuves qui ont formé le lot de l'ancienne capitale du Valois. Lot bien lourd, bien accablant pour la population qui s'abritait derrière ses murailles, et dont les descendants ont hélas! perdu le souvenir. Dans cet écrit, qui jaillit à la hâte de ma plume, je n'ai pas, de bien s'en faut, la prétention d'écrire une histoire complète du Valois, et pas même une monographie détaillée de son ancienne capitale; mais je me trouve en présence d'une ruine, dans laquelle je découvre une inscription à expliquer, de laquelle il résulte que le *premier Être* de la cloche de Saint-Thomas ne datait que de 1528, alors que la fondation de l'église qu'elle desservait remonte à 1165; que sa dédicace a eu lieu en 1181, et qu'elle a été terminée en 1371. — Entre ces dates et 1528, un écart énorme existe, et dans l'espace de temps écoulé, tout au moins de 1371 à 1528, je ne puis admettre que la Collégiale de Saint-Thomas ait été dépourvue de cloches. Pour entrer réellement et de plein pied dans mon sujet, il faut donc, de toute nécessité, mettre en lumière les circonstances qui ont précédé la pose, en 1528, du *premier Être* de la cloche, et sans que ce *premier Être* puisse être rattaché logiquement à l'existence d'une ou plusieurs cloches qui, avant cette date, auraient desservi la Collégiale de Saint-Thomas.

CHAPITRE V

Première période de la Guerre de Cent-Ans. De 1336 à la fin du XIV° siècle.

> Cent ans bannière, cent ans civière.
> (BERGERON)

On a vu qu'au plus fort de ses démêlés avec Thomas Becket, le roi d'Angleterre, Henri II, résidait souvent en Normandie. Possesseurs de cette province, à titre de feudataires, avant que Guillaume-le-Conquérant se fut emparé de l'Angleterre, ses descendants détenaient encore, à titre de vassaux du roi de France, un grand nombre d'autres provinces. La Guyenne, le Poitou, la Saintonge, l'Auvergne, le Limousin, le Périgord, l'Angoumois, l'Anjou, le Maine, la Touraine, faisaient partie de leur domaine continental; domaine considérable, bien fait pour susciter, dans l'esprit de vassaux aussi puissants, des pensées ambitieuses. Un pareil voisinage devait infailliblement engendrer des conflits, et renfermait le germe de guerres inévitables.

Sous les règnes de Louis VIII et de Louis IX déjà, et même avant la fin du XIII° siècle, cette fatalité s'était produite, sans que les évènements eussent jeté de très grands troubles dans les rapports des deux couronnes, ni rompu l'équilibre entre leurs forces respectives; mais, dès le commencement du XIV° siècle, et bien qu'Edouard III, en parvenant au trône d'Angleterre, eût personnellement rendu hommage à Philippe VI, les circonstances n'avaient pas tardé à prendre un aspect plus sombre. Très ambitieux de sa personne, secondé par son fils, le fameux Prince Noir, qui allait devenir l'un des hommes les plus éminents de son époque, Edouard s'était appliqué à tirer parti des complications et des compétitions auxquelles donnait lieu le jeu des institutions féodales pour faire naitre, à son heure et à son profit, des occasions de conflits.

Dès 1336, le roi d'Angleterre avait pris les armes et inauguré cette série de luttes armées contre la France, à laquelle l'histoire devait donner le titre de Guerre de Cent-Ans, et dans laquelle, à plusieurs reprises, la fortune et l'existence de notre pays furent sur le point de sombrer. A partir de ce moment, les dates sinistres se précipitent.

Sous Philippe VI, c'est la bataille navale de l'Ecluse, en 1340; — la bataille de Crécy, en 1346; — la prise de Calais, en 1347.

Sous le roi Jean-le-Bon, c'est, en 1356, la bataille de Maupertuis, près de Poitiers, dans laquelle le roi est fait prisonnier; — c'est, en 1358, dans la capitale, l'anarchie entretenue par Robert Lecoq, évêque de Laon, et Etienne Marcel; — dans les campagnes, c'est la Jacquerie mettant tout à feu et à sang; — représenté par le fils aîné du roi prisonnier, c'est le gouvernement désarmé, impuissant à réprimer ces excès, ces émeutes folles, inconscientes, que l'excès du malheur peut expliquer, mais qui n'en étaient pas moins coupables, car elles se reproduisaient devant l'ennemi foulant le sol de la patrie et assistant joyeux à nos déchirements; — pour clore cette douloureuse nomenclature, c'est, en 1359, le traité imposé à Londres au roi captif, traité que les Etats Généraux refusent de ratifier; — c'est Edouard mettant le siège devant Reims et ravageant toutes les provinces autour de la capitale; — enfin, en 1360, c'est le traité de Bretigny, qui mettait entre les mains de l'Anglais la moitié de la France monarchique.

Au milieu de cet épouvantable désastre, la ville de Crépy n'était pas demeurée indemne. Dépourvue de toute protection, livrée à ses seules ressources, soumise aux attaques réitérées des Anglais et des bandes navarraises à la solde de l'Angleterre, elle resta, de 1358 à 1392, sans murailles et sans autre défense que quelques pans de murs et quelques fossés à demi-comblés.

Ce qu'il a fallu à Charles V de patience, d'énergie, d'habileté, de patriotisme, pour gouverner d'abord comme régent, durant la captivité de son père, et plus tard, pendant un règne de seize années, se peut à peine concevoir. Les chroniques du temps demeurent insuffisantes pour expliquer les merveilles accomplies par ce souverain. Le surnom de Sage, que l'histoire lui a décerné, sans doute parce qu'il n'avait jamais paru de sa personne sur les champs de bataille, ne donne pas, selon moi, une assez haute idée de son mérite. Au milieu de la confusion qui avait succédé à la bataille de Poitiers, on l'avait vu, ne désespérant jamais dans les destinées de la patrie, faisant face au désordre, surmontant les plus cruelles épreuves, ralliant à lui les bonnes volontés, suscitant les courages, mettant les plus dignes à la tête des débris de ses armées, et préparant ainsi cette éclatante guerre de revanche qui, dès 1368, allait offrir à l'épée de Duguesclin l'occasion de déchirer l'humiliant et si néfaste traité de Bretigny.

Mais l'avènement, en 1380, de Charles VI, encore mineur, et sa démence, survenue en 1393, allaient ouvrir pour la France, et, plus particulièrement, pour la ville de Crépy une nouvelle série de vicissitudes.

CHAPITRE VI

Deuxième période de la Guerre de Cent-Ans. — Evènements accomplis jusqu'à la retraite de Charles VII en Touraine, à la fin de septembre 1429.

Les compétitions ardentes, en vue de la régence, soulevées à la mort de Charles V, par la minorité de son fils, la démence de Charles VI allait les soulever, encore plus ardentes, plus implacables, et, disons-le, plus criminelles. Rival, sous ce rapport, du duc de Bourgogne, Louis d'Orléans, frère du roi, pour qui l'ancien comté du Valois avait été érigé en duché, et qui briguait le titre de lieutenant-général du royaume, crut devoir se mettre en garde contre son puissant compétiteur et prendre ses sûretés. Son premier soin fut de rétablir les fortifications ruinées de sa capitale, qui, dit Monstrelet, *était considérée comme la maîtresse ville de tout le pays* (1) ; mais ce n'était pas assez pour élever sa puissance à la hauteur de son ambition. Son but était de se rendre maître du

---

(1) Monstrelet, livre 1ᵉʳ, chap. LXVIII, édition Buron, 1836, Desrez, édit. à Paris.
Pour faciliter les recherches, j'ai adopté cette édition; mais je l'ai contrôlée à l'aide de celle de Douet-Darc, 1837, et de celle de Pierre Mettayer, 1545.

pouvoir en dominant Paris pendant la maladie du roi, et, pour l'atteindre, comme aussi pour s'assurer un refuge en cas d'échec, une place seule lui parut insuffisante. En avant de Crépy, formant comme une première ligne, il éleva le château de Montépilloy, s'appuyant sur celui de Nanteuil-le-Haudouin. Ceux de Verberie, Béthisy, Vez, Villers-Cotterets, La Ferté-Milon et Louvry formaient la seconde. En troisième ligne, il avait acheté et restauré le château de Coucy et élevé, avec une magnificence toute royale, la place de Pierrefonds, qui était mise en communication de signaux avec Villers-Cotterets par la tour de Réalmont (1).

Mais ce luxe de précautions devait lui être fatal. Le 23 novembre 1407, il tombait assassiné par les sicaires du duc de Bourgogne.

A partir de ce moment, ce magnifique apanage devint le théâtre des sévices les plus épouvantables exercés, alternativement, par les factions des Bourguignons et des Armagnacs, sur lesquels l'étranger, toujours présent sur le sol national, s'appuyait, tour à tour, pour assurer sa domination.

Je développerais, outre mesure, mon sujet, si je tentais de faire l'historique détaillé de ces sévices; je dirai seulement que les maux qui accablèrent cette contrée furent immenses. Le pays fut tellement ravagé et dépeuplé que certaines parties des campagnes demeurèrent plus de trente ans sans culture (2).

Toutefois, en me renfermant dans les limites que je me suis imposées, et pour mieux faire comprendre l'horreur de ces temps malheureux, je dois citer quelques dates, en me bornant à celles qui intéressent particulièrement la ville de Crépy:

En 1411, Valeran de Saint-Pol, général bourguignon, s'empare de Crépy;

L'année suivante, elle repasse sous la domination du duc d'Orléans;

En 1422, elle est forcée de capituler et de se rendre au roi d'Angleterre;

En 1429, elle ouvre ses portes à Charles VII revenant de son sacre à Reims, en compagnie de Jeanne d'Arc.

---

(1) Viollet-Leduc, château de Pierrefonds.
(2) Carlier, t. II, p. 360.

Mais ici je dois m'arrêter et insister sur les circonstances qui signalèrent le passage et les divers séjours faits par Charles VII et Jeanne d'Arc à Crépy, en 1429 et 1430. Ces circonstances eurent, comme on va le voir, une importance capitale pour la ville de Crépy.

On sait dans quel état d'abandon, presque de misère se trouvait Charles lors de l'apparition de Jeanne d'Arc sur la scène politique et militaire; on sait aussi que, dès l'instant où son intervention dans les conseils du roi fut admise, elle devint prépondérante, malgré l'opposition de quelques-uns des conseillers intimes de Charles, et notamment du favori La Trémouille. Faire trêve au découragement des esprits, secouer la torpeur dans laquelle tous les cœurs étaient plongés, aller bravement aux Anglais pour les « *férir et les déconfire* » partout où on les trouverait, et marcher sur Reims pour y faire sacrer le roi, tel était, en deux mots, son programme sur lequel elle n'admettait pas de transaction, parce qu'il lui avait, disait-elle, été tracé par ses voix. Programme audacieux dans la situation désespérée où l'on se trouvait, mais d'une haute portée politique; car, pour peu que son exécution fut couronnée de succès, elle devait soulever l'enthousiasme des populations, frapper les Anglais de terreur, et leur enlever l'alliance du duc de Bourgogne. La victoire d'abord à tout prix; puis la consécration de la victoire à Reims. Telle était sa mission; elle ne souffrait pas qu'on la discutât, surtout qu'on la mutilât; et, chose miraculeuse, elle l'imposa à un roi indolent, entouré d'une cour découragée, au milieu de laquelle se rencontraient des intrigues où nous pouvons, aujourd'hui, apercevoir la main et l'influence de l'étranger, exploitant les rancunes du duc de Bourgogne.

Mais si l'on doit être surpris qu'un projet semblable ait pu être imposé par une bergère, par une paysanne obscure, encore la veille, aux ministres et aux généraux qui entouraient Charles VII, on doit être bien plus surpris encore de l'audace et de l'habileté avec lesquelles son exécution fut conduite.

Le 29 avril 1429, elle entre dans Orléans à travers les lignes des Anglo-Bourguignons qui l'assiègent. Le 8 mai, après des combats acharnés, elle force l'ennemi à lever le siège, et aussitôt après, elle veut, sans tarder, faire prendre au roi la route de Reims. Mais alors, et malgré le succès remporté par la délivrance d'Orléans, elle rencontre encore auprès de Charles les mêmes obstacles. « *Les sages de la cour* » essayent de jeter des doutes dans son esprit si peu enclin aux résolutions vigoureuses. On lui observe que quatre-vingts lieues séparent Orléans de Reims; que tout le pays et toutes les places qu'on doit rencontrer sur la route sont occupés par l'ennemi ; que les Anglais sont commandés par leurs meilleurs généraux. Tout au plus paraît-il admissible de s'emparer, tout d'abord, des villes des bords de la Loire, occupées par des garnisons ennemies, formées par les débris de l'armée qui assiégeait Orléans.

Jeanne accepte provisoirement cette transaction ; le 12 juin, elle enlève d'assaut Jargeau, où le brave Suffolk est fait prisonnier (1). Aussitôt après elle se jette sur Meung et Beaugency, et se met à la poursuite du fameux Talbot qu'elle atteint, le 18, auprès de Patay. Écrasé par l'élan qu'elle a su communiquer à l'armée, Talbot, l'Achille des Anglais, est forcé de se rendre à Xaintrailles (2). En une semaine Jeanne a pris trois villes, défait l'armée anglaise en rase

---

(1) Après la levée du siège d'Orléans, le comte de Suffolk qui commandait en chef les troupes anglaises s'était jeté dans Jargeau. « Vivement
« pressé au moment de l'assaut par un écuyer d'Auvergne, nommé Guil-
« laume Renault, il lui demanda s'il était gentilhomme. — Oui, dit-il. —
« Etes-vous chevalier ? — Non. — Le comte le fit chevalier et se rendit à
« lui. » Wallon, p. 103. — David Hume, t. VI, p. 167.

(2) Devenu général en chef après la prise de Suffolk, Talbot s'était fortifié à Meung, d'où il fut chassé par Jeanne. Il précipita alors sa retraite pour aller à la rencontre de Falstoff et de Rampton qui lui amenaient des renforts. Cette jonction eut lieu sur le chemin de Javille. A ce moment, l'avant-garde française, commandée par Lahire, cherchait à retrouver sa trace, quand un cerf qui partit devant elle donna dans l'arrière-garde anglaise, où il fut reçu à grands cris. Avertis par ces cris du voisinage de l'ennemi, les Français se précipitèrent sur lui avec une impétuosité telle que Falstoff et Rampton prirent la fuite, et Talbot dut se rendre à Xaintrailles. Comme bravoure, intelligence de la guerre et loyauté, la réputation de Talbot était très grande. On l'avait surnommé l'Achille de l'armée anglaise. Quelques jours après la bataille, Xaintrailles le présenta au roi, en déclarant que l'honneur d'avoir fait un pareil prisonnier lui suffisait et qu'il ne voulait pas accepter de rançon.

En 1431, dans une action en Normandie, Xaintrailles tomba, à son tour, entre les mains de Talbot, qui prit envers lui sa revanche de générosité, en lui rendant la liberté sans rançon.

campagne, et fait prisonniers deux des meilleurs généraux ennemis.

Mais toutes ces victoires ne suffisent pas pour surmonter l'indolence du roi et abattre les résistances.

« *Latrémoille et autres gens du Conseil*, dit Jean Chartier, *se montraient fort courroucés* » Au plan de Jeanne, on essaye d'en substituer d'autres, plus profitables, mieux conçus : Celui de prendre les Anglais à revers en marchant sur Rouen, par exemple. Mais cette fois Jeanne n'admet aucune transaction. « *Poursuivre sûrement et sans destourbier les Anglais jusqu'à Reims; y conduire le roi; l'y faire sacrer* », elle ne veut pas autre chose. Telle est sa mission; elle n'en accepte pas d'autre. Et comme on hésite encore, elle se met à l'écart et menace de se retirer; mais ses adversaires eux-mêmes savent bien que, sans elle, tout est impossible. Sous l'empire de l'enthousiasme que ses victoires ont excité, toutes les résistances s'inclinent; pour la troisième fois, elle l'emporte, et on part pour Reims. C'était le 29 juin, jour de la Saint-Pierre. Peu de jours après, Auxerre, Troyes, Châlons ouvrent leurs portes ou sont enlevées. A l'approche des Français, la garnison bourguignonne qui occupait Reims, se retire. Le roi y entre le 15 juillet; il y est sacré le 17.

Quelle marche extraordinaire ! N'est-ce pas merveilleux de rapidité, d'audace, d'habileté !

L'historien bourguignon par excellence, Monstrelet, nous peint ainsi l'attitude de Jeanne dans toutes ces rencontres : « Et toujours
« Jeanne la Pucelle au front, devant à tout son étendard ! Et lors,
« par toutes les marches des environs, n'était plus grand bruit ni
« renommée comme il était d'elle et de nul autre homme de
« guerre. » La cremeur (la crainte) qu'inspirait Jeanne parmi les Anglais était telle, que dans le grand conseil tenu à Paris par le duc de Bedfort, « en recevant nouvelle de la misérable aventure et
« destruction de leurs gens, laquelle leur fut tellement ennuyeuse
« et dure à ouïr dire et raconter, les aucuns commencèrent moult à
« pleurer (1) ».

Aussitôt après le sacre de Charles VII, Jeanne déclare sa mission

---

(1) Monstrelet, livro 2, chap. LXI et suivants.

accomplie et veut revenir auprès de ses parents; mais le roi fait appel à son patriotisme; elle demeure auprès de lui et, pour compléter les succès déjà immenses obtenus, il est décidé que l'armée marchera sur Paris.

De son côté, le duc de Bedfort, à la tête d'une armée de 12,000 hommes, se hâte d'accourir pour couvrir la capitale; alors ont lieu, des deux parts, des manœuvres qu'il importe de relater avec quelques détails, et dont il faut surtout indiquer les causes, parce qu'elles vont bientôt nous servir à fixer, avec certitude, une date importante, celle du siège de Crépy par les Anglais, et à expliquer la rage avec laquelle ils s'appliquèrent à la ruine de cette ville.

On vient de voir qu'à l'approche de l'armée française, la garnison bourguignonne qui occupait Reims s'était retirée. Or, à ce moment même, le 16 juillet 1429 (1), le lendemain de l'entrée de Charles dans Reims, la veille de son sacre, le duc de Bourgogne sortait de Paris; arrivé à Laon, il envoyait au roi des députés pour ouvrir des négociations. Après avoir si longtemps combattu pour venger la mort de Jean-sans-Peur, Philippe le-Bon commençait à être las de cette guerre et à en comprendre l'odieux. Comme on le voit, cette partie essentielle des prévisions de Jeanne s'accomplissait. Ces ouvertures allaient, sous peu de jours, amener une première trêve entre Charles et Philippe (2).

Du côté du roi elles avaient fait naître la légitime espérance de

---

(1) Wallon, 160. — Monstrelet, chap. LXIV, livre 2.

(2) Dans son histoire des traités, un auteur presque contemporain, Dutillet, qui écrivait en 1566, nous révèle une des causes des dispositions du duc de Bourgogne à se séparer des Anglais. D'après lui, quand ces derniers mirent le siège devant Orléans, les habitants de cette ville envoyèrent des ambassadeurs au duc de Bedfort pour lui faire observer que le duc d'Orléans étant prisonnier, il ne leur était pas possible de disposer, sans son assentiment, de la capitale de son apanage, et ils proposèrent de remettre la ville entre les mains du duc de Bourgogne qui en serait le gardien et en garantirait la neutralité, et il ajoute que « ledit duc trouva la chose très
« agréable; mais ledit régent et son conseil le refusèrent. Y eut en leur
« délibération des opinions libres, d'aucuns disans que les Anglais ne
« battraient les buissons pour en laisser prendre les oyseaux audit duc;
« les autres qu'il ne se trouverait conseil ou l'on voulut que les merceaux
« fussent machéz audit duc de Bourgogne qui les avalast sans peine, et
« autres paroles arrogantes semblables, qui offensèrent ledit duc, jointes

voir les Bourguignons quitter les rangs de l'armée anglaise. Du côté des Anglais, elles avaient fait concevoir les craintes les plus vives; car ils ne se dissimulaient pas que l'abandon des Bourguignons, c'était la ruine de leurs projets et leur expulsion plus ou moins prochaine.

Les manœuvres des deux armées et leur attitude, en face l'une de l'autre, allaient être le reflet de ces deux influences.

Une première fois ces armées se trouvent en présence. Bedfort est campé à Mitry, près de Dammartin, dans une forte position. Charles va au-devant de lui à Lagny-le-Sec, et pose son camp près de Nangis (1). Lahire va reconnaître l'armée anglaise et la provoque; mais Bedfort n'accepte pas le combat, et, comme les Français menacent sa ligne de retraite, il craint d'être pris à revers et rentre dans la capitale.

Chose étrange, et qui doit paraître incompréhensible, si on ne tient pas compte des négociations entamées entre Charles et Philippe, au lieu de poursuivre les Anglais vers Paris, les Français s'en éloignent; ils se dirigent vers Crépy, et le 11 août 1429, Charles VII arrive dans la capitale de la province dont sa famille porte le nom.

A cette occasion, la population fit au roi une réception enthousiaste qui provoqua l'admiration de l'héroïne. « Voici un bon
« peuple, dit-elle, tout émue, à Dunois et aux chevaliers qui che-
« vauchaient auprès d'elle. Je n'en ai pas encore vu qui se soit
« réjoui de si bon cœur à l'entrée du Roy. Plût à Dieu que je pusse
« finir mes jours ici ! »

« — Jeanne, lui dit le Bâtard d'Orléans, savez-vous quand vous
« mourrez et en quel lieu? — Je ne sais, répliqua-t-elle; c'est la
« volonté de Dieu. J'ai accompli ce que Messire m'a commandé,
« qui était de lever le siège d'Orléans, et de faire sacrer le gentil

---

« aultres occasions qui luy furent données de malcontentement, et le tout
« dissimula pour lors.
« Lesdits citadins d'Orléans conclurent alors manger plustôt leurs rats et
« souris, qu'eux se rendre aux susdits Anglais. »
Dutillet, Histoire des Traités, p. 346, xcvi. — Monstrelet, chap. lviii, livre 2, confirme le dire de Dutillet. — Hume ajoute que Philippe, mécontent, rappela toutes les troupes de Bourgogne qui servaient au siège.

(1) Barante, p. 3-4, 1429, t. 133.

« Roy. Je voudrais bien qu'il voulût me faire reconduire auprès de
« mes père et mère, qui auraient tant de joie de me revoir. Je gar-
« derais leurs brebis et bétail, et ferais ce que j'avais coutume de
« faire (1) ».

Mais, sur ces entrefaites, ayant appris que Beauvais, Compiègne et toutes les places de l'Oise et du Valois se soumettaient au Roi, Bedfort, sorti de Paris une seconde fois, afin de comprimer ce mouvement par son approche, était venu placer son camp non loin de Montépilloy, dans une forte position, d'où il pouvait attendre avec quelque sécurité les attaques de l'armée française. Le point précis choisi par les Anglais est difficile à fixer avec certitude. Monstrelet (2) dit que les deux puissances se trouvèrent l'une l'autre « assez près du Mont-Dallès, *une ville nommée le Bar.* » Quelle est cette ville? Est-ce Baron? Est-ce Borest? Quelle est ce mont Dallès? Les registres de l'argentier de Crépy, en 1431, accusent une dépense pour fourniture de blé à Baron, au Bâtard d'Orléans; ce qui semble prouver que les Français occupaient le pays situé autour de cette localité, tandis que les Anglais, ayant leur ligne de retraite vers Senlis, leur faisaient face sur un point assez rapproché de cette ville, pour éviter d'être pris à revers.

Fort superstitieux, selon les témoignages du temps (3), ils se seraient établis près de l'abbaye de la Victoire, croyant trouver dans ce nom un favorable augure. Etaient-ils protégés sur leurs derrières par la rivière (4) et un étang? Monstrelet, si précis d'habitude dans les moindres détails relatifs aux actions de guerre, n'en dit rien. En tout cas, quelle que fut la position choisie par eux, c'était une position défensive.

Bien qu'il comptât dans les rangs de son armée de nombreux Bourguignons (5), le général anglais se gardait bien de prononcer

---

(1) Barante, p. 194. — Wallon, p. 161. Dunois. Déposition dans le procès en réhabilitation de la Pucelle.

(2) Monstrelet, ch. LXVI, liv. 2.

(3) Wallon. — Monstrelet, ch. LXVI, liv. 2, dit que les Anglais étaient pourvus et rafraîchis de vivres et autres nécessités de la bonne ville de Senlis, dont ils étaient assez près.

(4) La Nonette.

(5) Monstrelet, ch. LXVI, liv. 4. Les Anglais avaient dans leurs rangs 6 à 800 combattants des gens du duc de Bourgogne.

une attaque contre les Français ; il se mettait en observation seulement. Depuis le 16 juillet, les négociations étaient entamées entre Charles et Philippe. Bedfort, qui avait épousé la sœur du duc, ne pouvait l'ignorer. Il avait mis en jeu l'influence de sa femme sur son beau-frère ; mais il se défiait. De son côté, le roi avait quelque intérêt à ne rien risquer et à attendre l'issue de ces négociations. Toutefois le voisinage menaçant de l'armée ennemie, pouvant comprimer l'élan des populations du Valois et du Senlisien vers lui, il semblait impossible de ne pas lui opposer, tout au moins, une démonstration susceptible d'en neutraliser les effets.

Dans son Histoire des Plantagenets, l'historien anglais, David Hume, nous expose, avec une grande franchise, les motifs de l'attitude prudente que gardait le duc de Bedfort chaque fois qu'il se trouvait en présence de l'armée qui venait, sous l'inspiration de Jeanne, d'accomplir cette marche si merveilleuse sur Reims.

« Il savait, dit-il, que la fidélité du duc de Bourgogne chancelait
« déjà. Les secours qu'il recevait étaient modiques. Les soldats s'en-
« rôlaient lentement, ou même ils désertaient par crainte du pou-
« voir infernal et magique de la Pucelle.

« Il essaya de rendre le courage à ses troupes en s'avançant har-
« diment en présence de l'ennemi ; mais il choisit ses postes avec
« tant de précautions qu'il sut également éluder d'en venir aux
« mains, et rendre impossible à Charles de l'attaquer (1) ».

Mais je le répète, bien que quelques-uns des motifs qui portaient Bedfort à la défiance, fussent de nature à disposer Charles à la temporisation, en présence de cette démonstration, il n'était pas possible d'hésiter. En conséquence, Loré et Xaintrailles ayant été envoyés, le 14 août, reconnaître l'armée anglaise, il fut décidé que le lendemain on se porterait à sa rencontre, malgré la solennité de la fête.

« La messe, dit Wallon, fut dite à la première heure (2), et ce aussi
« tôt chacun de monter à cheval et de se préparer au combat. L'armée
« s'était formée en trois corps ; le premier sous le comte d'Alençon

_____

(1) David Hume. Histoire des Plantagenets, t. VI, p. 173, 174, 175.
(2) Wallon. — Baranto. Histoire des ducs de Bourgogne, t. 3-4, p. 195, 1429.

« et le comte de Vendôme; le second sous René d'Anjou, duc de Bar;
« le troisième, formant l'arrière-garde où était le roi avec le comte
« de Clermont et Latrémoille. Les maréchaux de Boussac (Saint-
« Sévère) et de Rais commandaient les ailes; Graville les archers.
« Il y avait, en outre, pour faire escarmouche et subvenir à tout,
« une autre troupe qui ne devait pas avoir la moindre part à la
« journée, car elle avait à sa tête Dunois, Lahire et la Pucelle.

« On marcha donc vers les Anglais; mais ils restèrent immo-
« biles dans leur position. Ils avaient passé la nuit à la fortifier
« avec leur industrie accoutumée; protégés sur les derrières par
« la rivière et un étang, et sur les côtés par de fortes haies
« d'épines, ils s'étaient barricadés de leurs chariots, et couverts,
« sur leur front, par des fossés garnis de palissades. C'est là qu'ils
« attendaient l'attaque : Les archers faisaient la première ligne,
« tous à pied avec leurs pieux éguisés, fichés en terre devant eux (1).
« Et derrière, les seigneurs à pied aussi, formant un seul corps de
« bataille, où dominaient, avec l'étendard de Saint-Georges, les
« deux bannières de France et d'Angleterre; car le régent combat-
« tait au nom des deux nations. La Pucelle, voyant qu'ils ne fai-
« saient pas mine de sortir, se vint mettre à l'avant-garde et frap-
« per de son étendard leurs retranchements; mais ils ne répon-
« dirent à ce défi qu'en repoussant les plus hardis à l'assaut (2).
« Vainement pour les amener dehors, la Pucelle fit-elle retirer tous
« ses gens jusqu'au corps de bataille; vainement leur offrit-on de
« faire reculer toute l'armée elle-même, pour leur donner loisir de se
« mettre aux champs et de se ranger. Ils s'obstinèrent à demeurer
« dans leur position, n'en sortant que pour des escarmouches. Ils
« repoussaient les assaillants, qui, revenant en plus grand nombre
« à la charge, provoquaient à leur tour une sortie plus nombreuse;
« et vers la fin, la mêlée fut telle qu'au milieu d'un nuage de pous-
« sière, on ne distinguait plus Français ou Anglais.

« Avant que les choses en vinssent à ce point, Latrémoille s'était

---

(1) Ces archers étaient des picards à qui, après la journée, le duc de
Bedfort fit de grands compliments sur leur bravoure. Baranto, t. 3-4. —
Monstrelet, cb. LXVI, liv. 2.

(2) Le roi lui-même alla chevaucher à deux portées d'arbalette des retranchements anglo-bourguignons. Baranto, t. 3-4, année 1420.

« laissé séduire par ce simulacre de bataille. Il s'avança monté sur
« un coursier superbe et richement paré, la lance au poing, et il
« fondit sur l'ennemi; mais son cheval tomba et le fit rouler parmi
« les Anglais. On s'empressa de l'en tirer, et l'aventure aurait pu
« lui être fatale, car ce n'était point tournoi de chevalerie. Il y
« avait en jeu des haines nationales, et n'était homme, dit Mons-
« trelet, de quel état qu'il fût, qui fût pris à finances, ains (mais)
« mettaient tout à mort sans pitié ni miséricorde (1) ».

La Pucelle, le duc d'Alençon et tout leur corps d'armée passèrent la nuit sur le champ de bataille. Le lendemain, de grand matin,
pour éprouver l'ennemi et l'attirer, ils se portèrent un peu en
arrière; mais les Anglais avaient, de leur côté, levé leur camp et
repris la route de Paris; vers une heure les Français furent infor-
més de cette retraite, il était trop tard pour les attaquer.

Après avoir placé sous les yeux du lecteur le récit des historiens,
peut-être ne serait-il pas sans intérêt pour lui de voir comment,
dans sa poésie naïve, l'auteur des Vigiles de la mort de Charles VII
rend compte des circonstances qui signalèrent son arrivée et son
séjour dans le Valois après son sacre.

  « A lui se rendirent aussi
  « Toust à cop en ung mouvement,
  « Chateau-Thierry, Prosvins, Crespi
  « Et d'autres villes largement.

  « Si vindrent nouvelles en lost
  « Que le duc de Beaufort venait
  « Et qu'il arriverait tantost
  « A douze mille qu'amenait.

---

(1) Les chroniqueurs bourguignons représentent Jeanne comme irrésolue,
tantôt voulant attaquer, tantôt ne le voulant pas, mais ils ne parlent pas des
négociations entamées qui, sous peu de jours (le 27 août), allaient amener
une première trêve entre le roi et le duc de Bourgogne. Dans cette situation,
les Français n'avaient aucun intérêt à se précipiter sur les retranchements
d'une armée, dont le principal élément (les Bourguignons) demandait à
être ménagé. Il suffisait de prouver par des défis, non acceptés, combien
Bedfort était peu sûr de ses principaux auxiliaires. La conduite de
Jeanne s'explique à merveille : le résultat lui donna raison. Quant à sa résolution habituelle, elle en donna des preuves, après le 28 août, quand la
trêve avec les Bourguignons fut signée.

« A donc le Roy fist en bataille
« Mettre ses gens et bien ampoint,
« Pour frapper d'estoc et de taille
« Mais les Angloys ne vindrent point.

« Après le Roy vint à Crécy
« Et seut de vray que les Angloys
« Si étaient venus à Mittry
« Pour lors combattre les Françoys.

« Là les batailles se dressèrent
« Tant d'un côté comme de l'autre
« Et si près en avant marchèrent
« Qu'ils s'entreveaient l'un l'autre.

« Et les escarmoucheurs et coureux
« Si venaient courir à puissance,
« En un villaige nommé Thieux,
« Joignant le dit Mittry en France.

« Là au devant du dit villaige,
« Se tinrent ung jour tout parfait,
« Sans frapper ni porter dommaige
« Et ne furent rien en effect.

« Le duc de Bedfort se tira,
« A Senlis et y vingt logier ;
« Et le feu Roy se retira
« A Crespi pour s'y hébergier. »

Ce récit succinct et si naïf serait insuffisant pour éclairer, au point de vue militaire, les mouvements des deux armées en présence. Ce n'est pas un stratégiste qui l'a écrit, cela se voit de reste ; mais il nous montre bien l'armée anglaise toujours en observation, toujours sur ses gardes, et, finalement, se retirant toujours, après avoir refusé le combat, et sans être poursuivie par l'armée française.

Comme à Lagny-le-Sec et à Mitry, en effet, il semblait logique que l'armée française poursuivît l'armée anglaise sur Paris. Il n'en fut rien cependant ; la raison militaire céda de nouveau le pas à la raison diplomatique. Charles rentra dans Crépy où les clefs de Compiègne lui furent apportées. Peu de jours après, il reçut, dans cette dernière ville, Jean de Luxembourg, l'évêque d'Arras, messire David Brimeu « et autres notables et discrètes personnes », envoyés de Philippe (1), et, le 27 août une première trêve fut signée. Elle devait prendre fin à la Noël 1429 ; mais elle fut prorogée au 16 avril suivant, jour de Pâques de l'année 1430.

Cette date est essentielle à retenir ; on verra bientôt pourquoi.

Ce grand succès, obtenu par la diplomatie, semblait devoir préparer un grand succès militaire. Marcher sur Paris, férir sur les Anglais, telle était l'opinion de Jeanne ; mais, au milieu de ces pourparlers, son influence avait décliné au profit des partisans de la temporisation. Attendre les effets, encore incertains, que la défection de Philippe produirait chez les Anglais, pour entrer dans Paris, sans coup férir, tel était leur système qui trouvait faveur dans l'esprit de Charles si enclin à l'indolence.

Cependant cette fois encore, Jeanne l'emporta ; il fut décidé que l'armée française se dirigerait sur Paris, en assurant, par cette marche, la soumission des villes ou châteaux des bords de l'Oise, du Beauvaisis et du Senlisien, dont les dispositions favorables étaient soupçonnées, mais qui, jusqu'à ce moment, n'avaient pas pu s'y abandonner. Le 15 août précédent, en effet, les Anglais étaient, comme on l'a vu, maîtres de Senlis, d'où ils dominaient une partie du pays.

« Après qu'il eût été dedans la ville de Compiègne douze jours
« environ, le Roi Charles, dit Monstrelet, se partit de là et laissa
« Guillaume de Flavy, capitaine d'icelle ; et à tout son ost s'en alla
« à Senlis, laquelle cité se rendit à lui par traité (2) ». Au nombre des villes qui firent leur soumission, il cite Creil, Beauvais, Pont-Sainte-Maxence, Choisy, Gournay-sur-Aronde, Rémy, La Neuville-en-Hest, Mognay, Chantely, Saintines. Il ajoute ensuite « pour vérité » que Saint-Quentin, Corbie, Amiens, Abbeville, et plusieurs autres villes et châteaux « étaient tout prêts et appareillés de le recevoir
« à seigneur, et ne désiraient autre chose au monde que de lui
« faire obéissance et pleine ouverture ; toutefois il ne fut point
« conseillé d'aller si avant sur les marches du duc de Bourgogne,

---

(1) Monstrelet, ch. LXIX, liv. 2, p. 613.
(2) Monstrelet, ch. LXX, liv. 2.

« tant que pour ce qu'il le sentait fort de gens d'armes, comme
« pour l'espérance et attente qu'il avait que aucun bon traité et
« appointement se fit entre eux ».

Toujours la raison diplomatique dominant les résolutions militaires. Il faut le dire aussi, le principal objectif de cette marche, c'était Paris. Aussi après avoir séjourné « aucuns jours » à Senlis, l'armée se dirigea sur Saint-Denis qu'elle trouva abandonné. Après s'y être un peu attardée, elle prononça sa démonstration sur la capitale le 8 septembre. Le 12 une escalade fut tentée sous la direction de Jeanne qui, blessée à la cuisse, demeura jusqu'à la nuit couchée sur le revers du fossé, derrière un dos d'âne, dit Monstrelet, réclamant à grands cris que cette tentative fut poussée à fond, et refusant de quitter le lieu du combat (1). Il ne fallut rien moins que l'intervention personnelle du duc d'Alençon, en qui elle avait confiance, pour la décider à se retirer. Mais l'occasion était manquée, et, dès le 13 septembre, se confiant, de plus en plus, dans le système de temporisation, Charles décida qu'il s'en retournerait « ès pays de Touraine et de Berri » (2). Après s'être arrêté quelques jours à Senlis « pour guérir et médeciner ses navrés (blessés) » et avoir pourvu au commandement des places fortes, Charles s'en alla à « Crespy, et de là ès pays sus dits ».

---

(1) Celui qui portait son étendard fut tué à ses côtés (Observations sur les mémoires de la Pucelle. Journal de Paris).

(2) Monstrelet, ch. LXX et LXXII. Recueillis dans Monstrelet, tous ces détails sont pleins de saveur.

CHAPITRE VII

Suite de la deuxième période de la Guerre de Cent-Ans, jusqu'à la prise de Jeanne par les Anglo-Bourguignons, sous les murs de Compiègne, le 24 mai 1430.

Cette retraite, on le comprendra sans peine, ranima la confiance ébranlée des Anglais. Forcé, par la trêve du 27 août, signée à Compiègne, de subir les effets de la défection momentanée des Bourguignons, Bedfort usa de toute l'influence de sa femme sur l'esprit de Philippe pour le ramener à lui à l'issue de la trêve. Pour mieux l'engager d'honneur à ne pas laisser tomber la capitale dans les mains du roi, il lui céda la lieutenance générale du royaume pour le roi d'Angleterre, ne gardant pour lui que la Normandie. Muni d'un sauf-conduit, Philippe traversa les lignes françaises et revint à Paris, où il resserra ses liens avec Bedfort.

Durant ce temps, obligée de suivre le mouvement de retraite de Charles, Jeanne, rongeant son frein, se trouvait condamnée à cette inaction contre laquelle elle n'avait cessé de protester, au nom de sa mission; dans les premiers jours de novembre 1429, il est vrai, elle avait fait le siège de Saint-Pierre-les-Moustiers et s'en était emparée. Mais, depuis ce moment, elle assistait, désespérée, à ce spectacle étrange d'un roi promenant ses loisirs en Touraine, allant de fête en fête, pendant que les Anglais se vengeaient, avec fureur, partout où ils en trouvaient l'occasion, des populations qui les avaient abandonnés (1).

Monstrelet dit que la marche de France et de Beauvais demeura en grande tribulation et que les villages se dépeuplèrent. Depuis la retraite de Charles en Touraine, quelques mois avaient suffi pour modifier grandement la situation dans l'Ile-de-France. En outre de Pont-Sainte-Maxence, qui avait été remis au duc de Bourgogne par suite de la trève, Brimeu et Savouse commandaient pour lui à Noyon; Montgommeri tenait Pont-l'Évêque pour les Anglais; Creil avait été repris par eux. Le comte de Clermont, que le roi avait commis pour la garde de cette province, avait dû l'abandonner, malgré l'appui momentané du maréchal de Boussac, qui y avait fait une incursion, amenant avec lui à peine 1,000 combattants. Le comte de Vendôme, substitué au comte de Clermont, gardait avec peine Senlis où se faisait sentir l'influence d'un évêque, Jean Fouquerel, ami de l'évêque de Beauvais, Pierre Cauchon, et dévoué comme lui aux Anglais qui l'avaient appelé à ce siège; les dispositions du commandant de Soissons étaient douteuses. Crépy, sous le gouvernement de Reynaud des Fontaines, Compiègne, sous celui de Flavy, et Lagny-sur-Marne étaient, il est vrai, demeurées inébranlables dans leur dévoûment à la cause nationale; mais la situation empirait chaque jour.

C'est alors que, cédant à l'impatience que lui cause ce spectacle, Jeanne quitte la cour et se jette, de nouveau, dans la mêlée; mais la tâche qui s'offre à elle est difficile; il faut reprendre tout ce que le départ du roi a compromis, en luttant contre le découragement et la terreur qui se sont emparés des populations; dans cette courte et brillante campagne de quelques jours, dont le couronnement devait être si fatal pour elle, elle déploie de nouveau les qualités qui l'avaient faite l'égal des plus *grands chiefs de guerre* (2) de son temps. Le 23 mars 1430, les Français reprennent Saint-Denis; le 15 avril, Jeanne est à Melun.

Cette rentrée en scène de la Pucelle raffermit un peu les cœurs dans lesquels le doute s'était glissé; pas assez cependant pour les

---

(1) Wallon, p. 189. — Barante.
(2) Monstrelet.

amener tous à des résolutions vigoureuses. De Lagny-sur-Marne qui lui a servi, tout d'abord, de base pour accomplir des coups de mains heureux, elle veut se diriger sur Senlis, dont le corps municipal répond à sa demande, le 24 avril, par la résolution suivante : « A été conclud que pour la pucelle qui est à Lagny-sur-« Marne, avec mille hommes de cheval et voulait entrer en sa « compagnie, que l'on lui remontrerait la pauvreté de vivres de la « ville tant en foin, avoine, comme vin et luy offrir entrer jusques « à trente ou quarante personnes des pl.. notables de sa compagnie « et non plus (1) ».

Malheureusement, sur ces entrefaites, la trève consentie par les Bourguignons expire le 16 avril ; Philippe devenu lieutenant général du royaume pour le Roi d'Angleterre, reprend les armes et se porte sur la ville de Compiègne pour l'assiéger.

Dès qu'elle reçoit avis de ces dispositions, Jeanne accourt à Crépy, d'où elle dirige les secours qui doivent aider Compiègne à se défendre (2). De là elle rayonne, pendant tout le mois, sur Senlis, Compiègne et Soissons. Le 13 mai nous la trouvons à Compiègne, où elle a fait pénétrer un convoi. Elle en part deux jours après avec Xaintrailles, Chabanne, Valpergue et quelques autres pour aller au secours de Choisy-sur-Aisne, assiégé par les Bourguignons. Elle attaque avec eux Pont-Sainte-Maxence, et se dirige ensuite sur Soissons, qui, aussitôt après son passage, est vendu et livré au duc de Bourgogne (3). Le 23 mai elle était à Crépy, quand elle apprit l'arrivée du duc de Bourgogne devant Compiègne. Elle réunit aussitôt trois à quatre cents combattants à la tête desquels elle pénétra dans cette ville, à travers les lignes des assiégeants. Le lendemain, 24 mai 1430, elle tenta cette sortie malheureuse qui devait amener sa captivité et la conduire à la mort. Restée à l'arrière-garde en compagnie de *Pothon le Bourguignon, vaillant chevalier du parti du Roy*, et de quelques autres qui la défendirent avec des prodiges de valeur, elle trouva les portes de la ville fermées, et dut

---

(1) Président, M. C. Vatin, Récits historiques, Senlis, 1876

(2) Rollet de Viriville, H^{re} de Charles VII, p. 144, vol. 2. — Flammermont, Hist. de Senlis, p. 71. — Wallon. — Barante.

(3) Wallon, p. 206. — Henry Martin et Paul L. Jacob, Histoire de Soissons.

se rendre, avec Pothon, à Lionel, Bâtard de Vendôme, qui se trouva près d'elle (1).

Le Bâtard de Vendôme était l'un des chevaliers relevant de Jean de Luxembourg. C'est à dernier que Jeanne dut être cédée (2). Elle fut donc menée au camp de ce prince, où, bientôt après, accoururent tous les chefs anglais et bourguignons et le duc de Bourgogne lui-même, qui était arrivé trop tard pour la bataille. Monstrelet, qui l'accompagnait, et qui nous rend compte de ces évènements avec une attention si scrupuleuse, fut présent à cette entrevue dont le résultat devait être si important et si décisif pour le sort de la prisonnière. Voici en quels termes il la relate :

« Là s'assemblèrent les Anglais, le dit Duc et ceux des aultres
« logis en très grand nombre, faisant, l'un avec l'autre, grands cris
« et resbaudissements, pour la prise de la dite pucelle; laquelle
« icelui duc alla voir au logis ou elle était, et parla à elle aulcunes
« paroles, dont je ne suis bien recors, jà soit ce que j'y étais pré-
« sent. Après lesquelles se trahit le dit Duc et toutes ses gens cha-
« cun en leur logis, pour cette nuit. Et la Pucelle demeura en la
« garde et gouvernement de messire Jean de Luxembourg, lequel
« après dedans brefs jours en suivant, l'envoya, sous bonne con-
« duite, au château de Beau-lieu, et de la à Beau-Revoir, où elle
« fut longtemps prisonnière, comme ci-après sera déclaré plus à
« plein (3) ».

(1) Wallon. — Barante, vol. 3, 4, p. 220. — Monstrelet, p. 386, vol. 4.
(2) Il lui fut promis par les Anglais une pension de 300 livres.
(3) Montrelet, ch. LXXXVI, liv. 2.
Jean de Luxembourg, comte de Ligni, se montra très attaché à la Maison de Bourgogne qu'il servit longtemps les armes à la main. Il appartenait à une des maisons les plus illustres de l'Europe. Dans le cours de cette guerre il commit des cruautés inouies, surtout dans les environs de Laon, où il n'accordait aucun quartier, et où il faisait mettre à mort les prisonniers par son neveu âgé de 15 ans, lequel, dit Monstrelet, y prenait grand plaisir. Sa rapacité égalait sa cruauté. Pendant longtemps cependant l'influence de son épouse l'empêcha de céder aux offres des Anglais ; elle le suppliait, à genoux, de ne pas livrer Jeanne à une mort certaine en la leur vendant ; elle invoquait auprès de lui, le courage, l'innocence, la fermeté de cette intéressante captive, que les lois de la guerre obligeaient à respecter. Mais enfin les sommes proposées par les Anglais s'élevèrent assez pour vaincre ses scrupules ; le marché fut conclu, et Jeanne fut vendue.
(Walckenaer, Biographie universelle, t. XXI, p. 91 et suiv.).

Le silence gardé par Monstrelet au sujet des paroles échangées entre le duc de Bourgogne et Jeanne est-il, comme il le dit, le résultat d'un défaut de mémoire ? Il me paraît difficile de l'admettre. Le 17 juillet 1429, le jour même du sacre de Charles VII à Reims, Jeanne avait écrit à Philippe une lettre éloquente pour le rappeler au sentiment de ses devoirs envers la France et envers le roi. Par l'attitude si ferme qu'elle garda, dans le cours de son procès, en face de ses accusateurs, nous pouvons conjecturer que, dans cette entrevue, elle se montra ce qu'elle avait toujours été, ce qu'elle devait être plus tard, énergique et courageuse. Quant au duc, nous savons à quelles perplexités son esprit était en proie ; suivant l'impression du moment il put se montrer plus ou moins altier ; mais une chose est certaine, c'est qu'à cette heure il tenait entre ses mains le sort de la Pucelle. Le Bâtard de Vendôme, à qui elle s'était rendue, relevait de Jean de Luxembourg, qui lui-même relevait du duc de Bourgogne. Un prisonnier de cette importance valait quelques sacrifices. Les Anglais l'estimaient supérieur à celui de 500 combattants, ce qui était énorme, eu égard au chiffre si restreint de l'effectif des armées à cette époque (1).

Jean de Luxembourg avait une réputation de cruauté et d'avarice que nous le verrons justifier plus tard. Philippe-le-Bon ne manquait pas de générosité ; l'humanité, la politique semblaient donc lui faire une loi de demeurer le maître d'une personnalité qui venait de jouer un si grand rôle (2). Par quel motif en agit-il autrement ? Les paroles échangées dans cette entrevue nous pourraient, peut-être, éclairer à ce sujet. Il est bien à regretter que Monstrelet, dont l'esprit était si attentif à tous les évènements dont il dressait les chroniques, ne les ait pas recueillies et transmises. Je suis enclin à pen-

---

(1) « En furent moult joyeux, dit Monstrelet, plus que d'avoir cinq « cents combattants ; car ils ne craignaient ni redoutaient nul capitaine, ni « autre chief de Guerre, tant comme ils avaient toujours fait, jusqu'à ce « présent jour icelle Pucelle. » Ch. LXXXVI, liv. 2. — Il est bon d'ajouter, d'après Michelet, que, dans leur ardeur à se l'approprier, ils allèrent jusqu'à menacer d'interdire la vente des toiles des Flandres en Angleterre, si elle ne leur était pas livrée.

(2) Si je m'étonne que Philippe n'ait pas même tenté de s'approprier cette captive, je m'étonne bien plus encore que Charles VII ne se soit pas imposé les plus grands sacrifices pour la racheter.

ser qu'il ne l'a pas voulu. Serviteur dévoué de Philippe, et peut-être même témoin, plus tard, de ses regrets, il n'aura pas voulu faire peser sur sa mémoire une partie de la responsabilité du supplice de Jeanne, et de la vengeance si lâche et à la fois si inutile des Anglais.

Ce qui fortifie mes soupçons sur ce point, c'est le soin que met l'historien bourguignon à reproduire dans son entier (1) la lettre par laquelle le jeune roi anglais crut devoir porter à la connaissance de Philippe, son oncle, l'issue fatale du procès intenté à la captive qu'il lui avait livrée. Ce document, sur lequel il me semble que les historiens n'ont pas assez fixé leur attention, n'est, d'un bout à l'autre, qu'un plaidoyer destiné à rejeter sur l'autorité religieuse seule la responsabilité d'une sentence à laquelle le duc de Bourgogne ne devait pas s'attendre; à représenter le pouvoir séculier anglais comme n'ayant pas pu se soustraire à l'obligation d'y donner suite, dans l'intérêt de la religion, et à atténuer ainsi l'effet que la nouvelle de cette cruauté devait produire sur son esprit.

Quelques historiens ont pensé que la fermeture hâtive des portes avait été le résultat d'une trahison du capitaine qui commandait Compiègne. Flavy était la créature de La Trémouille, qui jalousait Jeanne et combattait son influence auprès du roi (2). L'indifférence, poussée jusqu'à la plus coupable ingratitude, avec laquelle la nouvelle de la captivité de l'héroïne fut accueillie à la cour de Charles VII, semble donner de la valeur à cette appréciation. Quant aux Anglais, leur joie fut portée jusqu'au délire. Jamais les victoires de Crécy, de Poitiers, d'Azincourt, n'avaient excité chez eux de pareils transports; ils firent chanter des *Te Deum* (3) dans toutes les églises de leur dépendance, et, de crainte que Jean de Luxembourg ne la livrât aux Français, ou ne lui rendît la liberté contre une rançon, ils lui offrirent 1,000 écus d'or, somme exorbitante, répondant au prix de la rançon d'un prince du sang (4).

---

(1) Ch. 102, liv. II.

(2) Rollet de Viriville. Histoire de Charles VII, p. 144 et suiv. - Hume. Histoire des Plantagenets, t. VI, p. 171.

(3) Hume, t. VI, p. 177. — Wallon. — Monstrelet.

(4) Cette énorme rançon fut apportée à Jean de Luxembourg par l'évêque de Beauvais. Elle fut livrée aux Anglais le 21 novembre 1430.

Mais je n'ai pas à me prononcer sur la question de savoir si Guillaume de Flavy fut ou non loyal en cette circonstance. Je n'écris pas l'histoire de Jeanne; et si je me suis appliqué à faire ressortir quelques-uns des faits de sa vie militaire, c'est parce qu'ils forment l'un des plus intéressants épisodes, et des plus graves, en même temps, de l'histoire de Crépy. Nous touchons à la date fatale qui doit voir se consommer la ruine de la capitale du Valois. Les faits que je viens d'exposer ont servi à la préparer.

CHAPITRE VIII

Suite de la deuxième période de la Guerre de Cent-Ans, jusqu'au siège et à la ruine de Crépy.

Après la prise de Jeanne, l'impulsion qu'elle avait imprimée à l'organisation des secours ne se ralentit pas. Les efforts pour venir en aide aux habitants de Compiègne se multiplièrent. Ce que voyant, les Anglais envoyèrent un corps de troupes sous les ordres du comte d'Hutington pour attaquer Crépy. Toutefois cette attaque n'était pas sérieuse; elle avait surtout pour objet d'amener la garnison de Compiègne à faire une sortie; mais cette feinte ne réussit pas, et après avoir endommagé, avec son artillerie, les murailles de Crépy, le général anglais se jeta sur Saintines, Verberie et Pont-Sainte-Maxence, où son passage fut marqué par des exactions et de graves sévices (1).

Le passage de Hutington devant Crépy était, pour cette ville, un sinistre avertissement. Aussi les efforts pour seconder la vaillante résistance de Compiègne ne se ralentirent pas. A la fin du mois d'octobre 1430, le comte de Vendôme, Xaintrailles, Regnaut des

---

(1) Poilleux, 24. — Carlier. — Monstrelet, ch. xci, liv. 2.

Fontaines, le maréchal de Boussac et plusieurs autres capitaines, s'étant réunis à Verberie, se portèrent, avec un tel élan, contre les lignes anglo-bourguignonnes, que le duc de Bourgogne se vit contraint de renoncer à la prise de Compiègne et leva le siège (1).

Ici encore, avant de continuer mon récit, je ne résiste pas au désir de faire un nouvel emprunt aux Vigiles de la mort de Charles VII.

Voici, en quelques quatrains, comment il nous raconte les péripéties du siège de Compiègne :

« De là Bourguignons et Anglays,
« Si viendrent Compiègne assiéger,
« Ou la Pucelle et les Françays,
« Parviendrent sans targier.

« La eurent courses escarmouches,
« Et sayllies qui assez durèrent,
« Si advint qu'à unes approuches,
« Les Françays très fort reculèrent.

« Lors au conflict, et par surprise,
« Comme chacun tirait arrière,
« La dite Pucelle fut prinse,
« Par ung Picart près la Barrière.

« Le dict Picart si la bailla,
« A Luxembourg, les assistant,
« Qui la vendit et rebailla,
« Aux Anglays pour argent comptant.

« Si en firent après les montres.
« Comme ayant très fort besogné,
« Et ne l'eussent donnée pour Londres,
« Car cuidaient avoir tout gaigné.

« Chacun d'elle si fust marry.
« Depuis Pothon à son enseigne
« Se partit de Chateau-Thierry
« Pour de là venir à Compiègne.

---

(1) Monstrelet, ch. xcvi, liv. 2.

« Boussac lors mareschal de France
« Vendosme et des aultres seigneurs,
« Au siège vindrent à puissance,
« Avec d'aultres Françays plusieurs.

« La dicte ville si endura
« Moult d'afflictions et de peines ;
« Car le siège devant dura
« Plus de trois moys et six semaines.

« Si firent tant les dicts Françays
« Qu'ils gaignèrent ung grand fossé,
« Qu'avaient faict faire les Anglays
« Afin que homme ne peut passer.

« Celà faict dans les champs entrèrent,
« Entre la forest et ung lieu,
« Auprès duquel ils rencontrèrent
« Les Anglays étant en Beaulieu.

« Lors Pothon, près de la justice,
« Ayant avec lui, six vingt lances,
« Si mit les gens en exercice
« Pour combattre et faire vaillance.

« Quand ceux de la ville si virent
« Que c'était à bon essient,
« Tous en ung moment saillirent
« Pour joindre aux Françays eupt et quant.

« Si vindrent, à une bastille,
« D'Anglays et de Portingaloys
« Ou là en mourut belle bille
« Car de cent n'en échappa pas troys.

« Les gens de Pothon aussi vindrent
« A une bastille acharniers,
« Laquelle par assaut ils prindrent
« Avec plusieurs prisonniers.

« Les Anglays voyant aceste
« La perte des dictes bastilles
« Si se mirent à Saulvetté,
« Et tantost tirèrent leuts quilles.

« Les Bourguignons si s'en allèrent
« En leur pays semblablement
« Et ainsy les Françays levèrent
« Le dit siège honorablement. »

Telle était, au point de vue militaire, la situation des choses, dans le Valois, à la fin de 1430, et j'aurai achevé de la caractériser, au point de vue diplomatique, en disant que Philippe, frappé par cet échec, préoccupé de l'agitation qui régnait dans ses provinces flamandes, et de plus en plus anxieux sur les conséquences de cette guerre, se montrait de nouveau très enclin à prêter l'oreille aux influences qui le pressaient de traiter de la paix avec le roi. D'après le savant historien de la maison de Bourgogne, le spectacle de la misère où était réduit ce noble royaume de France, remplissait son cœur de douleur et de pitié. Il avait, en conséquence, prescrit à ses ambassadeurs de faire des remontrances au roi d'Angleterre. Mais ces dispositions, de plus en plus accusées, de Philippe vers la paix, ne pouvaient qu'alarmer et irriter les Anglais et les porter à compromettre les Bourguignons dans leur alliance, en les associant à leurs vengeances contre les populations demeurées fidèles à Charles VII.

Dès le commencement de 1431, d'après Carlier, le duc de Bedfort ayant paru se disposer à pénétrer, de nouveau, dans le Valois, les bourgeois de Crépy ne purent se méprendre sur le danger qui les menaçait, et durent se préparer à la résistance. Le 21 juillet, toujours d'après Carlier, « l'officier qui commandait dans Crépy con-
« voqua les bourgeois afin de les engager à contribuer chacun au
« rétablissement des murailles qui menaçaient ruines. Tous se ren-
« dirent, sans partage, à ses représentations. Les chanoines de
« Saint-Thomas, les curés, le prieur de Geresme en usèrent de
« même. On fit la répartition des charges et chaque citoyen s'em-
« pressa d'apporter son contingent à la caisse (1) ».

Sans se préoccuper des représentations faites au roi d'Angleterre, par les ambassadeurs du duc de Bourgogne, le général anglais, ayant envahi le Valois, se porta devant Crépy à la fin de juillet 1431. Le faubourg des Bordes et la Collégiale de Saint-Thomas furent l'objet des premières attaques et complètement dévastés. La

---

(1) Carlier, t. II, p. 465.

partie de la ville qui, toujours d'après Carlier, aurait été située entre l'église de Sainte-Agathe et Duvy, et dans laquelle se seraient élevés huit beaux hôtels et cinq églises, subit le même sort. Les attaques furent ensuite dirigées contre le château. La défense fut héroïque; deux assauts furent repoussés; mais la garnison était peu nombreuse; elle ne put pas résister au troisième. Le château fut emporté; la garnison fut passée au fil de l'épée, sans rien épargner; le désastre fut complet. Plus de 1,500 maisons furent détruites, et les Anglais exterminèrent, avec une rage sans pareille, la population qui, de 18,000 âmes, fut réduite à 200.

Telle est, en substance, la version que Carlier nous a donnée de cet épouvantable désastre. Acceptée par Antony Poilleux (1), reproduite par Graves, avec quelques réserves (2), cette version a rencontré un contradicteur sérieux dans le docteur Bourgeois, auteur d'une histoire de Crépy et de ses dépendances (3). S'attachant à classer les faits dans leur ordre chronologique, avec une fidélité scrupuleuse, M. Bourgeois a interrogé les registres tenus par les argentiers, qui se trouvent à l'hôtel-de-ville, et qui, d'après lui, attesteraient l'administration paisible des finances de Crépy, pendant les années 1431 et 1432; et, comme des lacunes existent dans les registres de 1433 à 1436, il en conclut que c'est dans la période correspondant à cette lacune, qu'a dû avoir lieu cet évènement dont il reporte la date à 1433. Toutefois, pour que ce changement de date ne porte pas le trouble dans son récit, il admet que la ville ne demeura que pendant deux mois entre les mains des Anglais, alors que, d'après Carlier, ils y seraient demeurés depuis deux ans, en pleine sécurité, quand les troupes de Charles VII s'en emparèrent par une escalade nocturne, au mois de mai 1433.

Mais ce n'est pas sur ce point seulement que M. Bourgeois élève des contestations sur l'exactitude des faits rapportés par Carlier. S'autorisant d'un manuscrit datant de 1742, attribué au président Minet, dont il aurait recueilli le texte aux Archives nationales, et des écrits de Bergeron, il ne craint pas d'affirmer que l'historien du

---

(1) 1842, p. 72, 73.
(2) Annuaire du départ. de l'Oise, 1843, p. 86, 87.
(3) Senlis. — Imp. Duriez, 1867.

Valois a dû « imaginer en entier la situation de la ville de Crépy
« dans la plaine de Duvy » ; et il rejette logiquement son opinion
à ce sujet, comme aussi pour l'étendue de cette ville et le chiffre
de sa population. Enfin il arrive à cette conclusion que « les asser-
« tions de Carlier ne peuvent être acceptées que sous le bénéfice
« du contrôle le plus rigoureux ».

Des dissentiments aussi graves, basés sur des raisons, au premier
abord si sérieuses, sur des points aussi importants de l'histoire de
Crépy, devaient attirer mon attention. Je n'ai pas pensé qu'il me fut
possible de les passer sous silence, pas plus que de m'en désinté-
resser. Quelle que soit la date à laquelle les bandes anglo-bourguignonnes se sont ruées sur la capitale du Valois, pour la détruire et
en exterminer les habitants, cet évènement parait avoir pesé d'un
trop grand poids sur ses destinées, pour que je ne me sente pas
enclin, sinon forcé, de m'y arrêter. C'est ce que je vais faire, en
essayant de jeter quelque lumière sur les points qui, en l'état des
documents que nous possédons aujourd'hui, peuvent nous servir à
tenter de résoudre cette question, ainsi que celles qui en décou-
lent subsidiairement. Ces points me paraissent être au nombre de
quatre, savoir :

1º Quel était l'emplacement de la ville de Crépy-en-Valois, et
comment était formée son agglomération quand elle fut assiégée et
détruite par les Anglais ?

2º Quelles furent les causes qui portèrent les Anglais à faire subir
à Crépy de pareils sévices ?

3º Quelle date est-il convenable d'assigner de préférence à cet
évènement ?

4º Quel fut le capitaine qui défendit Crépy contre les Anglais ?
Quel fut celui qui en prit le commandement pour les Anglais ?

CHAPITRE IX

Quel était l'emplacement de la ville, et comment était formée son agglomération au moment où elle fut prise et saccagée par les Anglo-Bourguignons.

L'Histoire du Duché de Valois, par Carlier, s'arrête en 1703; mais elle n'a été imprimée qu'en 1764. Elle est donc postérieure aux notes manuscrites du président Minet, portant la date de 1743, dont l'auteur fait mention dans sa préface. Sur l'indication fournie par le docteur Bourgeois, p. 14, 1re partie. J'ai dû penser qu'une copie du manuscrit du président Minet se trouvait aux Archives nationales, où j'ai demandé et obtenu communication des cartons renfermant les anciens papiers des princes d'Orléans. Mais j'ai dû constater que le carton O, n° 20,125 signalé par M. Bourgeois, ne le renfermait pas. Ce carton qui porte aujourd'hui la cote k.474, renferme un inventaire détaillé de toutes les communes et paroisses de la châtellenie de Crépy, dressé sous la direction du président Minet. Dans cet inventaire, chaque commune a son cahier particulier; celui de Crépy n'est pas à beaucoup près le plus volumineux; il est accompagné d'une notice très succincte, rappelant les principaux évènements de son histoire; ils n'y sont pas classés dans leur ordre chronologique. Cette notice semble avoir été écrite au fur et à mesure que les souvenirs venaient à l'esprit de l'auteur, comme pour lui servir de guide dans un travail plus sérieux. Les souvenirs relatifs au sac de Crépy y sont relatés de la manière suivante :

En 1433, Crépy fut pris d'assaut par les Anglais. Poton le Bourguignon était lors capitaine de Crépy. Et plus loin : *Crépy avait autrefois 2,000 feux réduits aujourd'hui à 500.*

J'ai souligné, avec intention, ces détails à l'occasion desquels cette notice est en contradiction absolue avec Carlier. J'y reviendrai plus tard : mais cette notice n'est pas le mémoire historique du président Minet.

Très inexpérimenté en ces matières, désireux cependant de contrôler toutes les allégations émanant des divers historiens de Crépy-en-Valois, j'ai alors prié M. le conseiller général Damainville de vouloir bien réclamer, pour mes recherches ultérieures, les conseils éclairés de M. l'Archiviste du département ; offerts avec une bienveillance charmante, ces conseils ne se sont pas fait attendre. Ce fonctionnaire m'a fait savoir qu'au dépôt des manuscrits de la Bibliothèque nationale se trouvait une volumineuse collection connue sous le titre de collection Dom Grenier ; il m'a invité à y recourir, ce que je me suis empressé de faire.

Les prévisions de M. l'Archiviste du département se sont, dès le premier jour, réalisées. Dans le volume 177 de cette collection, de la page 36 à la page 76, j'ai trouvé collées sur les pages mêmes du volume les feuilles du manuscrit du président Minet, offrant ainsi, avec leur verso, 40 pages d'écriture. Voici le titre de ce manuscrit qui n'est évidemment qu'une copie de l'original. Il commet une erreur sur la date de la mort du président qu'il porte à l'année 1750 ; les registres de l'ancienne paroisse de Sainte-Agathe fixent cette date au 27 août 1749.

Mémoire historique sur le Valois par M. Minet, président au bailliage et présidial de Crépy, mort en 1750 (1).

---

(1) D'après les bruits publics, dont plusieurs personnes se sont faites les échos auprès de moi, l'original de cet historique serait aujourd'hui entre les mains d'une personne habitant une des villes voisines de Crépy. L'abbé Gross, curé de Lévignen, m'en a entretenu ; j'ai lieu de penser qu'il en a eu communication, et qu'il y a puisé en vue de l'histoire de Crépy qu'il se proposait de faire.

J'ai cru devoir faire imprimer cet historique, que l'on trouvera à la suite de l'étude à laquelle je me livre en ce moment.

Au verso de la page 52 de ce mémoire, on lit :

« Originairement la ville de Crespy était dans les fonds et les côtés
« qui sont dominés par le château ; on prétend que dans ces fonds
« et dans ces côtés, il y avait plus de 2,000 maisons qui composaient
« la ville ; or ces maisons étaient sur des grottes ou voûtes, cryptes,
« dont ces côtés sont pleins. »

Page 53, on lit encore :

« La preuve que la ville était anciennement dans les fonds et sur
« les côtés, se tire des anciens fondements des bâtiments que l'on
« a toujours trouvés, et de ce que dans ces fonds, près le lieu ap-
« pelé Fond-Marin, se trouvent les vestiges d'un grand chemin qu'on
« appelle le chemin de Bapaume..... On voit encore dans ces cantons
« quelques maisons qui ont la façade extrêmement antique, et d'une
« architecture gothique, et qui paraissent avoir servi de logement
« aux principaux officiers ; telles sont les maisons qui appartien-
« nent actuellement à M. Bourgeois, conseiller, à M. Guillot, avo-
« cat du Roy, et celle de M. le président Minet. »

Voilà pour l'ancien emplacement de la ville détruite par les Anglais. En ce qui concerne « le grand nombre des habitants dont
« elle était peuplée, le président Minet la tire d'une charte de
« Louis VIII, en 1223, par laquelle le Roy donne à cens pour tou-
« jours aux habitants des trois moulins de Crespy, savoir : Cléroc,
« Campolle et Choiseul avec la banalité à charge d'en rendre à sa
« recette cent cinquante muids et une mine de blé. Il fallait, dit-il,
« que la ville fut alors encore très peuplée, pour que les moulins
« pussent fournir une si grosse redevance outre leur entret...
« il ajoute : les habitants sont en général gais, spirituels
« affables aux étrangers. »

Décédé à Crépy, le 26 août 1749, à l'âge de 72 ans (1), le président Minet nous rend un témoignage non-seulement des traditions
locales, mais encore et surtout de l'état des lieux et des vestiges de
l'ancienne ville tels que ses contemporains et lui les avaient vus, à
la fin du XVIIe siècle. Au double point de vue de l'ancien emplace-

---

(1) Il habitait la paroisse de Sainte-Agathe. On trouvera son acte de décès aux pièces à l'appui.

ment de la ville et du nombre des habitants, ce témoignage a une grande valeur.

Ne perdons pas de vue que le président Minet, homme érudit, ayant été échevin et maire de Crépy, où, en 1717, il a fait établir un cours qui porte encore son nom, était, de son temps, la personnalité la plus élevée de son pays. Il y exerçait une grande charge de judicature ; on vient de voir plus haut qu'investi de la confiance de la Maison d'Orléans, apanagère du Valois, il avait rédigé, pour elle un inventaire de toutes les communes de la Châtellenie de Crépy. Un homme de cette valeur n'écrivait pas à la légère. Quelques erreurs ou quelques confusions pourraient, sans doute, s'être glissées dans des travaux compliqués, hérissés de dates et de citations comme cet inventaire; mais quand il nous dit ce qu'il voit, ce qu'il a vu depuis son enfance autour de sa propre demeure, dans la paroisse même de Sainte-Agathe qu'il habitait, autour des lieux qu'il désigne par les noms qu'ils portent encore, il est impossible de ne pas être frappé du désaccord qui existe entre lui et Carlier au sujet de l'ancien emplacement de la ville de Crépy. Entre cet homme et Carlier qui était son contemporain, mais qui était étranger au pays, et qui, affligé d'une santé débile, ne quittait, dit-on, jamais son cabinet de travail (1), il est difficile, ce semble, d'hésiter.

A première vue donc, on doit être porté à dire que Carlier s'est trompé en assignant pour emplacement à l'ancienne ville, le plateau qui s'étend entre l'église de Sainte-Agathe et Duvy.

Mais si l'on prend la peine de creuser un peu plus la question, on se fortifiera davantage dans cette manière de voir. La banlieue naturelle de Crépy, en 1223, comme en 1431, c'est à dire la partie de l'agglomération qui, par la force des choses, était placée sous la protection immédiate du château, était nécessairement formée, non seulement par les paroisses de Saint-Thomas et de Sainte-Agathe, mais encore par la léproserie (Saint-Ladre), par les hameaux de Saint-Germain, Bouillant, Geresme, et Mermont, où se trouvaient

---

(1) Il affirme cependant dans sa préface qu'il a fait de nombreux voyages dans le Valois.

des églises, des prieurés, et à Mermont même un petit château, possédant des dépendances, et des fiefs plus ou moins opulents.

Or Carlier nous dit textuellement que le 21 juillet 1431, l'officier qui commandait la place, prévoyant l'attaque des Anglais *convoqua les bourgeois, afin de les engager à contribuer à la mise en défense;* et il ajoute *que de peur que les exempts ne voulussent se prévaloir de leurs privilèges, les chanoines de Saint-Thomas contribuèrent les premiers, et que les curés, le prieur de Geresme, et les autres ecclésiastiques en usèrent de même.*

Voilà certes qui confirme bien mon dire, en ce qui concerne l'étendue et la direction naturelle de la banlieue de Crépy.

Si Carlier a puisé ces renseignements dans des documents écrits, il n'est pas admissible qu'en désignant, *nominativement, le prieur de Geresmes,* ces documents eussent négligé de faire mention des autres établissements religieux situés à de plus grandes distances de la place, dans la direction de Duvy, et qui se seraient associés à ces efforts. S'il les a puisés dans les traditions locales, on ne comprendrait pas davantage que ces traditions eussent pu lui fournir, même sous une forme aussi hypothétique, des indications aussi opposées à celles que nous transmet un habitant de la ville, magistrat d'un ordre élevé, évidemment enclin aux recherches et aux études intéressant son pays.

Mais ce n'est pas tout encore. Avant Carlier, et le président Minet, d'autres écrivains nous ont transmis des indications précieuses. En confirmant d'une manière générale, leur dire en ce qui concerne l'ancienne étendue de la ville et le chiffre élevé de sa population, elles semblent lever tous les doutes au sujet de l'emplacement occupé par la partie de l'agglomération détruite par les Anglais, et qui n'a jamais été rétablie. De ce nombre sont Muldrac et surtout Bergeron (Nicolas), avocat au Parlement, originaire de Béthisy, qui, en 1583, publiait un livre intitulé le *Valois Royal,* livre qu'il dédiait à la *Reine de Navarre, Duchesse du pays de Valois.*

Bergeron écrivait plus de 180 ans avant la publication de l'histoire de Carlier, à une date de beaucoup plus rapprochée de celle où s'était accomplie la ruine de la capitale du Valois. Il était du pays; les documents écrits avaient dû abonder dans ses mains; le temps n'avait pas pu encore jeter sur les souvenirs des populations un voile assez épais pour dénaturer les traditions; l'aspect des lieux, les vestiges laissés par les ruines, tout enfin avait dû le mettre à même de ne pas commettre une erreur grossière, en ce qui concernait un fait aussi important que celui de savoir où avait été l'emplacement de la ville ruinée. Or que dit Bergeron à ce sujet? Je le copie en m'étonnant que Carlier, qui le cite souvent, ait passé sous silence ce passage qui donne à ses assertions un si catégorique démenti.

« Crespy, ville principale du duché, ville de laquelle il est diffi-
« cile de vérifier la fondation, obstant les insolences et ravages des
« longues, cruelles et sanglantes guerres d'entre les Bourguignons
« et les Orléanais, et leurs adhérents et participants, comme les
« Anglais et Armagnacs, ligués les uns contre les autres, qui nous
« ont obscurci la vérité de l'histoire, tant que rien plus, et ont avéré
« le proverbe qui dit que cent ans bannière, cent ans civière; et qui
« ont presque effacé ce qui était de plus rare et antique remarque en
« notre France. Bref nous ont (quoi que ce soit) engendré une
« grande incertitude et variation. Il est toutefois à présumer par
« les ruines, rudères, et masures circonvoisines, que cette petite
« ville a été autrefois beaucoup plus ample, longue et large, spa-
« cieuse et esparse, qu'elle n'est, et que jadis elle fut édifiée par bas
« au lieu où sont, de présent, force jardins, les courtilles (1), vignes
« et marécs, au-dessous du château et du prieuré, près d'un ruis-
« seau et plusieurs fontaines, où paraît encore quelque pavé rompu,
« ayant servi autrefois de grand chemin royal. Et si semble que ce
« qui est maintenant circuy de murailles, construit et amassé
« autour du château, n'était vraysemblablement que closture et
« basse-cour du dit château, lorsqu'il était en bon estat et bien
« basty, sur la croupe pleine et angulaire d'une coline.

« Sur quoi nous avons à conjecturer que la ville de Crespy
« n'était, de ce temps, qu'une forteresse environnée de grand
« nombre et antiquité de plus de 2,000 maisons, réduite et mo-

---

(1) Sur une carte topographique du diocèse de Senlis, dressée en 1709, se trouve un plan de la ville de Crépy et de ses environs. Au nord-ouest de la ville, au-dessous de la ferme d'Hasemont on voit un quartier de la rive droite de la rivière portant ce nom : « les Courtilles. »

« dérée, maintenant à 500 environs, pour lors sans fermeture ni
« circuit de murailles ou forme de ville close (1) ».

Voilà qui parait sans réplique. Bergeron a vu les ruines, les
rudères, les masures, qui existaient encore au milieu du XVIe siècle,
un peu plus de cent ans après le sac de la ville, et il nous dit très
clairement où il les a vues.

Après Bergeron c'est le prieur de l'abbaye de Long-Pont, Muldrac qui, lui-même, a composé, sous le même titre, un mémoire
sur le Valois, au commencement du XVIIe siècle. A la page 5 de
cet écrit on lit : « Raoul, premier comte de Vermandois et de
« Valois, restaurateur et amplificateur du château de Crépy, qui
« comprenait jadis, ainsi que l'on croit, tout ce que l'on voit à
« présent, fermé de murailles, et ou la ville située en bas a été
« transférée, réduite à environ 500 feux ».

A la page 8, parlant des églises de Crépy, il écrit : « La plus
« ancienne est Saint-Denys, qui servait d'unique paroisse pour
« tout le peuple de Crépy, avant la structure du château, et la
« translation de la ville prochaine, située au bas comme dit ci-
« dessus (2) ».

Voilà bien encore, sur ce point, l'expression des traditions locales
et des croyances de la population au sujet de la translation « de
« la ville prochaine, située en bas » et non sur le plateau qui
« se prolonge entre Sainte-Agathe et Duvy. »

Dans l'annuaire de 1843, pages 79 et 80, Graves cite quelques
lignes du passage de Bergeron; il admet, dès lors, comme impossible que la ville ait occupé l'immense espace compris entre l'église
de Sainte-Agathe et Duvy. Il lui parait, au contraire, presque
certain qu'elle a dû être située, non sur le plateau, mais dans le
ravin où sont les lieux appelés Fonds-Marin, Brise-Bêche, etc.
Cette donnée une fois admise, il trouve simple d'en conclure que
ce faubourg, comme celui des Bordes, qui avoisinait Saint-Thomas,
ait été détruit, tout d'abord, par les assiégeants afin qu'ils pussent
approcher des murs de la forteresse. Il est à présumer que si

---

(1) Bergeron, Valois royal, p. 15, 16, 17, chez Gilles Beys, rue Saint-Jacques, au Lys blanc, MDLXXXIII. Bibliothèque nationale.
(2) Le Valois royal, MDCLXII. Bibliothèque nationale.

Graves avait connu le manuscrit du président Minet, il s'en serait autorisé comme d'un élément nouveau de discussion à opposer aux assertions si téméraires de Carlier, qui, ayant eu à sa disposition le texte si clair de Bergeron et celui de Muldrac, les a passés sous silence. Ce silence est étrange et montre à quel point il y a lieu de se mettre en garde contre ses affirmations.

Mais ce n'est pas assez des écrits de Muldrac, Bergeron et Minet. Nous possédons en outre, un document beaucoup plus ancien, antérieur de 120 ans à la prise et à la dévastation de Crépy par les Anglo-Bourguignons, sur lequel Carlier s'étend longuement, sans citer le texte, et qui porte témoignage contre son dire.

Après nous avoir exposé que, dans la plus grande partie des lieux du Valois, qui ne jouissaient pas du droit de commune, les habitants gémissaient sous le joug de la servitude, il nous dit qu'en l'an 1311, Charles de Valois, frère du roi Philippe-le-Bel et comte de Valois, prit la résolution de leur accorder des lettres d'affranchissement qui, dit-il, « font un honneur infini aux qualités de « son cœur, et dans lesquelles il déploye ses sentiments de com- « passion et de sensibilité à l'affreuse misère de ceux que le poids « de l'esclavage accablait ».

Ce document important, dont Carlier se borne à donner une analyse, nous a été conservé et transmis par un enfant de Crépy, M[tre] Laurent Bouchel, auteur d'un Commentaire des Coutumes des bailliages de Senlis, Clermont et Crépy (1). On le trouvera à la fin de cette étude, où je suis heureux de le reproduire. Dans son analyse, Carlier fait remarquer que « le comte et ses successeurs ne « pourront, à l'avenir, rien innover ni changer aux dispositions de « la charte de commune de Crépy, et que le ressort de cette com- « mune continuera de s'étendre sur la ville, sur le bourg et sur la « banlieue, jusqu'aux Fourches, Bouillant, Saint Germain et Saint- « Ladre, qui appartiennent à la justice de la ville (2) ».

---

(1) Laurent Bouchel, fils de Claude Bouchel, receveur ordinaire du duché de Valois, et de Charlotte de Bowes, né à Crépy, le 7 juillet 1588; avocat au Parlement de Paris; auteur de nombreux ouvrages et, notamment d'un commentaire intitulé : L'Harmonie des Coustumes de Senlis, Clermont et Valois, publiée après sa mort en 1643. Décédé à Paris le 9 avril 1629. — Carlier, t. III, LVII, p. 53 et suiv.; t. II, p. 503, LVII.

(2) Carlier, t. II, LV, p. 107 et suiv.

Si sommaires qu'elles soient, ces indications nous mettent déjà sur la voie de la vérité ; mais pour mieux faire ressortir les limites réelles, dans lesquelles était renfermé le ressort de la commune de Crépy en 1311, il importe de citer en entier, le texte qui s'y rapporte, dans la charte d'affranchissement octroyée par Charles de Valois.

Après avoir stipulé, dans un alinéa spécial, que toutes les chartes précédemment octroyées à la ville de Crépy, et « spécialement celle « sur laquelle la commune de Crespy-en-Valois est fondée », devront, à l'avenir, être « tenue et gardée de point en point », la charte d'affranchissement ajoute, dans l'alinéa suivant :

« De rechef comme il soit contenu ez privilèges ou chartres sur
« lesquelles la commune de Crespy est fondée, que la banlieue du
« bourg de ladicte ville est donnée et octroyée avec la seigneurie,
« exceptéz en icelle quatre cas expressément retenuz (1); nous pour
« eschever et oster toute matière de question et débat qui pourrait
« naistre entre nous et nos hoirs, et les bourgeois de ladicte ville,
« volons, accordons et octroyons que la dicte banlieue soit et
« dure de la dicte ville de Crespy, jusques aux fourches de la
« dicte ville, lesquelles fourches sont assizes en la justice et en
« la seigneurie de la dicte ville, de rechef jusques à Saint-
« Ladre et à Bouillant Saint-Germain, laquelle maison de Saint-
« Ladre est assize en la justice et seigneurie de la dicte ville de
« Crespy, *et aussi tout entour la dicte ville de Crespy à la*
« *circuitte, d'autant d'espace comme dessus est dict.*

« Et voulons et octroyons et permettons nous à faire que la dicte

---

(1) Ces quatre cas étaient spécifiés dans l'article III des Coutumes du Valois au titre de la justice, ainsi conçu : « Item, ausdits justiciers compétent et
« appartiennent tous et chacuns les héritages, et biens vaquans, et confis-
« cation, dedans leurs hautes justices; excepté les biens vacquans, par aube-
« nage (*a*), par mort et trespas des bastards des personnes subjectes à
« morte main, et aussi des cas privilégiez au roy, comme crime de lèze
« majesté divine et humaine, faulse monnoye et aultres. Lesquels biens
« appartiennent au roy, à cause de sa prérogative ».

(*a*) Aubenage ou droit d'aubaine par suite duquel la succession des étrangers était dévolue au domaine. Ce droit domanial était considéré comme inaliénable.

« banlieue soit distinguée et divisée en telle manière, si que les
« dicts bourgeois puissent savoir les termes de leur juridiction, et
« que ils puissent justicier là où ils pourront et devront sans
« mesprendre envers nous. Et volons et octroyons, et en ce nous
« consentons expressément, que toutesfois que aulcun cas ou
« exploitement en justice vendra ou escherra *en ladicte ville,*
« *commune et banlieue* d'icelles de quelconques personnes, soyent
« les dictes personnes prises en mesfaict présent ou non, que la
« prise d'icelles personnes, la cognoissance, la correction, juridic-
« tion et punition, et les amendes quelles que elles soient, pour
« raison d'iceulx, soyent et seront et appartiendront à la commune
« dessus dicte, exceptez tant seulement les quatre cas expressé-
« ment retenus à nous et à nos hoirs, selon ce qui est contenu
« plainement en la charte de ladicte commune, sauf notre ressort
« et notre souveraineté.

« Et voulons que les bourgeois de la dicte ville, punissent tous
« malfaicteurs en *la dicte ville, commune et banlieue* quand ils
« voudront bannir au son de la taupane, se le cas de bannir se
« offre (1) ».

Après avoir étudié attentivement ce texte, il me paraît impossible de conserver le moindre doute sur la solution que comporte la question qui fait l'objet de ce chapitre. Les soins minutieux pris par l'auteur de la charte pour « oster toute matière de question et « de débat qui pourroit naître entre lui et ses hoirs, et les bour- « geois de Crépy, » ne permettent pas de supposer, un seul instant, que la superficie de la ville s'étendit au-delà des limites fixées à sa juridiction municipale. Ces limites sont indiquées avec soin; elles comprennent, dans leur périmètre, « la ville, la commune et la banlieue ». Ces trois désignations sont répétées à plusieurs reprises; et, pour qu'on ne puisse pas élever de contestations à cet égard, il est spécifié que ladite banlieue, « soit et dure jusques aux « fourches lesquelles sont assises en la justice en la seigneurie de

---

(1) Usages et coustumes du baillage et duché de Vallois; par Laurent Bouchel. — Paris, chez Pierre Lamy, 1614. Seconde édition, p. 21 et suiv.
Ces lettres d'affranchissement portent la date du 19 avril 1311. Elles furent confirmées le 4 mai 1311 par le roi Philippe-le-Bel.

« la ville, de rechef jusques à Saint-Ladre et à Bouillant Saint-
« Germain, et aussi tout entour la dicte ville de Crespy, à la
« circuitte, d'autant d'espace comme dessus est dict. »

En présence de ce texte, que Carlier a connu, car il nous parle souvent du Commentaire des Coutumes du Valois, rédigé par Laurent Bouchel et publié après sa mort, que faut-il penser de la description qu'il nous fait de la ville de Crépy, telle qu'elle devait être avant sa ruine? Est il possible d'admettre qu'à la fin du XIV⁰ siècle elle s'étendait jusqu'à Duvy, alors qu'en 1311 les limites de sa juridiction ne dépassaient pas les lieux si bien énumérés dans la charte d'affranchissement? Durant cet espace de temps qui répond à la première période de la Guerre de Cent-ans, nous savons qu'elle a été en but aux sévices les plus graves de la part des Anglais et des bandes navarraises soldées par eux. Supposer qu'au milieu même de ces sévices, la ville de Charles de Valois ait vu sa population s'accroître de manière à être forcée de se développer dans *tout l'espace présentement vague et découvert, qu'on traverse lorsqu'on va de Crespy à Duvy*, serait, ce me semble, un défi audacieusement porté à la raison. Et les deux vastes châteaux, et le manoir fieffé, et les huit beaux hôtels, et les cinq églises qui se trouvaient, d'après Carlier, sur ce vaste espace, entourés de 1,500 maisons, on ne peut pas admettre, à coup sûr, qu'ils ait été édifiés au milieu même de cette période durant laquelle, partout ailleurs, s'accumulaient les ruines. Il faudrait donc qu'ils eussent été édifiés avant 1311; mais alors comment se fait-il que la charte d'affranchissement, si minutieuse dans ses descriptions, si soucieuse de prévoir et d'éviter les conflits de juridiction, entre les habitants de la ville et leur suzerain, n'en désigne aucun?

Non, je ne peux pas comprendre qu'ayant eu en sa possession ce document si précieux que Laurent Bouchel nous donne, *in extenso*, dans son Commentaire des Coutumes du Valois, Carlier n'ait pas hésité à nous donner, comme digne de foi, une description de l'ancienne ville de Crépy, tellement en désaccord avec son contenu. Ce qui me frappe, d'ailleurs, c'est qu'il se soit borné à l'analyser. Cette charte d'affranchissement des habitants du Valois, ne faisait pas seulement honneur au prince qui l'avait octroyée, elle marquait pour les habitants une date mémorable. C'était un des points culminants, sinon le plus culminant de leur histoire civile et municipale. Son contenu valait la peine d'être porté à la connaissance de leurs descendants, par l'historien de leur pays, beaucoup mieux, à coup sûr, que la plupart des pièces à l'appui qu'il produit à la fin de son 3ᵉ volume.

Mais à quoi bon insister davantage sur cet oubli. Qu'il soit inconscient ou volontaire, il n'en porte pas moins témoignage contre lui, plus encore, peut-être, que ceux que je viens de lui reprocher, relativement aux écrits de Muldrac, de Bergeron et de Minet, car il semble avoir été intentionnellement dissimulé à l'aide d'une analyse incomplète, ne laissant voir au lecteur que ce qui n'est pas en désaccord avec ses affirmations

Et quand bien même nous n'aurions pas à opposer à l'écrivain de 1764, dont les dires se fondent sur des conjectures, le témoignage si net de celui de 1583 qui nous décrit, tout simplement ce qu'il a vu, et ceux des écrivains de 1562 et 1743, qui le confirment, et surtout le texte si concluant de la charte d'affranchissement de 1311, la vraisemblance, le bon sens, les données générales que nous possédons, sur le mode de formation des agglomérations, sous l'influence du régime féodal, tout ici militerait contre les assertions de Carlier. Pour ces formations et pour leur extension, l'histoire, en effet, nous présente deux modes principaux et distincts. Antérieures, par leur origine, au régime féodal, remontant à la période gallo-romaine, la plupart d'entre elles ont joui à cette époque, à titre de municipes, d'une existence propre, qui a dû, sans doute, se modifier quelque peu, par le fonctionnement des institutions féodales, mais qu'elles n'ont pas cessé d'être chargées de défendre elles-mêmes. Dans ce but, elle se sont entourées, tout d'abord, d'une ceinture de murailles dont le périmètre était susceptible de se développer au fur et à mesure du développement de l'agglomération, et en raison de ses progrès. Témoin les enceintes successives de la ville de Paris. Pour quelques autres, au contraire, qui avaient perdu leurs immunités municipales, en devenant la résidence de l'un des grands feudataires de la couronne, il en a été tout autrement. Elles ont été transformées en châteaux forts, autour et à l'abri desquels, attirées par les avantages divers que leur offrait le seigneur, les populations sont venues s'agglomérer pour y chercher protection et s'y réfugier au besoin. Sur tous les points du territoire où un château fortifié a été édifié, une agglomération, plus ou moins considérable, s'est formée sous son abri, et sous l'influence de ces deux causes principales, savoir : avantages offerts par le seigneur, et protection en cas de sévices. Il est visible que ce phénomène s'est produit à Crépy, plus en grand; cela se comprend, parce que le seigneur, étant plus puissant, pouvait offrir de plus grands avantages et semblait promettre une protection plus efficace. Et c'est ainsi que cette agglomération a pu et dû se développer dans des proportions plus vastes, en se subdivisant en deux fractions bien distinctes. La première, la plus ancienne, la moins étendue comme superficie, et la moins peuplée, entourée de fortifications dont le périmètre est demeuré inflexible et pourvue de tout l'appareil de la défense militaire (1). La deuxième plus peuplée, d'une superficie plus étendue, plus éparse, comme dit Bergeron; mais formée, autour de la première, sous l'influence de cette nécessité de premier ordre, la protection qu'elle en devait tirer. Or, quelle protection réelle et prompte, en cas de sévices, le château de Crépy aurait-il pu donner à une agglomération s'étendant tout en longueur jusqu'à Duvy, et même au-delà? Ce n'est pas dans cette direction que cette agglomération s'est formée. Le bon sens, l'étude des causes qui ont forcément présidé à sa formation, condamneraient cette conjecture, quand bien même les écrits du président Minet et surtout ceux de Bergeron et de Muldrac, et les lettres d'affranchissement de 1311, ne seraient pas là pour l'affirmer.

Cela est visible, je le répète; mais il est visible aussi que, par la force des choses, la deuxième partie de cette agglomération a dû, dans ces temps malheureux, être exposée à de fréquentes attaques. Aussi Bergeron nous dit-il, p. 19, qu'elle a été *bâtie et rebâtie plusieurs fois.*

J'estime donc, pour ma part, et j'y insiste, que cette partie de la réfutation de Carlier par le docteur Bourgeois est fondée, comme celle de Graves. Quant aux églises nombreuses, plus ou moins détruites par les Anglais, je suis enclin à penser, comme lui, qu'en outre de la Collégiale de Saint-Thomas, ce sont celles que le doc-

---

(1) Cette partie elle-même était divisée en deux fractions : le château et le donjon. Le mémoire historique du président Minet fournit à cet égard les explications les plus complètes.

teur Bourgeois désigne en y ajoutant Sainte-Agathe, que le président Minet indique formellement comme ayant été en partie incendiée. Par suite de la ferveur religieuse qui régnait alors en Europe, les édifices religieux, les monastères, les maladreries, avaient longtemps joui, au moins dans une certaine mesure, d'immunités qui avaient permis de les édifier en dehors des places fortifiées. C'étaient, pour tous, des lieux d'asile ; mais, à la date où nous sommes parvenus, sous l'influence de causes que je vais énumérer, la guerre, soutenue par l'étranger qui se sent menacé de perdre sa conquête, allait changer d'allure ; ces lieux d'asile ne devaient plus être respectés. Et voilà pourquoi nous voyons les chanoines de Saint-Thomas et le prieur de Geresmes lui-même s'associer, avec empressement, aux efforts entrepris pour la défense de Crépy ; efforts qui devaient attirer sur eux en particulier, comme sur la capitale entière du Valois, la colère et la vengeance impitoyable des Anglais.

Sur ce point, comme sur quelques autres, que j'indiquerai plus loin, Carlier s'est donc abusé. Il a mal observé. Ne quittant pas son cabinet de travail, il n'a pu s'inspirer de l'aspect des lieux. Il a été amené ainsi à se faire, de loin, l'organe de quelques exagérations qui avaient cours sans doute de son temps, et que le président Minet semble avoir eu pour objet de combattre, comme l'indique la forme donnée à ses démonstrations. Les mêmes influences se sont exercées sur son esprit, relativement au chiffre des habitants qu'il porte à 18,000, d'après *une supputation qu'on lui a, dit-il, communiquée*, mais dont il n'indique pas la source. Encore ne compte-t-il pas dans ce chiffre *les habitants de la forteresse, ceux de l'hôtel de la comtesse, ceux de Bazoche et des manoirs des fieffé répandus dans la banlieue*. Il paraît difficile de se montrer moins rigoureux, moins scrutateur, dans l'examen d'un fait aussi important pour la capitale d'un pays dont on a entrepris l'histoire ; il est surtout impossible d'être moins soucieux, moins jaloux d'apporter des preuves à l'appui de ses conjectures ; et je ne serais pas éloigné de m'associer aux appréciations du docteur Bourgeois, quand il dit que l'histoire du prieur d'Andrésy *se trouve entremêlée d'anecdotes, de fables et de commérages dont le trop crédule Carlier se fait le verbeux adepte et le panégyriste.*

Il est certain, selon moi, que partout où Carlier ne cite pas un texte ou ne s'appuie pas sur un document authentique, il y a lieu de se tenir en garde contre les écarts de son imagination et la faiblesse de sa critique. Or, ici, à défaut même des lettres d'affranchissement, Bergeron, qui écrivait tout près de deux cents ans avant lui, qui, mieux que lui, par conséquent, avait été à même de savoir, Bergeron et Muldrac qui étaient du pays et qu'il cite souvent dans le cours de son histoire, lui fournissaient des textes très nets, très précis, qu'il a mis de côté sans prendre la peine de les discuter, sans en prévenir le lecteur, pour s'en rapporter à des supputations dépourvues de preuves, dont il nous voile les origines, et à l'appui desquelles il ne tente pas, malgré leur invraisemblance, la plus légère justification.

CHAPITRE X

Quelles furent les causes qui portèrent les Anglais à faire subir à la ville de Crépy de pareils sévices.

En faisant, tout-à-l'heure, l'historique rapide des faits de guerre qui se sont accomplis dans le Valois depuis le sacre de Charles VII jusqu'en 1431, j'ai déjà mis au jour quelques-unes de ces causes. Pour expliquer les manœuvres des deux armées, et leur attitude quand elles se sont trouvées en présence, j'ai dû signaler l'influence qu'avaient exercée, sur les deux adversaires, les négociations ouvertes par Philippe-le-Bon dès le 16 juillet 1429, négociations qui devaient aboutir à une première trêve signée à Compiègne le 27 août 1429 et s'étendant jusqu'à la fête de Pâques, c'est-à-dire jusqu'au premier jour de l'année 1430 (1); mais en ce moment, ayant à déterminer plus exactement les causes multiples de l'animosité des Anglais contre la ville de Crépy, et me préparant à préciser, autant que possible, la date du jour où ils ont assouvi, sur cette malheureuse ville, leur colère, je dois pénétrer plus profondément dans l'examen de ces négociations ; et pour mieux faire comprendre les alternatives qui les ont signalées, depuis leur origine jusqu'à

---

(1) A cette époque, l'année commençait le jour de la fête de Pâques.

leur terme en 1435, il est indispensable que j'expose, sommairement, les précédents terribles à la suite desquels le duc de Bourgogne, le plus grand feudataire de la Couronne de France, était devenu l'auxiliaire de ces envahisseurs Anglais qui ne tendaient rien moins qu'à la destruction de la nationalité française.

J'ai dit précédemment que, dès le début du règne de Charles VI, par suite de sa rivalité avec le duc de Bourgogne, le duc d'Orléans, frère du roi, à qui le Valois avait été attribué comme apanage, avait fait de sa capitale le centre de sa puissance; j'ai exposé qu'il en avait rétabli les fortifications d'une façon formidable en l'entourant d'une double ligne de places de guerre depuis Montépilloy jusqu'à Pierrefonds. Et j'ai ajouté que, le 23 novembre 1407, il était tombé lâchement assassiné, sous les coups des sicaires de son rival, Jean-sans-Peur. Héritier de sa puissance, son fils Charles envoie un défi à Jean-sans-Peur, et faute de pouvoir obtenir de lui satisfaction, il engage, dès 1411, des hostilités dans lesquelles la ville de Crépy tombe au pouvoir des Bourguignons, pour rentrer en 1412 sous la domination du duc d'Orléans.

Sur ces entrefaites, les deux fils aînés de Charles VI meurent inopinément, et Henri V d'Angleterre, nouvellement parvenu au trône, en 1413, inaugure, par la victoire d'Azincourt, cette deuxième période de la Guerre de Cent-Ans qui, pour la deuxième fois, devait faire courir à la France les plus grands périls.

De son côté, la reine Isabeau de Bavière vit à Vincennes dans un désordre si public, que le malheureux Charles VI se voit contraint de la faire envoyer à Tours où elle est détenue comme prisonnière; irritée de ce traitement, dont elle fait remonter la responsabilité à son troisième fils, depuis Charles VII, elle implore le secours de Jean-sans-Peur qui la délivre.

A partir de ce moment Jean-sans-Peur, étant introduit, par trahison, dans Paris, sa faction y reprend le dessus, et un massacre horrible a lieu (1418). Le Dauphin est forcé de s'enfuir suivi d'une grande partie du Parlement.

Cependant en 1419, des tentatives de conciliation ont lieu entre ce dernier et Jean-sans-Peur. Une entrevue leur est préparée sur le pont de Montereau; mais à peine les deux princes se sont-ils approchés, chacun avec dix chevaliers, que Jean-sans-Peur, l'assassin du duc d'Orléans, tombe à son tour percé de coups.

Cet attentat, qu'à tort ou à raison l'opinion impute au Dauphin, porte aux dernières limites, contre lui, la haine d'Isabeau. Elle se réunit au fils de Jean-sans-Peur, Philippe, et au Roi d'Angleterre. En 1420, à Troyes, est concerté entre eux ce fameux traité par lequel on règle qu'Henri V épousera la fille de Charles VI (1); qu'après la mort du Roi il lui succédera à la Couronne; qu'en attendant il gouvernera la France comme Régent, vu l'incapacité de Charles; et que l'on poursuivra sans merci, Charles, soi-disant Dauphin, regardé comme l'ennemi de l'État.

C'était, tout simplement, violer les lois fondamentales du Royaume.

Tels sont, en substance, les précédents odieux et sinistres qui ont jeté l'indigne épouse de Charles VI dans les bras des Anglais et fait de Philippe-le-Bon leur auxiliaire. Ils expliquent s'ils ne justifient pas l'acharnement avec lequel, depuis 1419, il soutient la guerre contre l'héritier légitime du trône, parce qu'il le rend responsable de l'attentat de Montereau.

Tout alors semblait perdu pour la Maison de France dont le chef, dans son insanité, prêtait l'autorité de son nom à ces indignes projets; mais en 1429, alors que depuis sept ans déjà, le roi anglais croit pouvoir s'intituler roi de France, les choses changent de face tout à coup. L'héroïne de Vaucouleurs fait sa miraculeuse apparition sur la scène militante, et le premier effet, le plus considérable à coup sûr, des victoires merveilleuses qu'elle remporte, est de ramener l'esprit du bourguignon à une plus saine appréciation de ses devoirs envers sa patrie, et de le disposer, déjà presque repentant, à se réconcilier avec son véritable suzerain.

Combattu entre le devoir qu'il s'était imposé de venger la mort de son père, et les remords que lui causaient les malheurs de son pays, l'esprit de Philippe-le-Bon était en proie, comme on l'a vu, aux plus grandes perplexités (2). Cette guerre, dans laquelle un vassal combattait son souverain légitime au profit d'un souverain étranger, attaché lui-même, par des liens de vassalité, envers la

---

(1) Catherine de France.
(2) Barante, t. III, IV, 1470, p. 260.

Couronne de France, scandalisait l'Europe (1). Se faisant les organes de l'indignation générale, les légats du pape agissaient à Dijon dans le sens de la réconciliation ; le duc de Savoie s'était offert pour médiateur (2). Cédant à ces influences, Philippe s'était décidé à envoyer des ambassadeurs au roi d'Angleterre pour lui faire des observations. Les Anglais se sentaient menacés d'une défection qui aurait ruiné leurs espérances. Dès 1430, ils n'avaient plus qu'un but, celui de compromettre leur allié, auquel ils ne ménageaient pas les reproches, notamment au sujet de la levée du siège de Compiègne, dont ils lui imputaient la responsabilité.

« Peu de temps avant la bataille de Bar ou de Bulgnéville, 2 juil-
« let 1431, dit l'historien des ducs de Bourgogne (3), le duc, mécon-
« tent de la réponse des Anglais, avait envoyé au Roi de France une
« ambassade composé de Jean de la Trémouille, sire de Javelle, et du
« sire de Jeaucourt. Ils étaient chargés de traiter de la paix géné-
« rale, et de régler, en attendant, une trêve, afin de soulager le
« pauvre peuple, et de le préserver d'une ruine générale. »

Le roi était alors à Chinon. Les députés y passèrent longtemps avant de signer la trêve.

Enfin, le 8 septembre 1431 (4) « une suspension d'armes fut
« signée, pour deux ans, pour toutes les frontières de Bourgogne,
« du Nivernais, de Champagne et du Rithelais. Le 21 du même
« mois, le comte de Clermont suivait cet exemple, et la trêve fut
« signée à Bourg en Bresse. »

Par l'intérêt qu'ils attachaient à l'alliance du duc de Bourgogne, on doit comprendre à quel point furent poussées alors les inquiétudes et les récriminations des Anglais. Philippe, qui se faisait un véritable scrupule d'être amené à traiter sans le concours de ses alliés, crut devoir leur fournir des explications et des excuses. (De Barante, t. III, IV, p. 267 et 268.)

Mais les négociations n'en continuèrent pas moins. La pression

---

(1) David Hume dit que ce scandale causait en Europe une clameur universelle.
(2) Barante, p. 260, 265.
(3) T. III-IV, p. 265.
(4) Il est important de bien retenir cette date.

— 73 —

des légats du pape sur Philippe devint plus énergique, et en 1435 ses scrupules comme allié des Anglais furent enfin surmontés. Son adhésion aux propositions de paix avec Charles VII fut acquise. Le traité fut signé à Arras, le 21 septembre 1435.

Si je suis parvenu à résumer, avec clarté, les faits relatifs à cette période si courte, mais si décisive pour les destinées de la France, mes lecteurs auront compris combien étaient nombreuses et graves les causes de l'animosité que les Anglais devaient porter à la ville de Crépy, comme à toutes celles d'ailleurs qui étaient demeurées fidèles à la cause nationale. Cette ville était la capitale du patrimoine des Valois dont ils avaient juré la perte ; ses habitants n'avaient pas déserté la cause de leur souverain ; au point de vue militaire, les travaux du duc d'Orléans en avaient fait la maîtresse ville de tout le pays. Après le sacre de Charles, elle lui avait ouvert ses portes et l'avait accueilli avec le plus vif enthousiasme ; c'était de son enceinte qu'étaient partis les premiers secours qui avaient contraints les Bourguignons à lever le siège de Compiègne ; c'était aussi du même lieu, ou à peu près, qu'avaient été entamées les négociations dont, dès 1429, le résultat premier faisait présager l'écroulement des projets qu'ils avaient formés et qui n'allaient à rien moins qu'à la conquête absolue de la France, et à la réunion des deux couronnes sur la tête de leur souverain.

Donc, à partir de 1430, jusqu'à la conclusion de la paix entre Charles et Philippe, en septembre 1435, les perplexités des Anglais furent grandes, et aucun effort ne leur dut coûter pour compromettre le résultat des négociations entamées entre ces deux adversaires.

Le 2 juillet 1431, il est vrai, un évènement imprévu s'était produit qui semblait devoir favoriser ces efforts. A la journée de Bulgnéville, près de Neufchâteau, l'armée de René d'Anjou, duc de Lorraine, avait été complètement défaite par les troupes de Philippe, et lui-même avait été fait prisonnier. René était l'un des feudataires de la Couronne qui, lors de la marche triomphale de Charles VII vers Reims, étaient accourus auprès de lui. Il avait assisté au sacre du roi ; il l'avait accompagné dans sa marche vers le Valois ; le 15 août 1429, lorsque l'armée royale s'était portée, de Crépy, à la rencontre de l'armée anglaise campée vers Montépilloy, il y exerçait un commandement important. L'échec subi le 2 juillet 1431 par les troupes de René pouvait être considéré comme une revanche sérieuse de celui que les troupes de Philippe avaient éprouvé, quelque temps avant, par la levée du siège de Compiègne. Il semblait donc que les ambassadeurs qu'il avait envoyés au roi après cet échec dussent se montrer moins accommodants après une victoire. Il n'en fut rien cependant, cela semble certain, puisqu'une trêve, pour une durée de deux années, fut signée, entre les Français et les Bourguignons, le 8 septembre 1431. Mais avant cette signature, comme après l'expiration de cette trêve, la politique anglaise dut agir, par tous les moyens en son pouvoir, en vue de rendre Philippe et Charles irréconciliables. Au nombre de ces moyens se plaçaient, au premier rang, ces actions de guerre impitoyables, qui exaspéreraient le roi, en surexcitant l'orgueil de son vassal, et rendraient la réconciliation plus difficile.

Ces actes, d'ailleurs, semblaient offrir aux Anglais un autre avantage, celui d'intimider les populations en leur montrant, comme l'a dit si bien Wallon, ce qu'il en pouvait coûter de les abandonner, ou de demeurer fidèles à un roi qui savait si mal les défendre.

Dans cette période de 1430 à 1435, quelle que soit la date que l'on doive assigner à la prise et au sac de Crépy, par les Anglais, leurs préoccupations, leur but, leur état d'esprit, ont été les mêmes; c'est à l'aide des considérations qui précèdent que doivent être expliqués les excès auxquels ils se sont livrés (1).

Dans l'étonnement et l'horreur que lui cause l'effroyable dévastation que les Anglais commirent sur cette malheureuse ville, Carlier nous les représente comme *outrés du déplaisir d'avoir échoué plusieurs fois devant cette place*, et il ajoute, je dirais volontiers, dans sa naïveté, *qu'apparemment ils eurent quelques motifs pour y décharger leur colère*.

Ces motifs qui ont échappé à la sagacité de Carlier me paraissent ressortir, avec éclat, de la situation des choses telle que l'avaient faite les évènements accomplis depuis l'apparition de Jeanne sur la scène militaire et politique. Le résumé qui précède les aura, je l'espère, mis suffisamment en lumière.

---

(1) Flammermont dit, de son côté, que les Anglais traitaient impitoyablement les pays qu'ils recouvraient.

CHAPITRE XI

Quelle date doit-on assigner au siège et à la ruine de Crépy par les Anglais.

L'étude que je viens de faire pour mettre en lumière les causes qui engendrèrent la colère des Anglais contre la capitale du Valois, va m'aider à resserrer, dans des limites de temps très restreintes, la date à laquelle ils assouvirent leur rage sur cette ville, avec tant de férocité.

Je remarque d'abord qu'une première trêve fut signée à Compiègne le 28 août 1429. Elle devait expirer à la Noël, et fut prorogée jusqu'à la Pâque de l'année suivante, soit au 16 avril (1).

A cette date, nous le savons, les hostilités furent reprises par le duc de Bourgogne qui, peu de jours après, mit le siège devant Compiègne. Nous savons également que, pendant la durée de ce siège, Crépy servit de lieu de rassemblement pour les secours destinés aux habitants de cette ville, et que le siège fut levé à la fin d'octobre 1430. Durant cette période, du 16 avril au 1er novembre 1430 (2), Crépy fut menacé par Hutington, dont le but était d'amener une sortie de la garnison de Compiègne.

---

(1) Carlier, t. II, p. 459. — Wallon. — Barante.
(2) Le 26 octobre d'après Wallon.

Je remarque ensuite que, sous la pression des légats du pape, une deuxième suspension d'armes fut signée à Chinon, le 8 septembre 1431, par les ambassadeurs du duc de Bourgogne, et à Bourg-en-Bresse, le 24, par le comte de Clermont.

Cette suspension devait durer deux ans:

Pour que les Bourguignons aient pu prendre part ostensiblement à une action de guerre aussi considérable que le siège en règle, la prise et la dévastation de Crépy, et qu'après cette dévastation ils y aient laissé, comme le dit Carlier, un des leurs pour gouverneur, il faut donc que cet évènement se soit accompli *après la levée du siège de Compiègne en novembre 1430, et avant l'ouverture de la deuxième trêve, le 8 septembre 1431*. A moins cependant qu'ils ne doive être reporté après l'expiration de cette deuxième trêve, c'est-à-dire après le 8 septembre 1433.

D'autre part, si les chroniqueurs bourguignons ne nous ont pas transmis des détails sur la prise de Crépy par les Anglais avant 1433, ils nous ont, du moins, fait connaitre la date, à très peu de jours près, exacte, de la reprise par les Français, circonstance essentielle pour la solution de la question soulevée par le docteur Bourgeois.

Le plus important d'entre eux était Monstrelet, qui accompagnait souvent Philippe-le-Bon et qui avait, ainsi qu'on l'a vu précédemment, assisté à son entrevue avec Jeanne (le 24 mai 1430) peu d'instants après sa prise par le Bâtard de Vendôme (1); Monstrelet constate qu'en 1429 et 1430, Crépy tenait pour le roi Charles; puis, arrivé au commencement de 1433, sans avoir dit comment ni quand cette ville était passée sous la domination anglaise, il nous dit:

« Durant ces tribulations, les gens du roy Charles prinrent par
« eschiellement, à un poingt du jour, la ville de Crespy-en-Vallois,
« tenant le parti des Anglais. Et, en étoit capitaine *le Bastard de*
« *Thien*, lequel avec grande partie de la garnison et des habitants
« fut prins et tous les biens pillés et ravis, avec plusieurs

---

(1) Wallon. — Monstrelet, ch. LXXXVI, liv. 2, dit que « le duc parla
« à elle quelques paroles dont je ne me suis pas bien recors, jà soit que j'y
« étois présent ».

« aultres maulx grands et inénarrables qui y furent fais, ainsy et
« par la manière qu'il est accoutumé de faire en ville con-
« quise (1). »

Dans l'histoire de Charles VII par Jean Chartier, Berry, Mathieu
de Coucy et autres historiens, nous relevons le passage suivant,
toujours à l'année 1433.

« Les Français prirent d'emblée Crespy-en-Vallois sur le *Bastard*
« *de Thien,* tenant le party des Anglais (2). »

Mais le journal d'un Bourgeois de Paris est plus explicite
encore :

« Le 7ᵉ jour de may 1433, dit ce chroniqueur, vinrent les Ar-
« mians (les Armagnacs) à minuit, en la ville de Saint-Marcel,
« près Paris et feirent moult maulx... tantôt après allèrent devers
« Crespy-en-Vallois, *laquelle ville les Anglais avaient prinse un*
« *pou devant;* mais elle fust par trayson rendue aux Armians; qui
« fut douleur sur douleur, aux bons mesnagiers de la ville ».

Pour comprendre la valeur de ces citations, il faut se rappeler
qu'à cette époque, la réforme du calendrier, accomplie plus tard
en 1582, par l'influence et sous le pontificat de Grégoire XIII,
n'avait pas eu lieu. D'après le style le plus généralement adopté
dans les provinces françaises, les années commençaient à la fête de
Pâques, qui, suivant les décisions du Concile de Nicée, devait
tomber entre la pleine lune et le dernier quartier de la lune de
mars qui suit l'équinoxe du printemps. Le commencement des
années était donc variable (3). Celle de 1431 avait commencé le
1ᵉʳ avril; celle de 1432, le 20 avril; celle de 1433, le 12 avril (4).

---

(1) Monstrelet, vol. V, p. 68, chroniques.

(2) Imprimerie royale, Paris, MDLXI, p. 337.

(3) Barante, Histoire des ducs de Bourgogne, t. III, t. IV, 1431, 1432,
1433.

(4) Il s'était glissé, peu à peu, dans le calendrier des erreurs si considérables que la fête de Pâques se serait insensiblement trouvée au solstice
d'été. Un retranchement de dix jours dans le mois d'octobre 1582 replaça
l'équinoxe du printemps au 21 mars de l'année suivante. Le calendrier
grégorien commença en France du 10 au 20 décembre 1582. Il fut adopté
successivement dans tous les Etats catholiques de l'Europe. Les protestants
ne l'ont adopté que plus d'un siècle après. Les Russes seuls l'ont rejeté.
(Desportes, Rocheron. Biographie de Grégoire XIII).

Donc le mois de mai 1433 se trouvait être l'un des premiers mois de l'année. Toutefois, l'usage de faire commencer les années le jour de Pâques n'avait pas été universellement adopté. Dans quelques diocèses du midi de la France, notamment, on faisait commencer l'année le 25 décembre, jour de la Noël ; dans d'autres, c'était le 25 mars, jour de l'Annonciation. Circonstance à remarquer dans l'examen de la question qui nous occupe, ce dernier style, adopté par l'Eglise d'Angleterre à partir du XIIe siècle, avait été admis par le pouvoir civil dans le cours du XIIIe, à l'exemple de l'Eglise.

Donc, au moment où s'accomplissaient les événements qui fixent notre attention, l'année légale, pour les Anglais, commençait le 25 mars. On peut donc présumer qu'ils avaient tenté d'introduire cette coutume partout où ils avaient étendu leur domination, dans l'Ile-de-France particulièrement, et principalement à Paris. Il ne serait donc pas surprenant que le Bourgeois de Paris, qui écrivait ses chroniques sous l'influence et la domination anglaises, eût adopté ce style. Mais, même en partant de cette donnée, il n'en resterait pas moins démontré que, pour les chroniqueurs anglo-bourguignons, comme pour les français, le mois de mai 1433 avait été l'un des premiers mois de cette année. Dès lors, il n'est pas possible d'admettre que la prise de la ville par les Anglo-Bourguignons ait eu lieu en 1433. En concédant qu'au lieu de l'avoir occupée pendant plusieurs années, comme le prétend Carlier, ils en aient été dépossédés quelques mois seulement après s'en être emparés, comme le suppose le docteur Bourgeois, la date de cette prise se trouverait reportée, tout au moins, dans le courant de l'année 1432.

Mais alors, la prise et le sac de Crépy auraient eu lieu au milieu même de la deuxième trêve, signée pour deux ans, en septembre 1431, entre Charles et Philippe, et les Bourguignons n'auraient pas pu y prendre part ostensiblement. Cela est, ou me paraît du moins, de toute évidence ; dès lors, si la reprise par les Français a eu lieu en mai 1433, il faut que la prise, *avec le concours des Bourguignons*, ait eu lieu avant le 8 septembre 1431.

Or, c'est bien au milieu de cette période, comprise entre la levée du siège de Compiègne en novembre 1430 et le commencement de la deuxième trêve, en septembre 1431, que Carlier a placé cet événement auquel il se complait à donner des proportions grandioses, sans nous révéler aucune des sources auxquelles il aurait puisé pour justifier ses assertions. Et, comme il s'appuie sur Monstrelet pour fixer au mois de mai 1433 la date de la reprise de la ville par les Français sur les Anglais, il ne s'écarte pas de la vraisemblance, en fixant celle de la prise par les Anglo-Bourguignons au mois de juillet 1431; mais ce qui imprime à ce choix un caractère absolument conjectural, c'est le soin qu'il met à ne pas mentionner le silence gardé par Monstrelet et ses contemporains, sur les circonstances au milieu desquelles la ville de Crépy a dû passer sous la domination anglaise, avant le mois de mai 1433. Si, comme il le prétend, sans justification aucune, cet événement a été accompagné de circonstances aussi terrifiantes que celles qu'il nous décrit, comment se fait-il que Monstrelet, Jean Chartier, le Bourgeois de Paris, n'en aient pas eu connaissance? Ils sont unanimes pour se taire à ce sujet; et cependant Carlier n'est pas arrêté par cette unanimité. Cela est fait pour surprendre, alors surtout que nous allons le voir tout à l'heure supprimer, purement et simplement, d'autres citations de Monstrelet et dénaturer celle qui se rapporte à la reprise de la ville par les Français en 1433, en retranchant une des parties les plus essentielles, celle où l'historien bourguignon affirme, avec ses contemporains, que la ville était commandée alors, au nom des Anglais, par le Bâtard de Thien.

Oui, sans doute, pour que la prise de Crépy, antérieure à 1433, ait eu lieu avec l'éclat terrifiant que Carlier lui imprime, et avec le concours des Bourguignons, il faut que cet événement se soit accompli avant l'ouverture de la deuxième trêve, qui devait les forcer à suspendre les hostilités, c'est-à-dire avant le 8 septembre 1431. Mais alors le silence de Monstrelet et de ses contemporains, au sujet d'une catastrophe semblable, n'aurait pas été possible, et ce silence que Carlier se garde bien de relever, et qui est significatif, me semble tourner à la condamnation de la date choisie par cet historien.

Bien mieux encore. Avant d'entrer dans le récit de cet événement, Carlier nous dit (1) « que quelques mouvements du duc de

---

(1) P. 465, liv. vi, t. II.

« Bedfort, au commencement de l'an 1431, semblaient annoncer
« que ce général avait dessein de pénétrer, une seconde fois,
« dans le Valois. Que les bourgeois de Crépy regardaient ces mou-
« vements comme un avertissement de se tenir sur leurs gardes ».
Ce qui porta le capitaine de la ville à les convoquer le 21 juillet suivant. Et, dans les lignes qui précèdent immédiatement ce passage,
il nous a dit que « croyant surprendre Lagny, Bedfort s'était porté
« sur cette place, mais que sa démarche n'avait pas eu l'effet qu'il
« en avait attendu (1) ».

Or, dans le chapitre CXIX du livre deuxième, Monstrelet fixe, en
termes très précis, au mois de mars 1432, cette tentative des
Anglais sur Lagny. Elle ne fut pas sans importance. J'y reviendrai,
en examinant les comptes de l'argentier pour l'année 1432, lesquels
en font indirectement mention. Pour le moment, je signale chez
Carlier cette erreur de date, qui me semble intentionnellement
commise afin de grouper les faits, sans souci de leur ordre chronologique, en vue, sans doute, de rendre plus vraisemblable le choix
de la date qu'il avait fixée pour la prise de Crépy.

Cette transposition de date, combinée avec le silence de Monstrelet, au sujet d'un événement aussi grave qui se serait accompli
en 1431 ; surtout la résolution de Carlier de ne pas signaler ce
silence et son absence absolue de justifications, me rend, je l'avoue,
singulièrement défiant.

Et cependant, si les Français ont repris Crépy sur les Anglais en
mai 1433, il n'en est pas moins vrai que cette ville était passée sous
la domination anglaise avant cette date. Pour expliquer le silence
gardé par Monstrelet et ses contemporains sur cet événement, je
suis enclin à conclure qu'il a été presque sans importance puisqu'il
a pu passer inaperçu. Et cette explication serait loin d'être irra-
tionnelle. Les Anglais, en effet, n'avaient pas été parties contrac-
tantes dans la trêve conclue le 8 septembre 1431 entre le roi et
Philippe, et on sait avec quelle négligente confiance, du moins en
apparence, Charles VII attendait l'issue des négociations entamées
en vue de la paix avec les Bourguignons. Retiré depuis son échec
devant Paris en 1429, en Touraine et en Berri, il concentrait toute

---

(1) Carlier, p. 465, liv. VI, t. II.

son action vers la poursuite d'un but, en vue duquel il avait pour auxiliaire le concours de la diplomatie européenne, se faisant, auprès de Philippe, l'organe de l'indignation que la prolongation de cette guerre suscitait. Rompre l'alliance des Bourguignons avec les Anglais, tel était ce but, qui lui apparaissait comme le seul moyen de parvenir à l'expulsion des étrangers.

Il faut bien le dire, d'ailleurs, à l'excuse de ce roi qui, plus tard, devait prendre, le premier, l'initiative de la création des armées permanentes, dans la situation que les événements lui avaient faite, les ressources financières lui faisant défaut, aucun effort militaire de quelque durée ne lui était possible. Sous l'influence que Jeanne avait exercée, les volontaires étaient accourus en foule sous ses drapeaux; mais ils s'étaient forcément dispersés depuis, et cette armée, qui avait accompli, en quelques jours, cette marche miraculeuse des bords de la Loire jusqu'à Reims, avait été remplacée par des détachements, susceptibles encore de tenter des coups de main hardis, mais incapables de fournir des garnisons suffisantes pour occuper et défendre, avec succès, des places nombreuses et éloignées. Tout autre, au point de vue des ressources financières, était la situation des Anglais. Bien que le Parlement, envahi par la lassitude et la défiance que la prolongation de cette guerre lui faisait éprouver, ne fut pas prodigue de subsides, la pénurie du duc de Bedfort était loin d'égaler celle de Charles; ce dernier en était réduit à ne pouvoir plus rien tirer d'un pays absolument ravagé; on ne saurait donc, sans injustice, le rendre responsable de l'impuissance où il se trouvait de protéger les places les plus voisines de Paris, contre les attaques d'un ennemi qui avait fait de la capitale le centre de ses ressources et le point de départ de toutes ses actions de guerre.

Dans une situation semblable, qu'y aurait-il d'étonnant qu'une ville abandonnée à elle-même, dépourvue de défenseurs, ait été, de la part des Anglais seuls, sans le concours des Bourguignons, l'objet d'une invasion soudaine; et que cette prise de possession, sans lutte préalable, n'ait pas pris rang, chez les chroniqueurs, parmi les événements militaires importants accomplis depuis le 8 septembre 1431 jusqu'au mois de mai 1433?

Le Français occupaient Crépy en 1431 (1). Au dire de tous les chroniqueurs, ils ont *repris* Crépy sur les Anglais en mai 1433; il est donc certain que, dans l'intervalle de temps compris entre ces dates, Crépy était passé sous la domination des Anglais; tous les chroniqueurs se taisant absolument sur cet événement, il paraît non moins certain qu'il n'a eu aucune importance militaire; le peu d'importance de cet événement trouve son explication, au moins très vraisemblable, dans les considérations générales que je viens d'exposer sommairement.

Est-il besoin d'ajouter que, par leur enchaînement, ces différentes déductions semblent porter une grave atteinte aux assertions de Carlier, n'appuyant, de son côté, sur aucune preuve l'historique émouvant de la prise et de la ruine de Crépy en 1431. On ne saurait trop regretter ce silence absolu et d'autant plus incompréhensible, que l'événement exposé par l'historien aurait été plus important.

Mais si, de ces déductions, on était amené à conclure que, dans la dernière période de la Guerre de Cent-Ans, la ville de Crépy n'a pas eu à subir, de la part des Anglo-Bourguignons, de graves sévices, qu'elle n'a pas été prise d'assaut et ravagée par eux, on se tromperait grandement.

En poursuivant, tout simplement, l'étude des événements qui s'interposèrent entre la fin de la deuxième trêve (8 septembre 1433) et la paix avec le duc de Bourgogne (21 septembre 1435), je vais en fournir une preuve que Carlier a eu sous les yeux, et qu'il a passée sous silence, avec intention, cela ne peut être mis en doute.

Cette deuxième trêve, entre Charles VII et Philippe, prit fin, on le sait, le 8 septembre 1433. Grâce aux scrupules du duc de Bourgogne, exploités par ses alliés, la paix n'avait pas pu être conclue dans cette période de deux années. Aussi, dès que le terme de cette trêve fut atteint les Anglais, s'empressèrent-ils d'en profiter pour reprendre les hostilités avec un redoublement de rage à laquelle, pour les compromettre de plus en plus, ils associèrent les Bourguignons. A chaque page de son récit, Monstrelet place sous nos yeux quelque exemple des cruautés qu'ils commirent.

---

(1) Au moins jusqu'à la fin de juillet, au dire de Carlier.

C'est la ville et le château de Provins-en-Brie « *mis en sacque-* « *ment* », et les Français défenseurs *mis à mort*. — C'est le fort de l'abbaye de Saint-Martin-lez-Laon, enlevé par eux, et Antoine de Cramailles qui commandait la garnison « *décapité, écartelé à* « *Ripelmonde*, par ordre de messire de Luxembourg ». — C'est la forteresse de Chaumont-en-Charolais assiégée par les gens du duc de Bourgogne et ses défenseurs « *pendus au nombre de cent et au-dessus* », bien que la garnison se fut rendue. — C'est le fort de « Join, *séant entre Beauvais et Gisors où furent pendus,* par ordre « *de Talbot, les Français qui étaient dedans* (1) ».

Enfin, dans le chapitre CLVII, Monstrelet nous apprend qu'en cette même année 1434, Jean de Talbot, retourné du pays d'Angleterre en France, amenant avec lui 600 combattants anglais, se rendit à Paris « *où il fut conclu par le conseil du roi Henri* « *(Anglais) là étant que lui, le seigneur de l'Isle-Adam* (2) *et le* « *Gallois d'Aunay, seigneur d'Arcille, avec eux l'évêque de Thé-* « *rouenne, chancelier de France pour le roi Henri, à tous leurs* « *gens iraient assiéger le château de Beaumont sur-Oise.* »

Après avoir énuméré les attaques de ces alliés contre Beaumont-sur-Oise, Creil et Pont-Sainte-Maxence, il ajoute :

« *Et après se rendirent à iceux Anglais, la Neuville en Esmoy,* « *et la Rouge Maison, et puis s'en allèrent à Crespy-en-Valois,* « *qui fut pris d'assaut, et y avaient bien trente Français, des-* » *quels Pothon le Bourguignon était le chief* (3) ».

Voilà ce passage significatif au sujet duquel Carlier, qui cite souvent Monstrelet, garde le plus complet silence, et dont tous les historiens de Charles VII et de Philippe nous donnent la confirmation. Baudot de Juilly, dans son histoire de Charles VII, liv. IV, p. 21, cite, comme Monstrelet, la ville de Crépy-en-Valois au nombre de celles qui furent prises par les Anglo-Bourguignons en 1434; le Père Daniel fait de même; Simon, dans son supplément à l'histoire du Beauvaisis, fait mention des villes prises par Talbot

---

(1) Monstrelet, chap. CLII et suivants, livre deuxième.
(2) Bourguignon fait maréchal de France par les Anglais.
(3) Monstrelet, ch. CLIV, liv. deuxième, p. 682. (Voir aux pièces à l'appui).

au cours de cette même année; l'historien des ducs de Bourgogne, M. de Barante, s'étend au sujet de la guerre faite par les Anglo-Bourguignons en 1434, sur les marches du Valois et de la Picardie et dans laquelle le comte de Ligny (Jean de Luxembourg), le même qui avait vendu Jeanne d'Arc aux Anglais, se distingua par la plus affreuse cruauté; il n'accordait, dit-il, guère de grâce aux garnisons ni aux personnes. Il avait auprès de lui son neveu, à peine âgé de 15 ans, fils de Pierre de Luxembourg, son frère, mort peu de temps avant, lequel neveu, dit Montrelet, le comte de Ligny *mettait en voie de guerre en lui faisant occire aucun des prisonniers*, et il ajoute, *que cet enfant y prenait grand plaisir* (1).

Ce n'est certes pas pour me complaire dans le spectacle de ces atrocités que j'en relate quelques-unes; mais pour faire ressortir le caractère que cette guerre avait pris à ce moment précis où la ville de Crépy eut à subir, à son tour, de graves sévices. Je n'oublie pas, d'ailleurs, qu'en ce moment, c'est la date sinon certaine, au moins très vraisemblable, de ces sévices que je voudrais tenter de dégager de cet ensemble de documents. J'en termine la nomenclature en mettant au jour, pour la première fois, l'opinion du président Minet qui, demeurée enfouie depuis 133 ans dans les cartons et sous la poussière des bibliothèques, vient, tout-à-coup, ajouter à leur autorité le témoignage éclatant des traditions locales appuyé sur une profonde érudition. A quatre reprises différentes, tant dans l'inventaire des paroisses du Valois, dressé par ses soins, et qui se trouve aux Archives nationales, que dans son Mémoire historique découvert parmi les manuscrits de la collection Dom Grenier, à la Bibliothèque nationale, le président Minet fixe à l'année 1434 la date de la prise et de la ruine de Crépy. Aux Archives, je relève le texte suivant : « *En 1434, Crépy fut pris d'assaut par les Anglais. Pothon le Bourguignon était lors capitaine de Crépy* ». Dans le Mémoire historique, à propos des églises de Saint-Denis et de Sainte-Agathe, il écrit : « *Ces églises furent réparées probablement après l'incendie arrivé dans les guerres des Anglais en 1434 que Crépy, qui avait alors pour capitaine Pothon le Bourguignon, fut pris d'assaut par les Anglais* ».

---

(1) Monstrelet, chap. 145, liv. 2, p. 678.

En regard de cet ensemble de témoignages, quelle valeur convient-il d'attribuer au récit de Carlier, si riche en développements, mais si indigent quant aux preuves? Il nous dit bien, en termes généraux, qu'il a consulté divers documents qui se contredisent en quelques points; mais il ne les désigne pas et, surtout, il proscrit de son autorité privée ceux qui ne lui conviennent pas, bien qu'ils aient un caractère authentique et qu'ils abondent. Dans mon désir de pénétrer le secret qu'il a voulu garder sur les sources auxquelles il a, soi-disant, puisé, je m'étais plu à supposer qu'il avait compulsé les manuscrits appartenant à la ville de Crépy et y avait rencontré des détails circonstanciés omis par les historiens; mais le témoignage du président Minet m'enlève cette ressource. Dans son Mémoire historique, ce dernier nous apprend que le trésor des Archives de Crépy était gardé à la tour des Oincliers. C'est dans ce trésor, toujours ouvert à ses investigations, que cet homme de labeur et d'érudition a recueilli les éléments de son historique et de ce volumineux inventaire des paroisses de la châtellenie de Crépy, classé aux archives comme papiers des princes. S'il s'y était rencontré des documents susceptibles de justifier d'avance le récit que Carlier devait publier quelques années plus tard, son impartialité et son patriotisme lui aurait fait une loi de les signaler. Non, ce n'est pas dans ce trésor des archives de Crépy que Carlier a relevé les éléments de son récit, et l'impossibilité où il nous place de contrôler ses assertions, aggravée par les dires contraires de tous les historiens, lui imprime, de plus en plus, le caractère de simples conjectures.

En l'état d'esprit où me jettent ces rapprochements et contradictions, je suis donc enclin à conclure que, pour la date de la prise d'assaut de Crépy, comme pour l'emplacement de la ville extérieure, le récit de Carlier est rempli d'exagérations et d'erreurs. Il me paraît, quant à moi, démontré que, dans la période écoulée de la fin de 1430 à la paix avec les Bourguignons en 1435, Crépy a passé deux fois sous la domination anglaise. La première avant le mois de mai 1433, mais probablement sans résistance; la deuxième, en 1434, après un siège en règle où trente Français seulement, commandés par Pothon le Bourguignon et secondés par les habitants, eurent l'honneur et la gloire de tenir en échec une armée ennemie, aguerrie, nombreuse, conduite par Talbot et Villiers de l'Isle-Adam.

Quant aux motifs que les Anglais avaient eu en 1431, pour assouvir sur elle leur vengeance, ils étaient les mêmes que ceux qu'ils auraient pu avoir en 1431 ; ce que j'ai dit à ce sujet s'applique, à plus forte raison, à l'année qui avait suivi la rupture de la trêve avec les Bourguignons.

Je crois donc avec Monstrelet, Simon, Baudot de Juilly, le Père Daniel, Barante et Minet, que le siège de Crépy, qui a été terminé par la prise d'assaut et la ruine de cette ville, a eu lieu en 1434, et non, comme le dit Carlier, en 1431.

Quant à l'argument que M. le docteur Bourgeois tire des dépenses soldées par l'argentier en 1431, pour contester la date choisie par Carlier, il ne me paraîtrait pas suffisant, si les historiens que je viens de citer ne nous en avaient pas transmis une autre en termes clairs. J'aurai, tout-à-l'heure, occasion de revenir sur ces dépenses, dont le détail n'est pas sans intérêt pour l'étude des faits qui se sont accomplis sous les murs de Crépy.

Abordons maintenant l'examen des registres des argentiers, signalés par le docteur Bourgeois, et rendons-nous compte si, au milieu des nombreux détails qu'ils renferment, il en est quelques-uns qui, soit directement, soit indirectement, confirmeraient les assertions de Carlier, ou qui donneraient, au contraire, quelque valeur à mes déductions. Toutefois, comme ce chapitre avait été déjà envoyé à l'impression et que les épreuves en étaient corrigées quand j'ai été mis à même de procéder à cet examen, je crois devoir le conserver, ne fut-ce que pour montrer comment je serais parvenu à des conclusions identiques, à l'aide de moyens et par des méthodes différents.

On verra, au surplus, par cet examen, comment la découverte inattendue, et désormais incontestable, du jour où la ville de Crépy a été prise par les Anglais, en 1432, est venue justifier, pleinement, les conclusions que j'étais disposé à tirer des rapprochements des dates que je viens de faire.

CHAPITRE XII

Analyse des registres des Recettes et des Dépenses, pour les années 1431 à 1433 et 1436 à 1439.

§ I

Données générales sur l'Administration et les Finances de la ville de Crépy. — Suppression de la Commune. — Les jurés, les atournés, les échevins. — Date importante à relever au début du registre de 1432-1433.

Avant de commencer cet examen, je ne saurais m'empêcher de dire, tout d'abord, que s'il en doit résulter quelque profit pour notre histoire locale, le mérite en doit revenir tout entier à M. l'abbé Müller, premier vicaire de Notre-Dame de Senlis, qui, sur ma prière, et suppléant à mon insuffisance, a bien voulu prendre la peine de déchiffrer, à ma place, ces vieux manuscrits. Fruits d'investigations patientes, conduites avec un ordre, une méthode qui m'ont émerveillé, surtout avec une bonne grâce et une complaisance inépuisables, les notes que M. l'abbé Müller a bien voulu rédiger, ont fait jaillir, pour moi, de cet amas de recettes et de dépenses, un grand nombre de faits intéressants à plusieurs titres. Grâce à ces faits, je vais pouvoir évoquer, pour quelques instants, les principaux personnages de cette génération si éprouvée; je vais pouvoir vivre avec elle, de sa vie pour ainsi dire, en m'associant à ses tribulations, à ses misères, à ses anxiétés. Je vais la suivre dans ses rapports avec Charles VII, Dunois, Xaintrailles, le maréchal de Boussac, Regnaud des Fontaines ; je vais pouvoir la montrer envoyant des ambassadeurs au roi, fournissant des vivres à l'armée française quand elle était en présence de l'armée anglaise à Baron, aux habitants de Compiègne pendant le siège de cette ville, au corps d'armée commandé par Dunois accourant au secours de Lagny ; surveillant l'ennemi, transmettant des avis utiles, faisant, chaque jour, au milieu des plus grands périls, œuvre de dévouement et de patriotisme. Et peut-être enfin, arriverai-je à relever quelques détails qui m'aideront à fixer le moment où cette œuvre a été momentanément interrompue par l'invasion anglaise, qui, d'après les chroniqueurs contemporains, a été suivie, en mai 1433, d'une reprise de possession par les soldats de Charles VII.

Malheureusement, la collection de ces registres présente des lacunes que je ne saurais trop déplorer. C'est ainsi que, pour le commencement du XVe siècle, avant celui de 1431-1432, nous n'avons que les années 1405-1407, et 1426. Combien il est regrettable que les années 1428, 1429 et 1430 nous fassent défaut ; les deux dernières surtout, durant lesquelles Jeanne d'Arc a fait de si fréquentes apparitions à Crépy. Il en est de même de l'année 1434-1435. Elle aurait pu nous fournir des indications précieuses sur le siège et la prise de Crépy par les soldats de Talbot et de Villiers de l'Isle-Adam, et sur sa défense par Pothon le Bourguignon, en 1434.

Tous ces registres débutent par un paragraphe dont la formule concise est à peu près invariablement la même ; elle a pour objet de faire connaître le nom de l'argentier, ceux de ses collaborateurs, le jour où ils sont entrés en fonctions, celui où ces fonctions ont pris fin ; enfin l'approbation donnée à leur prise de possession par le lieutenant général de Monseigneur le Gouverneur du Valois.

Sur la première page du registre de 1431-1432, nous lisons :

« C'est le compte que rent Raulin-Billart, atourné et argentier
« de la dicte ville de Crespy pour un an commençant à Saint-Jehan-
« Baptiste mille quatre cent trente et un et finissant à la Saint-
« Jehan-Baptiste mille quatre cent trente-deux. Et estaient atour-
« nés de la ville pour ladicte année Jehan Destampes, Pierre le
« Tondeur, et Philippot de Vaucorbel le Jeusne, aux habitants de

« la dicte ville des receptes et mises par lui faites durant la dicte
« année. »

Sur la première page du registre du 1432-1433, nous trouvons
encore le même « Raulin-Billart, atourné et argentier de la dicte
« ville de Crespy en Valoys pour un an commençant à la Saint-
« Jehan-Baptiste 1432, rendant les comptes des receptes et mises
« faites par lui pendant la dicte année, aux atournés, gouverneur
« et habitans de la dicte ville; et en étaient atournés Hue Des-
« tamps, Guillaume de Vaucorbel, Guillaume Coquerel, Jehan de
« Ve, Jehan Dufour et Jehan Feurier, lesquels le furent jusques au
« XXIIIIe jour de Mars devers Pâques, que la ville fut prinse des
« Anglais ; et depuis ledict jour jusques à la dicte Saint-Jehan-
« Baptiste 1433, furent atournés Guiot, Boyleane et Jehan de la
« Rue. »

Les dernières lignes de ce paragraphe, la date et le fait qu'elles
mentionnent, le changement des atournés à partir du XXIIIIe jour
de mars nous ouvrent, tout à coup, une perspective au fond de
laquelle nous entrevoyons déjà la vérité. J'y reviendrai plus loin ;
pour le moment je me borne à signaler, comme une règle générale,
l'usage par chaque argentier de la formule qui précède invariablement chaque registre.

De cette formule il résulte que, chaque année, les habitants dési-
gnaient, parmi eux, un certain nombre de leurs concitoyens qui,
sous le titre d'atournés, avaient pour mission de gouverner la
ville (1); que, sous le titre d'argentier, l'un de ces atournés, désigné directement par les électeurs, faisait fonction de comptable;
que la charge des atournés devait être approuvée par le gouverneur
du Valois; que l'année financière, l'exercice comme on dirait aujourd'hui, commençait invariablement le 24 juin, jour de la Saint-
Jean-Baptiste, et prenait fin le 24 juin de l'année suivante (2);
puis enfin, si nous nous transportons à la dernière page du registre,

---

(1) Ils sont souvent qualifiés de gouverneurs.

(2) Cette période du 24 juin d'une année au 24 juin de l'année suivante,
a été maintenue jusques à l'année 1499. A partir de cette époque, l'année
financière a commencé le jour de la Saint-Remy, chef d'octobre (1er octobre) jusques au 30 septembre de l'année suivante.

nous voyons que l'argentier et les atournés rendaient publiquement leurs comptes après l'expiration de leurs fonctions. Cette reddition des comptes de l'argentier aux habitants de la ville avait lieu, paraît-il, avec une certaine solennité. Elle durait plusieurs jours; celle de l'exercice 1431-1432 a eu lieu les mardi et mercredi, huitième et neuvième jours de juillet 1432; en présence et sous la présidence de honorable homme et sage Jehan Barbe, lieutenant général de Monseigneur le Gouverneur et Bailli du Valois. Celle de l'exercice 1432-1433 a eu lieu les mercredi et jeudi, neuvième et dixième jours de juillet 1433. Au bas des procès-verbaux de ces deux réunions importantes se trouvent apposées de nombreuses signatures ornées, selon la mode du temps, des paraphes les plus invraisemblables.

Cette charge des atournés ou attournez, comme écrivaient plus tard presque tous les argentiers, avait succédé à celle des jurés. Les chartes de commune qui avaient été accordées à la ville de Crépy par les rois, et qui étaient renouvelées à chaque règne, avaient statué qu'elle serait gouvernée par un maire, assisté de huit jurés et d'un argentier. A son avènement au trône, Philippe-de-Valois confirma ces chartes comme celles qui avaient été concédées à plusieurs autres villes du Valois. Mais, à cette époque, dit l'historien du Valois, l'exercice des droits que ces chartes avaient conférés était devenu tellement onéreux que les habitants de Crépy prièrent Philippe-de-Valois de retirer leur privilège de commune, et de placer dans leur ville un prévôt royal. Par lettres datées de Bourg-Fontaine, le 18 mai 1329, le roi accorda aux habitants leur demande. A partir de ce moment, la commune de Crépy fut gouvernée en prévôté. La charge des attournez, qui sont fréquemment qualifiés de gouverneurs, date de cette époque.

Toutefois, cette transformation si importante, qui marque comme une sorte de recul volontaire dans l'étendue des attributions et des franchises municipales, remonte, comme on voit, à une époque antérieure d'un siècle aux documents les plus anciens parmi ceux que possèdent les archives de la ville; et comme Carlier se borne à énoncer le fait sans le justifier, il nous serait bien difficile aujourd'hui, sinon tout à fait impossible, d'en rechercher les causes, si des études savantes sur les institutions municipales de Senlis, récemment publiées par M. Flammermont, ne nous avaient mis sur la voie de cette découverte en nous permettant de juger, presque à coup sûr, de ce qui a dû se passer dans la capitale du Valois, par ce qui a eu lieu dans la capitale du comté de Senlis.

Par une analyse minutieuse des documents contemporains du XIV° siècle, que la ville de Senlis a été assez heureuse pour conserver, et qui nous manquent absolument à Crépy, M. Flammermont a démontré qu'un fait absolument semblable s'était accompli dans cette commune au commencement du XIV° siècle, et il en a déterminé les causes. De cette analyse, il résulte que la mise en application de la charte de commune octroyée à cette ville en 1173, avait engendré, au détriment du commun des habitants, des abus très graves; les fonctions municipales, qui étaient en même temps des charges de judicature, avaient fini par se perpétuer dans les mêmes familles, de telle sorte que « les riches bourgeois « administraient la ville dans leur intérêt, et que les juges muni- « paux, le maire et ses compagnons, devaient se rendre, pour « leurs procès, les mêmes services et les mêmes complaisances « qu'ils se rendaient pour les tailles ».

En se prolongeant, cet état de choses avait amené la ruine des finances de la commune. Les justiciables et les administrés avaient, il est vrai, « la faculté d'en appeler devant le bailli, et même en « parlement »; mais l'auteur constate que le bailli et le parlement se montraient jaloux de la justice municipale, et que, sous le prétexte d'en réprimer les écarts, ils ne perdaient aucune occasion « d'accabler la commune d'amendes très élevées », ce qui plaçait les appelants dans la plus ruineuse des alternatives : « Vaincus, ils « devaient payer seuls les frais et l'amende; victorieux, ils sup- « portaient leur part de la taille à lever pour solder les énormes « amendes que les juges d'appel prononçaient contre la commune, « pour tout jugement du maire réformé ou cassé. »

Il est facile de comprendre qu'après cent cinquante ans d'un régime qui avait produit de pareils résultats, la masse des habitants, dégoûtée de la justice municipale, ait énergiquement demandé à placer ses intérêts de tous les jours sous la garantie de la justice royale, qui, dès le XIV° siècle, était représentée par des juges plus dignes de ce nom, et, en tout cas, moins accessibles aux influences locales. Aussi, quand les commissaires du parlement chargés

d'informer sur ces réclamations, « firent venir devant eux les
« bourgeois l'un après l'autre, et leur demandèrent s'ils trouvaient
« la commune utile ou non, tous, à l'exception de quelques-uns
« qui avaient eu naguères le gouvernement de la ville, déclarèrent
« que la commune était non-seulement inutile, mais dangereuse. »

« Ce sont là, dit, en concluant, M. Flammermont, les motifs qui
« déterminèrent le commun à demander la suppression de la
« commune ». Le parlement, ayant reconnu que les griefs portés
devant lui étaient fondés, fit droit aux demandes, et, par arrêt du
13 février 1320, la commune de Senlis fut supprimée. On vient de
voir, plus haut, que la suppression de celle de Crépy a été prononcée neuf ans plus tard, le 18 mai 1329.

On peut, sans témérité, conjecturer que les mêmes motifs inspirèrent les réclamations du commun des habitants de Crépy, et que
la suppression de la commune de Crépy doit être attribuée aux
mêmes causes.

Quoiqu'il en soit, c'est ainsi que la justice royale ayant été
substituée en 1329 à la justice municipale, la charge des jurés qui
gouvernaient la ville en compagnie du maire, fit place à celle des
attournez, dont les attributions étaient plus limitées, bien qu'ils
fussent encore qualifiés de gouverneurs.

J'aurais voulu pouvoir fixer avec précision le moment où cette
dernière fut, à son tour, remplacée par celle des échevins; je la
trouve mentionnée dans les registres que nous possédons à la
mairie jusqu'à l'année 1521; mais, entre cette date et 1568,
les registres présentent une lacune (1), et, à partir de 1568,
nous trouvons les échevins substitués aux attournés. Il est à
présumer que cette substitution a eu lieu par application d'un
édit de François Ier, de 1536, qui fixait les attributions ainsi que le
mode d'élection des maires et échevins, dans les villes où il y
aura baillis, sénéchaux ou prévôts royaux.

---

(1) Cette lacune est à déplorer en ce sens qu'elle nous met dans l'impossibilité d'éclairer et peut-être même de trancher la question de savoir si le fameux traité conclu entre François Ier et Charles-Quint, en 1544, a eu lieu à Crépy-en-Laonnois ou à Crépy-en-Valois.

Une chose me frappe cependant, c'est que si dans tous les registres que nous possédons, depuis 1568 jusqu'à la fin du XVIe siècle, nous trouvons les noms des échevins qui se sont succédés en qualité de gouverneurs de la ville, il n'en est aucun qui nous donne celui du maire, et cette fonction y est passée sous silence (1).

Il importe, au surplus, de remarquer que cette charge des atournés, comme plus tard celle des échevins, n'était pas absolument gratuite. Les lettres de pouvoirs qui les en investissaient donnaient lieu à une rémunération dont la dépense incombait à la commune.

Pour le premier exercice (1431-1432) nous trouvons les articles suivants :

« A honorable homme et sage Jehan Barbe, lieutenant général
« de Monseigneur le Gouverneur du Valoys, pour lettres de pouvoir
« des atournés et argentier, pour cest présent an, XVI s. p.

« Au dict argentier qui, à cause de son office, à droit de prendre
« sur la dicte ville, c. s. p., pour l'an qu'il est argentier. »

En poursuivant l'examen des registres, nous verrons plus loin que les tailles *(impositions)* mises sur les habitants, avaient surtout pour objet le solde des dépenses faites dans le cours de l'exercice précédent, ou le remboursement d'emprunts réalisés d'urgence pour les solder ; nous constaterons que la mission de répartir le montant de ces taxes, considérée comme une charge de confiance, ne pouvait être refusée par les citoyens que les habitants avaient élus à cet effet. En cas de refus, le tabellion de la ville délivrait aux réfractaires des lettres obligatoires, et un procès leur était intenté, au besoin, par les attournés, au nom de la ville, et par les conseils d'un jurisconsulte local, *pensionnaire* de la ville et conseiller en *court laye*, que nous allons voir jouer un rôle important dans cette courte période. Nous établirons que tout solde de dépenses

---

(1) Quelques registres cependant font mention, exceptionnellement, du maire, en même temps que des échevins et gouverneurs, à l'occasion de quelques dépenses ordonnancées par eux.

fait par l'argentier ne pouvait avoir lieu que par *mandement* des attournés (1). Enfin nous rencontrerons des exemples de cotes irrécouvrables admises par le conseil et par les sages du pays.

Ces données générales, concernant le mode de gestion des finances de la commune et les pouvoirs de ceux à qui cette gestion était confiée, dans le cours du XVe siècle, une fois recueillies, rendons-nous compte de la nature des recettes encaissées dans le cours des deux premiers exercices qui nous intéressent particulièrement, comme aussi des dépenses effectuées sur le montant de ces recettes. Il va bien sans dire, d'ailleurs, que c'est en me plaçant au point de vue des résultats historiques à en dégager, que je vais procéder à l'énumération de ces recettes et de ces dépenses.

Cette réserve est essentielle. C'est tout à fait incidemment et en cherchant à établir la vérité relativement à certains faits importants et à la date qu'il convient leur assigner, que j'ai été amené à compulser les registres des argentiers. Je me suis dit que l'énumération des recettes et des dépenses inscrites, jour par jour, dans les documents devait être l'expression fidèle des évènements heureux ou malheureux qui avaient réjoui ou troublé la cité, et qu'ils me fourniraient une base certaine sur laquelle je pourrais asseoir la vérité. Mes prévisions n'ont pas été déçues, comme on va le voir; mais je n'écris pas, je tiens à le répéter, une histoire spéciale de la ville de Crépy, pas plus au point de vue de ses finances que de son administration intérieure; les argentiers ne sont pour moi que des témoins, mais des témoins indiscutables, dont personne, aujourd'hui, ne pourrait contester la compétence et la sincérité. Je n'ai qu'un regret, c'est que les lacunes nombreuses qui existent dans la série de ces documents me placent dans l'impossibilité de m'appuyer plus souvent sur leur témoignage.

---

(1). Dans le siècle suivant, le solde des dépenses se faisant sur *ordonnances* des attournés ou gouverneurs, *signées de leurs mains*, disent invariablement tous les articles de dépenses. La partie prenante devait fournir une quittance *signée de sa main*, ou délivrée par le notaire royal, si elle ne savait pas signer. On trouvera aux pièces à l'appui quelques citations de dépenses intéressantes.

§ II

Recettes non muables. — Recettes muables. — Tailles. — Répartiteurs. — Destination des tailles de 1431 à 1433. — Secours envoyés à la ville de Compiègne assiégée par les Bourguignons. — Emprunt pour obtenir le départ de la garnison laissée par Charles VII en 1429. — Composition de cette garnison. — Mauvais rapports de cette garnison avec les habitants. — Autre date importante à relever (21 juillet 1431).

Les recettes de 1431-1432 se divisent en quatre catégories distinctes :

1° « Les recettes ou surcens non muables (fixes) résultant de « locations de propriétés communales, produisant 58 sols parisis « et 4 deniers ».

Ces propriétés se divisent ainsi :

« Une partie de la maison de ville, louée à Etienne Lefuselier, « pour VIII s. p.

« Une autre partie de la dicte maison sous louée par Lefuselier « à Charlot des Merlis, pour VIII s. p.

« Une courtille qui fut jadis de la dicte maison de ville louée à « Pierre Ysambart, pour XII s. p.

« Encore une partie de la dicte maison louée à Berthran de « Fontenesmont, pour VIII s. p.

« Un jardin qui fut de la dicte maison loué aux héritiers de feu « Jehan le Bouquillon, propriétaire de la maison des Rats, pour « IIII s. p.

« Une ruelle séant devant la croix de la ville louée à Jehan « Sirot, pour IIII d. p.

2° « Les recettes muables provenant de loyers dubitatifs, tels « que : deux maisonnettes placées près des deux portes de la « ville, qui n'ont pu être louées et qui servent pour monter la « garde.

« Un champ de la ville et une pièce de terre séant oult St-« Thomas qui n'ont pu être loués.

« Un petit jardin séant près la porte des Pourceaulx, baillé « provisoirement à Colin Bessart, pour II s. VIII d. p.

« Puis du viii⁰ denier des vins vendus à broche et à détail en
« la ville et banlieue, mis aux enchères et adjugés à divers ; pour
« trois ans à Pierre Billard, et ensuite à Guillaume de Vaucorbel
« comme plus offrant et dernier enchérisseur à la chandelle, pour
« tenir aux charges dudict Crespy comme on a accoutumé, produi-
« sant ensemble ix^{vx}x l. vi s. p.

« Enfin des prouffits et émoluments de la chaussée baillée sem-
« blablement à ferme pour trois ans à Jehan Dinouelle pour chacun
« an, iiii s. iiii d. p. »

Tel était l'ensemble, très limité, des ressources ordinaires de la ville dans les premières années du XV⁰ siècle. Il semble toutefois qu'elles suffisaient aux dépenses dans les circonstances ordinaires, car les registres de 1405 et de 1407, que nous possédons, n'en mentionnent pas d'autre nature (1).

Depuis la fin de la première période de la Guerre de Cent-Ans en effet, jusqu'en 1411 où la lutte éclata, entre Jean-sans-Peur et le duc d'Orléans, le pays avait pu jouir d'une assez grande tranquillité ; mais à partir de ce moment il n'en fut pas de même, et le registre de 1426, qui nous reste, atteste que pour suffire à ses charges, la ville avait dû créer des ressources extraordinaires.

Or, en 1431, ce malheureux pays était en proie à une crise terrible. Après avoir, depuis 1411, été assiégée et prise quatre fois par les Anglo-Bourguignons et les troupes royales, la ville de Crépy avait secoué le joug des Anglais, en 1429, et s'était donnée, avec enthousiasme, à Charles VII, lors de sa marche triomphale sur Reims. Au moment précis où nous analysons les comptes de ses argentiers, la

---

(1) En 1405, je trouve une recette curieuse de iii l. p. provenant de Jehan de Menneville, maistre et gouverneur de la maison de Saint-Ladre de Crespy, et Agnez sa femme, par suite d'un procès gagné en 1403, contre eux par les atournés et l'argentier, par devent le prévôt de la viile et par devant le bailly de Valois. — Ce procès paraît avoir été entamé parce que les intimés avaient prétendu se soustraire à certaines charges ordinaires de la ville, notamment à la taille rentière. A cette époque les léproseries existaient encore, bien qu'elles fussent devenues inutiles. Leur gestion donnait lieu à de grands abus ; nous en trouvons ici un exemple. Elles furent supprimées sous Louis XIV, par un édit du 20 juillet 1693, qui réunit leurs propriétés aux Hôtels-Dieu les plus voisins, dans la circonscription du diocèse. (Carlier, p. 121, t. 3).

situation de cette ville était donc des plus critiques. Compromise aux yeux des Anglo-Bourguignons par son dévouement à la cause royale, et plus encore par les secours qu'elle avait envoyés à la ville de Compiègne, assiégée par le duc de Bourgogne, elle avait tout à redouter de leur rancune, alors surtout qu'en se retirant sur les bords de la Loire, le roi n'avait pu laisser dans le Valois que des garnisons peu nombreuses.

Dans ces circonstances exceptionnelles et si périlleuses pour elle, la ville de Crépy ne pouvait se soustraire à l'obligation de créer des ressources extraordinaires, tant pour liquider les dépenses urgentes occasionnées par les faits accomplis, durant les exercices précédents, que pour faire face aux exigences d'un présent si sombre et si rempli de menaces pour l'avenir.

Elle avait donc eu recours à une troisième catégorie de recettes, nommée taille, dont je vais donner, en entier, les énoncés pour les exercices 1431-1432 et 1432-1433. Mieux que les explications que je pourrais ajouter, ces formules simples feront ressortir, avec clarté, la véritable situation des populations du Valois, abandonnées à elles-mêmes, et placées, chaque jour, sous le coup d'une agression violente de la part des Anglais, qui occupaient en force la capitale.

Pour l'exercice allant du 24 juin 1431 au 24 juin 1432, nous trouvons :

« Une taille (imposition) mise sur les habitants de la dicte ville,
« tant gens d'église, nobles retraits (résidants) en cette ville, et
« aultres quant et seine partie d'iceux pour tourner et convertir en
« paiement de seize muis de blé prins en icelle ville, par les com-
« missaires du Roy notre sire qui furent menés à Compiègne der-
« rainement quant le siège y estait et lesquels sont deubs (dus) et
« furent baillés par aucuns particuliers d'icelle ville pour tous les
« dessus, et pour payer certains aultres blés et vins baillés à plu-
« sieurs capitaines des gens d'armes qui ont été au dict Crespy
« comme ceux de Nantheuil, Lombarz, Laanciers et aultres Escos-
« sais, pour le prouflit et Grant des dessus nommés pour losement
« (logement) d'iceux, et pour eschuer (essuyer) aultres grands
« dommages, et aussi pour payer certaines sommes de deniers pour
« ouvrages et machères fais et employés à la fortification et empa-
« rements des portes et murs d'icelle ville. Assise par Messire Tho-

« mas Jamelot prestre, Mahieu le maire escuier, Jehan Février,
« prévost forain dudit Crespy, Guillaume Coquerel, Raulin Billart,
« Soudet (ou Soudot) Tillot, à ce commis et eslus par les dicts ha-
« bitans, par devant honorable homme et sage Jehan Barbe, lieu-
« tenant général de Monseigneur le Bailly de Valoys, le samedi
« 21ᵉ jour (1) de juillet de l'an 1431, montant en somme totale à
« huit vingts dix livres dix huit sols parisis. »

Enfin, pour ce premier exercice, nous trouvons une 4ᵉ recette éventuelle provenant de la vente de deux chevaux qui, eux aussi, ont joué un rôle d'une certaine importance et dont il est parlé plus loin.

Le montant total des recettes réalisées en 1431, s'élève à 414 l., 4 s., 4 d.

En 1432-1433, nous trouvons une « taille mise (imposée) et ré-
« partie de la même manière pour convertir au paiement de deux
« cens cinquante salus empruntés et deubs à plusieurs personnes
« pour bailler aux Escossais pour les faire partir de la dicte ville
« de Crespy et aultres places du païs de Valoys et pour paier les
« dépenses de *Messire Regnauld des Fontaines*, gouverneur de
« Valoys en attendant les répartitions et ouvrages nécessaires pour
« la fortiflication et emparement dudit Crespy, assise par Jehan de
« Sevaicy escuier, Jehan de la Rue, Pierre Fonorel jeune, Pierre
« Lefèvre barbier, Nicaise Faguignon, Jehan Eussart, et Jehan de
« Verdelot, commis et eslus par les dicts habitants pardevant, etc.,
« les jours de jeudi et samedi xxvᵉ et xxvıᵉ jours de septembre
« 1432. »

Cette taille ayant produit 378 livres 11 sols parisis.

L'énoncé de ces tailles doit appeler en foule les réflexions.

Choisis dans tous les rangs de la population, parmi les personnes retraites dans la ville, les répartiteurs étaient élus chaque année par les habitants, par devant le gouverneur du pays de Valois ou, à son défaut, de son lieutenant général qui, à cette époque, était Jehan Barbe, honorable homme et sage.

---

(1) C'est le jour où Carlier prétend que le capitaine qui commandait Crépy, avait réuni les habitants pour les inviter à se préparer à une attaque. Il y a donc ici une contradiction flagrante.

Le gouverneur du Valois était Messire Regnauld des Fontaines, dont il y avait lieu de solder les dépenses quand il visitait la capitale de son gouvernement.

Le produit des tailles, qui étaient des impositions variables annuellement dans leur quotité, comme dans leur répartition, était destiné à solder des dépenses faites dans les années précédentes, ou, pour parler plus clairement, à en rembourser le montant à des particuliers qui en avaient fait les avances.

Sur le produit de la taille était prélevé le montant des deniers affectés aux réparations des fortifications et emparements des portes et murs d'icelle ville.

Une partie de la taille de 1431 devait être convertie en paiement de seize muids de blé pris en icelle ville par les commissaires du Roi notre sire, qui furent menés à Compiègne quand le siège y était. Ce siège ayant été levé à la fin d'octobre 1430, c'était là une dette contractée dans le cours de l'exercice précédent, et on remarquera que ces approvisionnements avaient été fournis, à crédit, par aucuns particuliers d'icelle ville.

Une autre partie de la taille de 1431 est affectée au paiement de blé et vin baillés, toujours à crédit, par des habitants à plusieurs capitaines des gens d'armes, parmi lesquels il faut signaler les Escossais, pour le logement d'iceux et autres grands dommages.

La taille de 1432-1433 semble avoir eu surtout pour objet d'être convertie au paiement de deux cent cinquante salus empruntés et dûs à plusieurs personnes pour bailler aux Escossais pour les faire partir de la ville de Crespy et autres places du pays du Valois. Ce qui nous indique que cette partie de la garnison n'était pas d'un commerce agréable pour les habitants (1).

Les Escossais étaient alors en guerre avec l'Angleterre; dès 1421, dix mille auxiliaires de cette nation, sous les ordres de Douglas, étaient venus grossir les rangs de l'armée de Charles VII. En 1424, Douglas et son fils Jacques avaient été tués en combattant les Anglais dans la sanglante bataille de Verneuil (2). En 1426, dans la

---

(1) La liste des personnes qui avaient fait l'avance de ces 250 salus se trouve dans le Registre de 1431-1432. Voir aux pièces à l'appui.
(2) Le jour de l'Ascension. Monstrelet, ch. xx, liv. 2.

non moins sanglante et non moins désastreuse affaire de Rouvray, dite des Harengs, le successeur de Douglas, dans le commandement des Escossais, avait succombé en combattant vaillamment les Anglais qui, sous les ordres de Fascot, allaient porter des approvisionnements à l'armée qui assiégeait Orléans (1).

Ces étrangers n'étaient d'ailleurs pas les seuls qui servissent dans l'armée française. Il y avait aussi des auxiliaires italiens et particulièrement des Lombards, qui, pour les populations, ne devaient pas être d'un commerce plus agréable que les Escossais. Monstrelet, toujours si intéressant à étudier, surtout en ce qui concerne la manière de combattre des armées en présence, nous dit qu'à l'affaire de Verneuil « les Français firent seulement une grosse bataille, « sans faire avant-garde, et avecque ce ordonnèrent les Lombards « et aulcuns aultres à demeurer à cheval sous la conduite du « borgne Camean, du Roussin, de Pothon et de Lahire, pour « combattre et envahir leurs ennemis, par derrière ou au tra- « vers. »

Comme on le voit, les mouvements tournants, dont on a tant parlé depuis quelques années, ne sont pas d'invention moderne.

L'exposé de la taille afférente à l'exercice 1431-1432, désigne formellement parmi les capitaines des gens d'armes ayant été au dict Crespy, ceux de Nantheuil, Lombards, Leanciers et aultres Escossais.

Il est donc certain que la petite garnison laissée à Crépy et dans le Valois par Charles VII, quand il s'était retiré sur les bords de la Loire, était composée principalement d'étrangers. Le registre de l'argentier de 1431 à 1433 se trouve donc en complet accord avec les données historiques générales que nous possédons.

Il n'est pas non plus hors de propos de remarquer les expressions dont se sert l'énoncé de la taille de 1431, en parlant des commissaires du roy notre sire, et surtout ceux où, après avoir dit que la taille est mise sur les gens d'église, nobles retraits en ladicte ville, il ajoute « et autres quant et seine partie d'iceux. » Ce qui nous fait bien voir qu'il y avait, dans la ville, quelques dissidents, quelques Français anglisés comme disent les chroniqueurs contem-

---

(1) Monstrelet, ch. LVI, liv. 2.

porains ; mais que la très grande majorité était saine, c'est-à-dire dévouée à la cause nationale.

Mais le détail le plus intéressant à relever dans la mise et la répartition de la taille de 1431, c'est la date du jour où, sous la présidence de Jean Barbe, lieutenant général du gouverneur du Valois, les habitants ont élu les répartiteurs. C'est le samedi 21 juillet 1431 que cette opération importante a eu lieu. Or, Carlier place précisément à cette même date la convocation prétendue des habitants par le capitaine qui commandait la garnison française, à l'effet de se préparer à une attaque imminente des Anglais ; et il ajoute que tous, même ceux qui auraient pu se considérer comme affranchis de cette obligation, tels que le prieur de Geresme, les curés, les chanoines de Saint-Thomas et autres ecclésiastiques, se hâtèrent d'offrir leurs services et leur argent pour réparer les fortifications endommagées par le passage de Hutington.

La contradiction ici est flagrante. Le registre de l'argentier de 1431 donne au récit de Carlier, sur ce point, le plus formel démenti ; cela est de toute évidence. Entre Carlier et l'argentier, l'hésitation n'est pas possible un seul instant.

Le 21 juillet 1431, au lieu d'une assemblée, convoquée d'urgence par un militaire, délibérant sous la menace d'un danger formidable et pressant, nous trouvons, tout simplement, une assemblée tranquille, autorisée par le représentant du gouverneur du Valois pour Charles VII, à créer les voies et moyens nécessaires pour solder les dépenses de l'exercice précédent. Cette coïncidence de dates nous aide à faire un pas important vers la découverte de la vérité.

Je dois également appeler l'attention sur le nombre des personnes qui avaient fait l'avance des deux cent cinquante salus empruntés pour « bailler aux Escossais pour les faire partir de la dicte ville de « Crespy et aultres places du païs de Valoys. » Ces prêteurs, dont l'argentier nous donne la liste, étaient au nombre de cent huit. Le chapitre de Saint-Thomas y figure pour vi salus (1).

Si l'on veut bien se reporter au récit de Carlier, d'après lequel la population de Crépy se serait élevée en 1431, à plus de 18,000 âmes, on reconnaîtra que ce chiffre de cent huit prêteurs aurait été

---

(1) Voir cette liste aux pièces à l'appui.

bien peu en rapport avec le nombre des habitants. Or, ce chiffre inscrit il y a 450 ans dans un document pareil est l'expression exacte, absolue de la vérité ; tandis que Carlier nous avoue avoir fixé le sien *d'après une supputation qu'on lui a communiquée*, et dont il n'indique pas la source. J'ai déjà fait ressortir combien cette façon d'exposer des faits aussi importants était incorrecte. L'indication que je relève en ce moment, et que je signale, fait ressortir cette incorrection. Plus nous avancerons dans l'analyse de nos registres, plus l'incorrection et la légèreté de Carlier vont se manifester.

§ III

Ambassade envoyée à Charles VII par les habitants de Crépy et du pays de Valois. — Jehan Plume, pensionnaire de la ville, conseiller en cour laye, ambassadeur. — Personnel et durée de l'ambassade. — Pouvoirs donnés à Jehan Plume, tant pour représenter le pays que pour emprunter au nom de la ville. — Identité de Jehan Plume *avec* Jean Plumé, *auteur du premier Coutumier du Valois. — Son fils, lieutenant-général du bailliage de Valois, délégué et élu par les trois états du Valois pour porter à Senlis le traité de paix entre le roi de France et le roi d'Angleterre. — Approbation et ratification des traités par les états. — Leurs droits à cet égard.*

J'ai dit, précédemment, que la quatrième catégorie des recettes de l'exercice 1431-1432 avait été formée par la vente de deux chevaux appartenant à la ville. Les deux alinéas suivants vont nous faire savoir à quel usage ces deux chevaux avaient servi, et pourquoi la ville les avait vendus.

« De la vente d'un petit cheval noir que la dicte ville avait acheté
« pour porter, avecques maistres Jehan Plume, Jehan Perrier au
« voïage derainement fait, devers le Roy notre sire, lequel cheval
« a été vendu à Pierre Billart pour la somme de IIII l. p.

« De la vente d'un cheval grison qui pareillement avait été acheté
« par ladicte ville, pour porter maistre Jehan Plume au voïage
« devers le Roy notre Sire, lequel cheval a été vendu et baillé pour
« XIIII l. VIII s. p. »

Au chapitre des dépenses nous trouvons les alinéas suivants :

« A honorable homme et sage Maistre Jehan Plume xviii l. t.
« qui vallent xiiii l. viii s. p. pour aller au voïage devers le Roy
« notre Sire pour remonstrer les affaires et nécessités du païs de
« Valoys.

« A Morrellet de Troissy escuyer la somme de vii francs iii qui
« vallent cxv s. p. pour l'achat d'un cheval noir pour porter Per-
« rier avec Maistre Jehan Plume au voïage devers le Roy notre
« Sire pour ambassade de la ville de Crespy et du païs.

« A Regnauld Daces et Jehan Perrier pour la gouvernance des deux
« chevaulx ci-dessus déclarés pour l'espace de trois septmaines.....
« pour iiii mines d'avoine xxx s. p. et fourrage xxiiii s. p. pour
« ferrer, ambonner (?) et avoir des sengles...

« A Philippot Desgranches pour achat d'une selle et bride, pour
« le cheval que a chevauché ledict Perrier au voïage avec ledict
« Maistre Jehan Plume xviii s. p.

« A Pierre le Tondeur pour dépense faicte en la maison par eux
« prinse par Maistre Huc Destampes Simonnet le Conseiller clerc
« de la ville, Jehan Destampes, Jehan de Verdelot, ledict argentier,
« ledict Tondeur, pour avoir vacqué à faire les lettres pour porter
« au Roy notre Sire les instruments de dédommagements de
« maistre Jehan Plume touchant le voïage ordonné estre par lui
« faict xvi s. p.

« Audict Jehan Verdelot, tabellion de la ville, pour avoir faict
« baillé et livré aux habitans de ladicte ville, une procuration pour
« bailler à Maistre Jehan Plume, contenant puissance de emprun-
« ter pour icelle ville jusques à lx l. p., unes lettres de dommage-
« ment pour ledict maistre Jehan Plume, touchant le voïage par
« lui faict devers le Roy notre Sire.

« A Jehan Perrier la somme de cinquante quatre sols parisis qui
« deubs lui estoient pour sa peine et sallaire d'avoir esté envoié
« avecques Maistre Jehan Plume devers le Roy nostre sire et le
« Chancelier et gens de Monseigneur le duc d'Orléans, pour re-
« monstrer les nécessités et affaires de la dicte ville et du païs de
« Valois. »

Comme on peut en juger par ces citations, cette ambassade ordonnée, suivant l'expression employée par l'argentier, au nom de

la ville de Crépy et du pays de Valois, a eu lieu avec une certaine solennité. Elle a duré trois semaines ; elle s'est accomplie sans accident notable puisque le cheval grison, acheté pour porter Jehan Plume, et le petit cheval noir, acheté pour porter Jehan Perrier, ont été revendus au profit de la ville. Ce dernier, cédé par Morellet de Trossy, escuier, au prix de cxv s. p. a été revendu pour iiii l. p.

De ces diverses circonstances nous devons conclure, ce semble, que Charles VII n'était pas loin de Crépy quand cette mission a été ordonnée, ce qui la ferait remonter à 1429, vers l'époque où, sous l'impulsion de Jeanne, l'armée royale accomplissait ou venait d'accomplir cette marche miraculeuse sur Reims. En 1430, en effet, le roi s'était retiré au-delà de la Loire ; la distance à franchir était trop considérable, et les dangers à affronter eussent été trop grands, pour qu'en trois semaines Jehan Plume et Jehan Perrier eussent pu la parcourir deux fois, et remplir, à loisir, leur mission, quelles que fussent les qualités du grison et du petit cheval noir qu'on leur avait donnés à chevaucher.

Les registres de l'argentier de 1429 et 1430 nous auraient sans doute édifiés sur ces divers points. Combien il est à déplorer qu'ils nous manquent ; je regrette surtout que nous n'ayons plus en notre possession ces lettres faites par le tabellion Verdelot, pour porter, au Roy notre Sire, cet instrument de dédommagement du chef de la mission Jehan Plume, honorable homme et sage. Et la procuration faite par Verdelot au nom des habitants de ladicte ville, pour bailler à Maistre Jehan Plume puissance de emprunter pour icelle ville jusques à xl l. p. Comme elle serait intéressante à étudier aujourd'hui, ne fût-ce que pour mesurer l'étendue du crédit dont pouvait jouir la capitale du Valois.

Quoi qu'il en soit, si incomplets que soient les documents que l'argentier de 1431 nous fournit sur cette ambassade, ils suffisent néanmoins à nous faire juger des sentiments réels qui animaient la population de Crépy.

Mais je ne veux pas me séparer de cet honorable et sage ambassadeur sans faire connaître au lecteur quelques autres faits le concernant lui ou les siens que j'ai recueillis sur des registres, les uns antérieurs, les autres postérieurs à celui de 1431-1432. Ils ne manquent pas d'intérêt, je le crois, et pourront donner une idée de la place qu'occupait au milieu de ses concitoyens cette éminente personnalité.

Déjà dans les registres de 1426-1427, nous trouvons Jehan Plume qualifié de pensionnaire et de conseiller de la ville recevant des émoluments qui, par marché, s'élevaient à x l. viii s. p. pour chacun an (1).

Dès cette époque, par conséquent, Jehan Plume occupait dans Crépy un rang élevé, à titre de jurisconsulte, et c'est ce qui nous explique le choix de sa personne, trois ou quatre années plus tard, quand le pays du Valois a voulu envoyer, auprès de Charles VII, des ambassadeurs chargés de lui présenter ses remontrances. Nous devons conclure de ces circonstances qu'en 1426, Jehan Plume était un homme d'un âge mur. Il paraît difficile de lui attribuer, à cette date, moins de 30 ans.

Or, en 1495-1496, nous retrouvons un Jehan Plume, lieutenant-général de Monseigneur le Gouverneur et Bailly de Valois, « délés-
« gué et eslu par les trois estats de Valois, avecques maistre Ga-
« briel de Vaucorbel, greffier de Monseigneur le duc d'Orléans à
« Crespy, pour vacquer à porter à Senlis le traité de la paix d'entre
« le Roy notre Sire et le Roy d'Angleterre, accords de ladicte
« paix. Et recevant, pour ce voyage, cxii s. p. qui deubs leur es-
« taient pour leurs journées et sallaires, c'est assavoir à chacun
« d'entre eux lvi s. p. »

En 1498-1499, à la fin du siècle, nous le trouvons encore « lieu-
« tenant général de Monseigneur le Gouverneur et Bailly de Valois,
« licencié ès loys, recevant le complément d'une somme qui lui
« estoit deube pour plusieurs voïages et journées auxquelles il a

---

(1) Ailleurs nous le trouvons qualifié de conseiller en cour laye, ce qui prouve que sa notoriété s'étendait au-delà des limites des affaires locales. En effet la cour ou conseil lay ou des lays était le conseil du roi lorsqu'il n'était composé que de barons ou autres personnes non graduées. Cette expression se trouve dans des lettres de Charles VI du 11 mai 1388, et autres lettres et ordres postérieurs. On trouve aussi plusieurs lettres royaux du même temps à la fin desquelles il y a : *de par le roi à la relation des lays.*
Encyclopédie universelle, t. IV, p. 12.

« vaqué tant à Paris comme il est dict par l'ordonnance des dicts
« habitants. »

Le Jehan Plume délesgué et eslu, par les trois estats de Valois pour porter à Senlis un traité de paix conclu entre Charles VIII et Henri VII d'Angleterre, est-il le même que celui qui, en 1429, avait chevauché vers Charles VII pour lui apporter les remontrances du pays de Valois? Ne serait-ce pas plutôt un de ses descendants? Son fils, par exemple, ayant hérité de la grande situation qu'il lui aurait léguée? Les lacunes qui existent dans nos documents ne me permettent pas de répondre à cette question. Si je me place au point de vue de la vraisemblance, la seconde solution serait, de beaucoup, la plus admissible, et ce serait le fils qui aurait rempli la mission dont nous entretiennent les argentiers de 1495 à 1499. Combien il m'aurait été plus agréable d'avoir pu établir entre les deux Jehan Plume une complète identité. Il me sierait, je n'hésite pas à l'avouer, de pouvoir le montrer, couronnant par un service rendu à son pays, une verte et vigoureuse vieillesse que l'étude des lois et les épreuves de la vie publique n'auraient pas amollie.

La paix dont il s'agit avait été conclue le 3 novembre 1492. Aux termes du traité, les conventions avaient dû être ratifiées dans les douze mois qui avaient suivi la signature; dans le courant de 1493, par conséquent.

La dépense occasionnée par le voyage à Senlis des délégués des états du Valois avait été faite, d'avance, aux frais des intéressés. Elle leur était remboursée en 1495; tout cela est dans l'ordre, tout cela concorde avec les données historiques que nous possédons, et avec ce que nous savons des coutumes de cette époque en matière de dépenses communales.

« Cette paix, dit le père Daniel, fut conclue à Etaples... il fut sti-
« pulé qu'elle durerait entre les deux Rois pour tout le temps de la
« vie de l'un et de l'autre, et pour toute la vie de celui qui survi-
« vrait et pour un an après sa mort... Elle fut achetée par le Roy au
« prix de sept cents quarante mille écus tournois, valant chacun
« trente-cinq sols tournois et le Roy crut l'avoir eue à bon marché
« en demeurant paisible possesseur de toute la Bretagne. »

Mais si sérieuse que fut cette considération, il en était une autre qui tenait un rang plus élevé dans les préoccupations de Charles VIII. C'était la conquête du royaume de Naples, sur lequel il était résolu à faire valoir les droits de la maison d'Anjou. En vue de cette conquête qu'il réalisa en 1495, d'une façon si brillante et qui devait être si éphémère, Charles était disposé aux plus grands sacrifices. C'est ainsi qu'en janvier 1493, il rendait au roi de Castille le Roussillon et la Cerdagne, qui avaient été engagés à Louis XI en 1462, moyennant trois cents mille écus, et que le 23 mai suivant (1493) il concluait, avec Maximilien, la paix un moment troublée par son refus d'épouser Marguerite d'Autriche, et lui rendait les comtés d'Artois, de Bourgogne et de Charolais qui formaient sa dot.

Le grand chroniqueur de cette époque, Philippe de Comines, s'exprime ainsi au sujet du traité de Senlis : « Et à la dicte paix « me trouvai présent, avec les députés, qui estoient assavoir : Mon- « seigneur Pierre de Bourbon, le prince d'Orange, Monsieur de « Cordes, et plusieurs aultres grands personnages », et il ajoute : « que ce fut pour éviter être point gêné dans cette expédition que « Charles accorda à Maximilien Roy des Romains ce qu'il aurait « pu exiger s'il avait été vainqueur, et qu'il rendit le Roussillon et « la Cerdagne pour le même motif. »

Tous ces accords achetés, comme on voit, à des prix élevés, étaient destinés, dans les vues de Charles VIII, à lui rendre facile cette fameuse expédition qui devait, en quelques mois seulement, mettre l'Italie tout entière à sa discrétion, et la lui faire perdre avec une égale rapidité. Mais les membres des états du Valois ne devaient pas soupçonner ces projets. Ils ne se trouvaient pas lésés dans les intérêts de la province qu'ils représentaient, et ne pouvaient, selon toutes les apparences, avoir connaissance des protestations énergiques des représentants du Roussillon, contre l'abandon qui les frappait (1). Au lieu de leur apparaître comme le prélude déplorable d'une brillante et funeste aventure militaire, ces accords, faits avec trois souverains, devaient être, à leurs yeux, les gages d'une paix durable. Il n'est donc pas surprenant que, dans cette circonstance, ils aient fait choix pour les représenter auprès de

---

(1) Le 4 juin 1493, les consuls de Perpignan firent paraître une protestation énergique contre l'abandon de la France et l'annexion du Roussillon à l'Espagne.

Charles VIII, de celui, où à son défaut, comme cela paraît vraisemblable, du fils de celui qui, en 1429, avait représenté le pays du Valois auprès de Charles VII (1).

Ces deux personnalités, si tant est qu'il y ait eu deux Jehan Plume, se succédant comme conseils de la ville de Crépy, ne se présentent pas à moi, dans ces documents, d'une façon assez distincte, pour que l'une d'elles s'impose à mon choix. Je crois, néanmoins, ne pas devoir incliner pour le chevaucheur du grison de 1429. Ce serait le traiter avec parcimonie que de lui attribuer moins de 100 ans en 1493; ce serait le traiter avec trop de générosité peut-être, que de lui attribuer, à cette date, la possibilité de chevaucher encore comme à l'époque où il se portait au-devant de l'armée victorieuse, qui suivait l'irrésistible impulsion de Jeanne d'Arc. Et je le regrette, je le dis encore, en vérité; car j'aurais été heureux de retrouver devant moi et de pouvoir présenter à mes lecteurs, à la fin du XVe siècle, un survivant encore valide de cette génération si cruellement éprouvée, allant allègrement représenter, auprès de Charles VIII, ses concitoyens du Valois, et portant, sur ses cheveux blancs, comme un reflet de cette époque héroïque, où il avait eu l'insigne honneur de se trouver en contact

---

(1) La ratification, par les représentants des deux nations, était formellement réservée dans le traité entre Charles VIII et Henri VII, en ces termes :
« Ipsamque amiciciam et capita sic per eum (Henri VII) ratificata, confirmata et jurata, per tres status regni anglie videlicet per prœlatos et clerum, nobiles et communitates ejusdem Regni...... ipsamque amiciciam et capita sic per eum (Charles VIII) ratificata, confirmata et jurata....... videlicet per prœlatos, et clerum, nobiles et civitates ejusdem Regni francice, rite et debito convocatos, infra dictos duodecim menses rectificari et confirmari faciet. »

Le traité de 1544, signé à Crépy entre François 1er et Charles-Quint, rédigé en langue française, présente les mêmes réserves : « Fera le dit seigneur Roy très chrétien ratifier et approuver le dit présent traité de paix, par le Dauphin, et pareillement par tous les Etats des provinces et Gouvernements de son Royaume, et par iceulx états fera jurer et promettre la perpétuelle observance de ce traité. »

Ces ratifications devaient être produites « en forme due et délivrées ès mains dudit seigneur Empereur dedans trois mois. »

(Recueil des Traités, par Léonard, Paris, M.DC.XCIII).

avec Regnauld des Fontaines, Xaintrailles, Lahire, Dunois et tant d'autres, et surtout avec la sublime martyre de Rouen.

J'ai, au surplus, un autre motif, non moins sérieux, pour admettre l'existence de deux jurisconsultes ayant porté le même nom, et s'étant succédé à Crépy dans le cours du XVe siècle. A l'occasion des divers essais, tentés par divers personnages pour rédiger les Coutumes du Valois, Carlier nous apprend que *le hasard a mis sous sa main* une copie imparfaite d'un recueil, que sa rareté rendait précieux, et qui n'était pas autre chose que le coutumier original dressé vers le commencement de ce siècle par un homme de loi nommé Plumé; mais il déclare n'avoir pu découvrir ce recueil en entier, quelques perquisitions qu'il ait faites (1). Puis, quelques pages plus loin, il nous signale un autre Plumé, second du nom, dit-il, lieutenant général du Valois, à la fin du siècle, auquel il donne, cette fois, le prénom de Jean, et auquel il attribue, également, le mérite d'avoir entrepris de rédiger les Coutumes du Valois vers 1499 (2).

Selon toutes les apparences, les deux hommes de loi signalés par Carlier, doivent être les mêmes que ceux dont nous trouvons les traces dans les registres des argentiers de 1426, 1431 et 1496. Seulement ces comptables ont écrit leur nom sans accent sur la dernière lettre, ce qui, au surplus, avait lieu, dans tous ces documents, pour tous les mots se terminant par un *e* devant être prononcé comme étant surmonté d'un accent aigu. L'absence de cet accent ne prouverait donc pas contre la prononciation qui aurait dû résulter de l'accent adopté par Carlier. Quelle qu'ait pu être celle des contemporains, je n'en suis pas moins disposé à croire que les *Jehan Plume* des argentiers, étaient bien les mêmes que les *Jean Plumé* de Carlier.

D'où je conclus que l'ambassadeur du Valois auprès de Charles VII, en 1429, était un jurisconsulte qui avait, tout au moins, tenté de dresser un coutumier complet de cette province, et sur le nom duquel cette entreprise avait dû jeter un grand éclat,

---

(1) Carlier, t. II, p. 400.
(2) Carlier, t. II, p. 520 et 521.

ce qui l'avait tout naturellement désigné au choix de ses concitoyens.

Et cela se comprend, pour peu qu'on réfléchisse aux difficultés de cette entreprise. Jusqu'à la fin du XIV⁰ siècle, en effet, il est certain que les Coutumes du Valois, variables suivant les traditions des municipalités diverses, n'avaient été que très imparfaitement recueillies dans des cahiers incomplets où les obscurités et les dissemblances entre les textes devaient placer les juges dans les plus grandes incertitudes, quand il s'agissait de déterminer exactement quels étaient les usages et coutumes ayant reçu la consécration du temps; aussi voyait-on souvent ces magistrats recourir, pour s'éclairer, à des enquêtes *par turbes*, c'est-à-dire à la nomination de commissaires formés par troupes de dix, qui, après s'être transportés sur les lieux, interrogeaient les habitants, et émettaient ensuite leur avis. Dans la décision qui intervenait, chaque *turbe* ne comptait que pour une voix. L'usage de ces enquêtes a été définitivement aboli sous Louis XIV par une ordonnance de 1667 (1).

Ce n'était donc pas une œuvre de médiocre importance que celle qui consistait à codifier les coutumes d'une province à la fin du XIV⁰ siècle ou au commencement du XV⁰. Un légiste consommé pouvait seul l'entreprendre avec quelques chances de succès. A cette époque le Valois venait d'être érigé en duché pour le frère du roi. Il est à présumer que cette tentative fut faite sous cette influence. Carlier nous affirme en avoir eu, *sous la main*, une preuve, incomplète il est vrai, mais certaine, car il en fournit le détail (2).

En présence d'une affirmation pareille, appuyée sur un document, nous devons le croire, alors surtout qu'elle vient confirmer les conjectures que je tirais, tout naturellement, de l'ambassade en question, qui me semblait n'avoir pu être confiée qu'à une personnalité marquante, dès longtemps investie de l'estime des habitants du Valois.

---

(1) Cheruel. Dictionnaire des institutions, mœurs et coutumes de la France.

(2) Carlier dit, notamment, que ce manuscrit renfermait une suite de plusieurs articles de coutumes rapportées en turbe. T. II, p. 400.

Tout en m'en tenant à l'orthographe des argentiers, et préférant de beaucoup leur nom écrit avec un *e* muet, j'estime donc qu'il y a identité absolue entre *les Jehan Plume* de nos registres, et *les Jean Plumé* de l'historien du Valois (1).

Mais après cette digression qui m'a fait devancer le cours des événements et m'a fait presque sortir de mon sujet, je reprends l'analyse des registres des argentiers de 1431 à 1433.

§ IV

Dépenses se rattachant aux événements militaires. — Regnauld des Fontaines, bailli du Valois pour Charles VII. — Le maréchal de Boussac. — Le Bâtard d'Orléans (Dunois). — Gaucourt. — Xaintrailles. — Montjoy. — Vigilance des habitants. — Vivres, approvisionnements envoyés par eux à l'armée française qui, sous les ordres de Dunois, était accourue au secours de la ville de Lagny, assiégée en 1432 par les Anglo-Bourguignons.

« A Quillin Georges pour avoir porté de Crespy à Beauvais, de-
« vers Monseigneur le Maréchal et Monseigneur le Gouverneur
« lettres de par ladicte ville afin que pourveussent sur le fait des
« apatis (2), XVI s. p.

« A Drouin de Francière pour avoir porté lettres devers Monsei-
« gneur le Maréchal à Verberie et de nuit faisant mention que les
« Anglais étaient délogés de Dampmartin, II s. p.

« A Marguerite La Clergesse et Isabel Niepce, Jehan Palette,
« pour avoir porté lettres dudict Crespy à Laigny devers l'armée
« pour avoir provision sur le fait du Gouvernement des Escossais
« étant audict Crespy, XVI s. p.

« A Henriet chevaucheur de Monsieur de Montjoy, pour avoir

---

(1) Voir aux pièces à l'appui une sentence rendue, le 7 mars 1492 par Jehan Plume, lieutenant général du bailliage du Valois.

(2) Appastis ou pactis : c'était une contribution de guerre levée sur les habitants d'un pays conquis. (Cheruel : Institutions).

« porté lettres dudict Crespy à Laigny devers mondict Seigneur de
« Montjoy faisait mention des extorcions et griefs que faisoient les
« gens dudict Seigneur et aultres aux habitants dudict Crespy,
« IIII s. p.

« A Bonnefoy hérault de Monseigneur le Maréchal de France
« pour avoir porté lettres de par les habitans dudict Crespy à Mon-
« seigneur le Chancellier de France, mondict Seigneur le Maréchal
« Poton de Xaintrailles, Monseigneur le Gouverneur touchant le
« gouvernement des gens d'armes estant audict Crespy ou païs de
« Valoys, VIII s. p.

« A Jehan Stuart et ses compaignons pour aller en la ville de
« Senlis devers Messire Théaulde conservateur des trêfves, lequel
« les avoit mandés, XXXII s. p.

« A Jehan Chefdeville pour un cheval prins en son hostel pour
« porter à Raims nouvelles à l'armée que le siège voulait se mettre
« devant Laigny, lequel fut perdu; et le vallet qui le menait, et
« duquel cheval Jehan Dufour et Estienne le Fuselier lors atournés
« avoient répondu et avoient audict nom été condemnés à le paier
« LXIIII s. p. »

On remarquera que les atournés avaient répondu du cheval et nullement du valet.

« A Vuillequier homme de guerre de la compagnie Thomas Blanc
« capitaine des Escossais, XIIII l. VIII s. p.

« A Beauvais poursuivant (1) et à Jehan Sirot..... c'est assavoir
« audict poursuivant XXIIII s. p. pour avoir apporté les trêfves faites
« entre le Roy notre Sire et Monseigneur de Bourgogne.

---

(1) Un poursuivant d'armes était un aspirant à l'office de héraut d'armes. Il ne pouvait y parvenir qu'après sept années d'apprentissage. Avant d'être poursuivant, il devait avoir été chevaucheur. Ce n'était qu'après avoir franchi les degrés de cette hiérarchie de grades que l'aspirant recevait le baptême du héraut au moyen d'une coupe de vin que l'on versait sur sa tête. Les hérauts d'armes avaient une haute importance. Leur personne était sacrée d'après le droit des gens. Ils déclaraient la guerre, proposaient la paix, accompagnaient les souverains et les chefs d'armée. Le signe distinctif de leur dignité était un caducée.

Nous venons de voir passer devant nous un chevaucheur (Henriet); un poursuivant (Beauvais); et un héraut (Bonnefoy) attaché au maréchal de France Boussac.

« A Guillaume de Vaucorbel xxiii l. ix s. p. pour une queue de
« vin donné aux gens de Monseigneur le Bastart, Pierre Daugé et
« Bourgeois.

« A Jehan Destampes pour avoir baillé et livré un mui de blé
« vi sextiers aux gens de la Compaignie de Monseigneur le Bastart
« et Bairette, xlviii s. p.

« A Alexandre Frussay escuier qui avait apporté response audict
« Crespy de certaines lettres que ladicte ville avait envoiées à Lai-
« gny devers l'armée touchant certaines battues faictes par aulcuns
« Escossais à aulcuns dudict Crespy.

« A Jehan Lormée lieutenant et capitaine des Escossais.

« A Jehan Sirot hote du Paon lxxii s. p. pour despenses faictes
« en son hostel par Anthoine Lallemand et xvii compaignons de
« guerre qui ont esté audict Créspy depuis le samedy viii heures
« de nuit jusqu'au dimanche heure de vespres.

« A Jehan de La Porte hote du bas lx s. p. pour despenses faictes
« en son hostel par ledict Antoine Lallemand lieutenant de Nan-
« teuil et xvii compaignons de guerre tous de cheval qui estoient
« logés audict lieu en l'hostel du Paon.

« Pour un messager qui vint de La Ferté Milon, apporter lettres
« aux capitaines et bourgeois dudict Crespy comment les Seigneurs
« estoient assemblés pour combattre les Anglais estant devant Lai-
« gny. Ce fut le *samedi vi juing*... et pour une femme qui apporta
« nouvelles dudict siège le lundi suivant, x s. viii d. »

Un chapitre tout entier sous le titre :

« Autre dépense tant pour blés menés à Compiègne durant le
« siège que pour blés donnés aux capitaines des gens d'armes de
« Crespy. »

Dans ce chapitre sont détaillées les dépenses pour achat de sacs, location de voiture; on y trouve les noms des fournisseurs, parmi lesquels Guiot, Regnault, Boileau, Jehan Turquet, Laisne, Jehan le Charron dit le Besque.

Un autre chapitre relatif aux dépenses « faictes pour arriver du
« vin à l'armée, et notamment au seigneur de Montjoy. »

Le prix du charriage, le nom des voituriers, la fourniture des harnais s'y trouvent rapportés.

« Pour Monseigneur de Fontaines gouverneur et bailly de Valoys
« pour Monseigneur le duc d'Orléans. — Compte de la dépense

« depuis le mardi xxix d'aoust après Pasques qu'il arriva à
« Crespy lui xi° à tout xi chevaulx jusques samedi ix° jour du
« mois.

« A Johan Sirot pour dépens faicts en son hostel par les gens,
« chevaulx de Monseigneur le Gouverneur quand il vient audict
« Crespy aux dépens de ladicte ville pour recevoir la widenge des
« Escossais et aultres gens de guerre estant audict Crespy et au
« païs de Valois, lxix s. p. (1) ».

Autre chapitre intitulé :

« Dépenses faictes pour dons et voiages faicts à Monseigneur le
« Batart d'Orléans à Baron et ailleurs en son armée et plusieurs
« aultres voiages pour le bien de la ville. »

On y trouve deux pages qui vinrent de Baron à Crépy « appor-
« ter nouvelles que les Anglais estoient assemblées ; — un messager
« que Maillard de Bas avait envoyé à la dicte ville dire que on se
« teint sur ses gardes ; aultres messagers devers Monseigneur le
« Bastard d'Orléans. ... en lost devant Laigny..... à Nantheuil et
« Baron es lost du Roy ; autres à Laigny devers Monseigneur de

---

(1) La signification exacte du mot *widenge* serait intéressante à déterminer. En nous apprenant que le Gouverneur du Valois était venu à Crépy
pour « recevoir la widenge des escossais et aultres gens de guerre estant
« audict Crespy et au païs de Valois », l'argentier veut-il dire seulement
qu'il a perçu les sommes destinées à les solder ? N'aurait-il pas voulu dire
que Regnauld des Fontaines y est venu pour faire la widenge de ces gens
de guerre, c'est-à-dire pour les renvoyer du pays en leur délivrant les
250 saluts prêtés pour cet objet ?

Je serais tenté de m'arrêter à cette interprétation. A l'appui de mon
sentiment, voici le passage d'un discours prononcé quelques années plus
tard par un des contemporains les plus illustres de Regnauld des Fontaines
et de l'argentier de 1431.

Aux États généraux, convoqués à Tours par Louis XI, en 1463, Jehan
Juvenal Des Ursins, archevêque de Reims, portant la parole contre le luxe
effréné des nobles s'exprimait ainsi :

« Regardons une aultre widange de l'or de la France, c'est en draps de
« soie, en robes gipponées, en cornetles. Les pages mêmes de plusieurs
« gentilshommes et valets s'envêtent de draps de soie et les femmes, Dieu
« sait comme elles sont parées desdictes draps, cottes simples et en plusieurs
« diverses manières : en ces choses-ci l'ame et la substance de la chose
« publique s'en va et ne revient point, et ne s'étanche point pareillement le
« sang en fourrures de diverses pannes précieuses. »

« Gaucourt par lettres touchant le malvais gouvernement de gens
« d'armes et de Nantheuil. — Autre apportant des lettres de Com-
« piègne de Guillaume de Flavy; autre pour avoir lettres devers
« Alain Giron touchant les pilleries que ont faictes ceux de Sain-
« tines aux moulins de Crespy; — des femmes portant des nou-
« velles telles que lettres que le receveur de Valois envoiait de
« Compiègne faisant mention que l'assemblée des ennemis se fai-
« soit à Pierrefonds; — ou portant lettres à Senlis devers Monsei-
« gneur de Gaucourt pour dire que le sire de l'Isle-Adam et aultres
« ennemis estoient assemblés à Meaulx. »

§ V

Fortifications de Crépy. — Le prévôt forain chargé de leur sur-
veillance. — Fournitures et approvisionnements de guerre. —
Fabrication sur place d'armes et de poudre. — Une tasse d'ar-
gent mise en gage pour l'achat d'arbalestres. — Salaire des
guetteurs.

Malgré de nombreux élagages, cette nomenclature des paiements faits par l'argentier, du 24 juin 1431 au 24 juin 1434, pour dépenses relatives à des évènements militaires, est déjà longue. Cependant, pour être complet, et surtout pour tenter de résoudre les questions qui font l'objet principal de cette étude, je dois y ajouter, tout au moins, une partie de celles relatives aux réparations des fortifications, aux fournitures d'armes et au guet qui en est le complément naturel.

Je remarque d'abord que Jehan Février, que nous avons vu figurer, avec la qualification de prévost forain, parmi les réparti-teurs élus à l'effet de répartir la taille de 1431-1432, est mentionné de nouveau avec la même qualification, comme étant commis à la fortification de la ville. Il est secondé dans cet office par Grillet Regnier, qui porte le titre de maistre des œuvres des fossés de la ville. Je dois citer les paragraphes qui concernent ces deux personnages importants.

« A Jehan Fevrier, prévost forain du dict Crespy, commis à la
« fortification de la dicte ville, XXXII s. p. payés par le dict argen-

« tier qui doubz lui estoient, et la fin de son compte rendu aux
« dicts atournés touchant la dicte fortiffication, comme il appert
« par le dict compte..... faict par mandement des dicts atournés,
« ci .... XXXII s. p.

« A Guillaume Coquerel, collecteur de la dicte ville, de la fortif-
« fication, II s. p. pour Gillet Regnier..... et maistre des œuvres
« des fosses de la ville, laquelle somme a été donnée an dict Gillet
« par mandement cy rendu........................ II s. p.

Cette fonction si grave, dans les circonstances où la ville se trouvait, de commis à ses fortifications, donnée au prévost forain, doit être signalée. Le prévost, en effet, était un magistrat de l'ordre judiciaire, dont la compétence était assez étendue, et dont les décisions pouvaient être frappées d'appel devant le lieutenant-général. Le cercle de sa juridiction embrassait toute la châtellenie. D'après l'article VIII des Coutumes de Valois, il avait, en dehors de la ville, « deux sièges à sçavoir Villers-Cote-Raiz et Viviers,
« esquels lieux il va tenir siège pour cognoistre des matières
« personnelles seulement, et des matières réelles le prévost en
« cognoist en son siège de Crespy. »

De ce texte et du Commentaire de Laurent Bouchel qui l'accompagne, il résulte que « le prévost de la châtellenie de Crespy tenait
« son siège à Crespy, pour toute la châtellenie; mais qu'il allait
« parfois, à certains jours, siéger et tenir ses plaids à Villers-
« Coste-Retz, à Viviers et même à Assy, en considération qu'il
« était prévost de ville, et prévost forain, ou du dehors, embras-
« sant la dicte prévosté, le vray cœur de Vallois, et la naturelle
« habitation des premiers et originaires valloisiens (1). »

Si cet état de choses existait au milieu du XVIIe siècle, à plus forte raison devait-il exister au commencement du XVe. En 1431, par conséquent, le prévost forain de la châtellenie de Crépy était, en même temps, prévost de la ville. Et si j'insiste sur ce point, c'est pour montrer à quelles extrémités douloureuses cet état de guerre avait réduit les populations du Valois, puisque sa capitale avait été amenée à confier le soin de surveiller et de mettre en bon

---

(1) Laurent Bouchel. Usages et coustumes du Baillage et Duché de Vallois, p. 37.

état ses fortifications à un magistrat civil, institué non pour « cog- » « noistre » des matières militaires, mais seulement, ainsi que l'établit l'article VIII des Coutumes, des matières réelles et des matières personnelles, suivant qu'il siégeait à Crépy ou hors de Crépy.

Au surplus, et quand bien même les fonctions de prévost forain et celles de prévost de la ville n'auraient pas été confiées à un seul et même magistrat, et que Jehan Février n'aurait rempli que les premières, ce cumul sur la même personnalité, d'attributions en apparence aussi inconciliables, n'en serait pas moins remarquable. Ce juge transformé en ingénieur militaire, faisant preuve de compétence, tantôt à l'auditoire, tantôt aux remparts, est un témoignage éclatant de la pénurie où se trouvait réduite cette malheureuse ville, et de l'étendue du dévouement qu'elle réclamait de ses habitants.

En interrogeant et scrutant, avec soin, les registres des argentiers qui nous occupent, nous allons voir cette pénurie se manifester, de plus en plus, en ce qui se rapporte aux défenses et à la sécurité de la ville.

Dans les deux registres qui répondent à cette période, je trouve des chapitres distincts sous la rubrique : Dépenses pour voitures, ouvrages et fortifications.

Le premier registre fait surtout mention de voitures qui apportent de la forêt de Rest et des buissons du Tillay, du bois en grume et de longs fagots, pour les barrières et avenues de la porte du Paon, et pour échelles. Il parle aussi d'un « tretteau fait aux murs « devers Saint-Denis qui étaient fondus et de XIII barbacanes « refaites autour de la ville, plusieurs de ces barbacanes étant « cheues dedans les fossés ».

Le deuxième nous donne la liste de dépenses qui suit :

« Reparation à la guaritte de La Triperie, mis sur les murs aux « toises de Recelliers depuis la porte du Paon jusques à environ la « guaritte Sainte-Agathe.

« Avoir fait et mis LIII toises de raiteleaux sur les avant piez des « murs de la ville.

« A Noël Regnier et Guillot le charpentier XXIIII s. p. pour « avoir livré deux lances fleurées pour garder la porte pour avoir « replanché.

« Avoir livré xxx épaulées de boys mises et employées à faire les
« rateleaux.

« Avoir remassonné lx carneaulx ès murs de la fermeté.

« Avoir emploié en ouvrage lviiii esselles ès escargettes autour
« de la ville. à faire les pignons des dictes esgarittes. Esselles de
« vi et vii piez de long.

« Avoir esté quérir ès fossés toutes les barbacanes qui y étaient
« cheues et icelles remises en leur place ».

Pour les approvisionnements de guerre nous trouvons :

« A Jehan Raulin Malengrongne et Simon Milegris........
« iii l. xvi pour avoir livré cent livres de mette....... qui ont été
« employés à faire sept couleuvrines.

« A Jehan Bernier cullevrenier... iiii l. viiii s. p. pour avoir
« fait sept couleuvrines, au pris de lxiii s. p. les trois.

« A Jehan le Charon iiii s. p. pour avoir emmanché de son bois
« les dictes vii couleuvrines.

« A Gaudin Huart iiii s. p.... pour avoir livré viii l. de plonc
« qui ont été convertis en plommées pour les dictes couleuvrines.

« A Pierre Lemercier ii s. viii d. pour avoir fait vii sacs de cuir
« à mestre de la pouldre pour jetter les dictes couleuvrines.

« A Guillaume de Vaucorbel et Jehan Ferrier, vi s. iiii d. audit
« Guillaume v s. iiii d. pour avoir par lui baillée et livrée demi-
« livre demi-quarteron et demi-once de souffre à faire pouldre......
« et audit Ferrier xii d. pour trois chopines de vinaigre à faire la
« dicte pouldre.

« A maistre Jehan Plume.... pour avoir baillé à la dicte ville
« deux canons l'un eschaffillé et l'autre non avec trois cents quatre
« vingts viretons fenés et empennés à arbalestres achetés par le
« gouverneur vi l. xviii s. p.

« A Jehan de Bousserre serrurier xviii s. p. pour avoir fait et
« livré ii serrures neufves mises au pont levys de la porte du Paon
« avec les clefs d'iceux et une clef au guichet de la herse de la dicte
« porte, item une clef à la serrure de l'uy des basteloux de la grant
« porte du Paon, et une clef de la planchette de la porte de Com-
« piègne.

« A Pierre Poitevin xl s. p. pour avoir charié de la halle de la
« dicte ville ès porte de Compiègne et du Paon d'illec tout le mer-

« rien des portes et barrières des dictes portes, et pour avoir esté
« en la forest quérir une verge pour le pont de la porte du
« Paon ».

Puis d'autres fournitures de soufre, de pots en métal ; — ramassage de barbacanes et nettonage des ruisseaux de la rue Golant.

Les registres afférents à la période du 24 juin 1433 au 24 juin 1436 nous font défaut ; mais, à partir de cette dernière date, nous retrouvons des fournitures de même nature qu'il serait trop long d'énumérer. Je veux citer seulement de nouveau Gudin Huart, potier d'estain ayant livré, en 1436, au prix de v s. p. un cent de plommées pour les couleuvrines pesant xiii livres ; et surtout je tiens à mettre à part la dépense suivante pour la même année. Je copie :

« A Margot de Warru la somme de iiii s. p. pour son sallaire
« d'avoir esté à Compiègne par trois voiages pour aller quérir de-
« vers Jehan Dufour une tasse d'argent qui prestée avait esté aux
« habitans du dict Crespy par Piédortye pour icelle mettre en gaige
« de viii salus xiii s. p. pour l'achat des arbalestres et aultres
« choses ».

En ce qui concerne le Guet, les registres de 1431 à 1433 nous fournissent aussi des indications utiles. Nous y relevons :

« A Pierre Perrier le jeune pour avoir faict le guet à Saint-
« Thomas durant le mois de juing xxxii s. p. en juillet xl s. p. jus-
« qu'à octobre.

« A Regnault Lefèvre..... pour avoir reffait et renoué de son
« mestier le bastel de fer de la grosse cloche du dict Saint-Thomas
« qui avait esté rompu, en septembre par le guet sonnant le beffroy.
« iii s. p.

« A Jehan Perart guette du beffroy de Crespy pour sa peine
« d'avoir faict le guet du dict beffroy durant le mois de juing
« xxxii s. p.

« Au dict Jehan Perart pour avoir faict le guet au dict beffroy
« et conduit l'orloge du dict lieu durant le mois de juillet,
« xl s. p.

« A Pierre Bérenger pour avoir faict le guet sur les murs de la
« dicte ville depuis la porte de Compiègne jusqu'à la porte...... des
« prés..... pour doubte d'aucunes nouvelles qui avaient esté rap-
« portées.

« A Jehan Boussent pour avoir faict un peugnon tout neuf à l'or-
« loge... et remis à point icelle orloge ».

§ VI

*Justifications de dépenses fournies par l'argentier. — Le guetteur
du beffroy obligé de s'enfuir après la prise de la ville par les
Anglais. — La cédule égarée. — Exemple intéressant de cote
irrécouvrable. — Ménagements envers le pauvre peuple. — Emploi des doulces voies ordonné par le conseil de la ville et des
Sages.*

Après avoir fait l'énumération des recettes et constaté comment elles se subdivisaient, nous avons pu nous rendre compte, à peu près exactement, du régime financier sous lequel vivait la commune de Crépy au commencement du XV° siècle. Les droits des habitants, ceux du gouverneur ou de son lieutenant-général, les droits et les attributions des attournés, ceux des répartiteurs, les fonctions de l'argentier se sont dégagées, clairement, des textes que nous avions sous les yeux; nous avons vu les délégués de la population lui rendant compte, chaque année, du mandat qu'ils en avaient reçu, en présence du représentant du souverain, et nous avons établi que les habitants usaient, en toute indépendance, du droit de maintenir ou de modifier le personnel de ces délégués. A l'expiration de chaque exercice, prenant fin le 24 juin de chaque année, les pouvoirs des représentants de la population étant expirés, ils devaient recevoir, directement, de leurs concitoyens une nouvelle investiture. Tel était, en quelques mots, ce mécanisme, d'une application facile, qui attribuait aux habitants un droit de contrôle incessant et efficace, en leur fournissant les moyens de prendre, périodiquement et fréquemment, une complète connaissance de la situation des affaires communes.

Il n'est pas sans intérêt, aujourd'hui, de pouvoir pénétrer au fond et jusque dans les derniers replis de cette vie municipale si intéressante. Elle est tout entière dans les registres des argentiers, jour par jour, pour ainsi dire; dans le cas particulier qui nous occupe, nous la trouvons entremêlée à des événements d'un ordre plus général, se rattachant non-seulement à l'histoire d'une province, mais à l'histoire nationale elle-même et pouvant ainsi nous servir à contrôler, à rectifier au besoin les dires des historiens qui, manquant quelquefois de documents précis, ont été amenés à commettre et à accréditer des erreurs en nous donnant des appréciations dépourvues de preuves. Tel est, je le crois, le résultat auquel l'étude des registres de 1431 à 1433 va nous permettre d'atteindre; mais, avant d'en aborder l'examen approfondi, à ce point de vue, je veux m'attarder quelques instants sur des observations de détail qui me semblent dignes d'attention.

Etablissons tout d'abord, pour en finir avec les attributions des attournés et de l'argentier, que ce dernier n'acquittait une dette et ne soldait soit un créancier, soit un officier de la commune, que sur le mandatement des attournés. C'est l'expression consacrée que nous retrouvons presque à chaque article de dépenses. L'argentier était donc un simple comptable, bien qu'il fît lui-même partie des attournés; il ne pouvait juger, à lui tout seul, de la régularité d'une dépense; ce droit, paraît-il, appartenait à la réunion des attournés qui sont toujours mentionnés collectivement. C'était ce que nous nommerions aujourd'hui les ordonnateurs responsables des dépenses. Comment s'opérait leur mandatement? L'argentier était-il obligé de fournir, à l'appui de ses écritures, une pièce de comptabilité établissant que ce mandatement avait eu lieu? A cette question l'argentier va répondre, tout à l'heure, par un renseignement d'autant plus curieux qu'il se rattache précisément à la solution de la question qui fait l'objet de ma préoccupation. Il nous fera savoir que, le jour même où la ville est passée sous la domination des Anglais, le guetteur du beffroy, compromis envers eux, pour avoir rempli sa mission avec vigilance, a été obligé de s'enfuir, et qu'il n'a pu, comme d'habitude, lui payer son salaire à la fin du mois; mais il ajoutera que ce malheureux n'ayant pas de quoi vivre, il lui a versé, d'avance, le salaire des trois premières semaines; et comme la fuite du guetteur l'a mis dans l'impossibilité de produire *la cédule* qui justifierait cette dépense, il invoquera le témoignage d'un sergent à l'appui de sa propre déclaration.

Au surplus cette déclaration était faite, par l'argentier, aux habitants réunis pour recevoir ses comptes, les mercredi et jeudi 9 et 10 juillet 1433. Pour l'assemblée à laquelle ce comptable s'adressait, le fait de la fuite du guetteur, datant de trois mois seulement, devait être de notoriété publique, et on comprend à merveille que, nonobstant l'absence de la pièce de comptabilité exigée d'habitude, la dépense de xxxvi s. p. ait été approuvée.

C'est ici que vient se placer, tout naturellement, un exemple intéressant et caractéristique de cote irrécouvrable. Il est afférent à l'exercice 1432-1433.

Je cite textuellement les explications de l'argentier :

« Jehan Giroult qui avait esté assis à la taille montant iii c.
« lxxviii t. ii s. p. à la somme de iiii s. p. a paié ii s. et reste ii s. p.
« parceque n'a de quoy vivre et si n'a nulz vie et se on le eust
« trancellu de prison et il eust pu escapper se fust absenté, et aussi
« que par le conseil de ville et des sages avait esté ordonné que le
« dict argentier suport\ist le plus quel porait le pauvre peuple et
« par doulces voies en print ce qu'il en pourait retirer et oultre
« depuis la ville prinse des Anglais, le dict argentier n'en put riens
« recevoir, pour ce cy ii s. p. ».

Les ménagements envers le pauvre peuple, l'emploi des doulces voies ordonné par le conseil de la ville et des sages, l'inutilité des menaces de prison, puisque Jehan Giroult n'ayant ni de quoy vivre ni nulz vie, eut pu escapper et se fut absenté, tout est à noter dans cet exemple et jusqu'à l'impossibilité où s'était trouvé l'argentier d'opérer le moindre recouvrement depuis la ville prinse des Anglais.

§ VII

La population de Crépy sans garnison. — Son énergie, ses efforts pour se procurer des moyens de défense. — Ingrédients servant à fabriquer la poudre, les canons et les couleuvrines. — Service du guet. — Service d'émissaires. — L'un d'eux arrive de Laigny le 6 juin 1432. — Cette date met de nouveau Carlier en contradiction avec l'Argentier. — Examen comparatif des textes de l'Argentier et de ceux de Monstrelet. — Leur concordance absolue. — Désaccord, de plus en plus prononcé, entre Carlier et la Vérité. — Départ de l'armée française qui avait forcé les Anglais à lever le siége de Laigny. — Départ (widange) des

Ecossais et Lombards qui formaient la garnison de Crépy. — Prise de Crépy par les Anglais le 24 mars 1432, dix-huit jours avant Pâques. — Elle est reprise par les Français en mai 1433. — Erreurs graves de Carlier constatées par les Argentiers. — Les Argentiers, Monstrelet et le Président Minet en complet accord.

Si maintenant, nous nous jetions en dehors de ces remarques toutes spéciales, et même avant d'aborder le point de vue historique, combien seraient nombreux et divers ceux par lesquels l'énumération des dépenses que nous venons de faire s'offrirait à nos regards. Nous pourrions nous demander, par exemple, si l'histoire de l'artillerie n'aurait pas quelque profit à tirer des révélations de l'argentier de 1432 sur les moyens auxquels la ville de Crépy avait recours pour la fabrication de ses canons, de ses couleuvrines et de sa poudre. Quel pouvait être ce métal appelé mette, livré par Jehan Raulin, Malengrogne et Simon Milegris, dont cent livres, achetées au prix de IIII livres XVI sols ont servi à fabriquer sept couleuvrines? Quelle méthode et quels appareils a bien pu employer le coullevrenier Jehan Bernier pour fabriquer ces sept couleuvrines au prix de LXIII sols parisis les trois? Nous ne le savons pas ; mais nous voyons que, pour IIII sols parisis, Jehan le charron s'est chargé de les emmancher de son bois toutes les sept. — Les projectiles, c'est Gudin Huart, potier d'étain, qui en fournit la matière et les confectionne au besoin ; en 1432 il livre VIII livres de *plonc* pour être converties en *plommées* ; en 1436 il fournit un cent de *plommées* pesant XIII l. pour les couleuvrines, au prix de V sols parisis.

Quant à la *pouldre*, Guillaume de Vaucorbel et Jehan Ferrier en fournissent les ingrédients, au moins quelques-uns. Le premier, livre demi-livre, demi-quarteron et demi-once de *souffre* au prix de V sols IIII deniers, et le second cède, au prix de XIII deniers, trois chopines de vinaigre à faire *la dicte pouldre*.

Pour les canons, c'est affaire de plus d'importance. C'est maistre Jehan Plume, homme honorable et sage, le même que nous avons vu allant devers le roy notre sire, chevauchant un cheval grison, escorté de Jehan Perrier sur un petit cheval noir. C'est cet ambassadeur qui en baille deux à la dicte ville, l'un eschaffillé et l'autre non, avec trois cents quatre vingts viretons ferrés et empennés à arbalestres ; le tout ayant coûté vi livres xviii sols parisis. Malheureusement ici la répartition de la dépense n'est pas accusée, et nous ne pouvons déterminer, dans ce total, quel a été le prix de revient des deux canons et celui des viretons.

La mission remplie à Compiègne par Margot de Waru, auprès de Jehan Dufour, à l'effet de retirer de ses mains la tasse d'argent mise en gaige, laquelle avait été prestée aux habitants par Piedortye pour l'achat des arbalestres, ne nous éclaire pas sur le prix de revient de cet arme de jet ; mais le fait, en lui-même, est caractéristique de cette époque. Je ne puis d'ailleurs me rendre compte des avantages qu'au point de vue des progrès accomplis par la chimie et par la balistique, un savant ou un officier d'artillerie pourraient tirer des détails qui précèdent ; mais quel spectacle curieux et intéressant que celui de cette population obligée de se suffire à elle-même, de tout créer pour sa défense, sans autres ressources que celles qu'un état de guerre durant alors depuis près de cent ans lui avait laissé en personnel et en argent. Et quelle guerre !

Et ce qui m'étonne et m'émerveille, c'est qu'au milieu de ces tribulations, comme dit Monstrelet, ces ressources aient pu conserver encore assez d'élasticité pour y suffire. Tout est pour cette malheureuse population occasion de charges, et souvent d'extorsions alors même qu'elle n'est pas sous la domination de l'ennemi. Analysons rapidement les dépenses de ces deux exercices (24 juin 1431 au 24 juin 1433) afin de mieux faire ressortir ces charges et ces tribulations.

Nous remarquons d'abord que la surveillance est organisée à l'aide de plusieurs guets. Le guet central dont Jehan Pérart est le titulaire, qui est situé au beffroy, c'est-à-dire à la porte des Oinctiers (ou entiers) où se trouvait l'horloge et qui était situé dans la rue de la Boucherie, au droit de la maison pourvue de machicoulis appartenant à M. Bailly. C'était autrefois l'entrée de l'enceinte du château ; elle existait encore dans le siècle dernier ; on en trouvera la gravure à la fin de ce volume. La façade de la maison de M. Bailly porte encore des traces de projectiles.

Il y avait ensuite un guet dans la tour de Saint-Thomas. Pierre Perrier le Jeune y a monté la garde depuis le mois de juin jusqu'en octobre 1431, ce qui dément l'assertion de Carlier d'après laquelle la ville, ayant été prise en juillet 1431 par les Anglais, la tour de Saint-Thomas aurait été aussitôt détruite. Le guet de Saint-Thomas était bien placé en avant de la partie la plus faible de la place.

Un troisième guetteur, Pierre Bérenger, était chargé de surveiller les murs de la ville depuis la porte de Compiègne jusques à la porte du Paon (1). C'était, en effet, la partie la plus exposée aux surprises. Sur son parcours se trouvaient, d'après Graves, plusieurs tours. Il en reste encore une dans la cour du n° 50 de la Grande Rue. C'était la tour du Limousin. On voit, à sa partie supérieure, tournée vers la plaine, les deux petites lucarnes qui servaient au guetteur pour surveiller et interroger l'horizon.

Mais la vigilance ne se bornait pas à ce service de surveillance. Il y avait un échange continuel d'émissaires, parmi lesquels les femmes elles-mêmes jouaient un rôle, entre Crépy et les places qui comme elle tenaient pour Charles VII, telles que Compiègne, Laigny et Beauvais. Les lettres envoyées notamment par le défenseur de Compiègne, Guillaume de Flavy, en portent témoignage.

Durant le siège de Compiègne en 1430, les habitants de Crépy avaient contribué à approvisionner sa population. Le registre de 1431 nous en fournit la preuve incontestable; en 1432 nous les voyons montrer la même sollicitude à l'occasion du siège mis devant Laigny par les Anglais. Ils emploient tous leurs soins à se renseigner et à renseigner les capitaines et les seigneurs qui se réunissent pour porter secours à cette place.

Ici encore nous trouvons l'argentier en contradiction avec Carlier; mais absolument d'accord avec Monstrelet. Carlier place cette tentative des Anglais sur Laigny avant le prétendu siège de Crépy, c'est-à-dire avant le mois de juillet 1431. Monstrelet nous affirme qu'elle a eu lieu au commencement de 1432. Or l'argentier nous fait savoir qu'un premier messager, un homme, vint de la Ferté-

---

(1) Le texte dit : la porte *des Prés*; mais, à partir de 1431, on ne retrouve plus cette appellation qui d'ailleurs n'a laissé aucune trace. Il semble naturel d'admettre que le nom est mal écrit et qu'il s'agit de la porte du Paon.

Milon, le samedi vi juin 1432 apporter lettres aux capitaines et bourgeois de Crépy concernant les seigneurs français assemblés pour combattre les Anglais étant devant Laigny. Le lundi suivant un deuxième messager, une femme, apporta des nouvelles du dict siège.

Donc il n'est pas vrai, comme le dit Carlier, que la ville de Crépy ait été sous la domination anglaise depuis le mois de juillet 1431 jusques en mai 1433.

Et, comme complément confirmatif du renseignement qui précède, nous voyons des dépenses pour messages envoyés devers Monseigneur le Bastard d'Orléans en lost devant Laigny (1). Or Monstrelet nous apprend (ch. cxxi, liv. 2) que le « Roi Charles fit assembler six
« ou huit cents combattants, lesquels, sous la conduite du maréchal
« de Boussac, du Bâtard d'Orléans (Dunois), du seigneur de Gau-
« court, homme moult sage et prudent, de Rodrigues de Villandras
« et du seigneur de Sainte-Treille (frère de Pothon), et aultres
« gens de grand façon et vaillants hommes de guerre, et les envoya
« devers Orléans pour bailler secours aux assiégés de la ville de
« Laigny, et tous ensemble par plusieurs journées, se tirèrent à
« Melun, où passèrent la rivière de Seine, et de là, parmi le pays
« de Brie approchèrent de la dite ville de Laigny et leur venaient
« de jour des garnisons gens de leur parti. » La ville était vaillamment défendue par le capitaine escossais Ambroise de Loreil, et par Messire Jean Foucault. Après un combat acharné, où le frère de Pothon de Sainte-Treille fut tué, les Français étant parvenus à ravitailler la ville et à renforcer la garnison se retirèrent, et les Anglais affaiblis par cet échec, levèrent le siège. Ce combat eut lieu le jour

---

(1) Dans le langage militaire des XV⁰ et XVI⁰ siècles le mot ost voulait dire une armée, un corps de troupes sous les ordres d'un chef. Blaise de Montluc, dans ses commentaires, après avoir insisté sur l'utilité, pour un chef, d'être informé des dispositions où se trouve l'ennemi, et cité des exemples et des circonstances où l'ignorance de ces dispositions a empêché d'obtenir de grands succès, cite un vieux proverbe qui avait cours de son temps et que voici :
« Si l'ost savait ce que faict l'ost, souvent l'ost defferoit l'ost ». (Mémoires, p. 301).

de Saint-Laurent au mois d'août, « par une grande chaleur de so-
« leil, dont les deux parties furent moult travaillées et oppres-
« sées (1) ».

Comme on voit, cette tentative sur Lagny, par le duc de Bedfort, dont Carlier parle comme d'une simple démonstration et dont il change la date, fut un événement militaire important. Ce siège dura plusieurs mois; il ne fut levé qu'à la suite d'un acte de vigueur des Français. La date du vi juin que l'argentier nous donne est en concordance parfaite avec Monstrelet. L'année 1432 ayant commencé le 20 avril, jour de Pâques, le mois de juin se trouvait être l'un des premiers de l'année.

Cette concordance se manifeste encore par les messagers envoyés à Laigny, devers les seigneurs de Montjoy et de Gaucourt apportant lettres touchant « le malvais gouvernement les gens d'armes, « estant au dit Crespy, et au païs de Valois; pour avoir provisions « sur le fait des gouvernements des Escossais estant au dict Crespy: « faisant mention auprès du Seigneur de Montjoy, qui commandait « les Escossois, des extorsions et griefs que faisaient les gens du « dict seigneur et aultres aux habitants du dict Crespy; — touchant « les battues faictes par aulcuns Escossois à aulcuns du dict « Crespy. »

Elle se manifeste encore par les messagers envoyés à Beauvais devers Monseigneur Desfontaines, gouverneur et bailly du Valois, devers Monseigneur le Maréchal de France (de Boussac), devers Monseigneur de Sainte-Treille, qualifié également de Maréchal de France, devers Monseigneur le Chancelier de France. C'est en effet de Beauvais qu'à cette époque, un peu avant le siège de Lagny par les Anglais, Boussac et Xaintrailles « se partirent avec Louis de « Vaucourt, et autres capitaines, accompagnés huit cents combat- « tants ou environ pour aller quérir leurs aventures et fourrer le « pays envers Gournai en Normandie. Et avecque eux y était un « que les Français nommaient Pastourel, et le voulaient exhausser « en renommée comme et par telle manière comme auparavant « avait été Jehanne La Pucelle (2). » Mais cette contrefaçon de

---

(1) Monstrelet.
(2) Monstrelet, ch. ci, liv. 2.

Jehanne d'Arc réussit mal. « Aprement assaillis près d'une ville
« nommée Gournain, les Français furent mis en désaroi et de pre-
« mière venue furent pris Pothon de Sainte-Treille et Louis de
« Vaucourt ».

C'est à cette occasion que Talbot paya, envers Xaintrailles, en lui rendant la liberté, la dette de reconnaissance qu'il avait contractée à Patay en 1429.

Plus j'avance dans l'examen comparatif des textes de Monstrelet et de ceux de ce brave argentier de Crépy, Raulin Billart, qui n'écrivait certes pas en vue de la publicité que je me propose de lui donner, après 450 années de silence, plus l'accord entre ces deux contemporains s'accentue; mais aussi plus le désaccord s'affirme entre Carlier et la vérité.

La vérité, elle est inscrite, à chaque ligne, dans ces registres du 24 juin 1431 au 24 juin 1433.

Mais si nous constatons, à l'aide de ces registres, que, dans tout le cours de l'année 1431, la ville de Crépy n'a subi aucun siège, et qu'en 1432, pendant le siège de Lagny par les Anglais, elle a fait acte de patriotisme en envoyant des approvisionnements aux capitaines français qui accouraient au secours de cette place, nous constatons également deux choses importantes à remarquer, savoir :

1° Le petit nombre d'hommes de guerre qui paraissent composer sa garnison;

2° Les mauvais rapports existant entre les habitants et cette garnison presque en entier composée d'Escossais, sous le commandement de Jehan Larmée et de Thomas Blanc (1). Ces deux circonstances nous fournissent l'explication de la taille mise en 1432-1433 sur la population « pour être convertie au paiement de deux cents
« cinquante salus empruntés et deubs à plusieurs personnes pour
« bailler aux Escossais pour les faire partir de à dicte ville de
« Crespy et aultres païs de Valois. » Imposée dans le cours de cet

---

(1) L'effectif des garnisons était proportionné à celui des armées en campagne qui se ressentait de la pénurie des soldats. Un corps de huit cents combattants avait suffi pour forcer les lignes d'investissement des Anglais devant Lagny, et y faire pénétrer un renfort de quatre vingts soldats; et ce renfort avait suffi pour forcer les Anglais à lever le siège.

exercice, cette taille avait pour objet de liquider les conséquences financières d'un fait accompli après la levée du siège de Lagny. Ce fait était, tout simplement, le départ des garnisons escossaises laissées dans le Valois et particulièrement à Crépy, quand Charles VII s'était retiré sur les bords de la Loire, en 1429.

Ou la taille de 1432-1433 a cette signification, ou elle ne veut rien dire. Il est inadmissible, en effet, que la ville de Crépy se fût imposé le sacrifice d'un emprunt aussi onéreux pour faire partir les Escossais et qu'ils ne fussent pas partis. Tenons donc pour certain que, dans le cours de 1432, les Escossais ont quitté le Valois.

Quant à croire qu'ils auraient été remplacés, aussitôt après leur départ, par une autre garnison, ce serait méconnaître l'état de pénurie où se trouvait Charles VII, tant en hommes qu'en argent. On a vu tout à l'heure combien il lui avait été difficile de former un corps de 6 à 800 combattants pour l'envoyer au secours de Lagny, sous les ordres de Dunois, du maréchal de Boussac et d'autres capitaines, dont la renommée était bien faite cependant pour attirer les volontaires.

Mais alors nous sommes amenés forcément à cette conséquence, qu'après le départ des Escossais, la ville de Crépy s'est trouvée sans garnison, et qu'en s'affranchissant des exactions commises par les soldats de Thomas Blanc et de Larmée, elle s'est exposée à un danger d'une autre nature, celui de se trouver sans défenseurs militaires au cas où les Anglais tenteraient de prendre sur elle leur revanche des insuccès de Compiègne et de Lagny. Si l'on se rappelle d'ailleurs qu'après la levée du siège de cette ville, Monstrelet nous dit que les capitaines qui étaient accourus à son secours s'en retournèrent chacun dans le pays d'où ils étaient venus, on comprendra à quel état d'impuissance était réduite la capitale du Valois en présence d'une incursion subite de l'ennemi.

C'est ainsi que s'expliquent ces lignes tirées du compte que rend l'argentier aux habitants, les 9 et 10 juillet 1433, quand il dit :
« Et en étoient attournés Hue Destamps, Guillaume de Vaucorbel,
« Guillaume Coquerel, Jehan de Ve, Jehan Dufour, et Jehan Fé-
« vrier, lesquels le furent jusques au XIIII° jour de mars devers
« Paques, que la ville fut prinse des Anglais, et depuis le dict jour
« jusques à la dicte saint Jehan-Baptiste 1433, furent atournés
« Guiot, Boyleaux, et Jehan de la Rue. »

Ce texte est clair. Les affirmations qu'il renferme quant à la date de cet événement, sont reproduites, avec des détails intéressants à connaître, à l'occasion du salaire du guetteur du beffroy.

« Au dict Jehan Perart, la somme de xxxvi s. p. paiez par le dict
« argentier et que deubs lui estoient par marché à lui faict pour sa
« peine et sallaire d'avoir faict le guet et mené du premier jour de
« mars jusques aux xxiiii⁰ jour dudict mois, ensemble, que ladicte
« ville fut prinse des Anglais, que ledict Perart sen fuy et absenta
« et lequel avoit esté paié par ledict argentier, par chacune
« septmaine pour ce qu'il ne pouvoit attendre la fin du mois, car
« il n'avoit de quoy vivre et obstant l'absence et fuite dudict Perart
« icelui argentier n'a pu recouvrer la cédule de ladicte somme
« pour ce que ledict mois de mars n'étoit pas eschu, si comme
« icelui argentier est présent de toutes ces choses affermez par
« son sergent pour ce cy xxxvi s. p. »

L'année 1432 avait commencé le 20 avril, jour de Pâques; celle de 1433 avait commencé également le jour de Pâques, qui tombait le 12 avril. Donc le 24 mars était bien devers Pâques, et appartenait à l'année 1432. C'est bien à cette date, dix-huit jours avant la fin de l'année 1432, que la ville de Crépy est passée sous la domination anglaise. Il est infiniment fâcheux que les registres des trois exercices suivants aient disparu. Celui du 24 juin 1433 au 24 juin 1434, nous aurait fourni, sans doute, des éclaircissements sur les circonstances au milieu desquels cet événement s'est accompli. D'après l'argentier, elles auraient amené le changement des attournés et la fuite du guetteur du beffroy qui, selon toutes les apparences, s'était compromis en essayant d'avertir les habitants de l'approche de l'ennemi (1).

---

(1) J'ai dit ailleurs que le pouvoir civil anglais, suivant en cela l'exemple de l'Eglise d'Angleterre, avait, dans le cours du XIII⁰ siècle, adopté le style qui faisait commencer l'année le 25 mars, jour de l'Incarnation. Alors même, ce qui n'est pas vraisemblable, que les argentiers de Crépy eussent fait usage de ce style, la prise de la ville étant survenue le 24 mars, n'en aurait pas moins eu lieu en 1432 (le dernier jour). Enfin, dernière hypothèse, plus invraisemblable encore, si on reportait le commencement de l'année au 25 décembre, jour de Noël, la prise de Crépy par les Anglais aurait eu lieu à la fin du troisième mois de 1433, ce qui serait encore plus en désaccord avec Carlier, qui fixe la date de cette prise au mois de juillet 1431.

Le silence absolu de Monstrelet, comme des autres chroniqueurs, me confirme dans cette conviction, que cet événement, fruit d'une surprise, alors que la ville était dépourvue de garnison, n'a eu aucune importance militaire.

Nous savons, d'ailleurs, par ces mêmes chroniqueurs, que, dans dans le mois de mai 1433, la ville fut reprise par un eschellement de nuit (une surprise également), par les soldats de Charles VII.

Ce fait, que Carlier relate lui-même avec détails, est acquis à l'histoire. Cette fois elle était pourvue d'une garnison anglaise commandée, contrairement à ce que dit Carlier, par le Bâtard de Thien. Le même compte de 1433 à 1434 nous aurait fourni des explications sur cette reprise que les Bourguignons attribuent à ce qu'ils appellent la trahison de la population, circonstance honorable pour elle.

Quoi qu'il en soit, le dire de l'argentier fixant au 24 mars 1432, la date du jour où la ville fut prise des Anglais, et les dires unanimes des chroniqueurs fixant au mois de mai 1433 celle de la reprise par les Français se complètent. Ils donnent raison, sur ce point, au docteur Bourgeois; mais ils donnent un démenti formel à Carlier. Il n'est pas vrai, nous pouvons donc le dire nettement aujourd'hui, que la ville de Crépy ait été assiégée, prise et saccagée par les Anglais, en juillet 1431. Il n'est pas vrai qu'ils l'aient occupée pendant deux ans jusqu'à la reprise des Français en mai 1433.

Quant à la date des 9 et 10 juillet 1433, en présence du délégué du gouverneur de Valois, le modeste argentier de Crépy, Raulin Billard, rendait ses comptes à ses concitoyens, il ne se doutait pas, ce brave homme, que, dans son style simple, naïf, mais véridique, il venait d'écrire une véritable page d'histoire; il ne se doutait pas qu'après être demeurée oubliée, je devrais dire ensevelie, dans des cartons poudreux, pendant 450 ans, cette page en serait tout à coup exhumée, et que, dépositaire de la vérité, elle ferait écrouler les fables à l'aide desquelles un historien peu scrupuleux devait plus tard dénaturer les faits les plus importants de l'histoire de son pays. Combien je suis reconnaissant à M. l'abbé Müller de m'avoir fourni les moyens d'exhumer cette page qui, sans son aide, serait demeurée pour moi lettre morte; mais combien je regrette aussi que les pages suivantes, du 24 juin 1433 au 24 juin 1436, nous aient été enlevées. Elles se seraient trouvées, j'en suis certain, en complet accord, comme les précé.antes, avec les dires de Monstrelet et de ses contemporains, et, cet.e fois encore, elles se seraient élevées contre Carlier.

Pour juger des faits militaires qui se sont accomplis, sous les murs de Crépy, dans cette période de trois ans, les documents municipaux nous manquent donc, et, en fait de documents contemporains, nous devons nous en tenir aux dires des chroniqueurs, surtout à celui de Monstrelet; mais si les registres de l'argentier nous font défaut, nous avons aujourd'hui le témoignage si précieux du Président Minet, récemment découvert, qui les supplée. Plus heureux que moi, le Président Minet a tenu à sa disposition les registres qui nous manquent comme ceux qui nous restent. Il les a compulsés; son témoignage nous en donne la substance. Or, que dit-il, si ce n'est ce que dit Monstrelet lui-même, à savoir, qu'en 1434, Crépy, défendu par Pothon le Bourguignon et une faible garnison française, fut prise d'assaut par les Anglo-Bourguignons.

Quant à Carlier, au moment où j'écris, je viens de relire la préface de son histoire, où il déclare, p. xvi et xvii, avoir reçu du Président Minet communication de tous les matériaux qu'il avait amassés sur l'histoire du Valois. Ces matériaux étaient renfermés, nous dit-il, dans trois cahiers manuscrits. C'était un essai historique sur le Valois, un recueil de mémoires sous le nom de traité du Valois, et une espèce de carton rempli de notes détachées et de diverses pièces curieuses. Ce carton est aux Archives nationales; le mémoire historique a été copié à la Bibliothèque de la rue Richelieu et va être publié. A trois reprises différentes nous y trouvons la confirmation pure et simple du dire de Monstrelet. Carlier a eu comme moi en sa possession Monstrelet et Minet; il y a lieu de penser qu'il a disposé des documents municipaux contemporains qui nous manquent; en tout cas il a pu lire, comme nous, ceux que nous possédons, qui sont si précis, que je viens d'analyser, et il passe tout cela sous silence!

Je n'ai pas besoin, je le crois, de pousser plus loin ma démonstration. A l'aide des registres de 1431 à 1433, et du témoignage du Président Minet nous donnant la substance de ceux qui nous manquent, elle serait complète, quand bien même, par ses dires et par son silence, Carlier ne serait pas devenu mon principal auxiliaire.

Je résume donc cette partie de mon étude, non plus sous forme de conjectures reposant sur des déductions comme dans le chapitre précédent ; mais par des affirmations catégoriques, et je dis qu'en 1431 la ville de Crépy n'a été ni assiégée, ni prise, ni pillée par les Anglo-Bourguignons ; — que le 24 mars 1432, dix-huit jours avant la fête de Pâques, ~~trois~~ jours par conséquent avant le premier jour de l'année 1433, la ville de Crépy, dépourvue de garnison, est passée, sans lutte violente, sous la domination anglaise ; — que, dans les premiers jours de mai 1433, elle a été reprise par les soldats de Charles VII, dans une escalade de nuit favorisée par la population ; — enfin, qu'en 1434, elle a été assiégée et prise d'assaut par les soldats de Talbot et de Villiers de l'Isle-Adam, et qu'elle a été défendue glorieusement par trente Français, commandés par Pothon le Bourguignon, secondés, dans leur vaillante résistance, par la population.

§ VIII

Charges de confiance imposées. — Lettres obligatoires. — Procès avec quelques collecteurs. — Charges par héritage. — Principales industries en 1431. — Vins offerts à des personnages. — Frais dans les hôtelleries. — Mesures de la ville appendues aux murs du Beffroy. — Lieux dits. — Noms de quelques rues. — Noms de plusieurs portes. — Hostel de Ratz. — Maison de ville.

Après avoir, à l'aide du registre des argentiers, fait cette démonstration et fixé ces dates importantes, le moment me paraît venu de dégager, de ces documents, quelques détails étrangers aux questions militaires, ou ne s'y rattachant que d'une façon indirecte.

Certaines charges de confiance devaient être subies. Nous trouvons, en 1431, une dépense de IIII sols parisis pour honoraires dus à Jehan Verdelot, tabellion de la ville ayant délivré « unes « lettres obligatoires esquelles estaient obligés Regnault d'Acy et « Guillaume Coquerel à Ceuillier et collectionner des tailles. »

Ces lettres obligatoires avaient, sans doute, été ordonnées par suite de la résistance de ces collecteurs; car nous trouvons une dépense de « ıı s. parisis pour honoraires de honorable homme et « sage maistre Jehan Plume, conseiller en court laye pour avoir « esté du conseil de laditte ville contre Regnault d'Acy et Guillaume « Coquerel. »

Au nombre des charges par héritage qui pesaient annuellement sur la ville, nous trouvons en 1431, xx livres parisis aux religieux moines de Saint-Arnould, et lı livres aux religieux chartreux de l'église de Notre-Dame de Lafontaine en Rest en Vallois... par compensation et traicté faict... pour tous les arrérages quelconques; ce qui nous montre que la ville n'était pas toujours en mesure de faire face aux charges qui pesaient sur elle. Je trouve d'ailleurs la démonstration de ce fait dans le registre de 1438, où il est fait mention de l'impossibilité où elle se trouve de payer les religieux de Bourg-Fontaine et d'un procès qu'ils lui ont intenté.

Il est à présumer que, dans cette circonstance, la ville eut recours aux bons offices de l'ancien ambassadeur Jehan Plume, conseiller en court laye, homme honorable et sage.

Cette redevance envers les chartreux de Bourg-Fontaine se retrouve encore mentionnée dans les registres des argentiers de la fin du XVIᵉ siècle. Elle était alors de xx escus.

La répartition d'une recette portée aux registres de 1438, fait mention des principaux métiers qui étaient : Draperie, ferronnerie, harengerie (1), bois, plastre, bétail vif, vins, tannerie.

Les intérêts financiers du suzerain, qui était alors le duc d'Orléans, étaient représentés par Pierre Cadot. Il portait le titre de receveur du Valois et touchait un salaire s'élevant à ıııı l. ıx s. ıııı dˢ.

Les lettres de pouvoir délivrées aux attournés par le lieutenant-général du gouverneur donnaient lieu à une dépense à la charge de la commune.

Il y avait trois sergents, savoir : les nommés Jehan Leroy le jeune, Jehan Poffain et Jehan Emonelle. Leurs émoluments s'élevaient à x s. p.

---

(1) Poissonnerie.

En outre des fournitures pour les officiers et gens d'armes en résidence dans la ville, nous trouvons des frais faits dans des hôtels pour des personnages de passage, tels que :

« Beauvais frère poursuivant (1) xxiii s. p. pour avoir apporté
« les trefves faictes entre le roy notre sire et monseigneur le duc
« de Bourgogne. — Pour Athoine Lallemand, lieutenant de Nan-
« theuil et xvii compagnons de guerre, tous de cheval, logés à
« l'hôtel du Paon, lxxii s. d. — Pour vins présentés à Jehan de
« Saveuse, serviteur de monseigneur le duc d'Orléans. — Au
« prieur de Bourfontaine. — A monseigneur le maréchal de
« France (Boussac probablement). — A Jehan de Chaumont et
« aultres gentilshommes de leur suite. — A monseigneur des Fon-
« taines, gouverneur du Valois. — A monseigneur de Commercy
« et autres capitaines. — A Guillaume de Flavy et Blanchefort au
« revenir du siége de Laigny. — A monseigneur le gouverneur de
« Heille de Verges, un dîner avec les attournés et aultres habitants
« chez Philippot de Vaucorbeil. — Pour monseigneur des Fon-
« taines, gouverneur et bailly du Valois pour monseigneur le
« duc d'Orléans, arrivé le mardi xxix° jour d'août après Pasques
« lui xi°, à tout xi chevaux, jusques au samedi. Gens et chevaux
« logés à l'hôtel du Paon, dépense lxix s. p. »

Ce qui nous donne une nouvelle preuve des erreurs dont fourmille Carlier. Si, comme il le prétend, la ville avait été prise et détruite par les Anglais, en juillet 1431, et s'ils l'avaient occupée jusqu'en mai 1433, le gouverneur du Valois, pour Charles VII, n'aurait pas pu y être ainsi reçu le 29 août 1431.

Ces vins et ces repas étaient pris chez Philippot de Vaucorbel, Philippot des Granches, tavernier, Jacquet, boucher, Jehan de La Porte, hôte du Bas, Pierre le Tondeur, Jehan Sirot, hôte du Paon, Estienne Lefuselier, qui semble avoir habité une dépendance de la maison de ville.

Le Beffroy ou porte des Oincliers, avait son guette en temps de guerre, il portait l'horloge et conservait appendues à ses murs les mesures (étalons) de la ville, savoir : « pot, pinte, tiers et chopine de métail. »

---

(1) On appelait poursuivant un aspirant à la charge de hérault.

Dans le siècle suivant, une deuxième horloge fut placée dans la Grande Rue, sur la chapelle de Saint-Antoine des Changes, en face de laquelle se tenait le marché.

Plusieurs noms de rues et de lieux sont mentionnés : la rue Goland (par où toute l'eau de la ville passe); la Grande Rue, celle de la Vieu-Boucherie; la Triperie; le Jardin de la ville, séant près la porte aux Pourciaulx; le Champ de la Ville, séant devant le clos de l'ostel de Vé, ès faubourg de Crépy au lieu dict ès Bordes; la Croix de la Ville; l'Image de Notre-Dame, en face de la rue de la Vieu-Boucherie; la maison des Ratz; la maison de la Forge; l'Ostel-Dieu; Saint-Denis; Saint-Thomas; la Tournelle Saint-Arnoul; l'ostel Gerart ou d'Escantilly; la Montagne de Mermont; la forest de Retz qui fournissait du boys en grume pour refaire les fortifications; le boys ou buisson du Tilloy; une pièce de terre appartenant à la ville séant au bout du clos d'Aragon; le jardin Saint-Thomas, devant le clos d'Arragon.

Les portes mentionnées dans ces registres sont : La porte de Compiègne avec son pont levis, et de nombreux détails relatifs à des réparations; celle des Pourciaulx avec son cuverel de mesrien; celle du Paon, auprès de laquelle se trouvait l'hôtel du Paon, tenu par Jehan Sirot, et pourvu, comme la porte, d'un pont-levis. Pour cette porte, plus encore que pour celle de Compiègne, il est question de nombreuses réparations. A plusieurs reprises, il est fait mention de la porte des Prés, dont le nom est absolument nouveau pour moi. On ne le retrouve pas même dans l'Annuaire de Graves. Je suppose que c'était la poterne Saint-Arnould qui s'ouvrait dans la direction de la vallée, et qui aurait plus tard changé de nom (1). Dans le siècle suivant, en effet, on trouve, au nombre des officiers aux gages de la ville, un portier pour la porte du Paon, un autre pour celle de Compiègne, un troisième pour la poterne de Sainte-Agathe, et un quatrième pour la poterne de Saint-Arnould, lequel était chargé de nettoyer chaque samedi la rue qui conduisait à cette poterne, notamment autour de la Croix au Bourg, qui

---

(1) Peut être aussi la porte du Paon, ainsi que je l'ai dit précédemment, qui, primitivement, aurait porté ce nom qu'on ne retrouve plus et qui n'a pas laissé de traces.

s'élevait sur la place de la Croix au Bourg, aujourd'hui place de la Hante, à une petite distance et presque en face de l'entrée de la rue du Four.

Je mentionne encore comme lieux dits les Esgarites (Guérites) de la Triperie et de Sainte-Agathe ; et je fais remarquer que quand la ville était menacée d'une attaque, les poternes de Sainte-Agathe et de Saint-Arnould étaient murées à l'extérieur à chaux et sable, disent les argentiers, surtout pendant la période des guerres de religion.

Parmi ces noms, il en est un qui m'a frappé par sa singularité, c'est celui de la maison ou hôtel des Ratz, qui est répété souvent par l'argentier, comme étant voisin de la maison de ville.

Dans tous les registres, tant ceux qui précèdent que ceux qui suivent celui de 1431, on trouve donnée à bail, une partie de la maison de ville ; celui de 1436, dit : *séant rue des Coutelliers, assez près des Changes ;* celui de 1405, dit : *aboutant sur la Grande Rue, assez près des Changes*. Tous les autres se bornent à indiquer le voisinage des Changes. C'est à dire près de la chapelle de Saint-Antoine-des-Changes, fondée en 1372, par Pierre Barbette et Agnès, sa femme, démolie quand on perça les murailles pour ouvrir la rue Gaston, communiquant avec les clos des Capucins et le cours Charpentier.

D'autre part, nous trouvons donné en location aux héritiers de Jehan le Bouquillon, un jardin *devers leur maison des Ratz*, qui fut de ladite maison de la ville.

Or, il se trouve que cette maison des Ratz est précisément l'hôtel de ville actuel dont la ville possède tous les anciens titres : « Il a
« été acheté du sieur Néret, le 17 octobre 1773, au prix de 7450 livres
« pour former les casernes de la maréchaussée et distribution
« faites pour loger commodément l'officier, les quatre cavaliers,
« les chevaux et les fourrages. Il est resté, après les distributions
« faites plusieurs belles pièces qui donnent sur la rue, qui ont
« servi à faire un bel hôtel de ville dont nous étions dépourvus,
« ayant jusqu'à ce moment emprunté une des salles de l'auditoire
« pour régir les affaires de la ville. Cette maison a coûté peu de
« chose à la ville, la dépense en ayant été répartie sur l'arrondis-
« sement de la maréchaussée. » (Détail des ouvrages faits autour de la ville et environ pour les embellissements et pour la facilité

de ses abords, pendant l'administration de M. Bezin père subdélégué).

D'où il suit qu'en 1431, la maison de ville était située entre l'hôtel de ville actuel et le petit marché; probablement à l'angle de la rue de la Boucherie, puisqu'elle est indiquée tantôt comme séant rue des Coutelliers, tantôt comme aboutant à la Grande Rue.

Depuis cette époque, le mémoire de M. Bezin le prouve, la ville avait dû aliéner cette maison, puisqu'en 1773 elle était obligée d'emprunter une salle de l'auditoire pour régir ses affaires.

Quant à l'hôtel ou maison des Ratz, qui, depuis 1773, est devenu l'hôtel de ville, il avait, comme on vient de le voir, appartenu, au commencement du XVe siècle, à la famille Le Bouquillon. En 1547, il était échu, par succession, à Mme Rigodeau; en décembre 1643, son propriétaire, M. Prevot, traitait avec des voisins au sujet de quelques servitudes; en 1773, enfin, il était vendu à la ville par M. Néret, moyennant 7450 livres (1).

Quoiqu'il en soit, il demeure établi qu'en 1431 la rue des Coutelliers et la Grande Rue existaient, et que la maison de ville actuelle, ainsi que les maisons qui l'avoisinent, avaient été construites. Il n'en pouvait pas être de même des maisons qui forment aujourd'hui l'autre côté de ces deux rues; ces maisons ont été élevées sur l'emplacement des anciennes murailles, et probablement avec les matériaux provenant de leur démolition A l'intérieur de plusieurs d'entre elles on trouve encore des fragments de ces murailles. Au n° 50 de la Grande Rue, nous rencontrons, je l'ai déjà fait remarquer, une des tours qui garnissaient les faces des ouvrages entre la porte des Pourciaulx et la porte du Paon. D'après les indications de Graves, ce devait être la tour du Limousin.

Dans plusieurs autres maisons de la Grande Rue, notamment aux n°s 16 et 62, on rencontre aussi des tours de plus petit échantillon et de forme polygonale qui étaient placées en dedans de la ligne des murailles. Ce n'était pas là des tours de défense; leur faiblesse comme construction, et leur position en retraite des remparts, les auraient rendues absolument inutiles pour cet objet. Placées en

---

(1) Ce M. Néret fit construire vers cette époque le château de Séry.

saillie de murailles qui leur servaient de courtines, les tours de défense remplissaient l'office des bastions qui leur ont succédé.

Celles dont je parle devaient avoir pour but de fournir, de loin en loin, aux défenseurs, des moyens de parvenir à la crête des remparts; elles pouvaient également servir à abriter les Guetteurs. On trouve encore, au n° 19 de la rue Goland, une de ces tours polygonales dont le sommet porte des traces de projectiles, et, chose à remarquer surtout, c'est la présence de deux de ces tours, l'une à l'intérieur de la maison de M. Bailly, n° 19 de la rue de la Boucherie, la deuxième au n° 16 de la rue de la Cloche. Cette dernière porte aussi des traces de projectiles, dont quelques-uns sont encore encastrés dans les trous qu'ils ont creusés dans la pierre. Ces tours se trouvaient sur le trajet de l'enceinte primitive qui s'étendait de la porte des Oincliers à la porte de Compiègne, laissant en dehors les Cultures dont, par altération, on a fait, plus tard, les Coutures.

Toujours est-il qu'en 1431, les murailles placées entre la porte du Paon et celle des Pourciaulx n'ayant pas été démolies, les maisons qui ont été élevées sur leur emplacement tant dans la rue des Couteliers que dans la Grande Rue, n'existaient pas. L'accès des remparts, à l'intérieur, devait être libre. On n'y avait dû tolérer aucune construction, si ce n'est celle des tours polygonales, dont je viens de parler et celle de la chapelle de Saint-Antoine des Changes, placée en face du marché, et élevée, comme je l'ai dit précédemment, en 1372.

§ IX

Emplacement de la partie de la ville extérieure aux remparts. — Erreur de Carlier à ce sujet démontrée par les registres des Argentiers. — Nombre considérable d'hôteliers et de taverniers. — Explication de ce fait. — Crépy centre des communications entre les Flandres et la Champagne. — Prospérité commerciale interrompue par la Guerre de Cent-Ans. — Emplacement et enseignes de quelques hôtelleries. — Noms des hôteliers et taverniers.

Deux choses doivent nous frapper dans ces énumérations. La première, c'est qu'on n'y peut relever aucun détail qui, de près ou de loin, tendrait à justifier les assertions de Carlier, relativement à la partie de la ville extérieure aux remparts ; la seconde, c'est le grand nombre d'hôtelleries et de tavernes.

En dehors de l'enceinte de la place forte, les registres antérieurs à 1431, pas plus que ceux qui les suivent, ne nous signalent que le faubourg des Bordes, où se trouvait l'hôtel de Vé, le clos et l'église de Saint-Thomas, la montagne de Meremont, le bois du Tilloy ; c'est à peine s'ils font, indirectement, mention de Sainte-Agathe à propos des guérites placées sur les remparts qui lui font face, et du quartier situé dans la vallée à l'occasion de l'hôtel du Bas tenu par Jehan de la Porte. Quant au magnifique palais de la Comtesse, aux deux vastes châteaux, aux cinq églises, aux huit hôtels ou manoirs fiefés, et aux quinze cents maisons qui, d'après Carlier, auraient occupé « l'espace vague et découvert qu'on tra-« verse lorsqu'on va de Crépy à Duvy », rien n'y fait la moindre allusion. On doit convenir que si cet ensemble grandiose avait existé en 1431, avant la date que l'historien du Valois assigne à sa ruine, il serait extraordinaire, disons mieux, impossible, que les registres de dépenses n'eussent pas été contraints d'en faire plus ou moins directement mention. Dans ce silence des argentiers, silence qui est l'expression naturelle et forcée de la vérité, je trouve une nouvelle preuve du manque d'exactitude de ses travaux ; et j'ajoute que si, en 1431, les Anglais avaient accumulé tant de ruines dans la ville extérieure, il est impossible de concéder que les registres des années 1432, 1433, 1436, 1437, 1438, que nous possédons, n'eussent pas dû porter quelques traces des conséquences entraînées par des désastres semblables, au point de vue des finances de la cité.

Quant au grand nombre d'hôtelleries et de tavernes, il répond à ce que nous enseignent les données historiques que nous possédons sur l'importance commerciale que la ville de Crépy avait acquise dans les XIIIe et XIVe siècles. Sur ce point, je vais me trouver d'accord avec Carlier, et, pour montrer que je n'agis pas, envers lui, de parti pris, je vais citer un passage de son histoire où il fait ressortir cette importance (1).

---

(1) Carlier, 165, liv. 4, n° 57, t. II.

« Le commerce n'a jamais été aussi florissant dans le Valois que
« dans le cours du XIII⁰ siècle. Crépy, capitale de ce pays, et les
« bourgades voisines servaient d'entrepôt et comme de centre de
« communication entre les deux grandes provinces de Flandres et
« de Champagne, ou plutôt entre tous les pays bas et toute la partie
« méridionale de la France.

« En 1206, on comptait déjà soixante-six villes anséatiques
« depuis Nerva en Livonie jusqu'au Rhin. Entre cette société, il y
« avait *dix-sept villes principales*, qu'on nomme Decem et Septem
« villas dans les registres olim, mais dont on ne donne pas les
« noms séparément. Cette compagnie faisait, en grande partie, le
« commerce intérieur et extérieur du Valois, de la Champagne et
« de la Brie.

« L'auteur du landit rimé, qui écrivait en 1290, indique les villes
« qui suivent, comme celles de Normandie et des Pays-Bas, qui
« avaient la plus grande part au commerce des foires de Cham-
« pagne. Rouen, Gand, Ypres, Douai, Doullens, Malines, Bruxelles,
« Cambrai, Mancornet, Maubeuge, Dinan, Amiens, Montreuil-sur-
« Mer, Beauvais, Saint-Quentin, Saint-Omer, Abbeville, Louvain,
« Valenciennes, Tournai, Courtrai, Arras, Caen, Darnetal, Bayeux,
« Vernon, Evreux, Andelys, etc. Cet auteur ne distingue pas les
« dix-sept villes principales, qui commerçaient de société, et dont
« il paraît que les autres n'étaient qu'auxiliaires.

« Les foires chaudes de Champagne se tenaient depuis le mois
« de mai jusqu'au mois d'octobre, et les froides depuis octobre
« jusqu'en mai. Les principales foires de Champagne et de Brie
« étaient celles de Provins en mai, de Crépy en juillet, de Saint-
« Jean de Troyes, de Saint-Arnoul de Provins, de Saint-Remy de
« Troyes, la foire de Lagny-sur-Marne, celle de Bar-sur-Aube, le
« landit de Reims et la foire de Chalons.

« Et le même auteur ajoute, qu'en ces foires, moult peuple abon-
« dait. On distinguait deux sortes de marchands forains ; les uns
« voituraient par terre leurs marchandises ; on les nommait sim-
« plement *mercantores*. On appelait *mercantores aquæ* ceux qui
« voituraient par eau leurs effets. Philippe-Auguste, dans son car-
« tulaire, donne ce dernier nom aux mariniers qui commerçaient
« sur la rivière d'Oise.

« Il y a plusieurs ordonnances de nos rois, touchant les mar-
« chands qui fréquentaient les foires de Champagne. Deux gardes
« présidaient à la manutention de la police et des privilèges.

....

« L'article IV de la charte de la commune de Crépy défend de
« nuire, en aucune sorte, aux marchands étrangers qui séjourne-
« ront à Crépy, ou qui y passeront pour aller commercer plus loin.
« Le roi Philippe-le-Bel, tenant son Parlement de la Toussaint
« l'an 1292, défendit, par un arrêt qu'il fit rendre, de retenir, sous
« quelque prétexte que ce fût, les voitures des marchands des *dix-
« sept villes* qui passaient à Crépy et par d'autres villes de France,
« en allant ou en revenant des foires de Flandres, à moins que ce ne
« fut en vertu d'un ordre exprès émané du trône. C'est qu'il arri-
« vait souvent aux officiers de judicature, et surtout aux péagers,
« d'arrêter et de confisquer les voitures, sous des prétextes con-
« trouvés, afin de tirer des passagers des contributions qui n'étaient
« pas dues. »

Cet état si florissant, on le comprend sans peine, dut être gravement atteint pendant la première période de la Guerre de Cent-Ans,
et le mouvement commercial, entre les Flandres et la Champagne,
se trouva forcément et pour le moins bien ralenti. Toutefois, dans
la période de calme relatif qui fut la conséquence de la politique si
habile de Charles V, ce courant, tout nous l'indique, dut reprendre
une activité nouvelle jusque au jour où la rivalité des Armagnacs et
des Bourguignons ouvrit, pour le pays du Valois, cette deuxième
période de la Guerre de Cent-Ans, au milieu de laquelle les
registres des argentiers nous permettent de jeter un regard attentif
et bien plus scrutateur que je ne m'y serais attendu.

Les premières atteintes portées, cette fois, à la prospérité commerciale de Crépy, se firent sentir dès le début des conflits armés qui
éclatèrent entre les chefs de ces deux factions, Jean-sans-Peur et
le duc d'Orléans. Elle se traduisirent, pour la capitale du Valois,
par cette série de sièges qui devaient la faire passer successivement,
sous la domination du duc de Bourgogne en 1411, du duc d'Orléans en 1412, des Anglais en 1422, de Charles VII en 1429.

Donc, en 1431 et 1432, au moment précis où nous nous trouvons
en contact avec les personnages même qui avaient été les témoins
et les victimes de cette crise, elle durait depuis vingt ans à peu

près; elle n'avait pas eu le loisir, malgré sa violence, de faire disparaître le cadre dans lequel la vie commerciale de Crépy s'était si longtemps manifestée, pas plus que le personnel des agents qui avaient servi à lui imprimer son activité. Nonobstant les épreuves qu'ils avaient subies, ce cadre et ce personnel étaient encore là, délabrés, affaiblis sans doute, mais prêts à reprendre une vie nouvelle dès que la crise horrible qu'ils traversaient ne comprimerait plus leur essor naturel.

De là ce grand nombre d'hôtelleries et de tavernes, depuis longtemps fondées, ayant abrité plusieurs générations de ces marchands que la charte de la commune et l'arrêt de Philippe le-Bel recommandaient de protéger, et qui avaient si longtemps apporté à la ville de Crépy cette prospérité dont elle était fière et dont les documents contemporains nous rendent témoignage. Il n'y a donc pas lieu d'en être surpris, bien loin de là. Ce grand nombre s'explique tout naturellement, par les considérations qui précèdent. C'était une des conséquences naturelles et inévitables des conditions d'existence que les précédents avaient faites à la capitale du Valois.

Il serait intéressant aujourd'hui de pouvoir déterminer les emplacements et de relater les enseignes de ces diverses hôtelleries ou tavernes; nous trouverions, dans ces indications, un nouveau moyen de contrôler les dires de Carlier quant à l'emplacement de la ville extérieure.

Malheureusement, l'argentier ne nous en fournit qu'une partie. Nous savons par lui que Jehan Sirot tenait l'hôtellerie du Paon, située auprès de la porte du Paon, ayant, sans doute une sortie sur les ouvrages avancés de cette porte, puisqu'il était pourvu d'un pont-levis. Nous voyons que Jehan de la Porte tenait l'hôtel du Bas, dont l'enseigne significative nous montre qu'il devait être situé à l'extérieur de la forteresse, dans la partie de la ville qui s'était élevée aux environ du Fonds Marin et qui formait une fraction de la paroisse de Sainte-Agathe. Etienne Le Fuselier, qui était locataire d'une partie de la maison de ville séant rue des Couteliers, assez près des Changes, devait avoir son établissement dans cette rue.

La mise en location des propriétés communales nous fait savoir que le champ de la ville était séant devant « le clóz de l'ostel de

« vé èz faubourg du dict Crespy, au lieu dit ès bordes. » Ce qui nous donne avec l'*ostel du bas*, un deuxième établissement en dehors de la forteresse ; je n'en trouve pas le gérant et je suppose que ce pouvait être Jehan de Vé. Quant aux autres hôteliers, je ne puis les mentionner que nominativement, n'ayant, à leur sujet, d'autres indications que celles qui résultent des fournitures qu'ils ont faites. Ce sont : Philippot de Vaucorbel, Philippot des Granches, Jacquet, Pierre le Tondeur, Jehan Destangs, et je répète, en terminant cette nomenclature, que si la ville s'était étendue jusques à Duvy, quelques uns de ces taverniers nous auraient été, très certainement, indiqués comme exerçant, en 1431, leur industrie dans ce vaste espace, auquel les registres des argentiers ne font aucune allusion.

Plus éloquent que tous les commentaires, ce silence absolu des argentiers ne peut laisser subsister aucun doute au sujet de la prétendue existence, non plus que de la prétendue destruction de ce quartier immense où une population de près de 18,000 âmes aurait été accumulée avant 1431. A mon sens, ce silence prouve mathématiquement, en quelque sorte, que les récits que Carlier nous a faits à ce sujet sont de pure fantaisie. La ville extérieure à la forteresse n'a jamais outrepassé les limites du cadre que lui ont assigné Bergeron et Muldrac, savoir : les deux paroisses de Saint-Thomas et de Sainte-Agathe. La première dans le faubourg des Bordes, autour de la Collégiale ; la deuxième autour de l'église de Sainte-Agathe et du sanctuaire de Saint-Laurent qui l'avoisinait, et « par bas » au pourtour des remparts de la ville de guerre que les registres appellent parfois « la fermeté. »

§ X

Noms des personnages mentionnés dans les registres des argentiers de 1431 à 1438. — Division de ces personnages par catégories.

Je ne veux pas terminer cette analyse sans grouper, dans un paragraphe spécial, pour les saluer une dernière fois, avant de les quitter, les noms des divers citoyens du pays qui sont passés devant mes yeux, concourant chacun dans la limite de ses aptitudes, à la sauvegarde des intérêts du pays.

Mettons tout d'abord à part et en vedette le personnel de l'ambassade envoyée à Charles VII, au nom de la ville de Crépy et du pays du Valois.

En tête de ce personnel se place Jehan Plume, homme honorable et sage, pensionnaire de la ville, conseiller en court laye, et, au besoin, fournisseur de canons et d'arbalestres. Jehan Perrier l'accompagne, comme deuxième ambassadeur sans doute; à leur suite marchent Morellet de Trassy, escuier, Regnauld Dacy, maistre Huc Destampes et Simonnet, conseiller, clerc de la ville.

Comme lieutenants généraux du bailly ou gouverneur du Valois: nous trouvons : en 1431, 1432 et 1433, homme honorable et sage Jehan Barbe. En 1436, c'est Dryen Payen qui est investi de ces fonctions.

En 1431-1432, l'argentier Raullin Billart, qui est en même temps attourné, est assisté de trois attournés savoir : Jehan Destampes, Pierre le Tondeur, et Philippot de Vaucorbel le jeune.

En 1432-1433, ce même argentier Raulin Billart est escorté de Huc Destams, Guillaume de Vaucorbel, Guillaume Coquerel, Jehan de Vé, Jehan Dufour et Jehan Fevrier jusques au 24 mars 1432, où la ville fut prise des Anglais, et, depuis ce jour jusqu'au 24 juin 1433, par Guiot, Boyleane et Jehan de la Rue.

En 1436, c'est Pierre Ligier qui remplit les fonctions d'argentier, accompagné, comme attournés, par Pierre Cadot, Pierre des Boys, et Jehan Verdelot.

En 1438, les fonctions d'argentier passent à Jehan de France, ayant pour collègues à titre d'attournés, Jehan Frenier, Pierre Billart et Lorens Quoquennic.

Si nous compulsons ensuite les listes de répartiteurs des tailles, nous trouvons :

En 1431-1432, messire Thomas Jamelot, prestre; Mahieu Lemaire, escuier; Jehan Fevrier, prévost forain; Guillaume Coquerel, Raulin Billart, déjà nommé, Soudet et Tillot.

En 1432-1433, Jehan de Seraicy, escuier; Jehan de la Rue, Pierre Fonarel jeune, Pierre le Fèvre, Barbier, Nicaise Faquignon, Jehan Eaussart et Jehan Verdelot.

Ce Verdelot, on le sait, est le tabellion de la ville; c'est lui qui a dressé les lettres donnant à messire Jehan Plume, mission de représenter le pays de Valois auprès de Charles VII, et puissance d'emprunter au nom de la ville de Crépy.

Dans l'ordre militaire, nous trouvons comme capitaines de Crépy, en 1436, Michel Durant, escuier, et Gaultier de Brussack.

Comme capitaine de Pont-Sainte-Maxence, nous rencontrons Pierre Madre, qui envoie deux femmes prévenir que les gens du sieur de Luxembourg étaient venus à cheval et que l'on fut sur sa garde.

N'oublions pas Guy Duvivier, receveur des aydes à Senlis, auprès duquel, en 1436, Colin Rassine a été chargé d'apporter lettres du roy notre sire, faisant à ladicte ville don du quart des aydes.

Pour expliquer ce don, il est bon de savoir que, peu de temps avant, Jehan Fevrier et Pierre Ligier avaient été dépêchés, en la ville de Compiègne, par devers monseigneur le connétable et monseigneur le chancelier de France « et à iceulx avoient remonstré « l'estast de pauvreté de la ville et du pays et des environs » et qui obtinrent, pour la ville et habitants, être déchargés du paiement des gens d'armes.

C'est encore à Senlis que demeure messire Theaulde, conservateur des trèves. N'oublions pas ce fonctionnaire important.

Passons ensuite rapidement en revue, en les réunissant par catégories :

1° La phalange des fournisseurs, savoir : Guiot, Boyleane, Jehan Turquet, Laisne, Jehan le Charron, auxquels j'ajoute les hosteliers Jehan Sirot, Jehan de la Porte, Vaucorbel, le Tondeur.

2° Celle des messagers, savoir : Quillin Georges, Drouin de Fiancières, Jehan Palette, Margueritte la Clergesse, Jehan Stuart, Pierre Ribemont, Henriet, chevaucheur de M. de Montjoy, Bonnefoy, hérault de monseigneur le maréchal de France, Beauvais, frère poursuivant, Jehan de Saveuse, serviteur de monseigneur le duc d'Orléans, Margot de Waru, Adam Paumier, Jehan Vinaigre poursuivant de Boussac (1), qui s'est rendu à Saint-Denis et à Pontoise pour y observer les Anglais réunis à Grande-Puissance, dit l'Argentier.

---

(1) Aspirant à devenir hérault du maréchal de Boussac.

3° Celle des ouvriers ou marchands, savoir : Jehan de Boussent, horloger; Jehan Devienne, maçon; Jehan Beaussire, serrurier; Noël Regnier et Guillot, charpentiers; Gaudin-Huart, potier d'étain; Jehan Raulin, Malengrogne et Simon Millegris, marchands de métal; Jehan Bernier, coulevrenier; Jehan le Charron, Gaudin Huart, marchand de plomb; Pierre Lemercier, fabricant de sacs de cuir destinés à garder la pouldre; Regnault Lefèvre, qui avait refait et renoué de son mestier le bastel de fer de la grosse cloche de Saint-Thomas; Jehan Leroy le jeune, Jehan Poffain, Jehan Emouelle, sergents de la ville.

4° Celle des guetteurs, savoir : Pierre Perrier le jeune, guetteur de Saint-Thomas; Pierre Béranger, chargé de faire le guet sur les murs de la ville, et surtout Jehan Peréart que je serais bien injuste de négliger, car il s'est bravement comporté le 24 mars 1432, jour où la ville fut prinse des Anglais, et où il a été obligé de s'enfuir, n'ayant pas de quoi vivre, nous dit l'argentier, pour s'être compromis en appelant ses concitoyens à repousser les étrangers.

Oui certes, avant de poursuivre l'étude qui doit m'aider à fixer le sens de l'inscription enroulée sur la cloche de Saint-Thomas, je salue, avec respect, tous ces braves gens dont les registres des argentiers m'ont aidé à évoquer la mémémoire.

Grâce à ces registres, grâce surtout à l'obligeance de M. l'abbé Müller, j'ai pu m'associer à leur vie, et je m'y suis complu; car, à chaque acte de cette vie, j'ai rencontré une nouvelle preuve des sentiments patriotiques qui les animaient. Le lecteur trouvera-t-il que je me suis trop attardé à les considérer? J'ose espérer que non. Ce n'est pas un spectacle dénué d'intérêt, à coup sûr, que celui que nous a procuré l'analyse de ces registres, nous révélant, jusques dans leurs moindres détails, les conditions d'existence faites à une agglomération urbaine par cette effroyable Guerre de Cent-Ans; et quand, au milieu de ces conditions si cruelles qu'on a peine à comprendre qu'elles n'aient pas tout anéanti, tout rendu impossible, on est assez heureux pour constater, dans une population, une telle persévérance dans le dévouement et une vitalité pareille, on doit, ce me semble, éprouver un sentiment de fierté que je m'estimerais heureux d'avoir pu faire pénétrer dans les cœurs de ceux qui voudront bien me lire, avec la même intensité qu'il a vibré dans le mien.

CHAPITRE XIII

Quel fut le capitaine qui défendit Crépy contre les Anglais ? Quel fut celui qui en prit le commandement pour les Anglais ?

Ici encore je me vois contraint de relever chez Carlier des assertions absolument opposées aux dires de Monstrelet, qu'il passe sous silence et qu'il n'a pas pu ignorer. A la page 467 de son histoire, on lit :

« Nous ignorons le nom du capitaine qui commandait Crépy
« pendant ce siège. Il se défendit vaillamment ; et sans l'élévation
« de la grande tour de Saint-Thomas, d'où les ennemis décou-
« vraient toutes les manœuvres, il aurait pu sauver la place. »

A la page 470 nous lisons :

« Les Anglais conflèrent le commandement de Crépy à un mili-
« taire de leur parti, nommé Poton le Bourguignon, homme dur,
« intraitable, qui fit beaucoup souffrir le peu d'habitants qui demeu-
« rèrent à Crépy. »

Enfin à la page 471, je relève les lignes suivantes, à l'occasion de la reprise de Crépy par les Français en mai 1433 :

« Les Français avaient franchi les murailles lorsque les Anglais
« commençaient à courir aux armes. On égorgea la sentinelle et
« l'on passa presque toute la garnison au fil de l'épée. Nous igno-
« rons si Poton le Bourguignon fut de ce nombre. Il est à présumer
« qu'on avait profité de son absence. »

A l'appui de ce récit, il importe de le remarquer, Carlier indique Monstrelet comme la source principale où il en a puisé les éléments. Or, dans le chapitre LXXXVI, liv. 2, de ses chroniques, en nous racontant la prise de Jeanne d'Arc devant Compiègne, le 24 mai 1430, Monstrelet nous dit :

« Avec elle fut pris Pothon le Bourguignon et aucuns autres, non
« mie en grand nombre. »

De son côté, Barante, dans le volume 3-4, page 220, de son histoire de la maison de Bourgogne, confirme ce dire en ces termes :

« Pothon le Bourguignon, vaillant chevalier du parti du Roi, et
« quelques autres étaient restés avec Jeanne et la défendirent avec
« des prodiges de valeur. Enfin, il fallut se rendre à Lionel, Bâtard
« de Vandôme, qui se trouvait près d'elle. »

Dans son récit de la prise de Crépy en mai 1433, Monstrelet nous dit :

« Durant ces tribulations, les gens du Roi Charles prinrent par
« eschiellement, à un poingt du jour la ville de Crespy en Vallois,
« tenant le parti des Anglais, et en était *capitaine le Bâtard Thian*. »
Ce qui est confirmé par Jean Chartier en ces termes : « Les Fran-
« çais prirent d'emblée Crespy-en-Vallois, sur le Bâtard de Thien,
« tenant le parti des Anglais. »

Enfin dans le chapitre CLVII, liv. 2°, Monstrelet nous apprend qu'en 1434, *Pothon le Bourguignon, à la tête de 30 Français, défendit la ville contre les Anglais.*

Ces textes sont précis; ils prouvent qu'au lieu d'appartenir au parti des Anglais, Pothon le Bourguignon était un vaillant chevalier, fidèle au parti national; ils prouvent, qu'en s'appuyant sur le dire de Monstrelet pour fixer la date de la prise de Crépy par les Français en mai 1433, Carlier n'a pas pu ignorer qu'elle était commandée par de Thian, alors qu'il insinue qu'elle devait l'être par Pothon le Bourguignon. Ils prouvent qu'en 1434, ce même Pothon a défendu la ville contre les Anglais. Ils prouvent enfin que jamais il n'a pu être chargé de la commander pour les Anglais.

Cette persistance de Carlier à substituer Pothon le Bourguignon au Bâtard de Thian dans le commandement de la ville de Crépy pour les Anglais, en 1431 et 1433, est d'autant plus extraordinaire que la personnalité de ce dernier n'était pas de celles qu'il soit loisible à un historien de passer sous silence quand il la rencontre sur son passage. De Thian était l'un des capitaines Bourguignons les plus braves et les plus redoutés de son temps. En 1418, il avait défendu Senlis avec une grande énergie contre l'armée royale commandée par le Connétable d'Armagnac. Réduit, après deux mois d'une résistance désespérée, à entrer en composition, il fut convenu qu'il rendrait la place le 18 avril, si elle n'était pas secourue et que les habitants, ainsi que la garnison, auraient la vie et les biens saufs; mais, comme garantie de la foi jurée, six des notables de la ville furent livrés au Connétable.

Or, dans la nuit du 18 au 19, le Connétable ayant appris, par ses coureurs, l'approche de l'armée Bourguignonne, fit, dit Monstrelet, « armer tous ses gens et mettre en bataille aux pleins champs, afin « qu'il ne fût envahi en son logis.

« Et donc ceux de la ville voyant les assiégés être en effroi, en-« viron le poingt du jour dont le lendemain devaient livrer la ville, « s'ils n'étaient secourus, en grande hardiesse et par belle ordon-« nance saillirent hors de la dite ville et boutèrent le feu en plu-« sieurs lieux et tentes et logis du Conétable; et avec ce prirent et « tuèrent plusieurs malades, marchands et autres qu'ils trouvèrent « audit logis; à tout lesquels et foison de biens il retournèrent sans « perte dans ladite ville, à la vue de leurs ennemis. »

Rendu furieux par cette surprise, le Connétable ayant ramené ses gens vers la ville fit sommer de Thien de se rendre, et sur sa réponse que l'heure n'était pas encore passée, il fit « couper la tête « à quatre des ôtages et puis les fit écarteler et pendre au gibet..... « pour la mort desquels ceux de la ville firent couper les têtes de « seize des gens du dit Conétable, et si en eut deux pendus et deux « femmes noyées (1) ».

Après ces scènes horribles, le Connétable leva le siège pour se porter à la rencontre des Bourguignons.

En 1420, le Bâtard de Thian fut au nombre des capitaines chargés par le duc de Bedford de conduire des approvisionnements aux Anglais qui assiégeaient Orléans (2). Après les échecs subis par les

---

(1) Monstrelet, ch. cxxxxv, liv. 1er. — Vatin, Récits historiques, p. 164 et s.
(2) Monstrelet, ch. LVI, liv. 2.

Anglais à Orléans, Jergeau, Meung et Beaugency, il fut de nouveau envoyé avec Jean Fascot à leur secours; arrivés au moment où la bataille de Patay allait avoir lieu, « ils se départirent l'un et l'autre « en fuyant à plein cours pour sauver leur vie. » Cette conduite leur valut une disgrâce; Jean Fascot, qui était chevalier de l'ordre de la Jarretière, fut dégradé; toutefois, cet ordre lui fut conféré de nouveau sur l'avis d'un conseil de guerre (1).

Quant au Bâtard de Thian, il rentra en grâce en prenant le commandement de Crépy pour les Anglais; mais il ne fut pas tué quand, au mois de mai 1433, les Français reprirent possession de cette ville. En 1439, bien que la paix avec les Bourguignons eut été signée en 1435, il avait continué à faire la guerre aux Français. Il était bailli de Meaux pour les Anglais, au moment où cette ville fut attaquée par le Connétable de Richemont. Monstrelet s'exprime ainsi à son sujet : « Duquel assaut fut prise et conquise à peu de perte « de leurs gens, et fut prins dedans icelle le Batard de Thien, le- « quel bientôt après eut le haterel coupé, et avec lui un gen- « tilhomme nommé Carbonnel de la Haude, avecque aucuns « aultres (2) ».

L'auteur des mémoires du Connétable de Richemont confirme ce fait et nous apprend que le Bâtard de Thian était bailli de Meaux; que le Connétable lui fit trancher la tête, ainsi qu'à Pierre Carré et à un autre (Carbonnel de la Haude sans doute), et il ajoute : « dont après il se repentit. » (3)

Tel était ce Bourguignon, brave sans doute, mais féroce et opiniâtre dans sa haine contre les Français, à qui les Anglais avaient donné le commandement de Crépy. Les chroniqueurs sont unanimes à dire qu'il la commandait en mai 1433, quand elle fut enlevée par les troupes de Charles VII. C'était, comme on le voit, un personnage marquant, ayant figuré, avec éclat, dans des actions de guerre importantes dans le voisinage de Crépy; c'était un ennemi acharné des Français. Tout cela est incontestable. Carlier a pu le voir comme moi; cependant, loin d'en faire mention, il passe cette

---

(1) Monstrelet, ch. LXI, liv. 2.
(2) Monstrelet, ch. CCXL, liv. 2.
(3) voir f. 333.

personnalité sous silence, et lui en substitue une autre, dont la fidélité à la France a été constatée, précisément dans cette même ville qu'elle a loyalement et si bravement défendue contre les Anglais.

En relisant attentivement les textes que j'ai sous les yeux au moment où j'écris, je me demande si vraiment je ne me trompe pas en les relatant. L'historien du Valois les a eus comme moi sous les yeux ; je cherche à comprendre, par quel procédé, dans quelle intention, ce fidèle champion de la cause nationale, ce vaillant défenseur de Crépy en 1434, a pu, sous la plume de Carlier, se transformer en un militaire dur, intraitable, inféodé au parti des envahisseurs, ayant tyrannisé, pour le compte des Anglais, cette ville qu'il a au contraire si opiniâtrement défendue contre eux au péril de sa vie. Cela est vrai cependant ; et quand Carlier a accompli, sans scrupule, cette transformation étrange, que fait-il pour lui donner le caractère d'une vérité historique? Il dénature et tronque le passage de Monstrelet relatif à la prise de la ville par les Français en 1433, et il supprime, tout simplement, celui qui relate la prise par les Anglais en 1434.

Dans le premier il lit, comme moi, que de Thien commandait pour les Anglais ; mais il ne veut pas le voir, et il affecte de croire que Pothon a bien pu être tué, à moins qu'il ne se soit trouvé absent.

Dans le deuxième il voit, comme moi, que ce Pothon qu'il lui a plu de supposer avoir été tué en 1433 en combattant les Français, est vivant en 1434 et qu'il combat énergiquement les Anglais. Pour ne pas se démentir en ce qui concerne le personnage, il pousse la licence jusqu'à supprimer, dans son histoire, l'événement lui-même auquel il a été mêlé.

Et tout cela sans explications, sans justifications, sans discussions, ayant pour objet d'éclairer le lecteur ; sans souci de l'erreur dans laquelle il le fait tomber ; sans respect pour la mémoire des personnages qui ont joué un rôle dans les évènements qu'il dénature ou qu'il supprime. Je ne saurais dire à quel point est grande la tristesse dont mon esprit est envahi à la pensée que depuis 120 ans de semblables erreurs ont été accréditées comme des vérités historiques. Les vieux chroniqueurs qui renferment la vérité, sont peu lus; imprimée et publiée, avec luxe, l'histoire de Carlier fait foi pour les lecteurs qui, dans leur bonne foi, acceptent l'erreur, sans la pouvoir discerner. Aussi ne saurais-je trop m'applaudir de la découverte du Mémoire du Président Minet, si elle me permet de combattre cette erreur et de réparer, si peu que ce puisse être, une criante injustice.

C'est, en effet, dans ce mémoire, et dans l'inventaire du Président Minet que, pour la première fois, le nom de Pothon le Bourguignon m'est apparu, non plus comme celui d'un allié servile des Anglais, mais comme celui d'un intrépide soldat dévoué à la France. Emanant d'un homme qui m'était signalé par ses nombreuses recherches, au sujet de la ville où il exerçait de hautes charges de judicature, cette indication a été pour moi un trait de lumière. Ebranlé déjà, dans ma confiance envers Carlier, par les invraisemblances dont son récit abonde quant à l'étendue et à l'emplacement de l'ancienne ville, j'ai interrogé avec une attention plus soutenue, plus scrupuleuse, les textes des contemporains. Au milieu de détails qui m'avaient tout d'abord échappé, je n'ai pas tardé à rencontrer la justification complète du dire du Président Minet, tant au sujet de la prise d'assaut de la ville de Crépy par les Anglais, que du nom du capitaine qui l'avait défendue contre eux.

Mais cela ne m'a pas suffi. Parmi les capitaines qui entouraient le roi en 1429, lors de sa marche sur Reims, il en était un qui portait le prénom de Pothon, c'était Xaintrailles. Je me suis donc demandé si Monstrelet et Barante n'auraient pas confondu ce dernier avec Pothon le Bourguignon; mais j'ai dû bientôt reconnaître qu'aucune confusion n'était possible. Xaintrailles était Gascon. C'était lui qui, à la bataille de Patay, avait fait prisonnier le fameux Talbot et lui avait rendu la liberté, sans vouloir accepter de rançon. Pris, à son tour, par Talbot en 1431, le général Anglais lui avait rendu la liberté à titre de revanche courtoise. La personnalité de Xaintrailles était alors déjà trop éminente pour pouvoir être confondue avec celle du chevalier bourguignon qui avait défendu Jeanne sous les murs de Compiègne, et qui plus tard, en 1434, aurait pu être investi d'un commandement n'ayant sous ses ordres que 30 combattants.

Quant à son origine gasconne, elle ne saurait être mise en doute.

Jean Chartier, Berry, etc., dans leur histoire de Charles VII (1), le disent formellement, et une biographie de ce vaillant soldat signée Barante nous donne à son sujet des détails intéressants, parmi lesquels, comme preuve de ce qu'avance, je ne veux en glaner que quelques-uns qui, je l'espère, ne déplairont pas à mes lecteurs (2).

Xaintrailles était un simple gentilhomme de Gascogne, qui se nommait Saintreilles, ou Sainte-Treille. Son nom patronymique devait se transformer sur les champs de bataille; voici à quelle occasion (3).

Au commencement de 1419, Etienne de Vignoles, dit Lahire et Sainte-Treille se trouvaient au château de Couci, sous le commandement d'un capitaine nommé Pierre de Xaintrailles. La chambrière de ce dernier l'ayant trahi, il fut surpris et égorgé. Les gendarmes de la garnison n'eurent que le temps de se retirer ; « *et disent les chroniques, lors ils firent deux capitaines de deux gentilshommes, Etienne de Vignoles dit Lahire et Pothon de Xaintrailles.* »

Tels furent les commencements de ces deux grands hommes; l'élection par leurs propres soldats, au milieu du danger. A partir de ce moment, l'amitié la plus inébranlable les lia; il n'y eut plus entre eux d'autres rivalités que celles du courage, de l'activité, de l'intelligence, et du dévouement à la France. Au milieu du découragement général, alors que les Anglais, se croyant maîtres du royaume, n'appelaient plus Charles que le Petit Roi de Bourges, Lahire et Xaintrailles ne cessèrent de leur faire « *bonne et forte guerre.* »

---

(1) « Un capitaine gascon renommé Ponthon de Xaintrailles, pris en 1432 et délivré par Talbot qu'il avait pris à la bataille de Patay. » Jean Chartier, p. 47. — Dans l'épître dédicatoire à la noblesse de Gascogne, qui précède ses Commentaires, Montluc, faisant l'énumération des hommes de guerre originaires de cette province, s'exprime ainsi : « C'est elle qui a eslevé Pothon et Lahire, deux fatales et bienheureuses colonnes et singuliers ornements des armes de France. »

(2) A son retour de Reims avec Jeanne d'Arc, après son sacre en 1420, Charles VII, comme on l'a vu, nomma Xaintrailles gouverneur de Crépy. Il n'est donc pas hors de propos, ne fût-ce qu'à cause de cette circonstance, de donner à son sujet quelques renseignements.

(3) Monstrelet ne le désigne jamais que sous le nom de Sainte-Treille. Il avait un frère qui servait avec lui dans l'armée de Charles VII.

On les retrouve presque toujours ensemble. Parlant de ces deux valeureux compagnons, une autre chronique dit : « Ils n'étaient « lors, que quarante lances, lesquels n'épargnaient ni leurs corps, « ni leurs chevaux ; c'étaient, pour la plupart, des Gascons qui sont « bons chevaucheurs et hardis »

Peu de temps avant l'apparition de Jeanne d'Arc, quand tout semblait perdu pour le roi, et où il était si abandonné, une autre chronique, voulant, sans doute, ridiculiser sa misère, s'exprimait ainsi :

> Un jour que Lahire et Poton
> Le vinrent voir, pour festoiment,
> N'avait qu'une queue de mouton
> Et deux poulets, tant seulement.

Lahire et Pothon, deux braves, deux fidèles dans l'adversité ! Ils sont rares, ceux-là ; et voilà comment les épigrammes anti-patriotiques de ce chroniqueur, ont tourné à la glorification de ces deux cœurs vaillants, en nous les présentant comme des modèles de fidélité, de loyauté, de constance et de désintéressement.

Ces qualités furent récompensées plus tard. Quand Charles entra dans Paris, après 20 ans d'absence, Xaintrailles portait le casque du roi comme écuyer de France. En 1434, il fut élevé à la dignité de maréchal ; il était alors sénéchal du Bordelais et du Limousin.

Parlant de lui et de Lahire, les registres du Parlement faisant mention de sa mort, s'exprimaient ainsi : « *Un des plus vaillants* « *capitaines du royaume de France qui fut cause, avec Etienne de* « *Vignoles, dit Lahire, de chasser les Anglais de France.* »

En faisant mention de la mort de l'un, le Parlement ne croyait pas pouvoir se dispenser de parler de l'autre. Quel plus bel éloge aurait-il pu faire de ces deux grands hommes ?

Ce n'est pas tout encore. L'auteur des mémoires de Richemont et Monstrelet vont nous donner la preuve que Pothon le Bourguignon ne fut pas tué dans la prise d'assaut de Crépy en 1434, et le dernier nous le montrera marchant avec Pothon de Xaintrailles contre les Anglais.

Aussitôt après la signature de la paix avec les Bourguignons, en 1435, l'auteur nous dit que le Connétable envoya Pothon le Bourguignon et plusieurs autres capitaines au maréchal de Rieux, qui était chargé d'assiéger Dieppe, occupé par les Anglais. Monstrelet confirme ce dire. Je cite le passage décisif de cet historien, relatif aux actions de guerre contre les Anglais, qui suivirent le traité avec les Bourguignons :

« Et outre assez bref en suivant, vinrent les Français audit lieu
« de Dieppe au pays, à l'environ de trois à quatre mille chevaux,
« sous la conduite d'Antoine de Chabannes, Blanchefort, *Pothon*
« *le Bourguignon*, Pierre Reignaut, et aultres capitaines, et de-
« puis se bouta *Pothon de Sainte-Treille*, Jean d'Estourville, Robic
« et son frère, le seigneur de Montreuil Belay, et plusieurs nobles
« seigneurs et chefs de guerre ; et aussi pareillement y vint un ca-
« pitaine de commune, lequel se nommait Kirienier. A tout bien
« quatre mille paysans de Normandie, qui s'allia avec les sus dits
« Français et fit serment au maréchal dessus nommé (de Rieux),
« de guerroyer hardiment et faire forte guerre au devant dits An-
« glais (1) ».

Voilà bien, si je ne me trompe, les deux Pothon, marchant ensemble sous les ordres du maréchal de Rieux à la poursuite des Anglais, et à leur expulsion de la province normande que, depuis Guillaume le Conquérant, les souverains Anglais avaient considéré comme leur propriété exclusive.

Le lecteur trouvera-t-il que je me sois trop complu dans ces détails? Ils m'ont séduit, voilà mon excuse. Aussi bien, tout en étant pleins de saveur et caractéristiques de cette époque, ils m'auront servi, peut-être, à achever de dissiper les doutes qui auraient pu rester encore dans quelques esprits. Bien qu'après tout la preuve de l'impossibilité d'aucune confusion entre les deux Pothon me paraisse surabondante, je ne regrette pas de l'avoir faite. Si la personnalité du Gascon est devenue si éminente qu'elle ne puisse être mise en parallélisme avec celle plus modeste du Bourguignon, cela ne veut pas dire que cette dernière ne doive pas être lavée de l'ignominie qui pèse sur sa mémoire depuis 120 ans (2), par la faute d'un historien qui, pour des causes que je ne sais pas décou-

---

(1) Monstrelet, ch. cxci, liv. 2.
(2) L'histoire de Carlier a été publiée en 1765.

vrir, lui a fait jouer un rôle odieux, absolument contraire à celui que ses contemporains lui attribuent.

Quoi qu'il en soit, en admettant, comme le dit Carlier, que le défenseur de Crépy contre les Anglais, soit en 1431, soit en 1434, ait été tué lors de la prise et du sac de cette ville, voilà plus que de 400 ans que ses restes dormiraient ignorés sous les décombres amoncelés par ses ruines, et non-seulement aucun hommage n'a été rendu à sa mémoire, mais il semble certain qu'elle a été flétrie par la légèreté d'un historien. Cependant voici une voix autorisée qui, elle-même, depuis 140 ans (1) était demeurée muette qui s'élève, tout-à-coup, pour protester contre cette injustice ; et il se trouve alors que tous les documents contemporains protestent avec elle. Interrogés avec soin, par un curieux qui n'a d'autre mérite que celui du désir sincère de poursuivre la vérité, ces documents glorifient cette mémoire. Au lieu de la figure d'un traître, que l'historien du Valois nous avait présenté avec une sorte de complaisance, c'est celle d'un fidèle et valeureux soldat qui nous apparaît.

Quelles tristes réflexions ne doivent pas provoquer ces erreurs, ces oublis, ces alternatives d'ombre et de lumière, qui se font, si rapidement, sur la mémoire des hommes, dans le milieu même où, de leur vivant, leurs actes ont eu le plus de retentissement. Qui donc aujourd'hui, dans Crépy, se préoccupe du président Minet, chef du tribunal présidial du Valois, l'homme le plus considérable de son temps ? Le 27 août 1749, ses restes ont été déposés, avec de grands honneurs, dans le cimetière de Sainte-Agathe. L'église de Sainte-Agathe, la paroisse qui l'environnait, le cimetière qui la desservait, ont disparu, et, sur la tombe de cet homme de bien, dont les contemporains avaient voulu perpétuer le souvenir, quelque jardinier cultive des légumes pour approvisionner le marché de Crépy.

Amené par cette étude à me trouver en présence d'un de ces oublis tellement rapides qu'ils ressemblent presque à des profanations, je m'applaudis d'autant plus d'avoir évoqué cette mémoire qu'elle m'a fourni l'occasion, bien inattendue pour moi, de tenter la réhabilitation d'une autre mémoire, qui, du temps du président Minet,

---

(1) Le président Minet écrivait en 1743.

n'était pas effacée dans les traditions locales, d'accord en cela avec les témoignages écrits des contemporains. Ces traditions étaient-elles trompeuses? La réhabilitation que je tente en ce moment, sans autre préoccupation que celle de la vérité et de la justice, est-elle suffisante pour que l'histoire la confirme? Je le voudrais, car mon admiration et mon respect sont bien grands pour ces vaillants soldats qui, dans cette période si sombre de notre histoire nationale, ont combattu les envahisseurs avec tant d'énergie, et j'ai éprouvé une tristesse mêlée de colère à la pensée que la mémoire de l'un d'entre eux avait pu être incriminée, flétrie, quand elle était digne de reconnaissance.

CHAPITRE XIV

Rôle de l'église et de la tour de Saint-Thomas dans les sièges subis par la ville de Crépy. — État de ses fortifications en 1430. — Les tours de défense. — La tour de Valois. — Le donjon. — Le vieux château. — L'auditoire.

Après avoir rempli cette tâche qui s'est offerte à moi à l'improviste, comme une des conséquences de l'étude que j'avais entreprise, il me reste à faire du siège de Crépy un examen spécial au point de vue restreint qui en a été l'origine, savoir : l'interprétation de l'inscription relevée sur la cloche de Saint-Thomas. Ce que je viens d'exposer au sujet de l'emplacement où était située alors la partie de la ville extérieure aux remparts, et au nom du capitaine qui la défendit si vaillamment contre les Anglais, me laisserait bien peu de chose à ajouter si, de cet ensemble, ne se dégageait pas un fait important, absolument indépendant de tous les autres, que nous verrons se reproduire plus tard, invariablement en quelque sorte, dans toutes les attaques dont cette ville fut l'objet pendant les guerres de religion. Ce fait, c'est le rôle joué par la grande tour de l'église de Saint-Thomas. Carlier nous dit que, sans cette tour, du haut de laquelle les assiégeants pouvaient voir dans l'intérieur de la forteresse et constater la faiblesse de la garnison (1), le capi-

---

(1) En 1434, cette garnison était composée de trente Français seulement, sous les ordres de Pothon le Bourguignon.

taine qui la commandait aurait pu sauver la place. C'est aller, sans doute, un peu loin dans le champ des suppositions; mais celle-là n'est pas absolument inadmissible.

Comme un grand nombre de places anciennes, la ville primitive, c'est-à-dire le château et le donjon, était *posée*, suivant les expressions pittoresques de Bergeron, « *sur la croupe plaine et angu-*« *laire d'une colline* ». Cette croupe était entourée, sur les 2/3 environ du développement des fortifications, par deux petites vallées très profondes; celle du rû des Taillandiers, descendant de Bouillant vers Duvy et se rencontrant, au nord-ouest, avec celle du Fonds Marin, qui lui sert d'affluent. La première, longeant, à une profondeur de plus de 20 mètres, la face nord de la forteresse, à partir de l'angle de la place de la Couture où se trouvait alors la porte des Pourceaux; la deuxième, longeant la face sud, à une profondeur pareille, en passant en avant de la porte Sainte-Agathe et de la poterne Saint-Arnould, et prenant son origine aux abords de la porte du Paon, laquelle s'ouvrait dans la direction de Paris. Le dernier tiers des fortifications, celui qui regardait le sud-est, faisait face au plateau par où l'on accédait de plein pied à cette croupe; il n'était pas, comme les deux autres, protégé par des escarpements profonds. C'était la partie la plus faible de l'enceinte; elle avait été pourvue de fossés larges et profonds placés en avant des murailles, sur le parcours desquelles, d'après Graves, on avait placé quatre tours, celles du Limousin, du Puène, de Dramart et des Pourceaux (1). Les façades sud et nord-ouest, toujours d'après Graves, étaient pourvues de huit autres tours. Celles du sud portaient les noms de Sainte-Agathe, du Lierre, du Mur-de-Ville et du Valois; celles de l'ouest et nord-ouest portaient les noms de Sainte-Catherine, de la Cave et de Pontdron. A l'exception de la tour du Valois qui n'était autre que le refuge du donjon, et dont une partie seulement nous reste, on ne rencontre de ces tours aucune trace appréciable. Aucun autre historien que Graves n'en fait mention; et comme il ne désigne pas les documents où il aurait recueilli ces indications, il m'a été impossible d'en trouver la justification. J'ai peine à croire que ces tours aient existé, si ce n'est sur la façade

---

(1) Annuaire de 1843, p. 105.

est-sud-est, qui regarde le plateau, et qui a été en entier démolie (1).

Cette façade, qui s'étendait de la porte du Paon au sud à la porte des Pourceaux au nord, sur un développement de 250 toises environ, était, malgré ses fossés et ses tours, la plus accessible; l'espace qui s'étendait en avant, vers le plateau, était découvert afin de donner à l'assiégé la possibilité de voir au loin les attaques dès leur origine, et de les combattre plus facilement. C'était une dépendance naturelle des fortifications. C'est celui où se voient aujourd'hui le cours Charpentier, le cours Minet, le grand Chemin Vert et l'ancien enclos des Capucins. Le terrain sur lequel cet enclos a été établi appartenait à la ville, qui en fit cadeau aux Capucins, lors de leur fondation en 1640, alors que le maintien des fortifications ne paraissait plus nécessaire (2). Cet établissement ayant ôté tous les accès de la porte des Pourceaux, elle fut fermée alors et remplacée en 1647 par la porte des Capucins (3), donnant un accès direct au cours qui la précédait. Ce cours reçut le nom de cours Charpentier, du nom de l'échevin qui le fit planter en 1704 (4). Le cours Minet, vulgairement appelé Allée des Soupirs, ayant 100 toises de longueur, fut arrangé en 1716 et 1717, par le Président Minet, étant alors maire de la ville. Quant au grand Chemin Vert ou Chemin des Prêtres, il a été planté, pour la première fois en 1758; il s'étend sur une longueur de 150 toises (5).

---

(1) Au n° 50 de la Grande-Rue, on trouve les restes d'une tour ronde qui pourrait bien avoir été une tour de défense. Le registre de l'argentier de 1431 fait mention seulement de quatre portes : celles du Paon, de Compiègne, des Pourceaux et des Prés.

(2) Cette fondation fut autorisée par des lettres patentes de Louis XIV du 12 janvier 1644.

(3) Cette porte fut percée dans les remparts, près de la chapelle de Saint-Antoine des Changes. La communication fut établie au moyen d'un pont sur le fossé. Les lettres patentes qui autorisent ce travail sont du 6 mai 1647.

(4) Le jeu de battoir fut établi à cette même date, sur l'emplacement du fossé.

(5) Détails tirés d'un mémoire fourni par les officiers municipaux de Crépy en 1763, dans un procès qui avait été intenté à la ville par les doyens, chanoines et chapitre de l'église de Saint-Thomas-le-Martyr, lui contestant la propriété du Chemin Vert, ou Chemin des Prêtres.

Mais, ô o répète, au milieu du XVe siècle, ce vaste espace était demeuré découvert dans l'intérêt de la défense.

A partir de la route qui, en sortant par la porte du Paon, se dirigeait vers Villers-Cotterêts et Soissons, il n'en était pas de même. Primitivement établie dans les vallées, là où les constructions, d'ailleurs mieux abritées, n'étaient pas un obstacle sérieux pour la défense, la ville extérieure était remontée, peu à peu, vers le haut de la vallée du Fonds Marin, se groupant d'abord en partie autour de l'église de Sainte-Agathe et du sanctuaire de Saint-Laurent qui l'avoisinait, pour s'étendre ensuite sur le plateau où s'était formé un faubourg appelé le faubourg des Bordes. Les habitations de ce faubourg, rejoignant celles de la paroisse de Sainte-Agathe, enveloppaient à une petite distance les abords de la porte du Paon.

Nous devons penser que le mouvement de la population vers ce point était déjà bien prononcé au milieu du XIIe siècle, puisqu'à cette époque, Philippe d'Alsace avait été amené à y faire élever, à grands frais, une vaste Collégiale. Toutefois, ce monument, dont la façade était surmontée d'une tour élevée, placé à un peu plus de 100 toises de la porte du Paon, devait bientôt devenir, pour la forteresse, une cause de graves dangers. De la plate-forme qui surmontait cette tour, en effet, le regard embrassait et dominait de près l'ensemble de la place, ce qui permettait à l'assiégeant, s'il s'en était rendu maître, d'observer les mouvements de l'assiégé et de choisir son point d'attaque. Dès lors, la possession de ce monument acquérait une importance extrême, tant pour l'attaque que pour la défense, et l'on comprend qu'à partir de ce moment, dans toutes les actions de guerre dont la ville de Crépy a été le théâtre, les agresseurs se soient efforcés de s'en emparer tout d'abord, soit de vive force, soit par surprise.

Et ce qui aggravait encore ce danger, c'est que la porte du Paon, placée à la rencontre des façades est et sud des ouvrages, formait ainsi un saillant qui, mal protégé, mal flanqué par les feux de ces faces, aurait été, en tout état de choses, l'un des points faibles de l'enceinte. Enfin, comme pour ajouter encore davantage à la faiblesse naturelle de ce point, le monastère de Saint-Michel avait été élevé à 50 toises environ en avant de l'église de Saint-Thomas; très près, par conséquent, de la porte du Paon, ce qui pouvait fournir à l'assiégeant, s'il s'en emparait, un point d'observation encore plus rapproché du point le plus vulnérable de la défense.

Si nous examinons attentivement cette situation, nous reconnaitrons que les feux partant de la tour si imparfaite dont nous trouvons les vestiges au numéro 50 de la Grande-Rue, et que je suppose être la tour du Limousin, neutralisés par le voisinage de Saint-Michel et de Saint-Thomas qui lui faisaient face, ne pouvaient avoir que bien peu d'efficacité. Les seuls qui fussent de nature à gêner l'assaillant dans ses cheminements sur le saillant de la porte du Paon, étaient ceux qui provenaient de la partie des remparts formant un rentrant et regardant le sud-est aux abords de la porte de Sainte-Agathe ; et mieux encore ceux qui partaient de la tour du Valois, dont une des faces regardait et dominait de plus haut l'entrée de la ville vers la route de Paris. Cet ouvrage de défense était assez puissant ; il était formé par quatre tours rondes placées aux quatre angles, reliées entre elles par des courtines pourvues chacune d'une embrasure. Il y avait donc là deux étages de feux qui prenaient l'assiégeant sur le flanc gauche de son attaque, et qui, eux-mêmes, étaient protégés par les escarpements de la vallée du Fonds Marin. La défense en a souvent fait usage ; il suffit, pour s'en convaincre, de relever les traces nombreuses de projectiles qui ont criblé les murailles sur ces deux points. La direction d'où partaient ces projectiles n'est pas douteuse ; les traces portent témoignage de la direction suivie habituellement par les attaques. Toutefois, et bien que l'assiégeant ait répondu avec énergie aux feux qui protégeaient ainsi le flanc droit de la porte du Paon, il est évident qu'il a pu, sans grande difficulté, se mettre à l'abri de ces feux, en inclinant ses cheminements vers sa droite à lui, et se portant de préférence vers le flanc gauche de la porte, sous l'appui et le couvert de Saint-Michel et Saint-Thomas, qui, transformés en ouvrages d'attaque, neutralisaient, ainsi que je l'ai dit, la tour si imparfaite du Limousin.

Les hommes de guerre qui commandaient les Anglo-Bourguignons étaient trop expérimentés et trop habiles pour méconnaître les avantages immenses que leur procurait la possession de ces édifices ; aussi, dès leur arrivée devant Crépy se jetèrent-ils, tout d'abord, sur la Collégiale et sur Saint-Michel, que l'on appelait alors l'Hôtel-Dieu. Après quoi, soit par vengeance, soit pour augmenter encore leurs avantages, ils accumulèrent les ruines dans la ville extérieure, surtout dans le faubourg des Bordes, en avant et à une petite distance de la porte du Paon, ce qui mettait leurs travaux d'approche sur la capitale de ce saillant, à l'abri du regard de l'assiégé et les facilitait.

Ce que nous dit Carlier concernant l'usage que firent les Anglo-Bourguignons de la tour de Saint-Thomas, pour mieux diriger leurs attaques contre Crépy, doit être absolument vrai; cela tombe sous le sens. Il en doit être de même du soin que le capitaine qu'ils chargèrent de commander la place en leur nom, prit de faire démolir la tour qui leur avait été si utile, et dont ils ne voulurent pas que les Français pussent, plus tard, faire usage contre eux. Pour la clarté du récit que j'aurai à faire des sièges subis par Crépy dans le cours des guerres de religion, et pour arriver à l'interprétation rationnelle de l'inscription placée sur la cloche actuelle, il m'a paru intéressant de placer sous les yeux du lecteur les explications, un peu techniques, peut-être, qui précèdent.

Mais ces explications même font ressortir, avec éclat, l'extrême pénurie des documents que j'ai rencontré devant moi pour mener à bien cette étude. Plus j'avance dans mes investigations, plus cette pénurie me frappe et plus elle me fait sentir la témérité de mon entreprise. L'inscription dont j'avais pris à tâche d'interpréter le sens, se rapportant à des événements militaires graves pour la ville de Crépy, j'avais lieu d'espérer que quelque histoire locale m'en fournirait les détails et m'aiderait ainsi à en déterminer le sens. Dans cette voie, mes recherches sont demeurées vaines. Je n'ai pas tardé à reconnaître qu'aucune histoire spéciale à la ville de Crépy, entrant dans les principaux détails des événements qui se sont accomplis dans ses murs n'existait. Pas plus au point de vue de sa vie municipale proprement dite, que pour les faits militaires qui me préoccupent en ce moment, nous ne possédons absolument aucun de ces faits intéressants dont les histoires des villes voisines abondent. Carlier, comme on l'a vu précédemment, se borne, presque constamment, à des généralités. Il nous dit, par exemple, à quelles époques les chartes de commune ont été accordées à la ville de Crépy, puis il ajoute que, depuis l'affranchissement général de 1311, le droit de commune étant devenu plus à charge qu'utile aux bourgeois de Crépy, ils prièrent Philippe-Auguste de leur retirer ce privilège et de leur accorder d'être gouvernés en prévôté ; mais il se tait quant aux motifs réels qui ont donné lieu à cette demande, comme aussi sur les noms des maires, attournés ou gouverneurs qui se sont faits les organes d'une prière si peu en harmonie avec les aspirations vers l'indépendance communale, qui se développaient à cette époque au sein des populations urbaines. Comment, dans quelles circonstances, par quelles influences personnelles ce retour en arrière, ou plutôt cette abdication des droits anciennement consacrés se sont-ils accomplis ? Carlier l'a-t-il su ? En tout cas, il ne le dit pas. Il y aurait intérêt cependant à pouvoir se rendre compte aujourd'hui des circonstances au milieu desquelles s'est accomplie une transformation pareille (1).

En ce qui a trait aux événements militaires, l'historien du Valois procède de même, relativement à la capitale de cette province surtout, car pour les autres villes il est beaucoup plus explicite, ou si l'on veut, moins sommaire. C'est ainsi qu'en nous entretenant de la ville de Senlis, il nous apprend qu'en 1417, Robert d'Eusne y commandait pour le roi, quand Jean de Luxembourg s'en empara pour le compte du duc de Bourgogne, qu'il en donna le gouvernement au bâtard de Thian, et qu'il rétablit Traullard de Maucreux en possession de la charge de bailli pour les Bourguignons (2).

S'il s'agit du siège subi par la ville de Soissons par les troupes royales, en 1414, il nous donne les noms des capitaines qui commandaient la garnison pour le duc de Bourgogne ; c'étaient : Pierre de Menou, Guy Duplessis et Enguerrand de Bournonville ; puis, après nous avoir énuméré les moyens employés par ces officiers pour opposer une résistance énergique aux soldats de Charles VI, il nous montre le roi arrivant devant cette ville, le 5 mai 1414, accompagné du duc d'Aquitaine, son fils aîné, et du duc d'Orléans, et prenant son quartier général à l'abbaye de Saint-Jean-des-Vignes (3).

Si insuffisants qu'ils soient, ces renseignements offrent cependant une certaine précision. Pour le siège et la ruine de Crépy, qui,

---

(1) Voir à cet égard ce qui a été dit au chap. XII, § 1er.
(2) Carlier, t. 2, p. 132.
(3) Carlier, t. 2, p. 424.

d'après lui, auraient eu lieu en 1431, rien de semblable. L'emplacement de la ville extérieure à la forteresse, son étendue, de même que le chiffre de sa population, nous sont indiqués par lui, d'après des supputations qu'on lui a, dit-il, communiquées, dont il ne donne pas les origines, et qui sont empreintes de la plus manifeste exagération. Le nom du général qui commandait les Anglais, celui du capitaine qui défendait la place, nous les cherchons inutilement dans son récit. Sauf le détail relatif à l'invasion préalable de la Collégiale et du faubourg des Bordes, tout le reste est vague. Un premier assaut a lieu; il est repoussé. Un deuxième assaut lui succède; il est repoussé de même. Pour tromper la garnison et profiter de sa faiblesse numérique, les Anglo-Bourguignons se présentent une troisième fois à l'assaut sur trois points différents. Ce sont là des généralités qui seraient applicables à presque toutes les actions de guerre, de même nature, à cette époque. Elle ne nous apprennent rien de certain, rien de précis sur les points de l'enceinte où furent livrés ces assauts; et quand je découvre, dans les registres des argentiers contemporains, la preuve indiscutable que la date assignée par lui, à cet événement, est inexacte, je me sens autorisé à dire que nous ne possédons, aujourd'hui, aucune notion certaine relativement aux sièges subis par la ville de Crépy pendant la Guerre de Cent-Ans.

J'ajoute tout de suite que cette pénurie de renseignements, tant au point de vue municipal qu'au point de vue militaire, est aussi grande pour les épreuves que cette ville a subies pendant les guerres de religion; à cela près, cependant, de ceux que vont bientôt nous fournir, indirectement, deux contemporains de ces dernières guerres, Mallet et Vaultier, qui habitaient Senlis.

Toute autre est, sous ce rapport, la situation des autres villes plus ou moins voisines de Crépy. Pour ne parler que de celles que je viens de nommer, combien sont nombreux et intéressants les documents historiques qui leur sont spécialement destinés. Je citerai, notamment, l'*Histoire de Soissons*, par Henry Martin et le bibliophile Jacob, et pour Senlis, les *Récits historiques* posthumes du président Vatin, ainsi que les travaux de M. l'abbé Müller et de M. Flammermont.

Pour Crépy, je le répète, nous ne possédons aucun travail de cette nature. Alors que ses voisines savent quelles sont les individualités, plus ou moins marquantes, qui ont joué un rôle, plus ou moins important, dans le cours des événements municipaux ou militaires qui ont rempli leur existence; alors qu'elles n'ignorent aucun des détails des sièges qu'elles ont subis, la capitale du Valois semble avoir jeté sur son passé municipal et militaire un voile impénétrable. Et si une circonstance en quelque sorte providentielle ne nous avait conservé quelques-uns des registres des argentiers du XV° siècle, que M. l'abbé Müller a bien voulu m'aider à compulser avec tant de complaisance, les noms des contemporains de Jeanne d'Arc que j'ai pu saluer, en les livrant à une tardive publicité, auraient été ignorés, et l'obscurité qui les enveloppait depuis 450 ans serait devenue définitive.

A défaut d'historiens locaux nous racontant avec détails comment, à telle ou telle date, les divers points de l'enceinte de la ville de Crépy avaient été attaqués et défendus, avec ou sans succès, dépourvu que j'étais de tout guide, à cet égard, pour fixer quel avait dû être le front d'attaque le plus habituellement choisi par les assiégeants, je n'ai donc pas eu d'autre moyen, le lecteur doit le comprendre, que celui que m'offrait le relevé des dépenses faites sur divers points des fortifications, rapproché de l'examen combiné du terrain sur lequel la place et ses approches étaient assises et de l'appui que pouvaient se prêter mutuellement ses divers ouvrages, eu égard à leur situation, à leur distance réciproque, à la direction de leurs faces et à leur relief. A ce propos, j'ai été amené à signaler ce que l'on appelait la tour du Valois, comme ayant pu fournir un étage de feux élevé visant plus particulièrement le faubourg de Sainte-Agathe, et le flanc gauche des attaques dirigées sur la porte du Paon.

Mais telle n'avait pas pu être la destination primitive de cette tour. Construite, d'après Carlier, à la fin du X° siècle, en même temps que les autres ouvrages de défense de la place, par Gautier le Blanc, c'était évidemment alors le dernier refuge des assiégés en cas de défense désespérée; à ce titre, elle faisait partie du donjon. D'après quelques plans, datant du siècle dernier, que la mairie possède, elle semblerait avoir été formée par l'assemblage de quatre tours rondes de 5 mètres de diamètres chacune, reliées entre elles par des murailles épaisses. Un peu en retraite sur la courbe des tours, ces murailles présentaient 5 mètres de façade au nord-est et au sud-ouest et seulement trois mètres au nord-ouest et au sud-est. Bien que d'un très petit développement, ces façades, qui formaient entre les tours des espèces de courtines, avaient pu être, plus tard, percées d'embrasures, ce qui avait permis d'en tirer un plus grand parti pour la défense, depuis l'invention de l'artillerie. La courtine sud est qui regarde le plateau de Sainte-Agathe porte, ainsi que je l'ai déjà dit, des traces nombreuses des projectiles lancés par l'artillerie des assiégeants. Les deux tours placées dans cet ensemble à l'opposé de la ville, n'existent plus (1).

Quant au donjon proprement dit, qui, d'après Carlier, comprenait trois corps de logis et deux jardins, séparés par deux gros murs de clôture, et dont, dit-il, on reconnaissait encore toutes les parties en 1438, après le troisième siège de Crépy, il ne nous en reste que bien peu de chose. Il serait donc impossible d'en tenter une description autrement qu'en reproduisant le texte de Carlier (2); il faut bien que je dise, d'ailleurs, à propos de ce texte, que je n'ai trouvé nulle part aucun indice de ce troisième siège de Crépy en 1438.

Je n'aurais pas, au surplus, complètement traité ce sujet, si je négligeais de dire quelques mots au sujet de ces restes, auxquels on donne le nom de Vieux Château, et qui me paraissent situés sur l'emplacement occupé autrefois par le donjon. Contiguës à l'église de Saint-Aubin, qui avait été fondée pour le desservir, on peut admettre que ces constructions en faisaient partie, et qu'elles existaient au commencement du XVe siècle. Graves, dont la compétence en ces matières serait si grande s'il avait pris la peine de citer ses preuves, s'exprime ainsi à leur sujet :

« Le vieux château, auquel l'église de Saint-Aubin est atte-
« nante, représente l'ancien donjon, qui formait une seigneurie

---

(1) A présent, dit le Président Minet, il ne reste que le bas d'une tour, dont une moitié seulement en dehors; l'autre moitié est enclose dans un terrain que le prince accorda, en 1738, aux Ursulines, pour leur faire un jardin. La moitié qui paraît en dehors n'a été laissée accessible au public que parce que c'est de cette tour que relèvent tous les plains-fiefs de la châtellenie de Crespy.

(2) Carlier, t. 2, p. 260.

« distincte du château de Crépy, possédée par la maison de Nan-
« teuil, et que Philippe de Nanteuil céda vers 1218 à Philippe-
« Auguste. Cette construction peu considérable a des fenêtres
« petites et espacées ; le pignon méridional en montre trois autres
« dont l'une carrée, traversée par des meneaux ; les deux autres,
« bouchées à ogives géminées et trilobées. La porte dont on a
« détruit le couronnement, est remarquable par les clous de ses
« ventaux, dont les têtes figurent des M et des H, en mémoire
« d'Henri IV et de Marguerite, sa femme, duchesse de Valois.
« Il y a au bout du jardin une tour engagée dans le mur d'en-
« ceinte. »

Cette tour est la tour du Valois dont il vient d'être parlé. Situé entre cette tour et l'église de Saint-Aubin, le vieux château d'aujourd'hui est bien évidemment une partie de l'ancien donjon, mais ce ne peut pas être là le donjon tout entier. Quelques-uns des détails de cette construction, qui ont échappé à Graves, méritent une attention particulière.

Orientée de l'est à l'ouest, dans le sens de sa longueur, cette construction est formée par la réunion de deux corps de logis ; le moins important situé à l'ouest, en saillie de 2 mètres 40 centimètres sur la façade du côté du jardin. Le développement de cette façade ne donne pas moins de 30 mètres. La porte, dont le couronnement et l'encadrement ont été dégradés, s'ouvre sur une annexe qui rattachait son extrémité orientale à l'église de Saint-Aubin. Les sculptures qui formaient cet encadrement étaient relativement modernes. Elles rappelaient l'époque de la Renaissance. A gauche, en entrant dans le vestibule auquel la porte principale donne accès, on rencontre une petite porte conduisant au logement du concierge et aux prisons qui avaient été transférées dans la partie basse du vieux château, en 1778, lorsque les anciennes prisons, qui occupaient l'emplacement de la promenade du Pilori, furent démolies. Ce vestibule a 6 mètres de profondeur ; il est coupé dans son milieu par six marches encadrées par deux paliers. Le palier supérieur conduisant à une porte percée à gauche dans le mur nord de la construction principale à travers lequel, à l'aide de huit marches, on pénètre dans une vaste salle de 15 mètres 45 centimètres de longueur sur 9 mètres 25 de largeur et 5 mètres 60 centimètres de hauteur.

C'est dans cette salle, appelée l'auditoire, que se rendait la justice (1). C'est également dans cette enceinte que les habitants étaient appelés à se réunir soit pour procéder à l'élection des gouverneurs, attournés, maires et échevins, soit pour délibérer sur ce qui pouvait intéresser la cité. En déjouant toutes les prévisions, les événements militaires qui venaient troubler sa vie municipale, ont dû nécessiter, fréquemment, ces sortes de convocations, soit pendant la Guerre de Cent-Ans, soit pendant les guerres de religion. C'est encore dans cette grande salle de l'auditoire de Crépy, qu'au mois d'août 1539, fut rédigée d'une manière fixe, la Coutume du Valois, avec l'approbation des députés de chaque corps (2). L'historien de Soissons nous apprend que, depuis 1557, cette ville n'était plus régie, en partie, par la Coutume du Valois, mais qu'antérieurement à cette époque, elle avait eu force de loi, hors de ses murs, dans les faubourgs voisins de Saint-Jean-des-Vignes, et qu'en août 1539, cette abbaye avait eu pour représentants à l'assemblée de Crépy, son prévôt, Simon Levasseur, et Athiot Bonnat, abbé de Valsery. « La meilleure partie du Soissonnais fut, dit-il, reconnue « enclavée dans le bailliage de Valois ».

Comme on le voit, cette salle a été témoin de délibérations importantes pour le pays. On trouve cependant quelques exemples de convocation faites d'urgence dans des circonstances graves, à l'église de Saint-Aubin, qui lui était si voisine, notamment le 22 octobre 1592, à l'occasion des lettres de neutralité accordées à la ville par Henri IV et Mayenne.

A l'extrémité occidentale et dans le deuxième corps de logis se trouvent quelques pièces emménagées en 1778, comme dépendances de l'auditoire. Le jardin, situé au midi, étant en contre-bas de la rue, tout cet ensemble formait au-dessus des prisons, le premier étage de l'édifice, auquel je répète qu'on accédait par une ouverture

---

(1) Sous le badigeon qui recouvre ses murailles, on distingue encore, parfaitement, des restes de peintures décoratives, datant du règne de Louis XIV, dans lesquelles on relève, avec les trois fleurs de lys, les deux L entrelacés.

(2) De 1521 à 1568, les registres des argentiers nous manquent, ce qui nous met dans l'impossibilité d'y chercher la confirmation de ces assertions.

percée dans le mur du nord, et dans l'épaisseur duquel se trouvaient huit marches.

Cette particularité n'est pas la seule qui doive fixer l'attention sur ce mur. Comme celui du sud, il présente une épaisseur de 2 mètres 10 cent.; mais au lieu d'être plein, il est creux dans une partie de son étendue. Dans le vide qu'il renferme se trouve un escalier de un mètre de large, formé de trente marches et conduisant à un palier sur lequel s'ouvre, à gauche, une porte qui donne accès à l'étage supérieur, lequel est aujourd'hui complètement délabré. Toutefois les restes de cheminées monumentales du XVe siècle et les nombreuses croisées murées ou mutilées appartenant à la même époque, attestent que cet étage a été occupé par de vastes appartements. Il est surmonté par une charpente en voussure dont le revêtement a été enlevé. Quelques marches, placées dans une tourelle, située à l'angle nord-est de cet étage, conduisent dans un clocheton élevé, d'où le regard peut embrasser l'ensemble de la place, et se prolonger à une assez grande distance au-dehors de son enceinte (1).

Quant à l'escalier, il est dominé à 3 mètres 10 c. de hauteur par un rampant dont, au premier abord, la disposition porterait à conjecturer l'existence d'un deuxième escalier, superposé au premier, et conduisant au faîte de l'édifice. Des investigations, récemment faites, ont fourni la preuve que ce rampant n'est pas autre chose qu'une sorte de voûte portant, sans avoir fléchi, depuis plusieurs siècles, le poids énorme de cette muraille épaisse de plus de 2 mètres, sur une hauteur qui, pour la partie basse de la voûte, atteindrait 12 mètres.

Ainsi encastré entre les parois de cette muraille, construit en même temps qu'elle, formant le seul moyen d'accès pour l'étage supérieur, cet escalier m'apparaît comme un spécimen curieux de l'architecture militaire du moyen-âge. Daterait-il de la construction du donjon, par Gaultier le Blanc, à la fin du Xe siècle? Je serais enclin à le croire. En tout cas, il a fait partie des constructions dont Carlier déclare qu'on voyait les restes après les sièges qui ont

---

(1) Du temps du Président Minet, cet étage servait de grenier où se réservaient les grains dus au domaine.

marqué la fin de la Guerre de Cent-Ans. Voulant essayer de reconstituer, par la pensée, les fortifications de Crépy à l'époque où ces sièges ont eu lieu, je ne pouvais pas me dispenser d'interroger les restes des défenses qui en ont été les témoins, et d'essayer, en même temps, de pénétrer le secret de leur origine, en fixant leur destination.

CHAPITRE XV

Etat de la ville de Crépy de 1434 à 1445. — Création des armées permanentes. — Réformes militaires. — Mesures en usage à Crépy au XV⁰ siècle. — Prix des denrées alimentaires.

§ I⁰ʳ.

Etat de la ville de Crépy, de sa population et de ses finances depuis la prise d'assaut de 1434, par les Anglo-Bourguignons, jusqu'en 1445.

De ce que nous venons d'exposer, il résulte que le clocher actuel de Saint-Thomas n'a pas fait partie de l'église primitive, commencée en 1165 par le comte de Flandres, et dédiée à Thomas Becket en 1181. La tour, contemporaine de cette construction, a été abattue par les Anglais, après leur avoir servi à consommer la ruine de la ville. Pour arriver à interpréter l'inscription placée sur la cloche qu'il renferme, il fallait, tout d'abord, établir ce fait. Nous aurons fait un grand pas vers cette interprétation si nous parvenons à démontrer que le *premier Etre* de la cloche qu'il renferme, est ou était contemporain de l'établissement du clocher que nous avons aujourd'hui sous les yeux.

Mais avant d'aborder l'examen des circonstances qui doivent nous aider à faire cette démonstration, il est une autre étude qui s'offre et s'impose à nous comme la résultante des faits militaires qui, d'après Carlier, auraient amené la destruction entière de la ville, et l'anéantissement presque complet de sa population. Cette étude se présente à nous sous deux aspects. Nous avons d'abord à nous rendre compte des effets réels produits par cette catastrophe, tant au point de vue purement matériel que relativement à ses finances ; nous devons ensuite examiner comment et dans quelle mesure Crépy se trouva à même de faire face aux obligations nouvelles résultant, pour elle comme pour toutes les autres cités, des réformes militaires accomplies par Charles VII, à la fin de la Guerre de Cent-Ans ; nous voulons parler de la création des armées permanentes.

Nous avons vu, dans le cours de l'exercice 1431-1432, une taille de huit vingts dix livres dix sous (170 l. 10 s.) mise pour payer les divers capitaines des gens d'armes, « lombars, lanciers et aultres « escossais, » qui estaient à Crépy et solder le montant de fournitures de blé envoyées à la ville de Compiègne assiégée par les Bourguignons. Dans l'exercice de 1432-1433 nous avons relevé une taille de 328 livres 25 s. p. pour les dépenses militaires et notamment pour rembourser aux prêteurs de l'année précédente les 250 salus qu'ils avaient avancés pour « bailler aux escossais pour « les faire partir de Crépy et aultres places du pais de Valois ; de « même que pour solder les dépenses faites par le Gouverneur du « Valois Regnault des Fontaines quand il était venu à Crépy pour « la vidange des escossais ».

Si, comme le prétend Carlier, la ville avait été au pouvoir des Anglais, depuis le mois de juillet 1431 jusqu'au mois de mai 1433, rien de tout cela n'aurait été possible. Nous avons donc été forcément amenés à conclure que la date de cette catastrophe devait être rapportée à celle qu'indique Monstrelet et que le Président Minet nous donne comme admise, sans conteste, de son temps, à 1434. Examinons donc à l'aide des registres des argentiers quel était l'état réel de la ville après cette date, et dans quelle situation se trouvaient ses finances.

Les registres de 1434, 1435 et 1436 nous manquent ; mais nous possédons celui de l'exercice 1436-1437. Dans ce document nous rencontrons une taille « du quart des aydes ordonnés pour la guerre « par le roy nostre sire, pour deux ans commençant le 1er jour de « janvier 1436, montant à 16 l. parisis. » Ce qui donnerait 64 l.

parisis pour chaque année et représenterait pour deux ans, en monnaie actuelle, 4,374 fr. 40. Somme considérable déjà, qu'une ville ruinée de fond en comble et une population réduite à 200 habitants n'aurait pas pu acquitter.

Mais le registre de 1438-1439 est bien plus significatif encore. Nous y rencontrons une taille « mise le 22 septembre 1438, pour le « paiement du capitaine et des gens d'armes estant en garnison au « dict Crépy, pour un quart d'an commençant le 1er jour de juing, « montant à 58 livres 10 sols parisis, » soit pour un an 233 l. 15 s. p., ou 7,712 fr. de notre monnaie (1).

A cette date la paix était faite avec le duc de Bourgogne depuis 1435 ; mais la guerre était poursuivie, avec la plus grande vigueur, contre les Anglais qui n'avaient pas encore été expulsés du territoire. Elle réclamait donc de grands efforts, partant de grandes dépenses ; mais est-il possible d'admettre qu'une ville anéantie en 1434 eut pu, quatre années à peine étant écoulées depuis cette catastrophe, fournir au trésor public d'aussi énormes subsides, tout en faisant face aux dépenses régulières de la vie municipale.

Les éléments d'appréciation de même nature, fournis par les registres des exercices suivants, jusqu'à l'établissement des armées permanentes, en 1445, confirment pleinement ceux des exercices qui ont suivi de près la ruine de la ville.

En 1440-1441, nous relevons une taille de 78 l. 11 s. p. mise le 7 novembre 1440, pour les capitaines estant dans la dicte ville.

En 1442-1443 nous trouvons une taille de 102 l. 16 s. p. « pour « payer le don fait à Monseigneur le Dalphin, le don fait à Mon- « seigneur le duc d'Orléans, et aussi à Monseigneur le Bastard « (Dunois) et pour paier dix gens d'armes ; assise le 20e jour de « décembre 1441.

« En 1443-1444, c'est une taille mise sur les habitants, pour le « roy nostre sire (2), le 6e jour d'avril 1443, devers pâques (3), « montant icelle en somme toute à neuf vingts livres 10 s. p. « (180 l. 10 s. p.). »

---

(1) La livre parisis valait 1/4 en sus de la livre tournois qui représenterait 27 fr. 34 c. de notre monnaie.
(2) Sans autre explication.
(3) Pâques tomba cette année le 21 avril; et le 12 avril en 1444.

Nous y trouvons ensuite une dépense de xvii s. iiii d. p. « pour
« 13 pos de vin dont 10 présentés à Monseigneur le Dalphin et
« 3 à Monseigneur l'évêque de Noïon, à 16 d. p. le pot. »

Mais si, après avoir relevé le montant des subsides fournis par la ville de Crépy, au trésor royal, pour l'aider à soutenir et mener à bonne fin la guerre de revanche et de délivrance contre les Anglais, nous étendons le champ de nos explorations vers les dépenses purement locales, pouvant se rattacher aux événements militaires récemment accomplis, nous y rencontrerons de nouveaux éléments d'appréciations plus confirmatifs encore que ceux qui précèdent.

En 1436-1437 nous trouvons : 1° Une taille imposée le 13 juillet 1436, montant « à 42 l. 11 s. p. pour convertir en remparement « des fortifications... tant ès ponts levys des deux portes, lesquels « on a fait tous mettre comme anciennement, et pour avoir des « arbalestres. » 2° Une autre taille imposée le 8 décembre « mon-« tant à 41 l. 16 s p. pour convertir en la fortification d'icelle « ville, tant en certaines murailles qui estoient fondues, comme « pour refaire les guérites. »

Ensemble, pour cet exercice, 84 l. 2 s. 8 d. pour le « remparement » des fortifications et autres frais se rattachant à cette dépense qui, de tout temps, incombait à la commune.

En 1438-1439 nous rencontrons une taille imposée le 2 novembre 1438, « pour le paiement des... et ratiaux mis sur les mu-« railles de la ville, et aussi pour fournir les appatis de maulx, « montant à 15 l. 15 s. »

En 1440-1441, pas de taille spéciale pour cette nature de dépenses; mais 78 sous parisis pour réparations à « traize toises de « murailles tout en avant pié, à l'endroit de la guérite Bertrand « qui étoit fondue, et 21 sous pour diverses réparations à la porte « du Paon ».

En 1442-1443, pas de taille spéciale et pas de réparations aux fortifications.

En 1443-1444, pas de taille spéciale ; mais une dépense de vi s. p. pour réparations à la porte du Paon, et iiii s. p. pour réparations à la porte de Compiègne.

Nous ne possédons pas les registres de 1434 et 1435. C'est là, sans doute, une lacune regrettable ; mais elle n'est pas tellement importante pour qu'à l'aide de tous les autres, de 1436 à 1445, nous ne puissions juger si, en effet, dans cette période, la ville et la population qui l'habitait, ont été soumis à une destruction complète.

Or, en explorant ces registres, nous n'y trouvons aucun symptôme d'un pareil anéantissement. Aucune allusion n'y est faite. Pas plus dans ces registres que dans ceux qui se rapportent aux années antérieures à cette catastrophe, il n'est question de la prétendue ville extérieure s'étendant jusques à Duvy, et chose à remarquer, ce sont à peu près les mêmes hommes que nous retrouvons remplissant, après comme avant, les mêmes fonctions ou exerçant les mêmes professions.

Explorés sous cette forme, les registres des argentiers que nous possédons viennent donc ajouter un témoignage d'une valeur indiscutable, à ceux que nous avons déjà opposés aux dires de l'historien du Valois.

Certes, au moment de la prise d'assaut par les soldats de Talbot et de l'Isle-Adam, et pendant la durée de leur occupation, la ville de Crépy a éprouvé de graves sévices, au nombre desquels il faut compter la démolition de la tour primitive de Saint-Thomas ; cela est hors de doute, et ce n'est pas là ce que nous serions enclin à contester ; mais cette dévastation ne paraît pas avoir atteint, à beaucoup près, les proportions que Carlier lui attribue ; et il n'est pas hors de propos d'ajouter, comme nouvelle preuve de ces exagérations, que le commandant de la garnison française qui l'avait vaillamment défendue contre les Anglo-Bourguignons ne succomba pas dans cette action de guerre, puisque nous l'avons retrouvé leur faisant encore bonne et forte poursuite, dès 1435, en Normandie, en compagnie de Xaintrailles, sous les ordres du maréchal de Rieux.

Quant à la durée de l'occupation qui a suivi cette prise d'assaut, les registres de 1434 et 1435 nous faisant défaut, et les historiens se taisant à cet égard, nous n'avons à notre disposition aucun moyen d'en fixer le terme, pas plus que d'indiquer à quelle occasion et comment elle a pris fin. Il nous paraît néanmoins vraisemblable, et nous dirions volontiers certain, qu'à partir du commencement de l'année 1435, mis de plus en plus en défiance sur la solidité de leur alliance avec Philippe le Bon, et comprenant la nécessité de concentrer leurs forces, les Anglais rappelèrent, vers la Normandie, les contingents qu'ils avaient éparpillés au loin, lors de la dernière incursion de Talbot dans le Beauvoisis et le Valois. Comme toutes les autres places que cette incursion avait fait tomber entre ses mains (1), Crépy ne fut donc plus occupé que par un contingent bourguignon, et dut rentrer sans secousse, sous la domination française, par suite du traité de paix, si solennement conclu entre Charles VII et Philippe, à Arras, le 21 septembre 1435.

Et c'est ainsi qu'à partir de 1436 nous retrouvons la ville et la population de Crépy, amoindries sans doute, et malheureuses, mais non anéanties, et encore en mesure, non pas de réparer les édifices ruinés, mais, tout au moins, de faire encore acte de patriotisme en fournissant au gouvernement royal des subsides relativement importants pour l'aider à expulser les Anglais.

Telle est la vérité qui nous apparaît écrite, au jour le jour, dans les registres des comptes de ces argentiers, témoins d'autant plus irrécusables qu'ils sont inconscients. Ils ne pouvaient se douter, ces braves gens, en rendant compte de la gestion spéciale qui leur avait été confiée, que l'exposé simple et naturel de leurs recettes et de leurs dépenses pourrait servir, un jour, à reconstituer et à replacer dans son vrai jour une des pages les plus graves de l'histoire de leur pays.

Rendons-nous compte maintenant des effets que durent produire, sur cette ville et cette population si éprouvées, et particulièrement au point de vue de ses finances, les réformes militaires inaugurées par Charles VII, avant la fin et au milieu des derniers efforts de la Guerre de Cent-Ans.

§ II

Création des armées permanentes. — Les compagnies d'ordonnance. — Deux lances mises à la charge de la ville de Crépy-en-Valois. — Les francs-archers. — Fournitures en vivres et en argent. — Effets produits par ces réformes militaires sur ses finances. — Altération des monnaies. — Taille du Roy permanente. — Perte du droit de consentir les impôts. — Les Eslus Royaux. — Passage de Charles VIII à Crépy, en 1497.

Au plus fort de la deuxième période de la Guerre de Cent-Ans,

---

(1) Clermont, Creil, Beaumont et Pont-Sainte-Maxence furent de ce nombre. Voir Monstrelet, ch. 154, l. 2.

dans les moments les plus critiques, nous avons vu les armées se former, à la hâte, à l'aide de volontaires difficiles à recruter, de quelques archers ou arbalestriers fournis par les communes (1), ou de vassaux accompagnant leurs seigneurs, répondant, les uns et les autres, à un appel fait en vue d'un but prochain, déterminé, et se dissolvant, bientôt après, quelque eut été le résultat de l'expédition entreprise. Deux exemples frappants de ces dissolutions rapides, succédant à des entreprises militaires, organisées rapidement, sont passés sous nos yeux. En 1429, celui de l'armée de Charles VII et de Jeanne d'Arc, après le sacre et la retraite sur la Loire. En 1432, celui de l'ost organisé, en toute hâte, à l'appel de Dunois et du maréchal de Boussac, pour se porter au secours de Laigny assiégée, et vivement pressée par les Anglais.

Dans l'une comme dans l'autre de ces deux circonstances, nous avons vu combien étaient faibles en nombre les effectifs des armées, eu égard à l'importance des résultats poursuivis.

Quant aux villes de guerre, et ici nous sommes obligés de prendre pour exemple la capitale du Valois qui nous occupe, nous avons vu à quels expédients elles étaient réduites pour organiser leur défense. Momentanément occupée par une garnison composée d'auxiliaires étrangers, Crépy avait dû s'imposer un sacrifice énorme pour se délivrer de leurs services (2), et c'est à l'intelligence et au patriotisme seuls de ses habitants qu'elle avait dû faire appel pour suppléer à tout ce qui lui manquait, et que le gouvernement ne pouvait lui donner. Nous l'avons vu réduite à fabriquer elle-même

---

(1) M. Flammermont cite des exemples intéressants de contingents fournis par la ville de Senlis dans diverses circonstances. — En 1382, elle fournit six archers au lieu de dix qui lui avaient été demandés. — En 1415 elle en fournit un grand nombre qui prirent part à la bataille d'Azincourt contre les Anglais. — En 1424, sur la réquisition du régent anglais Bedfort, elle envoya à Évreux, dix arbalétriers qui prirent part à la bataille de Verneuil contre les Français. — Institutions municipales de Senlis, p. 113.

(2) 250 salus; mais le total de la somme portée au bas de la liste des prêteurs, ne s'élève qu'à 237 salus 22 sols parisis, valant, dit l'argentier, 85 livres tournois 10 sols parisis. D'après l'histoire financière de la France par Bally, la livre tournois du temps de Charles VII équivaudrait à 27 fr. 34 c. de notre monnaie, d'où il suit que le départ de ces étrangers coûta à la ville une somme qui équivaudrait aujourd'hui à 7,806 fr.

sa poudre, ses couleuvrines, ses canons, et à confier à un magistrat de l'ordre judiciaire, au prévôt forain, la surveillance et la mise en bon état de ses fortifications.

Un pareil mode de recrutement des armées était trop défectueux, il avait fait courir à la France de trop graves dangers, pour que le besoin de le remplacer par des institutions plus solides, n'eût pas été depuis longtemps ressenti. Déjà Charles V, après être parvenu à débarrasser le pays des grandes compagnies de mercenaires qui le ravageaient, avait eu la pensée de créer des armées nationales et permanentes, ainsi que l'atteste l'ordonnance de Vincennes, rendue en 1373 (1); mais sa mort et les troubles qui s'en étaient suivis avaient mis obstacle à la réalisation de ce projet. Charles VII devait être plus heureux. Le 26 mai 1445, il signait à Loupy-le-Château une ordonnance (2) par laquelle étaient créées quinze compagnies d'ordonnance formées chacune de cent lances, composées avec des hommes d'armes, choisis avec le plus grand soin, et répartis dans toute la France. Chaque lance était composée de six hommes savoir : un homme d'armes, un page ou varlet, trois archers à cheval, et un coutillier ou soldat armé d'un coutil ou couteau ; telle est du moins la composition donnée par Chéruel (3) d'une lance GARNIE; toutefois Boutaric ne fait entrer que deux archers au lieu de trois, dans la composition d'une lance *fournie*, laquelle, au moment de l'action, ne présentait ainsi que quatre combattants (4), et il fait remarquer que cette organisation, appliquée à la formation d'une cavalerie régulière et permanente, était à peu près la même que celle des anciennes compagnies, dans lesquelles chaque homme d'armes accompagné d'un certain nombre d'écuyers, de pages et d'archers à cheval, commandait une lance FOURNIE. Ainsi entouré de trois hommes, pour le moins, l'homme

---

(1) Chéruel, p. 34, t. I.

(2) D'après Picot (Histoire des Etats Généraux, Paris 1872), le texte de cette ordonnance perdu depuis très longtemps, aurait été récemment découvert à Londres. (British Museum).

(3) Chéruel, Dictionnaire des Institutions, Paris, 1865, p. 35, t. I.

(4) Boutaric, Institutions militaires, Paris, 1865, p. 310.

d'armes était dit : *Estoffé* (1). L'organisation nouvelle, instituée par l'ordonnance du 26 mai 1445, différait donc de l'ancienne par la régularité dans le nombre des compagnons de l'homme d'armes, par la permanence et par la résidence. Cette cavalerie des gens d'armes, ou, comme on l'appelait alors, cette gendarmerie, formait un corps de 9,000 hommes ; elle était presque exclusivement composée de nobles, et elle a joué le principal rôle dans les guerres du XVIe siècle (2). Il n'est d'ailleurs pas hors de propos de faire remarquer qu'en les répartissant dans des résidences fixes, l'ordonnance leur avait, à la fois, attribué des droits destinés à assurer leur entretien, et imposé des obligations sévères. Il leur était, notamment, fait défense d'amener avec eux des chiens, des oiseaux et des femmes ; leurs hoquetons devaient être de cuir de cerf ou de mouton et de draps de couleur, sans orfèvrerie ; leurs robes courtes de xx ou xxv sols l'aulne (3).

Par contre, chaque homme d'armes avait droit, par mois, pour lui et ses compagnons, à deux moutons, un demi-bœuf ou vache ou l'équivalent en autre viande ; par an il avait également droit à quatre porcs, deux pipes de vin et une charge de blé. Pour chaque cheval il lui était dû douze charges d'avoine et quatre charretées de fourrage, dont deux tiers de foin et un tiers de paille. L'éclairage, les légumes et autres dépenses lui étaient payés en argent. Mais toutes ces évaluations devaient, évidemment, subir des modifications, suivant les résidences fixées aux diverses compagnies, conformément aux usages locaux, à la nature des mesures employées, dont la diversité était extrême, et aux productions des différentes provinces (4). Nous verrons bientôt comment ces prescriptions furent appliquées dans la ville de Crépy.

---

(1) Boutaric, Inst. mil., p. 296, 303. — Monstrelet se sert souvent de l'expression *fust* de lance. « C'est à savoir, Pothon, Lahire et Regnault « des Fontaines, à tout soixante fusts de lance, tous bien montés et les plus « experts. »

(2) Chéruel.

(3) Boutaric, Inst. mil., p. 316.

(4) Cette diversité des étalons locaux, dans les provinces françaises, était encore très grande lors de l'établissement du système métrique ; elle devait être extrême dans le XVe siècle.

Dans son *Histoire des Institutions municipales de Senlis*, M. Flammermont nous apprend que les commissaires du roi chargés de faire la répartition de ces nouvelles troupes, attribuèrent à l'élection de Senlis dix lances, dont deux furent placées à l'Isle-Adam, et deux à Crépy-en-Valois (1). Le registre de l'argentier de 1445-1446 va bientôt confirmer cette indication.

Trois ans ne s'étaient pas encore écoulés depuis l'institution de cette cavalerie d'élite, quand, à la date du 28 avril 1448, paraissait une nouvelle ordonnance créant, sous le nom de francs-archers, une infanterie permanente. D'après cette ordonnance, chaque paroisse devait fournir un franc-archer ; mais ce mode de répartition ne tarda pas à paraître défectueux, et, bientôt après, elle se fit suivant la population, comme on l'avait faite, en 1445, pour les gens d'armes. D'après M. Flammermont, le diocèse de Senlis fut taxé à quatorze archers ; la ville de Senlis en eut six ; mais il ne nous dit pas quel nombre fut attribué à la ville de Crépy.

Si nous nous sommes étendu sur ces détails un peu spéciaux, c'est qu'à y regarder de près, et par la force des choses, l'étude du rôle joué par l'église et la tour de Saint-Thomas, dans les sièges subis par la ville de Crépy, pendant les XV° et XVI° siècles, résume presqu'en entier l'histoire militaire de cette ville, et se rattache intimement à celle des sévices qu'elle a subis pendant la durée de cette période. Il n'était donc pas indifférent de se rendre compte de l'influence qu'avait pu avoir sur les habitudes et les destinées de sa population les transformations militaires si importantes dont nous venons d'esquisser le tableau. Ces transformations, en effet, devaient infailliblement amener des modifications correspondantes dans le système financier des communes. Sous l'empire de l'organisation militaire qui avait fonctionné jusqu'à la fin de la Guerre de Cent-Ans, les armées n'avaient été formées, comme on vient de le voir, que de bandes, rassemblées à la hâte, soumises à un service précaire et de courte durée ; et comme il était admis, en principe, que toute force armée devait tirer ses ressources du pays qu'elle couvrait, les cités, que ces bandes occupaient, se trouvaient entraînées, souvent à l'improviste, à des frais considérables

---

(1) Flammermont, Inst. municipales, p. 104. — Graves dit que ces deux lances composées de vingt hommes furent envoyées le 5 juillet 1445.

en vue desquels aucune ressource financière n'avait pu être prévue. De là ces avances faites, à la hâte, par des citoyens, soit en argent, comme pour solder les escossais et les renvoyer du Valois, soit en denrées et en vivres, comme nous l'avons vu, pour ravitailler la ville de Compiègne assiégée par les Bourguignons, ou l'ost de Dunois allant au secours de Lagny assiégé par les Anglais. Avances toujours remboursées, après un délai d'une année pour le moins, sur le montant des tailles mises, après l'événement accompli, péniblement réparties entre la masse des habitants, et non moins péniblement recouvrées.

Or, par la création des armées permanentes, les ordonnances de Charles VII n'avaient, en aucune façon, dérogé au principe en vertu duquel toute force militaire devait être entretenue par le pays où elle résidait ; elle l'avaient, au contraire, confirmé par la répartition des fractions de ces armées, auxquelles elles avaient assigné des résidences ; et, par voie de conséquence, l'organisation financière des communes avait dû subir des transformations correspondantes à celles que venait d'éprouver le système militaire. Aux tailles levées, accidentellement, au gré des événements qui venaient les frapper à l'improviste, avaient dû succéder des tailles spéciales, permanentes, représentant le montant annuel des taxes auxquelles les communes devaient être soumises pour l'entretien des hommes de guerre qui devaient former leur garnison permanente et régulière,

C'est en nous plaçant à ce point de vue qu'avant d'aller plus loin, nous avons cru intéressant d'interroger, avec soin, les registres des argentiers correspondant aux dates où cette transformation militaire s'est accomplie, à l'effet d'y découvrir la trace des conséquences qu'elle avait dû produire sur les finances de la ville, et d'en faire la constatation. Nos prévisions à cet égard n'ont pas été déçues.

Dans le registre de 1445-1446 nous rencontrons à plusieurs reprises des dépenses pour « Jehan de Préaulx et Guillaume de Ph... « pour eux et leurs compagnons, gens de guerre estant au dict « Crespy. » Ce sont là, bien évidemment, les deux lances qui, dans la répartition, avaient été attribuées à cette ville.

Ainsi libellés, ces articles, qui se reproduisent à chaque quart d'an (trimestre), nous révèlent un détail curieux qui vient confirmer, en le complétant, ce que nous savons de l'organisation spéciale à chaque lance garnie. A sa tête, comme on l'a vu, se trouvait un homme d'arme, entouré de cinq compagnons ayant chacun des attributions distinctes. D'après les usages anciens, que l'ordonnance de 1445 n'avait pas détruite, l'homme d'arme étant un cavalier, prenait le titre de maitre. D'après le registre des argentiers, il semble établi qu'il touchait, au début, le montant du traitement que la commune allouait à la lance qu'il commandait et qui portait son nom (1). Dès 1446, par conséquent, la ville de Crépy avait pour garnison douze gens de guerre, formant deux lances, portant les noms des deux cavaliers qui les commandaient, Jehan de Préaulx et Guillaume de Ph... (2).

Mais ce n'est pas seulement sur ce détail que le registre nous fournit des indications intéressantes. Il renferme en outre huit comptes distincts des recettes et dépenses faites pour les gens de guerre à partir de juillet 1445 jusques à la fin de l'année 1447, qui a eu lieu le 23 mars, l'année 1448 ayant commencé le 24 mars, jour de Pâques.

Résumons-les quant au montant des tailles mises sur les habitants pour subvenir aux dépenses de chacune de ces divisions, après quoi nous donnerons, in-extenso, le texte de celui qui s'applique au trimestre d'octobre, novembre et décembre 1445, parce qu'il nous révèle à la fois le mode employé, par les commissaires du roi, pour mettre sur la population une taxe formée de deux éléments, vivres et argent, en même temps que le prix des denrées alimentaires, et la nature des mesures employées à Crépy au milieu du XV° siècle.

« Du collectage de la taille assise pour les trois premiers mois
« commençant le premier juillet 1445, pour ladvitaillement des
« gens d'armes logé, au dict Crespy comme appert par le rôle
« d'icelle cy rendu, non compris l'assiette des gens d'église lesquelles n'en ont rien payé, faible monnaye. .   LXIIII l. XII s. p.

---

(1) C'étaient les capitaines qui étaient chargés de la distribution du prêt. Boutaric, Inst. milit., p. 296.

(2) Ce deuxième nom est écrit partout avec des abrévations dont nous ne découvrons pas le sens.

Tel est le montant de la recette de cette taille pour le premier quart d'an.

Pour les mois d'octobre, novembre et décembre 1445, la recette en forte monnaye s'est élevée à . . . . LXXVII l. XIX s. p.

Ce qui, en négligeant les différences d'évaluation entre la forte et la faible monnaie, nous donne, pour les six premiers mois où cette taxe nouvelle a été appliquée, une somme approximative de 152 livres.

La recette constatée pour les trois mois commençant le premier janvier 1445 (1), s'élève à. . . . . LXXVII l. XIII s. p.

La recette cotée n° 4 pour les mois d'avril, mai et juin 1446, dans laquelle parait avoir été comprise la collecte faite dans quelques villages autour de Crépy aurait produit. . . LXXVI l. X s. I d. p.

La recette afférente au n° 5 pour les trois mois commençant le premier juillet 1446, a donné pour la ville seule, une somme évaluée (forte monnaye) à. . . . . LXXVIII l. XV s. p.

La collecte des villages parait cette fois avoir été mise à part et s'être étendue, car elle semble évaluée de son côté à une somm qui ne serait pas moindre de. . . . . LX l. XVII s. p.

La recette du quart d'an n° 6 pour les mois d'octobre, novembre et décembre 1446, donne (forte monnaye). LXXII l. III s. VI d. p.

Le 7ᵉ compte, commençant le premier janvier 1446, ne s'applique plus à un quart d'an, mais à un demy an (six mois), dont une partie appartient à l'année 1447 qui conformément au style en usage à cette époque a commencé le jour de Pâques, qui est tombé le 9 avril. La recette afférente à la taille assise pour ce semestre a produit vii^{xx}vii l. xii s. iiii d. p. (147 l. 12 s. 4 d.), ce qui accuse une diminution assez sensible dans cette charge.

Enfin la recette faite par suite de l'assiette de la taille afférente « au demy an commençant le premier jour de juillet et finissant le « dernier jour de décembre l'an mil iiii^{c}xlvii » (1447), a produit

---

(1) Ne pas perdre de vue que l'année, à cette époque, ne commençait pas le 1ᵉʳ janvier. L'année 1446 commença le 17 avril, jour de Pâques. L'année 1445 avait commencé le 28 mars. Donc l'argentier est dans la vérité quand il dit que le mois de janvier qui suit le mois de décembre 1445, appartient aussi à l'année 1445.

vii^{xx} ii l. x s. iiii d. p. à très peu de chose comme la précédente (1).

Donnons maintenant les détails si intéressants relatifs à la dépense faite sur le montant de la « recepte collectée par suite de la
« taille imposée aux habitants du dict Crespy pour le fait et advi-
« taillement des gens d'armes logés au dict Crespy, pour ung quart
« d'an c'est assavoir les moys d'octobre, novembre et décembre
« l'an mil iiii^c quarante et cinq (1445) ».

« A Jehan de Préaulx et Guillaume de Phé..... pour eulx et
« leurs compaignons gens de guerre logés au dict Crespy ou nombre
« deux lances, qui font xii hommes et xii chevaulx pour les dicts
« trois moys. Pour l'advitaillement desquels fu envoyé aus dicts
« habitans une commission des commissaires du Roy nostre sire
« sur ce ordonnés pour ix moys commençant le dict premier jour
« d'octobre montant aux vivres et argent qui s'ensuivent pour les
« dicts ix moys. C'est assavoir quatre muis de blé qui valent
« xii charges, quatre buefs, xvi moutons, trois lars, huit queues de
« vin, xvi muis d'avoine qui valent xlviii charges, dix chartées de
« foing, six chartées de fuare, et pour les jours mesgres en argent
« atache de chevaulx et aultres soins xliii l. v s. t. comme y appert
« par la dicte commission cy rendue et laquelle commission et
« vivres ne ont eu cours que pour les dicts trois moys et fu icelle
« mise au néant et ordonnance faicte de nouvel par les commis-
« saires du Roy nostre sire à Meaulx, pour les quart d'an commen-
« çant le premier jour du moys de janvier ensuivant au dict an
« mil iiii^{xx}xlv, et pour ce fault cy prendre pour les dicts trois moys
« le tiers des parties vivres et argent dessus dicts, qui sont les par-
« ties que s'ensuivent. Premier pour la tierce partie des dicts
« iiii muis de blé qui valent xii charges, monte viii septiers blé,
« qui font quatre charges, pour les quelles sommes y a convenu
« pour vi mines vii mines ainsi que pour le dict fournement, oultre
« les dicts viii septiers ung pichet et le tiers de ung pichet, aussy
« pour les dicts iii moys. Blé ix septiers i pichet et le tiers de
« i pichet qui ont cousté en achat, et aussi la somme au prix

---

(1) L'année 1447 a duré jusques au 23 mars. L'année 1448 a commencé le 24 mars, jour de Pâques.

« de vi s p. chascun septier et l'autre moitié chascun septier
« vi s. viii d. p. qui font en somme totale lxi s. x d. p.

« Pour le tiers quart des dicts quatre buefs fault pour les dicts
« iii moys ung buef et le tiers de ung buef qui a cousté en achat le
« dict buef avec le dict tiers viii l. t. qui valent vi l. viii s. p. (1).

« Pour le tiers quart des dicts xvi moutons monte pour les dicts
« iii moys v moutons et le tiers de ung mouton qui au prix de
« xvi s. p. chascun mouton valent v francs v s. iiii d. p. font
« iiii l. v. s. iiii d. p. (2).

« Pour un cart des dicts iii lars pour les dicts iii moys pour
« tiers quart xe s. p.

« Pour le tiers quart des dicts viii queues de vin monte pour les
« dicts iii moys, v muis de vin et le tiers de ung mui qui montent
« à xiiii francs chascune queue, xxxvii francs v s. iiii d. p. et pour
« le . . . . de ung moy plus acheté que le dict tiers iii s. p. ainsy
« pour xxxvii l. viii s. iiii d. p. valent xxx l. iiii d. p.

« Pour le tiers quart de x chartées de foing monte pour les dicts
« iii moys trois chartées et tiers de une chartée qui au prix de
« chascune chartée xxiiii s. p. valent iiii l. t

« Pour le tiers quart des dicts vi chartées de fuare monte pour
« les dicts trois moys deux chartées qui au prix de v s. p chascune
« chartée valent x s. p.

« Pour le tiers quart des dicts xvi muis monte pour les dicts
« iii moys v muis ii septiers d'avoine qui ont été acheté bien le
« tiers quart chascun mui xxx s. p. un aultre tiers quart chascun
« mui xxxii s. p. et l'aultre tiers quart xxxvi s. p., laquelle quart à
« xxx s. p. le mui monte liii s. iiii d. l'aultre tiers quart à xxxii s. p.
« le mui monte lvi s. x d. p. et l'aultre tiers quart à xxxvi s. p. le
« mui monte à lxiiii s. p. ainsy pour toute la dicte avoine
« viii l. xiiii s. ii d. p.

---

(1) Le collecteur nous donne ici, d'après lui, la valeur respective de la livre tournois et de la livre parisis. Mais si, comme le prétendent les auteurs, la livre parisis valait 25 sous, tandis que la livre tournois n'en valait que 20, les huit livres tournois (160 sols) auraient eu une valeur supérieure de 2 s. aux six livres parisis et 8 s. (158 sols).

(2) Ici la proportion est absolument conforme aux indications des auteurs, 105 s. 4 d. de part et d'autre. Le mot franc est équivalant de livre tournois.

« Pour le tiers quart des dictes xliii l. v s. t. monte pour les dicts
« iii moys xiiii l. vi s. viii d. p. qui valent xi l. x s. viii s. p. à
« forte monnaye pour laquelle forte monnaye fault à chascun franc
« ii s. p........ qui font xxviii s. p. ainsy somme monte à la faible
« monnaye xii l. xviii s. viii d. p.

« Desquels vivres et argent Rechelmet Fortier commissaire sur
« ce du Roy nostre sire a donné sa quittance au dict collecteur
« comme il appert par icelle cy rendue.

« Au dict Pierre Destamps pour la peine de luy et du sergent
« pour collecter la dicte taille et fait les achats des habitants
« lx s. p.

« Somme de la dicte despense lxxvii l. iiii d. p. faible monnaye
« et valant à forte monnaye, valant lxix l. xviii s. p. et la recepte
« monte lxxvii l. xix s. p. ausy doit le dict collecteur plus reçu cy
« mis viii l. xii d. p. »

Cette citation, que nous avons cependant un peu abrégée, est peut-être un peu longue ; mais il nous a paru qu'elle présentait quelques avantages. En outre des soins minutieux avec lesquels les argentiers tenaient leurs registres, soins qu'elle fait ressortir, elle permet d'apprécier les valeurs relatives des monnaies en usage telles que la livre parisis, la livre tournois, le franc, le sou et le denier, de même qu'elle fournit déjà quelques indications sur les dépréciations résultant de l'affaiblissement des monnaies ordonné par le gouvernement. Elle fait aussi passer sous nos yeux, avec les prix courants du bétail vif, tels que bœufs et moutons, l'ensemble à peu près complet des mesures de capacité (1), et met en regard le prix des denrées alimentaires vendues conformément à ces mesures, telles que blé et le vin ; cette nomenclature est couronnée par le prix des chartées de foin et de fourrage et par celui de la viande de porc. On peut ainsi se rendre compte de la façon dont les prescriptions de l'ordonnance du 26 mai 1445 avaient pu être appli-

---

(1) Parmi ces mesures, il en est une qui se retrouve dans les registres, chaque fois qu'il s'agit d'achat de vin, c'est la queue. Cette mesure n'est mentionnée dans aucun des ouvrages qui traitent des mesures en usage dans le XV⁰ siècle. Dans l'énumération qu'il fait des mesures usitées dans le Valois, Carlier n'en fait pas mention ; il est certain cependant que cette mesure était en usage en Champagne.

quées à Crépy, en ce qui concerne les fournitures en denrées alimentaires, que les villes, pourvues d'une garnison, devaient faire aux compagnies d'ordonnance.

Mais en mettant à part ces différents détails, et à ne les considérer que dans leur ensemble, nous devrons reconnaître que, tant par son importance que par la forme qu'elle revêtait, cette charge nouvelle fut bien lourde pour les habitants de Crépy. Par chaque quart d'an, comme on le voit, le collecteur, escorté du sergent, devait tirer de leur bourse une somme qui ne s'élevait pas à moins de 70 livres, ce qui donnait un total de 280 livres par an. Renouvelées ainsi, à de courts intervalles, ces collectes forcées durent, on n'en saurait douter, entretenir, au début, dans la population, une inquiétude et une agitation très grandes. Donc à Crépy, comme dans les autres cités qui se trouvaient dans des conditions semblables, et notamment comme à Senlis, ainsi que M. Flammermont l'a démontré avec tant de clarté, cette nouveauté dut donner lieu à de très vives réclamations. Et ne perdons pas de vue que la dernière invasion de la capitale du Valois datait de dix ans à peine. Si peu que cette prise d'assaut de 1434 eut porté atteinte à sa prospérité, il est difficile d'admettre qu'en un aussi court espace de temps, sa population se fut assez bien remise de cette secousse pour pouvoir supporter, sans peine, un semblable fardeau. Cet excès dans la répartition de cette dépense fut, sans doute, promptement constaté, car dans le registre de 1451-1452, le montant, par quart d'an, n'est porté qu'à une somme fixe de XL l. X s. p. au lieu de celle que nous avons vu s'élever précédemment approximativement à LXX livres. De ce chef par conséquent, entre 1448 et 1451, le montant de quatre quarts était descendu de 280 à 162 livres.

Cependant en 1448, dans le fragment de registre qui nous reste répondant à la date de l'établissement de l'infanterie permanente qui, sous le nom de francs-archers ou de francs-taupins, fut répartie dans les communes, nous trouvons encore la taille pour le gouvernement et paiement des gens d'armes, assise pour six mois comme l'avait été pour les deux semestres précédents et produisant encore en forte monnaie une somme de 140 l., à peu près, par demian ; mais cette somme s'y trouve évaluée, également, en faible monnaie et, circonstance à remarquer, l'alinéa qui la concerne nous fixe exactement sur le montant de la dépréciation subie par chaque livre; il mérite, à ce titre, d'être reproduit en entier.

« Aultre recepte d'une aultre taille mise sur les habitans du dict
« Crespy pour tourner et convertir au paiement des gens d'armes
« estant en garnison de par le roy nostre sire à la dicte ville de
« Crespy pour six mois commençant le premier jour de janvier l'an
« mil iiii^{xx}xlvii montant à la somme de viii^{xx}xviii l. t. et xiii s. p.
« faible monnaie dont il en appartient au roy nostre dict seigneur
« pour paier les dicts gens d'armes vii^{xx}viii l. t. forte monnaie qui
« valent à parisis cxliii t. viii s. p. qui montent à faible monnaie
« à xxii s. vi d. p. pour la livre vi^{xx}xiii l. iii s. p. et pour ce cy
« comme il appert par le rolle de l'assiette d'icelle taille cy dessus
« viii^{xx}xviii l. t. xiii s. p. qui valent vii^{xx}ii l. xii s. p. » (1).

Pour comprendre le sens de ce paragraphe duquel il résulte que la livre parisis appréciée en *faible monnaie* ne représente plus dans les comptes que xxii s. vi d. t. au lieu de xxv s. p. qui avait été jusqu'alors sa valeur légale (2), il faut se rappeler que Charles VII, à bout de ressources, avait eu recours à l'affaiblissement des monnaies. Dès 1413, Monstrelet nous signale « les grandes débili-
« tations et vilipensions de valeur faites dans les monnaies du
« royaume. » Revenant sur ce sujet, ce chroniqueur nous dit encore « que en 1437 plusieurs étaient émus pour la perte de la
« monnaie nouvelle de l'an 1435, et pour l'abaissement des vieilles
« monnaies. »

L'historien de Charles VII, Alain Chartier, constate les mêmes faits en les précisant davantage. « Les blancs du roi, dit-il, furent
« mis à six deniers, lesquels étaient à huit. » Les états du Languedoc rassemblés à Carcassonne en 1423, avaient fait, à ce sujet,

---

(1) Cette taille fait partie d'un chapitre de recettes dans lequel se trouve comprise une autre taille pour le paiement des rentiers montant pour chacun an à la somme de 98 livres six deniers parisis.

(2) La livre tournois sous Charles VII valait xx s. tandis que la livre parisis valait un quart en sus, soit xxv s. — Donc, d'après l'argentier de 1448, l'altération avait réduit sa valeur de deux sous et demi, soit de un dixième.

de très sérieuses remontrances. En protestant contre ce désastreux expédient, ils avaient réclamé une meilleure monnaie (1).

Mais si l'on considère combien était lamentable l'état où cette affreuse Guerre de Cent-Ans avait réduit le gouvernement du représentant de la nationalité française, on se sent moins porté à blâmer ces mesures que l'excès du mal rendaient, en apparence, nécessaires. Les appels fréquents aux Etats généraux témoignent de la pénurie où Charles était descendu. « Toutes les sommes accordées par ces « assemblées étaient dépensées d'avance ; à peine un impôt était-il « voté qu'il était dépensé à combler l'arriéré, et le roi était aussi- « tôt forcé de reprendre le cours de ses emprunts. L'impôt voté en « janvier 1422 par les Etats généraux rassemblés à Bourges ne put « suffire, pendant trois mois, aux besoins du Trésor (2) ».

Disons, en passant, que le dévouement de ces assemblées fut à la hauteur de ces circonstances terribles, et que les appels du roi furent toujours entendus, nonobstant les plaintes légitimes formulées par elles sur les abus auxquels cet état exceptionnel devait infailliblement donner lieu (3).

Après avoir relevé la trace laissée dans les registres de nos argentiers par ces pratiques financières, filles de la détresse dans laquelle la Guerre de Cent-Ans avait jeté le gouvernement royal, nous constatons qu'en 1448, « la taille des francs archers à quoy

---

(1) Monstrelet, années 1423 et 1437. — Alain Chartier. — Picot, Histoire des Etats généraux, t. I, p. 305, 307. — Chéruel, Dictionnaire des Institutions, t. II, p. 817.

De leur côté, les Anglais, d'accord avec le duc de Bourgogne, avaient fait voter, en 1420, par une assemblée des trois ordres des provinces qu'ils occupaient, un emprunt forcé et une refonte des monnaies. Cette dernière opération consistait à décrier les espèces en cours, et à les racheter sur le pied de 7 livres le marc, pour les remettre en circulation, après la refonte, au taux de 8 livres. C'était pour le fisc un bénéfice s'élevant au huitième de l'argent monnoyé. Ce bénéfice servit surtout à soudoyer la populace de Paris, instrument aveugle des desseins du duc de Bourgogne.

Bally, Hist. financière de la France, t. II, p. 162.

(2) Picot, Histoire des Etats Généraux, t. I, p. 306 et v.

(3) En décembre 1430, à Chinon, un représentant de Senlis, ayant développé des motifs de plaintes, les gens de guerre menacèrent de le jeter dans la rivière. Picot, ibidem, p. 314.

« l'impôt a estée taxée, s'est élevée, dès la première année à
« xxii l. x s. p. » Deux voyages faits à Senlis par Laurens... pour
acquitter cette dette ont coûté xiv s. p.

Ce surcroit de charges n'était pas fait pour alléger le fardeau que
faisait peser, sur les finances de la ville, cette importante réforme
des institutions militaires; mais, sans doute, il servit d'occasion à
de nouvelles réclamations, ou comme on disait alors, à des remontrances, car, dès l'année 1451, nous voyons l'un des attournés,
Pierre Ligier, homme honorable et sage, envoyé « touchant le fait
« de la dicte ville, pour porter devers le roy notre sire, pour lui
« remonstrer les. . . . . . et affaires de la ville. » Ce voyage ne
coûta que xxv s. p., ce qui donne à penser que le roi se trouvait,
en ce moment, à une petite distance de Crépy. Il paraît fort vraisemblable, d'ailleurs, que cette mission fut résolue par suite des
exigences du fisc, dont les registres de l'argentier de 1451-1452
nous donnent un témoignage. Nous y voyons que « au mois de juin
« mil IIII°LII, le collecteur de la taille du roy, assigné à se rendre
« à Senlis, auprès du baillage, par Connot, sergent à cheval du
« roy, pour y porter le montant de cette taille, s'y est rendu le
« xv° jour du dict moys par suite du commandement qui lui avait
« été fait de porter au dict lieu la somme de xl l. x s. p. pour le
« tiers quart de l'an que les dicts habitants devaient au roy nostre
« sire. Au quel collecteur il fut dict et respondu que la somme due
« pour le dict paiement n'était que jusques au premier jour de
« juillet. »

Ce déplacement coûta xiii s. p. Et plus tard, dans le résumé de
dépenses faites, pour cet objet, par le collecteur Cadot, dans le
cours de l'exercice 1456-1457, nous voyons qu'il a versé, entre les
mains de Nicolas Martineau receveur des actes, la somme de
c'xliii l. t, valant en parisis « c'xv l. iiii s. p. qui deubs estaient
« par les dicts habitants. » Ce versement est justifié par huit
quittances retirées par Cadot, à diverses dates, et dont il donne le
détail (1).

---

(1) Cette citation peut encore servir à déterminer quelle était la différence
de valeurs que l'on attribuait à la livre tournois et à la livre parisis. Les
144 livres tournois, à 20 sols, donnaient 2880 sols; les 115 livres parisis et
4 sols, à 25 sols, donnaient 2879 sols.

Ce résumé confirme ce que nous avait appris le registre de 1451 où le montant des tailles pour chaque quart d'an n'est porté qu'à xl l. x s. Une nouvelle diminution paraît avoir été encore obtenue, et comme nous ne trouvons pas reproduite celle de xxii l. x s. p. mise en 1448 pour les francs archers, nous pouvons supposer qu'elle a été confondue, sous le titre commun de taille du roi, dans celle des gens d'armes.

Il faut bien remarquer cependant, d'après M. Flammermont, qu'en 1451 le conseil du roi ayant reconnu que l'élection de Senlis avait beaucoup souffert par suite de la mauvaise répartition des gens d'armes, un dégrèvement s'en serait suivi sous l'influence duquel elle n'aurait plus eu à entretenir, en 1452, que cinq lances, qui auraient même été réduites à quatre lances 1/2 en 1459. Le registre de 1456-1457 ne porterait donc pas un témoignage suffisant des effets que ce dégrèvement si considérable aurait dû produire en faveur de la ville de Crépy. De ce chef la dépense pour les gens de guerre aurait dû être réduite au moins de moitié à partir de 1452. Tel n'a pas été le résultat pour la ville de Crépy de 1452 à 1456. Bien mieux, d'après les rares documents relatifs à la fin du XVe siècle qui nous restent, c'est le contraire qui aurait eu lieu. Dans quatre cahiers de comptes, liés ensemble, Michel Hebert, collecteur de la taille du roi à Crépy, expose aux manans, habitans, attournés et gouverneurs d'icelle ville, que la taille du roi pour les gens de guerre (1) mise par *les Eslus de Senlis*, s'est élevée pour 1484-1485 à 203 livres 14 sous; — pour 1485 encore à 74 livres 12 sous 8 deniers; — pour 1487 à 361 livres 10 sous; — pour 1492 à 412 livres 19 sous 4 deniers. Les versements pour l'acquit de ces tailles ont été faits entre les mains de homme honorable et sage Jon Barge ou de La Barge, receveur du roi à Senlis. Dans un autre cahier, portant aussi le millésime de 1492, nous trouvons un autre collecteur, Laurens Cuju, rendant compte d'une autre taille s'élevant à 21 livres 17 sous 14 deniers mise pour deux hommes de prêt estant au païs de Picardie; l'un deux, Didier Audinet, est désigné comme franc-archer de la ville de Crépy.

---

(1) Les premières tailles dans les années 1445 et suivantes étaient mises pour les gens d'armes, c'est-à-dire pour les cavaliers. A la fin du siècle la taille s'applique à tous les gens de guerre.

Si incomplets que soient ces documents, ils suffisent, cependant, à nous démontrer que loin de s'être amoindrie, par suite des dégrèvements de 1452 et 1459, la charge résultant de la création des armées permanentes, un moment réduite de 1448 à 1456, est allée bientôt en progressant rapidement, dans une période très limitée ; qu'elle a pris un caractère plus général que celui qu'elle avait à son début, et que sa quotité, variable d'une année à l'autre, au gré des besoins du trésor et arbitrée par les Eslus de Senlis, est devenue excessive pour la ville de Crépy (1). Un pareil état de choses a donné lieu, sans doute, à de nouvelles et plus instantes réclamations ; les registres de 1498 font mention de l'une d'entre elles. Nous y voyons que l'un des attournés Charlot de Lortier a reçu : « c^t. s. p. pour
« vacations et sallaire de xiii jours passés en la ville de Paris pour
« le faict de l'affranchissement et modération des tailles et impôts
« de la dicte ville. »

Relevons, en passant, dans ce même registre de 1498, deux articles de dépenses qui ne sont pas sans intérêt :

« A Pierre Apynot, marchand demeurant à Paris, xviii l. xvi s. viii d.
« de reste de plus grande somme à lui due pour trois queues de vin
« de Beaune, par lui vendues aux habitans, lesquelles furent présentées au roy notre sire, à sa bonne venue et première entrée à
« Crespy depuis son sacre. »

« A Jehan Audry, marchand, demeurant à Paris, x l. t. pour une
« queue de vin blanc vendue et délivrée aux attournés de la dicte
« ville, laquelle fut présentée au roy nostre sire, à sa dicte entrée (2) ».

---

(1) Les chiffres si élevés de ces tailles peuvent peut-être s'expliquer par la nécessité de pourvoir aux dépenses causées par les préparatifs de l'expédition que Charles VIII se proposait de faire en Italie, pour la conquête du royaume de Naples.

La livre tournois du temps de Charles VIII équivalait à 31 francs de notre monnaie.

(2) Cette coutume de présenter du vin à tous les personnages qui passaient à Crépy était fort ancienne. On en trouve la trace dans les plus anciens de nos registres remontant aux premières années du XVe siècle. Dans la plupart des cas ces vins étaient fournis par les hôteliers du pays, et leur qualité n'était pas indiquée. Quelquefois c'était du vin blanc, ou du vin vermeil (de liqueur). Pour la première fois nous trouvons que la ville s'est mise en frais pour acheter à Paris et faire venir du vin de Bourgogne.

Charles VIII avait succédé à Louis XI le 30 août 1483 ; il avait été sacré à Reims le 5 juin 1484. Il semble donc, d'après les deux articles de dépenses portés au registre de 1498, qu'il avait bien tardé à faire sa première entrée dans la capitale du Valois depuis son s... ; mais quelle que soit la date exacte où la bonne venue lui a été souhaitée, pour la première fois, par les habitants et les attournés de Crépy, ils n'auront pas, on en peut être assuré, manqué cette occasion de lui présenter de nouvelles remontrances, sur le fait des charges qui pesaient sur la ville en même temps qu'ils lui faisaient hommage de trois queues de vin de Beaune et de la queue de vin blanc qu'ils avaient fait venir, à grands frais, de Paris, pour donner du relief à cette solennité.

Il est à supposer qu'à la faveur de cette bienvenue, ils obtinrent, pour la ville, quelque allégement de ces charges ; mais tout porte à présumer que ce bénéfice ne fut que de courte durée. Loin de s'amoindrir, les exigences du trésor central ne pouvaient aller qu'en grandissant. En créant une force régulière et la mettant au service d'une administration puissante, le pouvoir royal, dans la personne de Charles VII, n'avait pas voulu seulement pourvoir à la répression des pillages et assurer l'indépendance du sol (1). Il avait eu aussi pour objet de s'assurer les moyens non-seulement d'organiser, mais encore d'entretenir cette force, sans demeurer à la merci, pas plus de la noblesse qui perdait ainsi le droit de lever des compagnies libres, que des populations auxquelles incombaient le soin de

---

(1) La licence, même parmi les troupes, était devenue excessive. Des bandes indépendantes s'étant formées, des capitaines parmi les plus fameux, au lieu de s'opposer à leurs ravages, s'étaient mis à leur tête. Luc de Chabannes, qui devait épouser plus tard Marguerite de Nanteuil et devenir comte de Dammartin, était du nombre. De 1437 à 1439, l'Artois, le Cambresis, le Hainaut, la Picardie, la Champagne, la Bourgogne et la Lorraine eurent à subir leurs déprédations. On les avait appelés les Écorcheurs. Ce ne fut pas sans peine que Charles VII parvint à les dissoudre. On pourra juger de leur hardiesse par l'anecdote suivante :

Quand Luc de Chabannes se présenta devant le roi, Charles lui dit :
« Adieu, capitaine des Écorcheurs. » Et lui, relevant fièrement la tête :
« Sire, je n'ai écorché que vos ennemis et me semble leurs peaux vous font
« plus de profit qu'à moi. »

Alex. de Corbet, Biographie universelle, t. 7, p. 591.

créer les ressources nécessaires à cet entretien. Si donc nous nous plaçons à ce point de vue pour étudier les conséquences financières subies par la ville à la suite de ces réformes militaires, nous devrons reconnaître qu'elles eurent pour elle une importance bien grande; en quoi, au surplus, elle partagea le sort de toutes les cités que se trouvaient dans une situation semblable à la sienne.

Disons-le tout de suite, elle y perdit l'exercice du droit de consentir l'impôt, droit qu'elle tenait de sa charte d'affranchissement, et qui avait survécu au retrait de cette charte et à sa mise en prévôté.

Par l'énoncé des tailles mises sur la population dans le cours des exercices 1431-1432 et 1432-1433, nous avons pu voir, en effet, que les répartiteurs de la taille, choisis dans tous les rangs, parmi les personnes retraites dans la ville, étaient élus chaque année par les habitants, par devant le gouverneur du pays de Valois, ou, à son défaut, de son lieutenant-général. Bien que s'exerçant sous le contrôle du représentant du gouvernement, le droit de consentir l'impôt pour les villes de communes était donc reconnu et consacré par cet usage, et les délégués de la population, pour sa répartition, prenaient le titre significatif d'*eslus*.

Or à partir du moment où nous rencontrons, dans nos registres, les premières assiettes de la taille destinée à l'entretien des compagnies d'ordonnance, l'exercice de ce droit si ancien, si respecté jusqu'alors, nous apparait comme atteint de la manière la plus grave. Au lieu et place des répartiteurs délégués par les habitants, ce sont des commissaires du roi, institués d'office à cet effet, qui imposent et répartissent cette taille désignée désormais sous le titre de taille du roi ; et ce qui parait surprenant, c'est que, bien qu'ils ne tirent pas leur mandat de l'élection, ils n'en prennent pas moins le titre d'*eslus*.

Ces agents du pouvoir, si singulièrement qualifiés, semblent avoir eu tout d'abord leur résidence à Meaux, d'où nous venons de les voir, au début de leurs fonctions et sans doute dans l'emportement de leur zèle, envoyant à Crépy « une commission pour « IX mois commençant le dict premier jour d'octobre 1445, la « quelle commission et vivres ne ont eu cours que pour trois moys « et fu icelle mise à néant et ordonnance faicte de nouvel. » Nous les retrouvons plus tard à Senlis, ce qui est plus naturel, puisque

Crépy dépendait du diocèse et de l'élection de ce nom. Ils ont sous leurs ordres un collecteur qui les représente, et qu'ils font assigner à comparaître devant eux quand il est en retard pour le versement de la taille du roi, qui tend de plus en plus à être concentrée dans leurs mains. Leurs attributions semblent donc multiples; mais elles émanent toutes du pouvoir (1). Le contribuable ne consent plus la taille; elle lui est imposée par des agents royaux, et, comme disent les chroniqueurs : « Demeure le nom *d'eslus*, jaçait qu'ils ne « fussent plus *eslus* et nommés par le peuple. » C'est une transformation complète, une véritable révolution dans le mode employé par l'Etat pour alimenter le trésor, et, pour le peuple, une dépossession rapide d'un droit qui prenait ses racines dans l'une des plus sages institutions de saint Louis (2).

Voilà ce que, par une échappée de vue, les registres de nos argentiers, de 1431 à la fin du XVe siècle, nous permettent de distinguer très-clairement, bien qu'elle soit à peine entr'ouverte; et tels sont, pour la commune, les résultats financiers qui procèdent rapidement des premiers essais de formation d'une armée permanente.

Si l'on en croit Chéruel, le peuple, se ressouvenant des dommages infinis qu'il avait éprouvés de l'affaiblissement des monnaies et du fréquent changement du prix du marc d'or et d'argent, pria le roi d'abandonner ce droit, consentant qu'il imposât, à l'avenir, les tailles et les aides, ce qui aurait été accordé. Ainsi se pourrait expliquer la substitution des eslus royaux aux eslus nommés par le peuple pour l'assiette et la perception des impôts; mais en outre que, nonobstant cet accord prétendu entre le peuple et le pouvoir central, on trouve encore, dans la suite, des variations assez fré-

---

(1) Ils réglaient l'assiette des tailles, le mode de formation des rôles de recouvrement et de contrainte. Ils prononçaient dans toutes les causes civiles et même criminelles, concernant la taille, les aides, la gabelle et autres subventions « mises et à mettre pour le faict des guerres et défense « du royaulme et des subjects. » Ils prononçaient donc sur des opérations préparées par eux.
Bally, Histoire financière de la France, t. 2, p. 174.
Ordonnances du Louvre, t. 13 et 14.
(2) Bally, Histoire financière de la France, p. 174, t. 4.

quentes, d'autres causes plus apparentes et mieux constatées suffisaient à expliquer cette transformation considérable. L'immense ascendant acquis par la couronne par suite de l'expulsion des Anglais, et l'impérieuse nécessité de mettre fin au désordre engendré par cette longue guerre, telles sont ses véritables origines. Mais il n'entre pas dans notre cadre d'étudier ces questions générales, si ce n'est dans leurs rapports avec les intérêts qu'elles ont pu affecter notamment dans la capitale du Valois. Il nous suffit d'en avoir découvert et suivi les traces dans nos vieux registres, et d'avoir amené les chiffres et les indications sommaires qu'ils nous présentent à nous révéler la signification réelle qu'ils renferment et semblent vouloir cacher sous leur apparente aridité.

§ III

Mesures en usage à Crépy dans le cours du XVe siècle. — Prix des denrées alimentaires :

Au chapitre XII, paragraphe VIII, de cette étude, on a vu qu'en 1431, le beffroy portait appendus, à ses murs, les étalons de quelques-unes des mesures employées dans la ville de Crépy. C'étaient le pot, la pinte, le tiers et la chopine. Mais cette nomenclature insuffisante se trouve complétée par le compte de la dépense faite pour les gens d'armes, rendu, en 1445-1446, par le collecteur de la taille nouvellement établie, Pierre Destamps. Dans ce compte, il est fait aussi mention comme mesure de capacité du pichet, de la mine, du septier, du muid, de la queue et de la charge ; nous les trouvons mentionnées à l'occasion de l'achat du blé, du vin, et de l'avoine fournis à la garnison par les habitants. Nous trouvons, en outre, la chartée à propos de la fourniture du foin et du fourrage pour les chevaux des gens d'armes.

Disons tout de suite au sujet de cette dernière, d'après les traités sur la matière, que, dans le moyen-âge, cette mesure représentait la charge d'une voiture que deux bœufs pouvaient traîner, dans un temps où les chemins étaient difficiles et mal entretenus. On l'évaluait, en général, à mille livres ; on en faisait également application à la vente du bois, qui, comme le foin et le fourrage, se vendait par voiture ou chartée (1).

D'après cette donnée, si on l'admet comme vraisemblable, nous pourrions donc nous rendre compte, à peu de chose près, de la valeur du fourrage et du foin, en 1445, puisque nous connaîtrions le poids de la quantité de ces deux marchandises comprises dans chaque chartée.

Le collecteur nous dit que le prix d'achat de chaque chartée de foin a été de xxIII sous, c'est-à-dire de une livre tournois et quatre sous. Or la livre tournois, sous Charles VII, équivaudrait à 27 fr. 34 c., et le sou, qui était le vingtième de la livre, représenterait 1 fr. 367. D'où il suit que la valeur de chaque chartée de foin en notre monnaie serait de 32 fr. 80 c., ce qui semble un prix très élevé.

Vendue à v sous, la valeur de la chartée de fuare, serait portée à 6 fr. 83 c. de notre monnaie.

Ces calculs semblent faciles si l'on s'en tient à l'évaluation des auteurs quant au poids du foin ou du fourrage compris dans chaque chartée ; cependant on peut se demander quelle était la différence si grande existant entre le *foing* et le *fuare*, pour que les valeurs de ces deux denrées vendues, en même quantités, pussent présenter un écart de 24 à 5.

Le compte du collecteur ne fait pas mention de la paille. Ne serait-ce pas à cette dernière qu'il appliquait le mot fuare qui dérive évidemment du mot latin *fuarium* (2).

Pour les autres mesures et pour les autres fournitures, sauf pour le bœuf, le mouton et la viande de porc, les calculs sont bien plus difficiles à faire.

A l'occasion de la fourniture du blé, le collecteur nous apprend que 4 muids valent 12 charges ; d'où il suit que chaque muid vaut 3 charges (3).

---

(1) Chéruel, t. II, p. 717 : Dictionnaire des Institutions.

(2) D'après les prescriptions de l'ordonnance du 26 mai 1445, chaque cavalier devait recevoir, par an, pour son cheval, 12 charges d'avoine et 4 chartées de fourrage dont 2/3 de foin et 1/3 de paille.

Est-ce ce mélange que nos registres nomment *fuare* ?

(3) Le collecteur de 1445 écrit *mui*.

Il ajoute que le tiers de 4 muids vaut 8 setiers qui font 4 charges, d'où il suit que le setier vaut une demi-charge.

Si le muid vaut 3 charges, et si chaque charge contient 2 setiers, il s'en suit encore que le muid contenait 6 setiers.

Pour le prix, il nous apprend que le blé a été payé à raison de 6 sous le setier, pour une moitié, et de 6 sous 8 deniers pour l'autre moitié.

Si donc nous connaissions avec exactitude la capacité de l'une de ces trois mesures réduites au système décimal, il nous serait facile d'en déduire leur valeur convertie en monnaie de notre temps.

L'article des dépenses relatives à l'achat de l'avoine ne nous éclaire pas davantage à ce sujet. Nous y voyons que le tiers de 16 muids est représenté par 5 muids et 2 setiers; d'où il suit que le nombre des setiers contenus dans le muid est toujours de 6; mais il ajoute que le prix pour chaque muid a oscillé entre 30, 32 et 36 sous; ce qui nous donne, comme prix du setier d'avoine, qui est le sixième du muid, une valeur variant entre 5 et 6 sous.

C'est, à quelques deniers près, le prix payé pour le setier de blé, ce qui serait absolument inadmissible, si le muid appliqué au mesurage du blé présentait la même capacité que celui appliqué au mesurage de l'avoine. Il s'agit donc là de deux muids de capacités différentes, et on va voir, tout à l'heure, qu'il en était ainsi à Crépy dans le cours du siècle dernier.

A l'article relatif à l'achat du vin, nous voyons que le tiers de 8 queues de vin, monte à 5 muids et un tiers, et si le muid contient 6 setiers, il en résulte que le tiers de 8 queues nous donne 32 setiers, ce qui pour l'ensemble des 8 queues atteint à 96 setiers.

D'où il suit que chaque queue valait 12 setiers ou 2 muids; et comme chaque queue a été payée 14 francs, il nous est facile d'en déduire le prix du muid comme celui du setier, en usage à Crépy pour le mesurage du vin en 1445.

Mais quelles étaient les capacités du setier et du muid, en usage pour le mesurage des liquides? Rien dans cet article ne nous l'indique.

Et si, pour sortir de cette incertitude, nous voulons interroger les auteurs qui ont écrit sur cette question, nous en trouvons de deux sortes. Les uns qui l'ont traitée à un point de vue général, les autres qui l'ont envisagée au point de vue spécial du Valois.

Les premiers nous apprennent que le muid était une mesure instituée par Charlemagne; qu'elle avait, au début, une valeur de 70 litres environ; que, d'après une charte de 1140, elle répondait alors à 15 hectolitres trois quarts; mais qu'à partir du XIIe siècle, elle aurait été réduite à environ 217 litres; et leurs travaux nous prouvent que, pour le muid, comme pour les autres mesures, la diversité était extrême, non-seulement de province à province, mais de commune à commune.

Les écrivains spéciaux au Valois sont Carlier et Graves.

Le premier nous confirme que la mesure employée pour le mesurage du blé différait de celle employée pour l'avoine. D'après lui on appelait cette dernière *amarre*. Mais il ne jette aucun jour sur le point qui fait, en ce moment, l'objet de nos recherches (1).

De son côté, Graves est, à la fois, beaucoup plus précis et plus prodigue de renseignements. Selon lui, le muid en usage à Crépy pour le blé, dans le cours du siècle dernier, équivalait, en mesures actuelles, à 6 hectolitres 24; il se divisait en 4 setiers, chacun de 1 hectolitre 56; chaque setier contenant 6 bichets.

Pour l'avoine, le muid en usage à Crépy équivalait à 11 hectolitres 40; il était divisé en 4 setiers de 2 hectolitres 85, contenant chacun 6 bichets.

Pour le vin, le muid en usage à Crépy se divisait en 40 veltes, et équivalait à 2 hectolitres 98,02; et, d'après lui, la demi-queue de Champagne qui valait 1 hectolitre 78,81 n'était pas en usage à Crépy, mais seulement dans les communes voisines, Béthancourt, Bonneuil, Eméville, Feigneux, Fresnoy-la-Rivière, Gillocourt, Glaignes, Morienval, Orrouy, Pontdron, Vez (2).

C'est, comme on voit, la diversité et l'instabilité les plus extrêmes. La seule conclusion certaine que nous en puissions tirer, c'est que les mesures qui, sous le nom de muid, étaient en usage pour le blé, pour l'avoine, et pour le vin, avaient les unes et les autres subi de

---

(1) Carlier, t. III, p. j. p. 144 et suiv.
(2) Graves, Annuaire de 1843. — Précis historique sur le canton de Crépy-en-Valois, p. 250 et suiv.

nombreux changements ; mais qu'elles étaient toujours demeurées dissemblables quant à leurs capacités respectives.

Et si l'on voulait admettre que, tout en gardant leurs dissemblances, ces divers muids seraient demeurés semblables à eux mêmes, depuis 1445 jusque dans le cours du XVIII° siècle, il y aurait lieu de remarquer qu'à cette dernière époque ils ne contenaient que 4 setiers, tandis qu'ils en renfermaient 6 au moment où le collecteur réglait le compte dont nous venons de voir passer les détails sous nos yeux pour les fournitures de vivres à faire aux premiers lances établis à Crépy, lors de la formation des compagnies d'ordonnance.

Du rapprochement de ces divers documents, nous ne pouvons donc faire jaillir aucune indication suffisante pour tenter de nous rendre compte d'une façon, même approximative, du prix du blé, du vin et de l'avoine, en monnaie de notre temps.

Il en est autrement pour le bétail vif et la viande de porc salée.

Pour cette dernière, chaque lard a été acheté au prix de 10 sous, ce qui représenterait aujourd'hui 13 fr. 67.

La fourniture pour 9 mois étant de 4 bœufs, le tiers, pour trois mois a été de 1 bœuf 1/3 qui a coûté « le dict buef avec le dict tiers « 8 livres tournois, » soit en monnaie de notre temps 218 fr. 72 c. d'où la conclusion que le buef seul a coûté 164 fr. 04.

Le prix auquel les moutons ont été achetés est parfaitement indiqué ; tout calcul est donc inutile ; ce prix est de 16 sous parisis, soit en monnaie de notre temps : 21 fr. 872.

Si maintenant, nous voulons résumer brièvement cette analyse un peu laborieuse d'un compte qui, au premier aspect, semblait nous promettre tant de lumière, nous reconnaissons :

1° Qu'il nous a donné le prix moyen courant des bœufs et des moutons, sur le marché de Crépy, au milieu du XV° siècle, ainsi que de la viande de porc salée ;

2° Qu'il nous a procuré le prix courant du foin et du fourrage, mais d'une façon moins certaine, puisque nous ne pouvons apprécier exactement le poids de chacune de ces denrées compris dans une chartée ;

3° Que les mesures en usage pour le blé, pour l'avoine et le vin, bien que portant les mêmes noms, différaient quant à leurs capacités respectives. Que nous ne disposons d'aucune indication nous permettant de fixer, même de loin, la valeur de ces capacités dans leurs rapports avec les mesures décimales en usage aujourd'hui, et que, dès lors, il ne nous est pas possible de calculer le prix courant de ces denrées en monnaie de notre temps, sur le marché de Crépy, au milieu du XVe siècle.

CHAPITRE XVI

Les apanagistes du Valois pendant le XVe siècle. — Charles d'Orléans, sa bravoure, sa longue captivité, sa délivrance, ses vertus, ses talents littéraires. — Son fils Louis d'Orléans lui succède en 1465 et monte sur le trône en 1498.

Concentrée sur les effets produits par les réformes militaires accomplies par Charles VII, notre attention ne s'est pas détournée vers le chef de l'apanage du Valois, que nous avons perdu de vue depuis les premiers troubles qui ont signalé la lutte entre les Armagnacs et les Bourguignons, et qui n'a pas pris part à la dernière période de la Guerre de Cent-Ans ; mais il nous semble impossible de ne pas esquisser cette intéressante figure, qui, pendant 58 ans, a porté sur sa tête la couronne ducale du Valois. Elle vient, tout à coup, de nous réapparaître, en pleine lumière, après une captivité cruelle de 25 ans, escortée, disons mieux, encadrée, de la façon la plus inattendue, d'un côté par celle du fils de l'assassin de son père, de l'autre par celle du glorieux et populaire satellite de sa famille, du vaillant compagnon de Jeanne d'Arc. Par l'influence qu'il a pu, si longtemps, exercer sur les destinées du Valois, par les alternatives qui ont frappé sa longue existence, par ses vertus et par ses talents, le fils de Valentine de Milan, le père de Louis XII vaut bien la peine que nous nous arrêtions à le considérer quelques instants.

Charles d'Orléans, comte d'Angoulême, fils aîné de Louis de France, duc d'Orléans et duc de Valois, et de Valentine de Milan, n'avait que seize ans quand, en 1407, son père tomba sous les coups des sicaires de Jean-Sans-Peur. Valentine, qui se trouvait à Château-Thierry, envoya ses plus jeunes enfants à Blois, pour les y mettre en sûreté, et se rendit à Paris. Elle traversa la ville accompagnée de la reine d'Angleterre, sa belle-fille, et d'une longue suite de femmes vêtues de deuil, et vint se jeter aux pieds du roi en demandant vengeance; « elle se mit à genoux, faisant très piteuse « complainte », dit Monstrelet. Ce faible monarque l'écouta avec émotion. Huit jours après, le jeune duc d'Orléans arriva à Paris, accompagné de 300 hommes d'armes, et joignit ses plaintes à celles de sa mère; mais devant le triomphe de la faction bourguignonne, secondée par la reine, Valentine dût se retirer auprès de ses enfants, d'où elle ne cessa de demander justice. L'impunité du crime, le triomphe du coupable, qui obtenait bientôt son pardon et un traité de paix avec la couronne, la réduisirent à un désespoir auquel elle ne put survivre. « Elle trespassa, comme on dit, de « courroux et de desplaisance », dit encore Monstrelet. Depuis son veuvage elle avait adopté une devise que sa touchante naïveté a fait conserver : « Rien ne m'est plus; plus ne m'est rien. » Quatorze mois à peine s'étaient écoulés depuis cette catastrophe quand, se sentant près de mourir, elle assembla ses enfants autour de son lit. Parmi eux elle voulut voir un fils naturel de son mari qui s'appelait Jean, et qui devait bientôt acquérir, sous le nom de Dunois, la popularité la plus retentissante, et la plus méritée (1). Puis, après les avoir exhortés à soutenir la gloire de leur maison et surtout à poursuivre la vengeance du meurtre de son mari, comme Jean, le Bastard d'Orléans, ainsi que l'on disait alors, avait mieux répondu que les autres : « J'aurais dû être la « mère de cet enfant, dit-elle »; et s'adressant alors à son fils aîné Charles, elle lui dit : « Jean m'a été dérobé (2), mais il est bien

---

(1) Dunois, fils naturel de Louis de France, duc d'Orléans et de Valois, et de Mariette d'Enghien, né à Paris le 23 novembre 1402.

(2) Quelques auteurs lui prêtent une expression plus originale et plus significative encore : « Jean m'a été volé. » — « C'était grande pitié, » dit Barante, « que d'entendre ses plaintes et son désespoir ».

« d'Orléans, et nul de vous n'est aussi bien taillé que lui pour
« venger la mort de son père. »

C'est sous l'empire de ces sentiments qu'en 1411, voulant tirer profit (1) des grands établissements militaires que son père avait concentrés dans le Valois et dont nous avons fait l'énumération au chapitre VI, Charles d'Orléans publia un manifeste, dans lequel il adressait un cartel à Jean-sans-Peur (2), et qu'il engagea cette lutte, dont les premières alternatives se firent sentir dans cette province. Tour à tour attaquées par les bandes au service des deux factions, ses places eurent à subir de nombreux sévices; mais l'intervention personnelle de Charles d'Orléans dans ces troubles, qui furent comme le prélude sanglant de la deuxième période de la Guerre de Cent-Ans, ne fut pas de longue durée.

Après avoir secouru successivement, les deux factions, pour les affaiblir, les Anglais devaient bientôt armer contre la France. Requis, en 1415, de marcher contre eux, ce prince se hâta de lever des troupes et de rassembler ses partisans; il assista à la funeste bataille d'Azincourt, où, après s'être conduit en héros, il fut blessé grièvement, relevé parmi les morts, conduit à Calais et, de là, transporté en Angleterre.

---

(1) Par la mort de son père, Charles d'Orléans se trouva réunir sur sa tête, les duchés d'Orléans, de Valois et de Milan, les comtés de Beaumont-d'Ost et de Blois, et le fief de Coucy.

(2) Les lettres de défiances (défis) adressées à Jean-sans-Peur furent signées par les trois fils de Louis d'Orléans, savoir : Charles, dont nous nous occupons en ce moment; Philippe, comte de Vertus, et Jean, comte d'Angoulême. Monstrelet nous en a gardé le texte, de même que pour la réponse du duc de Bourgogne, dans laquelle, après avoir accusé Louis d'Orléans de trahison envers la couronne, il ajoute : « Avons pour nous
« acquitter loyaument, et faire nostre devoir envers nostre très-grand et
« souverain seigneur, et sa dite génération, fait mourir ainsi qu'il devait
« ledit faulx et desloyal trahistre. Et ainsi avons a fait plaisir à Dieu,
« service loyal à nostre redit très-redousté, et souverain seigneur, exécuté
« raison. »

Après cet aveu dans lequel Jean-sans-Peur semble se glorifier du meurtre de Louis d'Orléans comme d'un grand service rendu à la couronne, il semble impossible de l'innocenter de toute participation à cet attentat. Cependant M. de Barante a tenté cette justification dans une note intéressante placée au bas de la page 214 du tome 3-4 de son Histoire des Ducs de Bourgogne,

A partir de ce moment, pendant 25 ans, ce malheureux prince demeura prisonnier des Anglais, resserré plus étroitement que les autres. Toutes ses offres de rançons, toutes les tentatives faites en vue du rachat de sa liberté demeurèrent vaines. Aux yeux des Anglais, qui s'étaient fait assurer des prétentions à la couronne de France, contre les lois du royaume, Charles d'Orléans avait le tort d'être un prince français qui, par sa naissance et par l'étendue de ses domaines, pouvait opposer, à leurs desseins, des obstacles puissants. Aux yeux des Bourguignons, c'était le chef de la faction qui leur disputait la prédominance dans l'Etat ; c'était le fils de leur victime, et ce dernier motif devait se fortifier encore de toute la haine qu'allait développer chez eux, en 1419, l'attentat de Montereau, où Jean-sans-Peur devait, à son tour, être assassiné comme il avait fait assassiner Louis d'Orléans en 1407.

Durant cette longue période, dont les succès si longtemps persistants des Anglais ne permettaient pas d'entrevoir le terme, Charles d'Orléans n'eut pas d'autre ressource pour adoucir les chagrins qui devaient l'accabler, que de cultiver la poésie. Cet état de délaissement se prolongea jusqu'en 1439, où la puissance anglaise étant ébranlée sur le continent, sa médiation fut acceptée ; mais les Anglais, qui avaient pu juger de son mérite, appréhendaient que, par son expérience et par la connaissance qu'il avait acquise de leurs propres embarras, il ne conquit promptement un grand ascendant sur la direction de la politique française. Avant de mourir, Henri V avait expressément recommandé de ne consentir à son élargissement que quand son retour en France ne pourrait plus offrir aucun danger pour les établissements anglais sur le continent. Aux conditions présentées par les plénipotentiaires français, parmi lesquelles se trouvait sa délivrance, les plénipotentiaires anglais opposèrent donc des exigences extrêmes, telles que l'abandon par la France du droit de suzeraineté sur la Guyenne et la Normandie qui leur « demeureraient franchement sans les tenir « du Roy de France en quelque souveraineté ou ressort, et à ce « s'estaient tout fermez (1) ».

Devant cette prétention on comprend que le gouvernement fran-

---

(1) Monstrelet, t, II, p. 177, chap. 249.

çais se fut refusé à des sacrifices pécuniaires, d'ailleurs énormes, dont les résultats eussent porté aux droits de la couronne et aux intérêts du pays une si grave atteinte. Monstrelet en convient : « Tout ce qui s'en faisait, dit-il, était en bonne intention et pour « entretenir honneur. » Mais le chroniqueur bourguignon n'en insinue pas moins que si « le Roy de France et ceux qui avaient « le gouvernement des Besongnes, eussent longtemps auparavant « conclut de ne point envoyer au duc les dictes finances, il est à « supposer que sa délivrance eût été plus tôt trouvée (1). »

Au milieu de prétentions aussi inconciliables, l'intervention personnelle du personnage le plus intéressé dans les questions en litige devait demeurer inutile ; mais si elle n'eut pas pour résultat d'amener la paix, elle lui offrit le double avantage de le rapprocher de Dunois, qui se trouvait au nombre des plénipotentiaires français, et de le mettre en relation avec la duchesse de Bourgogne, Isabelle de Portugal, que Philippe-le-Bon avait épousée à Bruges en 1430. Cette princesse, qui s'était rendue à Gravelines, sans doute pour se rendre compte des dispositions du duc d'Orléans, avait conçu pour son caractère une grande estime, et formé le projet de le réconcilier avec son mari. Tout entière à cette idée, elle obtint du cardinal de Winchester, dont l'autorité était grande dans les conseils du roi d'Angleterre, qu'il se chargerait de cette affaire, et c'est ainsi que la délivrance du duc d'Orléans se négocia séparément et non plus au nom du roi de France (2) ».

Quant au rapprochement entre Charles d'Orléans et Philippe-le-Bon, elle en assurait le succès dans des conditions particulièrement intéressantes dont Monstrelet nous donne les détails et qu'il paraît curieux d'indiquer ici, alors qu'il s'agit de l'un des principaux apanagistes du Valois, et, en tout cas, de celui dont l'existence a subi les plus cruelles alternatives.

En enlevant, par le traité de 1435, les Bourguignons à l'alliance anglaise, Charles VII avait, en quelque sorte, sauvé le pays ; mais ce résultat immense il avait dû le payer cher. En outre du désaveu humiliant du meurtre de Jean-sans-Peur, Philippe-le-Bon avait

---

(1) Monstrelet, t. II, p. 177, chap. 249.
(2) Barante, Histoire des Ducs de Bourgogne, t. V, p. 172.

exigé du roi des avantages nombreux et considérables. Toutefois, pour s'en assurer la paisible possession, le duc de Bourgogne croyait avoir besoin de la garantie personnelle de tous les princes qui approchaient de la couronne. C'était donc pour lui une chose importante que d'obtenir l'adhésion du prisonnier d'Azincourt aux conditions stipulées dans le traité de 1435. En conséquence il s'offrit à négocier, avec les Anglais, sa mise en liberté, lui demandant, en retour, cette adhésion, en même temps qu'il consentirait à épouser sa nièce, la princesse de Clèves.

Fatigué de sa captivité, Charles accepta ces conditions; des promesses furent échangées, « après les quelles, dit Monstrelet, on
« commença, de rechef à traicter délégemment avec le roy d'Angle-
« terre, et ceulx de son conseil. Si fut tant en ce temps continué
« entre les deux parties que finablement furent d'accord :
« moyennant et par tel si, que le duc de Bourgogne bailla son scel
« au roy d'Angleterre, pour la somme qui entre eux fuct dicte et
« devisée (1). »

Quelle fut cette somme? Monstrelet ne nous le dit pas, voulant, sans doute, nous donner à penser que Philippe avait eu la générosité d'en offrir, à lui seul, la garantie complète. Quoiqu'il en soit, Charles d'Orléans ayant, en outre de toute garantie offerte par des princes français, signé un acte dans lequel il s'obligeait, pour sa rançon, envers le roi Henri VI, et juré sur les saints évangiles, dans l'église de Willibrod, de remplir ses obligations, sa délivrance ne se fit pas attendre, et, par un retour de fortune bien étrange et à coup sûr bien inattendu, l'ancien chef de la faction des Armagnacs, celui qui avait provoqué, dans un cartel, public Jean-sans-Peur l'assassin de son père, le prisonnier d'Azincourt si longtemps tenu en captivité au profit de la faction des Bourguignons, fut remis en quelque sorte, par les Anglais, entre les mains du fils de Jean-sans-Peur. Deux commissaires anglais, le seigneur de Cornouaille et Robert de Roix, accompagnés de plusieurs gentilshommes furent chargés de cette mission. Ils l'accompagnèrent jusqu'à Gravelines, où la duchesse de Bourgogne lui fit le plus gracieux accueil, et où Philippe-le-Bon ne tarda pas à arriver.

---

(1) Monstrelet, t. II, chap. 249, p. 177.
Edition de Pierre Meltayer, Paris, M.D.XCV.

La première rencontre des deux princes fut émouvante : « Ils
« s'entre-accollèrent, et embrassèrent par plusieurs fois, et pour la
« grande joye qu'ils avaient de veoir l'un l'autre, ils furent moult
« longue espace qu'ils ne disaient rien l'un à l'autre. Et première-
« ment parla le duc d'Orléans et dit : Par ma foy beau frère et beau
« cousin, je vous dois aimer par-dessus tous les autres princes de
« ce royaume, et ma belle cousine votre femme, car sy vous et elle
« ne fussiez, je fusse demeuré à toujours au dangier de mes adver-
« saires, et n'ay trouvé meilleur amy que vous. » A quoi Philippe
répondit, avec une sincérité que les précédents devaient rendre
pour le moins douteuse : « Que moult lui pesait, que plus tôt n'y
« avait peu pourvoir : et que longtemps par avant avait eu grand
« désir de soy employé pour sa rédemption (1). »

En racontant cette première entrevue, Monstrelet constate que
la captivité de Charles d'Orléans avait duré « depuis le vendredi
« prochain de la Toussaint de l'an de grâce mille quatre cents
« quinze, jusque au mois de novembre mille quatre cents qua-
« rante. »

Peu de jours après, les princes se rendirent à Saint-Omer, où
« iceluy duc d'Orléans fut requis de la part du duc de Bourgogne,
« que luy pleust jurer la paix d'Aras, et prendre en mariage la
« demoiselle de Clèves sa niepce, ainsi comme il avait esté traitté. »
Charles ayant répondu qu'il était prêt à tenir ses engagements, les
princes, entourés d'un grand nombre d'archevêques, d'évêques, de
seigneurs et de bourgeois se réunirent dans le cœur de l'église de
Saint-Bertin. Le traité de 1435 y fut lu « haut et entendiblement »,
premièrement en latin, puis en français par l'archidiacre de
Bruxelles, et Charles jura cette paix, non sans faire remarquer
qu'il n'était pas tenu de s'excuser de la mort de Jean-sans-Peur,
assurant qu'il n'en avait rien su, ce qui devait être vrai puisqu'il
était alors prisonnier depuis quatre ans en Angleterre, et qu'il avait
trouvé cet événement « très déplaisant » quand il en avait eu
connaissance, « voyant et considérant que, par cette mort, le
« royaume de France estait en plus grand dangier que devant. »

Mais alors se produisit un incident inattendu, qu'il semble inté-

---

(1) Monstrelet, t. II, chap. 249, p. 177 verso.

ressant de rapporter. Dunois, qui avait figuré parmi les plénipotentiaires réunis à Gravelines, avait suivi son frère à Saint-Omer; il s'était, depuis 25 ans, illustré sous le titre de Bastard d'Orléans. C'était l'un des chefs militaires français les plus renommés et les plus populaires; il n'était pas indifférent, pour Philippe-le-Bon, qu'il eut ou non donné son adhésion personnelle à la paix d'Arras. Affectant donc de le considérer comme appartenant à la maison d'Orléans, le duc de Bourgogne le requit de jurer à son tour cette paix. C'était beaucoup demander à un homme qui avait fait aux Bourguignons une si rude guerre, et qui devait conserver le souvenir des recommandations dernières de cette noble femme qui, au moment de mourir, avait regretté de ne pas être sa mère. Il se récria donc, et comme dit Monstrelet : « Il délaya un petit ». Il ne fallut rien moins que le commandement de son frère Charles pour le déterminer à prononcer le serment qui lui était demandé. Cela fait, le mariage avec la princesse de Clèves fut célébré en grande pompe, et après avoir accompagné le duc de Bourgogne à Bruges et à Gand, où de grandes fêtes eurent lieu, le duc d'Orléans se dirigea vers les provinces qui constituaient son apanage et où, dit le chroniqueur, il fut accueilli avec enthousiasme.

Pour compléter cette union, Philippe fournit les ressources nécessaires pour former la maison de Charles avec l'éclat dû à son rang; et, chose à remarquer, il rentra en France entouré surtout de Bourguignons.

Mais la joie que Charles d'Orléans ressentait de sa délivrance allait être bientôt troublée par le mécontentement de Charles VII; les obligations contractées par un prince de la maison de France envers le duc de Bourgogne, les témoignages de reconnaissance que Charles avait prodigués à son ancien ennemi devenu son libérateur, l'alliance qui s'en était suivie, les honneurs qu'ils avaient échangés, l'entourage de Bourguignons qui l'avait suivi dans son retour au milieu de ses vassaux, n'étaient pas de nature à plaire à un souverain qui avait eu tant de peine à raffermir la couronne sur sa tête.

Aussi quand Charles d'Orléans, à qui le duc de Bourgogne avait fourni les moyens de rentrer dans ses domaines avec l'appareil d'une grande magnificence, sollicita du roi l'autorisation de se présenter auprès de lui, Charles VII lui fit savoir : « Qu'il ne serait

« point content, s'il n'était à privée mesgnie », c'est-à-dire sans aucun entourage. Il était en Champagne quand cette réponse lui parvint. Arrivé à Paris le 14 janvier, il ne fit que traverser cette ville, et se retira dans sa seigneurie d'Orléans, où « il se délaya
« grande espace de temps, c'est assaveoir bien un an ou plus, et
« la cause fut pour ce que le roy fut adverty de toutes les manières
« que iceluy duc avait tenues, et des alliances et sermens qu'il
« avait faict avec le dict duc de Bourgogne (1). »

Nous avons voulu, tout d'abord, analyser le récit de Monstrelet à cause des détails piquants qu'il renferme et de cette saveur spéciale aux chroniques de cette époque dont il est imprégné. Toutefois il ne convient pas de s'en tenir uniquement à la lettre de ce récit. Sans doute le gouvernement de Charles VII avait été forcé par les exigences anglaises, de rompre les négociations ; mais de là à prétendre que si « le roy et ses conseillers n'eussent depuis longtemps
« conclut de ne pas envoyé les finances nécessaires, la délivrance
« du duc d'Orléans eut été plus tôt trouvée », il y a loin. Tel n'est pas le sentiment des historiens. Dans son Histoire du Duché de Valois, Antony Poilleux déclare que tous les princes de France, ainsi que le roi et le dauphin s'étaient, dès le début, rendus caution de l'énorme rançon offerte par le duc d'Orléans (2). Barante confirme ce dire. D'après lui, cette rançon fut réglée à 120,000 écus d'or, et les Etats de Bourgogne accordèrent à Philippe un subside, pour l'aider à payer les 30,000 écus qu'il avait garantis (3). L'historien anglais Hume, évalue cette rançon, en monnaie anglaise, à 54,000 nobles qui « dans le vrai, égalait presque les deux tiers de tous
« les subsides extraordinaires que le parlement avait accordés
« pendant 7 ans pour soutenir la guerre, » et il ajoute que le duc de Bourgogne lui en facilita le paiement (4). Enfin, les savants auteurs de la Biographie universelle constatent que Charles VII, instruit des dispositions du duc de Bourgogne, s'était hâté d'y donner son consentement (5).

---

(1) Monstrelet, t. II, chap. 249, p. 182.
(2) Poilleux, p. 97.
(3) Barante, t. V, p. 173-174.
(4) Hume, Histoire des Plantagenets, t. VI, p. 203. Amsterdam, 1749.
(5) Biographie universelle, t. VI, p. 148.

Donc, sans vouloir diminuer le mérite de Philippe-le-Bon, il est permis de penser que Monstrelet l'a un peu surfait, avec l'intention, sans doute, de pallier les torts de Charles d'Orléans. Il tombe, en effet, sous le sens que plus le roi s'était intéressé à sa délivrance, plus il avait manqué à ses devoirs envers la couronne en ne s'empressant pas d'accourir auprès de lui. De ce chef les griefs de Charles VII étaient donc fondés. Depuis peu, d'ailleurs, une révolte avait éclaté dans laquelle avaient trempé plusieurs princes et où le dauphin s'était laissé entraîner. Or, à l'occasion des fêtes du mariage de Charles d'Orléans, le duc de Bourgogne avait offert les insignes de la Toison d'or au duc d'Alençon qui avait été l'instigateur de cette révolte. Cette union subite et étroite entre des vassaux aussi puissants était bien faite pour fortifier les soupçons et les inquiétudes que le peu d'empressement du duc d'Orléans devait inspirer.

Et si nous insistons quelque peu sur ce point, c'est que le principal historien du Valois, Carlier, en rendant compte de la délivrance du duc d'Orléans et de son retour en France, passe sous silence tous ces faits au milieu desquels se reflète si bien l'état si compliqué des rapports du pouvoir central au regard des grands feudataires de la couronne. C'est dans ces rapports difficiles cependant qu'il faut chercher le germe de la pensée qui, à partir de cette époque, a mûri dans l'esprit de Charles VII et a donné lieu au double établissement d'une force armée et d'une taille permanente que nous avons constatées dans le chapitre précédent.

Mais Carlier va plus loin. « En arrivant en France, dit-il, Charles
« d'Orléans ne fit aucun séjour dans ses terres. Le devoir et la
« reconnaissance le déterminèrent à aller rendre ses respects au
« roi, qui tenait sa cour à Limoges. Il lui présenta sa nouvelle
« épouse et revint ensuite dans le Valois (1) ».

Il est impossible de se placer d'une façon plus complète aux antipodes de la vérité; mais après l'avoir rétablie, il est temps d'examiner si les registres de nos argentiers nous en ont laissé quelques traces.

Celui de l'exercice 1440-1441 fait mention d'une taille monta-

---

(1) Carlier, t. II, l. vi, p. 482.

à 78 livres 11 s. parisis, assise le 7e jour de novembre 1440 par accord et consentement des habitants pour convertir au paiement de cent pichets de grains, moitié blé, moitié avoine, donnés à Michel Durant, capitaine de Crépy. — Au chapitre des dépenses nous voyons que ces cent pichets de grains ont coûté seulement 75 livres tournois ou 60 livres parisis, le pichet de blé 14 s. parisis et le pichet d'avoine 10 s. parisis.

Rien dans ce libellé n'accuse un changement dans l'état habituel de la ville; mais nous voyons plus loin une dépense de 9 sols 5 deniers pour 4 pots de vin vermeil et 3 pots 1/2 de vin blanc présentés par les attournés à maistre Jean le Fuselier quant il fut au dit Crépy; et une autre dépense de 4 sols 6 deniers pour 3 pots 1/2 de vin présentés à maistre Estienne le Fuselier quand il fut au dict Crépy.

Ceci serait plus significatif. D'après la version de Carlier, adoptée par Antonin Poilleux, Jean et Estienne le Fuselier, tous deux bourgeois de Crépy, étaient du nombre des personnes qui entouraient Charles d'Orléans pendant sa captivité. Estienne était auditeur de ses comptes et Jean était qualifié de grand conseiller du prince. A la fin d'octobre 1440, ces deux hommes de confiance auraient été envoyés par lui en France, pour tenter de négocier un emprunt destiné à solder, en partie du moins, les frais de sa rançon. Il n'est donc pas surprenant qu'ils se soient présentés à Crépy dans le cours de cet exercice, et que, suivant l'usage, les messagers du duc de Valois y aient été l'objet des honneurs rendus habituellement aux hôtes de quelque valeur, et dans lesquels la présentation du vin ne pouvait pas être négligée.

Quel fut le résultat du passage de Jean et d'Etienne le Fuselier à Crépy en 1440? Le registre de l'exercice suivant, qui nous manque, nous l'aurait peut-être fait connaître. Carlier assure qu'avant de faire les préparatifs de ses noces, Charles d'Orléans étant à l'abbaye de Saint-Bertin, les vassaux de son duché de Valois furent les premiers admis à lui présenter leurs compliments; qu'il les reçut avec bonté; qu'ils lui offrirent de concourir aux frais de ses noces, ce qui fut accepté, et que le prince ayant spécifié ce qui lui serait agréable, on s'empressa de remplir ses désirs. Enfin au lieu de profiter des usages du temps pour obliger ses vassaux à contribuer à sa rançon, il aurait préféré les soulager, en les aidant à réparer leurs pertes. C'est ainsi qu'en 1440 il aurait vendu la seigneurie du donjon de Lévignen, pour se créer des ressources, et aurait exempté les habitants de Crépy du droit de scel et contre-scel, qui causait beaucoup de retard dans le jugement des affaires.

Au chapitre des recettes de l'exercice 1442-1443, nous trouvons « une taille mise, imposée sur les habitants du dict Crespy, par « leur ordonnance, tant gens d'église, nobles bourgeois et aultres « pour paier le don fait à monseigneur le Dalphin, le don fait et « despens à monseigneur le duc d'Orléans, et aussi à monseigneur « le Bastard, et pour paier dix gens d'armes donnés comme dessus « à mon dit seigneur le duc, et plus frais fait avant des choses « dessus dictes, montant icelle taille cu l. xvi s. p. assise le « xixe et xxe jour de décembre mil ccccxli, — somme cu liv. « xvi s. p. »

Remarquons d'abord que cette taille n'a été imposée qu'en décembre 1441, plus d'une année après la délivrance et le mariage du duc d'Orléans, ce qui semble indiquer qu'il ne s'agit ici que du remboursement des frais faits à cette occasion, avant des choses dessus dictes, comme s'exprime l'argentier.

Le chapitre des « voyages, sallères et despenses » est plus explicite; nous y trouvons :

« A Pierre de Ribemont procureur de messire Robert de Sa« nenpes, la somme de xii l. x s. p. pour le paiement de cinq gens « d'armes qui restaient à paier, de dix gens d'armes donnés par « les dicts habitants à mon dict seigneur le duc d'Orléans, lequel « les avait donnés au dict messire Robert pour la provision du « chastel de Coucy, comme appert par quittance cy. »

Le château de Coucy était tombé pendant la guerre entre les mains du fameux Jean de Luxembourg, que nous avons vu se livrer à des cruautés inouies contre les Français, et qui, après 1435, s'était refusé à signer la paix d'Arras. Irrité de cette résistance, « le roy Charles de France avect conclud avecques son conseil de « non luy bailler aucune journée de respit, et délibérer de venir à « grande puissance contre luy, pour le subjuguer et mettre en son « obéissance ; mais Dieu le créateur de toutes choses y pourveut,

« autant qu'on peut savoir, à quelles fin icelles besongnes pour-
« roient venir (1) ». Ainsi s'exprime Monstrelet en parlant de sa
mort, et il ajoute que Leurin de Moucy à qui il avait « baillé en
« garde le château de Coucy le rendit en brief temps après son
« trépas es-mains du duc d'Orléans moyennant une grande somme
« d'argent qu'il en receut (2) ». Il en fut de même, d'ailleurs, de
toutes les places occupées par Jean de Luxembourg; mais le fait
relatif au chastel de Coucy a cela de particulier qu'il fait ressortir
une concordance complète entre nos registres de dépenses et la
donnée historique fournie par Monstrelet. En lui donnant dix gens
d'armes, les habitants de Crépy ont donc largement concouru au
rétablissement de la puissance de Charles d'Orléans dans les places
que son père avait édifiées avant de tomber sous les coups de
Jean-sans-Peur.

Nous rencontrons ensuite à ce même chapitre : une dépense de
LXX l. XI s. IIII d. p. « payés à plusieurs hôteliers ou habitants pour
« . . . . en leurs maisons pour tourner et convertir es
« dons et dépenses faits au dit Crespy par maistre. . . . .
« sergent de monseigneur le Dalphin et mon dit seigneur le duc,
« monseigneur le bastart d'Orléans et autres, quant furent au dict
« Crespy et pour argent baillé et. . . . . . par au noms des dicts
« habitants, et aussi pour cinq gens d'armes menés à Soissons
« devers monseigneur le duc, pour cy par mandement des attour-
« nés cy rendu LXX l. t. XI s. IIII d p. »

Puis : « à Colin Lesnier la somme de quatre livres parisis qui
« d'eubz lui estoient par marché à lui fait, pour aller à Blois devers
« mon dict seigneur le duc et son grand conseil, porter lettres pour
« le fait de la taille de VI° l. t. que avait déffendu mon dit sei-
« gneur le duc, et pour avoir provision sur les contraintes faites
« par Belthonet et aussi porter lettres à Senlis devers Pothon (ou
« Pochon) pour somme au dit lieu pour la dite taille, par mande-
« ment des attournés cy rendu somme IIII l. p. »

Il serait difficile sinon impossible aujourd'hui de dire ce qu'était
cette taille de 600 livres tournois « que avait déffendu monseigneur

---

(1) Monstrelet, t. II, chap. 249, p. 282.
(2) Ibidem.

« le duc » ; il semblerait naturel de conjecturer qu'il s'agissait d'un subside destiné à lui venir en aide pour sa rançon, et dont il aurait défendu de poursuivre le recouvrement à cause de l'état de pénurie où se trouvait le Valois. Mais, de l'ensemble de ces deux paragraphes, ressortent des conséquences qu'il importe de mettre en lumière. La première c'est qu'à son retour dans le Valois, Charles d'Orléans s'y est présenté, non-seulement avec Dunois son frère, ce qui était fort naturel, mais encore en compagnie du dauphin qui, quelques mois auparavant, avait été entraîné dans une révolte contre Charles VII. La deuxième c'est que leur séjour y avait été de courte durée, puisque, en 1442, l'argentier acquittait les dépenses du message envoyé, précédemment, à Blois « devers monsei« gneur le duc et son grant conseil. »

Déjà mal impressionné par la nouvelle des accords faits, en apparence du moins, au moment de son mariage, entre le prisonnier récemment délivré, le duc de Bourgogne, et le duc d'Alençon qui avait été l'instigateur de cette révolte, on comprend que le roi ait pu concevoir de l'ombrage en apprenant que son fils, qu'il venait à peine de pardonner, semblait vouloir faire escorte à un prince qui, par les longs retards qu'il apportait à se rendre auprès de lui, méconnaissait ses devoirs les plus étroits envers la couronne.

Quoiqu'il en soit, une chose est certaine, c'est qu'au lieu d'établir sa résidence à Crépy, comme Carlier l'a prétendu, Charles d'Orléans rétablit son principal établissement à Orléans et à Blois, là où Valentine de Milan sa mère était morte, et où se trouvaient le siège de ses principaux apanages.

Cela ne voudrait pas dire qu'il n'ait pas contribué à réparer les dommages éprouvés par la ville de Crépy durant sa captivité ; mais rien n'indique, dans nos registres, ni qu'il y ait régulièrement demeuré, ni qu'il ait bâti, comme le dit Graves, l'édifice appelé aujourd'hui le vieux château, rétabli l'enceinte de la place, et permis aux populations d'édifier de nouvelles demeures avec les restes des remparts ruinées. Cette enceinte et ces remparts auxquels, comme on l'a vu, la ville faisait alors des réparations d'une médiocre importance, nous les retrouverons, plus d'un siècle plus tard, pendant les guerres de religion, tels qu'ils étaient pendant la Guerre de Cent-Ans. Ils n'ont été détruits qu'à une époque bien plus rapprochée de nous, quand les fortifications qui remontaient au moyen-âge sont devenues partout inutiles. C'est alors seulement que les façades extérieures de la rue Goland, de la rue des Couteliers et de la Grande-Rue ont pu être édifiées avec les matériaux provenant des remparts qui s'étendaient de la porte des Pourceaux à la porte du Paon, et de cette dernière à la porte Sainte-Agathe.

Quant aux espérances que le duc de Bourgogne avait pu fonder sur la délivrance de son ancien ennemi, elles ne tardèrent pas à être déçues. Partageant les illusions de l'opinion publique, il s'était imaginé que Charles d'Orléans allait être tout puissant, et, comme les affaires du royaume ne marchaient pas à son gré, il avait cru faire un acte de haute prévoyance en se mettant en peine de le faire revenir (1). La fermeté inattendue de Charles VII déjoua ces calculs. Retiré, comme on vient de le voir, à Blois, Charles se trouva bientôt aux prises avec les difficultés que lui créaient les engagements pris pour sa rançon ; si bien qu'en 1442, il se décida à se rendre à Limoges, auprès du roi, avec sa femme, en toute soumission. Charles VII lui fit une réception amicale et accorda 160,000 fr., sur les revenus du royaume, pour payer la rançon de son cousin. Il lui assigna aussi une pension de 10,000 fr. par année (2).

A partir de ce moment, Charles d'Orléans ne prit aucune part à la direction des affaires publiques. Après avoir fait des tentatives inutiles pour se faire reconnaître successeur du duché de Milan et du comté d'Asti, auxquels il croyait avoir des droits du chef de sa mère, il se retira dans ses domaines où il vécut occupé de soins domestiques, cultivant la poésie, et encourageant les hommes de lettres. Il n'en sortit que pour assister, comme pair du royaume, au procès fait au duc d'Alençon convaincu de crime d'Etat ; son âge et ses infirmités l'empêchèrent de se trouver au sacre de Louis XI. Lors du dissentiment survenu entre ce dernier et le duc de Bretagne, Charles d'Orléans, appelé à Tours, dans l'assemblée convoquée pour lui déclarer la guerre, crut pouvoir se permettre quelques observations en sa faveur ; mais le roi, qui ne voulait qu'être approuvé, s'en offensa. Il l'accabla des plus durs reproches, l'accu-

---

(1) Barante, t. V, p. 177-178.
(2) Barante, t. V, p. 197.

sant de prendre la défense des rebelles; justement indigné de cet outrage public, et le cœur navré, il se retira, et mourut peu de jours après, le 4 janvier 1465, emportant les regrets de ses contemporains, laissant un fils né à Blois, le 27 juin 1462, lequel, après avoir hérité de ses domaines, devait monter sur le trône sous le nom de Louis XII (1).

Pour compléter l'esquisse que nous venons de faire de cette personnalité intéressante, il faudrait pouvoir porter sur les œuvres poétiques de Charles d'Orléans un jugement réclamant une compétence que nous sommes bien loin de posséder. Elles nous ont parues surtout empreintes d'une mélancolie profonde qui s'explique par les ennuis de sa longue captivité et par les mécomptes qui ont suivi sa délivrance. « Je suis celui au cœur vêtu de noir, » écrivait-il, dans une forme qui ne déparerait pas, ce nous semble, les plus belles poésies contemporaines (2). Parmi ses autres compositions, datant de sa captivité, nous distinguons une complainte à la France, une autre pour la paix, et des vers adressés au duc de Bourgogne au moment des négociations pour sa délivrance. Il nous paraît curieux d'en citer quelques fragments qui n'ont jamais pris place dans aucune publication relative à l'histoire du Valois.

La Complainte de France.

« France jadis on te soulait nommer
« En tout pays le trésor de noblesse,
« Car un chascun pouvait en toy trouver
« Bonté, honneur, loyauté, gentillesse,
« Clergie, sens, courtoisie, proesse.
« Tous estrangiers aimaient te suir,
« Et maintenant voy, dont j'ai desplaisance
« Qu'il te convient maint grief souteniz,
« Très-crétien, franc royaume de France.

---

(1) Roquefort, Biographie universelle, t. 8.
(2) Ou bien encore :
   Je ne voiz rien qui ne m'ennuie
   Et ne sais chose qui me plaise.

« Scez tu dout vient ton mal à vray parler?
« Congnois tu point pourquoy es en tristesse?
« Conter le veuil, pour vers toy m'acquitter.
« Escoute moy et tu feras sagesse.
« Ton grand orgueil, glotonnie, peresse,
« Convoitise, sans justice tenir,
« Et luxure, dont as eu habondance,
« Ont pourclamé vers Dieu de te punir
« Très-crétien, franc royaume de France »

Les deux derniers vers de ces deux strophes servent comme de refrain aux strophes suivantes dans lesquelles le poëte développe la même pensée de regret patriotique et de découragement. Il adopte la même forme dans sa Complainte pour la Paix, dont voici les premiers vers :

« Priez pour paix doulce vierge Marie,
« Royne des cieulx, et du monde maitresse,
« Faictes prier par vostre courtoisie
« Sainctes et saincts, et prenez votre adresse
« Vers vostre fils, requerrant sa haultesse,
« Qu'il luy plaise son peuple regarder
« Que de son sang a voulu racheter
« En reboutant guerre qui tout desvoye.
« De prières ne veuillez vous lasser,
« Priez pour paix le vray trésor de joye. »

Les vers adressés au duc de Bourgogne, vont montrer aux lecteurs dans quel état d'esprit se trouvait ce malheureux prince, au moment des négociations qui avaient pour objet de mettre fin à sa captivité.

Orléans à Bourgogne.

« Il ne me fault plus rien qu'argent
« Pour avancer tout mon passaige,
« Et pour en avoir prestement
« Mestroys corps et ame en gaige.

Orléans à Bourgogne.

« Pour ce que je suis à présent,
« Avec la gent vostre ennemie,
« Il fault que je fasse semblant
« Feignant que ne vous ayme mie.
« Non pourtant je vous certifie
« Et vous pry que veuillez penser
« Que je seray, toute ma vie,
« Vostre loyaument sans faulser.

« Tous maulx de vous je vaiz disant
« Pour aveugler leur faulse envie.
« Non pourtant je vous ayme tant,
« Ainsy maide la vierge Marie,
« Que je pry Dieu qu'il me maudie,
« Se ne trouvez au paraler
« Que veulx être, quoi que nul die,
« Vaultre louyaument sans faulser. »

Bourgogne à Orléans.

« De cueur, de corps et de puissance
« Vous remercie très-humblement,
« De vostre bonne souvenance,
« Qu'avez de moy soigneusement.
« Or povez faire entièrement
« De moy en tout bien et honneur,
« Comme vostre cueur le propose ;
« Et de mon vouloir soyez sueur
« Quoy que nul dye ne suppose. »

Si Charles VII avait eu connaissance des protestations poétiques qu'Orléans avait adressées à Bourgogne au moment de sa délivrance et des réponses de Bourgogne à Orléans, il est fort à supposer qu'elles n'auraient pas amoindri ses défiances.

Bien que depuis le voyage de Charles d'Orléans dans le Valois, en compagnie de Dunois et du dauphin, en 1440, lors de sa rentrée dans ses domaines, nous ne trouvions aucune trace certaine de son retour dans cette province, son influence bienfaisante ne s'y est pas moins exercée. Son premier soin avait été de continuer le gouvernement de Crépy à Renaud des Fontaines ; mais ses principaux auxiliaires paraissent avoir été les deux bourgeois de Crépy, qui avaient été les fidèles compagnons de sa captivité : Estienne et Jean Le Fusellier. Nous verrons bientôt l'un d'eux, Jean, se consacrer à la restauration de la Collégiale de Saint-Thomas dévastée par les Anglo-Bourguignons : il était président en la chambre des comptes du duc de Valois. Cette charge lui donnait une grande importance. Les Anglais l'appelaient le grand conseiller ; par ses soins, la maîtrise de la forêt de Retz, dans laquelle des dégâts immenses avaient été commis pendant la dernière guerre, fut rétablie, sur le même pied qu'elle avait été créée. Carlier affirme, et Antony Poilleux répète après lui, qu'il rétablit les archives du Valois qui avaient été incendiées ou dissipées (1). Nous devons faire remarquer, à ce sujet, que nous ne trouvons aucune trace des documents qu'il aurait réunis, après de longs travaux, pour remplacer les titres primitifs perdus. Les seuls documents que nous possédions, au milieu desquels se rencontrent de nombreuses lacunes, remontent au commencement du XVe siècle et sont bien des documents primitifs.

Le Valois et les marches voisines ayant servi de principal théâtre pour cette dernière période de la Guerre de Cent-Ans, cette province avait été réduite à une grande misère. L'agriculture avait été à ce point ruinée qu'en 1446, les terres étaient abandonnées, depuis 30 ans, entre Nanteuil-le-Haudouin et Chèvreville. Il est inutile d'insister sur l'état de désordre où était tombée l'administration de la justice. Passant alternativement, au gré des événements militaires, sous des dominations diverses, représentées par des hommes de guerre violents, agissant au gré de leurs passions et sans contrôle, on voit sans peine à quelles oppressions ont dû être soumis les juges tout autant que les justiciables.

Encouragés, soutenus, bien que de loin, par un prince éclairé, bon, que ses malheurs avaient rendu plus accessible et plus compatissant aux souffrances de ses vassaux, des hommes de cœur

---

(1) Carlier, t. II, p. 484. — Ant. Poilleux, p. 100.

comme les Renaud des Fontaines et les Le Fusellier ne pouvaient manquer de seconder ses vues. Une partie du mal avait donc pu être réparée quand, en 1465, son fils, encore en bas âge, lui succéda.

Marie de Clèves continua les traditions de son mari. Confirmée, en 1467, dans la garde noble de ses enfants, elle gouverna le duché jusqu'à la majorité de son fils. Carlier et Antony Poilleux nous disent qu'elle avait amené le jeune duc au château de Crépy en plusieurs circonstances. Nous n'avons pas trouvé les traces de ces séjours dans la capitale du Valois. Ils ajoutent cependant que le jeune prince n'aurait pris possession de son duché qu'en 1484. Sa première entrée solennelle, au château de Crépy, aurait eu lieu le 31 janvier, et Carlier, toujours copié par Poilleux, et plus récemment par l'abbé Gros, curé de Lévignen, en donne les détails; rien ne s'y trouve omis, si ce n'est ce qui aurait pu donner à cette narration un caractère de vraisemblance, c'est-à-dire les noms des personnages qui accompagnaient le duc et de ceux qui lui souhaitaient sa bienvenue au nom de la ville et de la province. C'est là, évidemment, une narration de pure fantaisie; ce sont des généralités applicables à toutes les cérémonies de même nature. Il est vrai que Carlier a soin d'ajouter, — précaution inutile pour tout lecteur sérieux, — « qu'il a extrait *ces choses*, d'une ancienne rela-
« tion assez mal rédigée, où *on* ne dit pas combien de temps le duc
« d'Orléans passa au château de Crépy. »

Nous nous bornons à dire, à ce sujet, que, dans les registres de nos argentiers, nous n'avons pas trouvé la moindre trace de *ces choses*.

Ce qui est plus certain, c'est qu'à la mort de Louis XI, le jeune duc de Valois se trouva être le premier prince du sang. Connu jusqu'alors par ses habitudes de frivolité, il y renonça, tout à coup, pour disputer la régence de Charles VIII, dont la personne avait été remise, par Louis XI, aux soins de sa fille aînée, Anne de Francq, mariée au seigneur de Beaujeu. Il s'allia, dans ce but, au duc de Bourbon ; mais les Etats Généraux, assemblés à Tours, en janvier 1484, ayant confirmé, sur ce point, les dispositions de Louis XI, il se retira de la cour et forma un parti à la tête duquel il soutint une lutte qui se termina par la bataille de Saint-Aubin, où il fut fait prisonnier le 26 juillet 1488. Renfermé d'abord dans le château de

Lusignan, il fut bientôt transféré dans la tour de Bourges, où il passa plus de deux ans (1). Dans cette journée, il avait combattu à pied avec une grande bravoure ; après la bataille, les soldats d'infanterie qui l'avaient fait prisonnier, s'attroupèrent devant la maison, où on l'avait renfermé, en demandant qu'on le leur livrât, ou qu'on leur payât sa rançon. Le prince, à qui les armes avaient été enlevées, se présenta seul devant les mutins et les apaisa.

Par suite de cette révolte, ses domaines furent confisqués ; le duché de Valois fut saisi le 17 février 1489 et réuni à la couronne ; mais en 1491, à la prière de Dunois, et sur les instances de la duchesse d'Orléans, qui, oubliant les torts de son mari, s'était jetée à ses pieds implorant son pardon, Charles VIII le gracia et le remit en possession de ses domaines. Bientôt après, en 1495, il accompagna le roi dans cette expédition d'Italie, dont il a été parlé au paragraphe 3 du chapitre XII, à l'occasion de l'envoi de Jean Plume, à Senlis, pour y apporter, au nom des états du Valois, la ratification du traité avec le roi des Romains, Maximilien, traité qui, dans la pensée du roi, devait faciliter les préparatifs de cette expédition et en assurer le succès.

Revenu en France avec Charles, il se trouvait auprès de lui quand il mourut à Amboise, le 7 avril 1498. En lui succédant, son premier soin fut de rassurer tous ceux qui pouvaient avoir à craindre son ressentiment. La duchesse de Beaujeu fut traitée par lui avec les plus grands égards. Tout le monde connait de lui cette belle réponse à propos de La Trémouille, qui l'avait vaincu et fait prisonnier à Saint-Aubin : « Ce n'est pas au roi de France à venger les « querelles du duc d'Orléans. »

Dans l'année 1499, Louis XII donna le duché de Valois à François, comte d'Angoulême, son cousin, alors âgé de quatre ans. Louise de Savoie, sa mère, gouverna ce duché pendant la minorité de son fils.

Tels furent les apanagistes du Valois, à la fin du XVe siècle. Celui qui, sous le nom de Louis XII, devait acquérir le titre de Père du Peuple, est assez connu ; il a occupé dans l'histoire de

---

(1) Quelques auteurs prétendent qu'on poussait la rigueur jusqu'à l'enfermer la nuit dans une cage de fer.

France une assez grande place pour qu'il eut été, à la rigueur, possible de rappeler en termes plus brefs sa mémoire. Il n'en est pas de même de son père dont les vertus, les talents et les malheurs sont, en général, ignorés, même dans le Valois, bien que, pendant 58 ans, cette province ait fait partie de ses domaines. Rencontrant devant nous cette physionomie exceptionnelle, et captivé par elle, nous nous sommes senti entraîné à la relever quelque peu de cet oubli immérité, en la présentant à nos lecteurs, sous les divers aspects qui pouvaient attirer leur curiosité et mériter leur intérêt.

Revenons maintenant à l'objet principal de cette étude, en recherchant dans quelles circonstances la Collégiale de Saint-Thomas a été restaurée, après la fin de la Guerre de Cent-Ans.

CHAPITRE XVII

Restauration de la Collégiale de Saint-Thomas. — Erection du clocher actuel. — Première date portée sur l'inscription.

Par les nombreux motifs, précédemment indiqués dans cette étude, il est démontré, selon nous, que la catastrophe de 1434 n'avait pas pu revêtir les proportions grandioses que l'historien du Valois lui attribue, en lui donnant une date erronnée; toutefois, cette prise d'assaut avait forcément entraîné des conséquences terribles. Les faubourgs, ou mieux encore la ville extérieure aux remparts, groupée en deux fractions, autour des sanctuaires de Saint-Thomas, de Sainte-Agathe et de Saint-Laurent, avait dû être grandement dévastée pendant le siège; dans l'intérieur de la place, les édifices religieux de Saint-Arnould et surtout de Saint-Denis avaient été incendiés, ainsi que nous l'apprend le mémoire du président Minet. La démolition de la tour de Saint-Thomas, après la prise de la ville, avait complété cet ensemble de dommages qui devait porter, pour longtemps, pour toujours peut-être, une atteinte fort grave à sa prospérité. Se trouvant sans asile, une partie de la population, déjà amoindrie par le siège, s'était dispersée.

Pour porter remède à un état de choses pareil, des secours auraient été nécessaires; mais les circonstances étaient pressantes; l'étranger foulait encore le sol national ; pour hâter et assurer son expulsion, les efforts et les sacrifices de tous, même de ceux qui avaient le plus souffert, étaient indispensables, et voilà pourquoi nous venons de voir qu'au lieu de lui venir en aide, le gouvernement royal avait réclamé d'elle des subsides que, malgré sa détresse, elle lui avait généreusement accordés (1).

Aussi, en poursuivant l'examen des chroniques du XVe siècle, ne devons-nous pas être surpris de les voir s'accorder pour nous apprendre qu'en 1470, lorsqu'il parut indispensable de réparer la Collégiale de Saint-Thomas, le doyen Jean Le Fusellier obtint de Simon Bonnet, évêque de Senlis, l'autorisation de porter processionnellement les reliques de Saint-Thomas dans le diocèse, en quêtant, pour obtenir des secours, en vue de la consolidation des gros murs et du rétablissement des voûtes. Après que ces travaux indispensables furent faits, on procéda à une nouvelle consécration de l'église, qui depuis 39 ans était abandonnée, et semblait destinée à une ruine totale (2).

A ce moment, une petite partie des désastres causés par la deuxième période de la Guerre de Cent-Ans, avait pu être réparée. De même qu'à l'aide de Duguesclin et de quelques hommes de guerre indomptables, son aïeul Charles V, après la fin de la première période, avait pu commencer l'œuvre de l'expulsion des étrangers, Charles VII, à son tour, appuyé sur les bras de Dunois, de Xaintrailles, de Richemond, de Lahire, s'était voué à cette œuvre sacrée, et, dès 1451, il avait été assez heureux pour l'accomplir.

A partir de cette date, le Valois avait pu enfin jouir d'une tranquillité relative, et travailler à la réparation de ses ruines. Quant à sa capitale, déchue de sa splendeur, depuis l'horrible prise d'assaut de 1434, habitée par une population infiniment réduite en nombre et malheureuse, elle bornait, comme on voit, ses efforts à implorer les secours des âmes pieuses du diocèse, pour empêcher son antique Collégiale de s'écrouler.

Mais au commencement du XVIe siècle, elle allait pouvoir faire

---

(1) Elle avait même accordé, en 1440-1441, une taille dans laquelle, avec les subsides pour dix gens d'armes, se trouvaient confondus des dons pour le dauphin, pour le duc d'Orléans et pour Dunois

(2) Poilleux. Le Duché de Valois, p. 109. — Carlier.

davantage. Avant de monter sur le trône, François Ier avait été duc de Valois ; il aimait cette province. Entouré d'une cour brillante, il y faisait des séjours fréquents : à Crépy, dans les premières années de son règne, et plus tard à Villers-Cotterêts, où il avait fait élever le château qui lui servait de rendez-vous de chasse, et dont les restes sont transformés aujourd'hui en dépôt de mendicité. Il était fastueux et avait imprimé aux arts une impulsion vigoureuse. Ce voisinage et cette influence ne pouvaient demeurer stériles. Presque toutes les églises furent restaurées. La mémoire de Thomas Becket était en trop grande vénération pour que la Collégiale qui portait son nom et lui avait été dédiée fut oubliée.

« Le grand clocher de Saint-Pierre de Béthisy, dit Carlier, fut
« commencé en 1520 par les soins de Renaud Boucher, vicaire
« perpétuel ; l'ouvrage fut conduit par deux maîtres maçons, nom-
« més Jean Brulé et Jean Charpentier... *La seconde tour de l'église*
« *Collégiale de Saint-Thomas est du même temps*... Le maître
« maçon qui bâtit celle de Verberie se nommait Mahon. Comme il
« mourut avant qu'elle fut achevée, cette tour est demeurée impar-
« faite (1). »

Vers cette même époque, Sainte-Agathe et Saint-Denis, qui avaient été fort endommagés, furent réparés ; le chœur de Saint-Denis en porte l'empreinte indéniable.

Dans son *Duché de Valois*, Poilleux confirme pleinement ces indications.

Elles ne peuvent nous laisser aucun doute sur l'époque où a été construit le clocher actuel de Saint-Thomas, et s'il en restait encore, la première date inscrite sur la cloche qu'il renferme, les ferait disparaître. Le premier soin, en effet, qu'ont dû avoir les habitants, aussitôt après l'achèvement du clocher, a été de le pourvoir tout au moins d'une cloche. Or, cette première date, suivie du premier vers, nous dit formellement que le premier Être de cette cloche remonte à 1528. Commencé en 1520, comme ceux de Verberie et de Béthisy, c'est en 1528 que le deuxième clocher de Saint-Thomas a été terminé, ou, tout au moins, assez avancé pour recevoir la

---

(1) Carlier, t. 2, p. 510. — Poilleux, p. 267. — Graves, p. 69.

cloche qui, après avoir été brisée en 1590, comme nous allons le voir bientôt, devait être rétablie en 1597.

Sur ce premier point, la démonstration est donc complète. Le premier Être de notre cloche a été contemporain de l'achèvement du clocher actuel, et la découverte de l'inscription, enroulée sur elle, confirme complètement les indications des historiens. Les origines du clocher et celles du premier Être de la cloche se confondent. C'est bien en 1528, que, grâce au premier Être de la cloche, le clocher de Saint-Thomas a pu, pour la première fois, répondre à sa destination. Près de cent ans se sont écoulés depuis le jour où les Anglo-Bourguignons se sont rués sur la Collégiale de Saint-Thomas, et la reconstruction de cette Collégiale a réclamé les efforts de trois générations.

Toutefois, pour parvenir à faire cette preuve, et pouvoir ainsi aborder l'interprétation de l'inscription dont la découverte, déjà ancienne, a été le point de départ de cette étude, nous avons dû franchir une étape un peu longue, durant laquelle des événements considérables se sont accomplis devant nous, en faisant passer, sous notre regard, des personnages nombreux et très divers. L'étude des événements et des personnages qui remplissent le XVIe siècle va nous fournir les éléments de l'interprétation complète de l'inscription, mais, avant de l'entreprendre, et pour ne pas être exposé à l'interrompre, nous devons nous arrêter, encore quelques instants, à rechercher ce que l'on peut extraire d'intéressant ou d'utile, pour l'histoire financière et municipale de Crépy, de l'examen attentif des registres de ses comptables dans le cours de ce siècle.

CHAPITRE XVIII

Changement dans les limites de l'exercice financier à partir de la première année du XVIe siècle. — Traité de paix de Crépy du 18 septembre 1544, entre François Ier et Charles-Quint. — Réforme dans le gouvernement intérieur de la ville. — Les eschevins succèdent aux attournés. — Le collège subventionné par la ville. — Les honoraires des prédicateurs à sa charge. — Epidémie en 1582 et 1583. — Dégradations aux fortifications pendant les guerres de religion. — Points où les attaques ont été dirigées. — Précautions pour la sécurité de la ville et la subsistance de ses habitants.

La série des comptes du XVIe siècle, que nous possédons, s'ouvre par une modification importante dans les limites de l'exercice financier qui, à partir de la dernière année du siècle précédent, commencera le 1er octobre pour finir le 30 septembre suivant. Colin Davance, nommé argentier pour l'exercice ayant commencé le 24 juin 1498, jour de la Saint-Jean-Baptiste, porte à notre connaissance cette modification, dans l'intitulé de son compte dont la durée a été prolongée, à dessein, jusqu'au 1er octobre 1499; mais il ne nous en donne pas les motifs. Reproduisons cet intitulé :

« C'est le compte que rent aux attournés gouverneurs et habi-

« tans de la ville de Crespy en Valloys, Colin Davance argentier
« de la dicte ville pour l'année commençant le jour Saint-Jehan-
« Baptiste mil quatre cents quatre-vingts-dix-huit, et finissant le
« dit jour mil quatre cents quatre-vingts-dix-neuf, et de celluy
« jour Saint-Jehan, jusques au jour Saint-Rémy chef d'octobre,
« des receptes et mises plus faictes durant le dict temps, et estaient
« attournés et gouverneurs d'icelle ville, c'est assavoir : Pierre de
« Béthisy, Pierre Vigneron et Guillaume Paris. »

Cette espèce de réforme a-t-elle été le résultat d'une prescription générale émanant de l'autorité souveraine, ou simplement d'un accord concerté entre les attournés et le représentant de cette autorité, mais dont l'application serait demeurée bornée à la commune de Crépy ? Nous nous déclarons incompétent pour résoudre les questions que le silence de l'argentier soulève, et nous nous bornons à les indiquer. Toutefois il ne serait peut-être pas téméraire de supposer que nous rencontrons ici une trace des tâtonnements qui, dans le cours de ce siècle, ont dû précéder et doivent avoir servi à préparer l'avènement du calendrier grégorien. Ce qui tendrait à nous fortifier dans ce sentiment, ce sont les comptes des collecteurs de la taille du roi qui, dans l'exposé de leurs opérations financières, adoptent comme point de départ le 1er janvier. En 1504, par exemple, le collecteur, Pierre Handay, fait usage de ce style, et comme il s'agit ici d'un agent du trésor exerçant ses fonctions sous le contrôle des eslus choisis par l'Etat, il semble difficile d'admettre que ce retour à la tradition du calendrier julien ne lui avait pas été prescrit (1). Donc, à partir du commencement du XVIe siècle, une dissidence semble s'établir entre le style pratiqué par les argentiers et celui dont les collecteurs des tailles font usage ; et cette dissidence se continue, bien que les comptes des uns et des autres passent devant les yeux des habitants rassemblés sous la présidence du représentant de l'Etat.

Il est bon d'ailleurs d'observer et de retenir, comme élément d'appréciation, que la réforme grégorienne a été adoptée à la suite et comme complément de dispositions antérieures, telles, par

---

(1) Le calendrier julien ou de Jules César faisait commencer l'année le 1er janvier.

exemple, que l'ordonnance de Charles IX, dite ordonnance de Roussillon, inspirée par le chancelier de l'Hôpital, rendue en 1563, qui décida qu'à l'avenir l'année civile commencerait au 1er janvier (1). Moins de 20 ans après, en 1582, le nouveau style, que nous suivons aujourd'hui et qui devait perpétuer la mémoire de Grégoire XIII, était appliqué (2).

Plus compétents que nous, d'autres pourront apprécier si cette sorte de dualité, que nous relevons entre les méthodes de comptabilité des argentiers et celles des collecteurs de la taille du roi, au commencement du XVIe siècle, mérite d'être considérée comme l'un des préludes de la grande réforme du calendrier, presque universellement adoptée aujourd'hui chez les nations chrétiennes (3).

Au surplus, les lacunes nombreuses que nous signalons dans les comptes, tant des collecteurs que des argentiers, pendant le XVIe siècle, ne nous permettent pas d'en suivre les effets. Ces lacunes sont fort à déplorer. Comme pour le siècle précédent, elles portent sur des années où se sont accomplis des événements importants. Ainsi que nous l'avons déjà mentionné précédemment, de 1524 à 1568, nous ne possédons rien. C'est une période de 44 années, durant laquelle un édit de François Ier, rendu en 1536, avait fixé les attributions ainsi que le mode d'élection des gouverneurs des villes où il y avait baillis, sénéchaux ou prévôts royaux. D'après cet édit, les appellations de maire et eschevins devaient remplacer les désignations anciennes. Le registre de 1568, où nous rencontrons le titre d'eschevin substitué à celui d'attourné, est donc postérieur de 32 ans à cette réforme, et rien ne nous indique de quelle manière elle a été accueillie dans la ville de Crépy.

Mais de l'examen des registres suivants il semble résulter que, dans le cours de ce siècle, il n'a pas été fait des dispositions de l'édit de François Ier une application régulière. Souvent encore, et conformément aux usages anciens, les officiers municipaux toujours qualifiés de gouverneurs, prennent le titre d'attournés. Dans plusieurs exercices, pour ceux des années 1583 et 1584 notamment,

---

(1) Cheruel, p. 23.
(2) Voir au chapitre XII ce qui a déjà été exposé à ce sujet.
(3) La Russie ne l'a pas adoptée.

les comptes sont rendus collectivement au nom de tous les gouverneurs « par un procureur fondé, muni de lettres de procuration « signées de leurs mains chez Mariage, notaire royal au dit « Crespy (1) ». Parfois ces lettres de procuration ont été dressées par des notaires de Paris. Dans beaucoup de circonstances, il est énoncé que les dépenses ont été mandatées et que les comptes sont rendus, en nom collectif, par « les présents comptables », ou bien encore, toujours collectivement, « par les maires et eschevins ». Ce qui semble indiquer que, dans leur pensée, la fonction de maire n'était pas le privilège de l'un d'entre eux seulement, auquel elle aurait attribué une prééminence. Nulle part, par conséquent, nous ne rencontrons le nom de l'un des attournés ou des eschevins désigné comme maire de la ville. Il semble qu'ils sont tous maires et tous eschevins.

Une circonstance à remarquer également, c'est que quand le compte est rendu, non pas en nom collectif, mais par un seul, il prend alors le titre de commis et rarement celui d'argentier qui tend, de plus en plus, à être délaissé. En présidant toutes les assemblées des habitants où les comptes sont rendus et où les gouverneurs sont élus, les représentants de l'autorité souveraine approuvent ces divers modes de procéder, employés alternativement.

C'est aussi dans le cours de cette période de 44 années qu'a été conclu, en 1544, le fameux traité entre François Ier et Charles-Quint, à l'occasion duquel des controverses nombreuses, et des appréciations diverses, se sont produites sur la question de savoir s'il a été signé à Crépy-en-Valois ou à Crépy-en-Laonnois. D'après Carlier, cet événement aurait eu lieu à Crépy-en-Valois, et son opinion a été adoptée par des hommes considérables, tels que Michelet, Dareste, Jean de Bussières, Mignet, et récemment défendue, avec talent, par un membre de la Société archéologique et historique de Soissons, M. Michaux. Dans un mémoire, spécialement consacré à cette question, cet écrivain a invoqué, à l'appui de ses conclusions, les traditions locales, ainsi que des raisons tirées des positions relatives des deux armées en présence, en même temps

---

(1) Les minutes de ce tabellion font partie des archives de l'étude de Me Jobey.

que du peu d'importance du bourg de Crépy-en-Laonnois, au regard de celle de la capitale du Valois.

« Il est étrange, dit M. Michaux, d'aller chercher pour rendez-
« vous un bourg du Laonnois, situé derrière Soissons, plutôt que
« de choisir une ville, Crespy-en-Valois, qui fait la séparation des
« deux corps d'armée. »

Et M. Mignet donne à cette considération une grande importance en signalant, d'après *les Lettres et Mémoires d'Estat* (1), les instructions de François I⁺ à ses plénipotentiaires, d'après lesquels « le Roy n'a jamais voulu consentir qu'ils allassent au camp de « l'Empereur pour traiter afin qu'il n'eut aucun avantage, mais « que les députez d'une part et d'autre viendroient entre les deux « armées avec sauf conduit de chaque costé ».

Mais ces conclusions ont rencontré un contradicteur sérieux dans M. Joffroy, juge de paix à Soissons, qui a publié, en 1881, sur cette question, une étude remplie de documents du plus haut intérêt. Membre, lui aussi, de la Société archéologique et historique de Soissons, ce magistrat, en répondant à son collègue, s'appuie également de son côté, sur les traditions conservées dans le Laonnois d'où il est originaire ; et, après avoir invoqué l'opinion de la plupart des historiens généraux, il cite un très grand nombre de textes, puisés à des sources diverses, fruit de patientes et savantes recherches, desquels il résulterait que les instructions de François I⁺ à ses plénipotentiaires auraient été enfreintes, ou considérées par eux comme ayant eu seulement pour objet de sauvegarder, en apparence, leur dignité. D'après ces textes, le duc de Lorraine, le bailly de Dijon, le secrétaire d'Etat, Claude de l'Aubépine, l'amiral d'Annebaut, Gilbert Bayard, et tous les députés français, se seraient présentés et auraient été reçus, à diverses reprises, au camp impérial, et les négociations pour la paix se seraient continuées à l'abbaye de Saint-Jean-les-Vignes, auprès de Soissons, à partir du 14 septembre 1554, pendant le séjour que l'empereur y fit les 13, 14, 15 et 16 de ce mois, pour se rendre à Crépy-en-Laonnois le 18, où, après l'arrivée du duc d'Orléans et de l'évêque d'Arras, la paix aurait été signée le même jour.

---

(1) Ribier, t. I, p. 575.

Certes, il n'est pas indifférent que ce problème historique soit résolu, et les controverses dont nous venons de présenter l'analyse extrêmement sommaire, y doivent puissamment aider ; mais nous n'y apporterions, quant à nous, aucune passion de localité, si nous avions à nous y introduire. Il ne nous apparaît pas que le prestige de Crépy-en-Laonnois, pas plus que celui de Crépy-en-Valois, puissent avoir rien à gagner ou à perdre, suivant que le traité du 18 septembre 1544 aurait été signé dans l'une ou dans l'autre de ces deux villes. En pareille occasion, alors que deux armées sont en présence, le choix de la localité où des événements de cette nature s'accomplissent, est le résultat de circonstances où la nécessité s'impose, et dont personne n'a le droit de se prévaloir. Le seul intérêt que nous devions poursuivre ici, comme toujours, c'est d'établir la vérité.

Aussi ne saurions-nous trop regretter que les registres de nos comptables de cette époque nous fassent défaut. Au cas où les négociations dont il s'agit auraient pris leur terme à Crépy-en-Valois, ces registres, nous en avons la conviction, auraient porté la trace de la présence des plénipotentaires de l'empereur comme de ceux du roi de France, dans cette ville, le 18 septembre 1544. Dans le cas contraire, ils se seraient tus ; et ce témoignage, écrit ou muet, mais surtout sincère et indiscutable, nous aurait imposé l'obligation et donné le droit d'entrer dans cette discussion scientifique, et d'en donner peut-être même la solution, avec la plus complète impartialité.

Mais, à défaut de cette ressource, il ne nous en coûte, en aucune façon, de dire que les arguments en faveur de Crépy-en-Laonnois nous paraissent avoir acquis une grande valeur, par l'étude, si nourrie de documents, de M. Jeoffroy ; en tout cas, il ne nous a pas paru possible de ne pas nous arrêter quelques instants pour faire connaître au lecteur où en est parvenue la discussion, à l'heure où nous écrivons, sur ce point litigieux, relatif à l'un des événements les plus considérables du XVIe siècle.

Dans cette série de documents, à tout instant interrompue, et d'où les comptables semblent s'être étudiés à exclure la régularité dans les formes, nous pouvons relever cependant quelques détails intéressants. En 1514-1515, par exemple, nous voyons que les honoraires des prédicateurs sont à la charge de la ville. Frère

Aubry a reçu xv s. p. pour avoir « presché pendant l'advent de
« Noël », et frère Philippe xxxii s. p. pour avoir « presché pendant
« le temps du Caresme ». L'un et l'autre appartiennent à l'ordre
des frères prêcheurs de Compiègne. En 1568-1569, c'est Simon
Cathery, docteur en théologie et gardien du couvent de Senlis, qui
reçoit cent sols parisis « pour son sallaire et vacations d'avoir
« presché et annoncé aux habitans du dict Crespy, durant l'avant
« de Noël le saint évangille et la sainte parolle de Dieu », et c'est
frère Thouillon, également docteur en théologie, à qui quatre
livres parisis sont attribuées « pour son sallaire et vacations
« d'avoir presché pendant le Caresme entier de 1569. »

Sur d'autres points, et à diverses dates, nous relevons aussi la
trace de subventions données par la ville au collège établi dans ses
murs. En 1570, le principal de cette maison d'éducation est Simon
Aubry ; il touche une subvention de 3 escus un tiers. En 1583, c'est
Roland de Marchenilles qui reçoit 5 escus sol « pour ayder à per-
« fectionner les études de la jeunesse. »

Dans cette même année, nous distinguons la dépense suivante :
« A Loys le Charpentier, cirurgien demeurant à Noyon, la somme
« de vviii s. p. à lui ordonnés par les gouverneurs et eschevins,
« à lui dubs des restes des gaiges à lui ordonnés à raison de vv s.
« par moys pour avoir pensé et médicamenté les pauvres mallades
« de la contagion de la dicte ville de Crespy, par l'espace de deux
« moys ; payé comptant. Quittance signée de sa main du xxi⁰ jour
« d'avril 1583. »

Mais ce qui, dans cette série de documents, doit le plus particulièrement fixer notre attention, ce sont les témoignages qu'ils nous
ont légués des désordres qui ont rempli les dernières années du
règne des Valois, et dont nous nous préparons à entreprendre
l'historique. A partir des registres de 1588-1589 ces témoignages
abondent. Les dépenses pour réparations aux fortifications s'y
multiplient et prennent de bien plus grandes proportions que pour
la Guerre de Cent-Ans. Il y est fait mention de brèches et de barricades établies, à la hâte, en avant des brèches, pour les couvrir
en attendant qu'elles soient réparées ; mais sans que le ou les
comptables nous disent sur quel point du périmètre ces brèches
avaient été ouvertes. La porte de Compiègne, et surtout la porte du

Paon, donnent lieu à de fréquents travaux; les poternes de Saint-Arnould et de Sainte-Agathe sont murées à chaux et à sable. A plusieurs reprises, on procède à la réparation des grosses tours et même des tourelles, dont l'une porte le nom de tourelle Madame. Où était cette tourelle? Où étaient ces grosses tours? Questions auxquelles il est d'autant plus malaisé de répondre que ces indications apparaissent pour la première fois. Il nous paraît, néanmoins, fort vraisemblable qu'elles étaient placées sur la partie des remparts situés entre la porte du Paon et la porte des Pourceaux, qui regardait le levant, vers la plaine, et qui, plus tard, a été la première démolie. En tout cas, tous ces témoignages nous démontrent que l'*enclos* de la ville fortifiée, comme disent parfois les comptables, était alors exactement le même que celui qui existait sous Charles VII.

Il est quelques points, toutefois, parmi ceux où la défense de la ville s'est le plus affirmée, sur lesquels les comptables nous ont assez renseignés pour que nous soyons dispensés de faire des conjectures. Dans le registre de 1589-1590, nous trouvons que Anthoine Lastinier, marchand demeurant à Crespy, a reçu xx escus sol « suivant marché verbal faict avec luy de deux charnières et
« deux battans, huit planches, six membrures, deux fustes (1),
« deux membrures, deux barres et ung fléau de boys de chesne
« par luy baillés et fournis pour faire la porte du boullevart de la
« porte du paon au lieu de celle qui avait esté rompue lorsque la
« ville avait esté reprise et réduite à l'obéissance du roy par mon-
« seigneur de longueville. »

A cette dépense, classée dans la charpenterie, s'en joignent d'autres portées au chapitre de la menuiserie pour travaux divers, parmi lesquels nous choisissons les suivantes :

« A Claude Deflandres, menuisier demeurant à Crespy, la somme
« de trente-cinq escus à luy ordonnés pour pareille à laquelle luy
« aurait estée..... comme dernier metteur au rabais moings offrant
« et dernier antcherisseur d'une porte massive à faire au boullevart
« de la porte du paon au lieu de celle qui estait au partdevant

---

(1) Du mot latin *fustum*, qui veut dire poutre.

« bruslée par les compagnies de messeigneurs..... baron de Vieux-
« Pont et chevallier de Thory, ainsi qu'il est plus au long contenu
« et desclaré. »

« A Jacques Tessier, menuisier demeurant au faulx bourg de
« Crespy, la somme trente-cinq escus sol à luy ordonnés par les
« gouverneurs et eschevins de la dicte ville de Crespy, par leur
« ordonnance pour avoir fait de son mestier de menuisier ung
« huis (1) de boys de chesne aux clocher et tour de Saint-Thomas
« pour la garde et fermeture du lieu ou est posté la sentinelle de la
« ville, suivant marché verbal fait avec luy. »

« A Claude Deflandres, menuisier demeurant à Crespy, la somme
« de quarante-cinq sols à luy ordonnés par les gouverneurs et
« eschevins de la dicte ville, par ordonnance signée de leurs
« mains, en dacte du vingt-sixième jour de may mil $\overset{o}{v}\overset{xx}{iiii}$ x
« (1590), pour ung huis par luy faict au pavillon du corps de garde
« de la porte du paon et fourny du boys ayant esté icelluy qui y
« estait au paravant rompu et bruslé à la prise de la ville, suivant
« le marché verbal faict avec lui par les susdits gouverneurs et
« eschevins, ainsy qu'il est plus au long contenu et desclaré. »

Sa quittance est du 27 mai 1590.

Ces quatre derniers articles de dépenses, le lecteur l'aura déjà compris, nous fournissent des indications précieuses, autant par leurs dates que par les événements qu'ils mentionnent et les points de l'enceinte qu'ils nous signalent comme ayant été assaillis et ruinés au moment de la prise de la ville. Nous aurons bientôt l'occasion de nous y référer. Retenons bien cependant, d'ores et déjà, qu'en 1590 le théâtre de la lutte a été autour de Saint-Thomas, et surtout à la porte du Paon.

Durant cette période troublée, nous constatons que la garde de la ville se fait avec une régularité complète, ainsi que l'attestent les dépenses soldées pour le chauffage et l'éclairage du corps de garde. En 1591 et 1592, « Laurent Boulant, marchand de boys demeurant
« à Crespy, a touché LVIII escus et xx sols en paiement de 30 cordes
« de boys et de disix milles de fagots, pour le chauffage du corps
« de garde. » De son côté, Jehan Boullant a touché « soixante et

---

(1) Porte.

« ung escus à luy ordonnés pour avoir par luy fourny et livré trois
« cens soixante six livres de chandelles de suif aux corps de garde
« de la dicte ville, qui est une livre par chascun jour. — Cédule
« passée devant Mariage, notaire royal, le xii° jour de janvier
« 1592. »

Citons enfin, comme dernière preuve de la situation pénible où se trouvait la ville de Crépy, durant cette période, l'article de dépenses suivant, glané dans le registre de 1591-1592 :

« A Charles Legendre la somme de douze sols à luy ordonnés
« par le bailly et les gouverneurs de Crespy et les eschevins de la
« dicte ville, suivant ordonnances du vii° jour de may 1591.
« Approuvée en assemblée des habitants le xii° jour de may 1591,
« pour l'achapt fait par luy d'ung moulin à bras servant à mouldre
« le blé pour subvenir à la nécessité de la ville, ainsy qu'il est plus
« au long contenu et déclaré, cy xii s. »

Après avoir extrait des registres et des comptes du XVI° siècle tout ce qui nous a paru de nature à éclairer l'histoire de la ville durant cette période, nous pouvons aborder l'examen des faits principaux qui la remplissent, sans craindre d'être interrompu par la nécessité de nous livrer à des recherches minutieuses. Nous allons pouvoir également chercher, avec une facilité plus grande, dans les détails de ces événements, les éléments du problème que nous nous sommes donné pour mission de résoudre et que nous n'avons pas perdu de vue.

CHAPITRE XIX

Guerre de religion. — Ses origines. — Causes qui l'ont entretenue pendant les règnes des derniers Valois. — Etat de ruine du Valois à l'avènement d'Henri IV.

La deuxième date, inscrite en tête du deuxième vers, est lugubrement significative. La guerre et le feu qui, en 1434, avaient présidé à la destruction de Saint-Thomas, se sont, une deuxième fois, jetés sur elle, et si l'église elle-même n'a pas été de nouveau renversée, l'inscription nous dit clairement que le premier Être de la cloche inaugurée en 1528, a été détruit. Après soixante-deux années d'existence, cette cloche est devenue muette. Essayons de découvrir dans quelle circonstance douloureuse la ville de Crépy, ravagée de nouveau par la guerre, a cessé d'entendre les sons harmonieux de la cloche de 1528, qu'à cause de sa date nous appellerions volontiers la cloche de François Ier.

Bien que déchue de sa splendeur, Crépy, demeurée capitale du Valois, avait cependant conservé, à ce titre, une certaine importance. Sans doute, dans le grand mouvement de restauration qui avait succédé à l'expulsion des Anglais, ses monuments, à l'exception de la Collégiale de Saint-Thomas, n'avaient pu être rétablis que très incomplètement, et son enceinte, concentrée sur l'ancien emplacement du château, avait été réduite aux besoins d'une population infiniment moins nombreuse; mais cette réduction même lui avait imprimé davantage ce caractère de forteresse qui lui avait été si fatal pendant les deux périodes de la Guerre de Cent-Ans, et qui devait attirer sur elle de nouvelles calamités, durant les guerres de religion et jusqu'à la chûte définitive de la branche des Valois.

Au début de cette étude, nous avons dit que l'avènement de cette branche avait ouvert, pour notre province et pour sa capitale, une ère désastreuse, laquelle avait pris fin seulement au moment où cette branche souveraine avait disparu. Les faits que nous avons exposés ont, nous le croyons, largement confirmé la première partie de cette affirmation. Il nous reste à démontrer le bien fondé de la deuxième. De même que nous avons dû exposer, sommairement, les circonstances au milieu desquelles s'étaient accomplies les deux périodes de la Guerre si terrible de Cent-Ans, si fécondes en calamités pour le Valois, de même, pour la clarté de notre récit, devrons-nous exposer, rapidement, celles qui ont engendré les guerres de religion, non moins terribles, non moins calamiteuses que les précédentes. Et, après avoir mis en lumière les sévices que ces guerres ont fait éprouver à notre pays, jusqu'au jour où Henri IV, succédant au dernier des Valois, a pu lui apporter la paix, nous aurons fait ressortir cette espèce de solidarité, qui semble avoir fatalement lié le sort du Valois à celui de la branche dont le dernier rejeton devait périr sous le poignard de Jacques Clément:

Dès le règne d'Henri II, des ferments de discordes religieuses s'étaient manifestés, annonçant les luttes terribles qui devaient bientôt éclater. Déjà, sous François Ier, le poète Marot, suspect d'hérésie, avait trouvé asile auprès de la fille de Louis XII, Renée de France, duchesse de Ferrare, qui goûtait les doctrines de Calvin. Comme en Allemagne, la Réforme devait susciter des adeptes parmi les plus hauts personnages et jusque dans les rangs des membres de la famille souveraine. En mettant fin au règne d'Henri II, que l'histoire pourrait qualifier de règne de Diane de Poitiers, la lance de Montgommeri avait hâté l'explosion des passions religieuses. Pendant trois règnes successifs, sous le nom de ses trois fils, Catherine de Médicis allait régner à son tour; Catherine, princesse d'un génie souple et artificieux, et tellement maîtresse d'elle-même que, du vivant de son mari, elle avait vécu en amie avec Diane de

Poitiers, sa maîtresse. Avait-elle apporté d'Italie des convictions religieuses certaines? Entre le pape et Calvin, de quel côté penchaient, au fond, ses véritables préférences? L'étude de ses actes, au début de cette période où son ambition et sa perfide politique allaient se donner carrière, permet de concevoir des doutes à cet égard. Fidèle élève de Machiavel, on peut admettre, sans craindre de se tromper, qu'elle allait mettre en pratique ses maximes, en fomentant toutes les factions pour les faire servir à son autorité (1).

A peine âgé de seize ans, infirme et incapable de gouverner, son fils aîné, François II, lui laisse le champ libre et meurt en 1560, après une année de règne. Charles IX lui succède. Parvenu au trône au même âge que son frère, élevé, d'ailleurs, sous l'inspiration de Catherine, par un florentin imbu de la politique artificieuse importée d'Italie, il ne pouvait, au début de son pouvoir, qu'être asservi aux volontés de sa mère, dont les intrigues firent éclater, dès 1562, cette guerre civile épouvantable qui devait durer plus de trente ans. Les batailles de Dreux (1562), de Saint-Denis (1567), de Jarnac (1569), de Mont-Contour (1569), les massacres de la Saint-Barthélemy (1572), sont les premiers fruits de la politique de Catherine.

Henri III, son troisième fils, succède à Charles IX en 1574. Il n'a que vingt-quatre ans et s'est fait, comme duc d'Anjou, une réputation si brillante, que les Polonais l'ont appelé à régner sur eux; mais il s'ennuyait en Pologne, et, dans l'impatience de revenir dans sa patrie, il s'évade la nuit, comme un captif qui brise ses fers. Revenu en France, il donne aussitôt à sa réputation le démenti le plus formel, en se montrant de plus en plus ennemi des affaires, occupé de parures et de bagatelles, livré avec quelques seigneurs,

---

(1) Voici des vers qui, sous forme d'épitaphe, peignent bien le caractère de Catherine. Ils furent publiés après sa mort :
    La reine qui ci-gît fut un diable et un ange,
    Toute pleine de blâme et toute de louange,
    Elle soutint l'Etat et l'Etat mit à bas ;
    Elle fit maints accords et pas moins de débats.
    Elle enfanta cinq rois et deux guerres civiles,
    Fit bâtir des châteaux et ruiner des villes ;
    Fit de bien bonnes lois et de mauvais édits.
    Souhaite lui, passant, enfer et paradis.

ses mignons, aux plus infâmes débauches. Avec un tel souverain, Catherine demeurait maîtresse de l'État, comme sous François et Charles. Ses oscillations continuelles entre les catholiques et les religionnaires donnent enfin naissance, en 1577, à la Ligue, qui, sous le couvert d'un faux zèle pour la religion, n'était, dans les vues des principaux chefs, qu'une conspiration contre l'autorité royale et les lois fondamentales du royaume.

A partir de ce moment, les Ligueurs semblent n'avoir qu'un but, celui de substituer la Maison de Lorraine à la Maison de France. Contraint par eux de faire la guerre à l'héritier légitime du trône, Henri III est vaincu à Coutras par Henri de Navarre, et la Journée des Barricades, en 1588, donne au duc de Guise une prépondérance telle, qu'il ne voit plus d'autres ressources contre ce terrible rival que l'assassinat.

Mais au lieu de calmer les passions, ce crime ne fait que les exciter davantage. Paris est en combustion; les Seize, qui dirigent la Ligue, enferment à la Bastille le Parlement, qui, sous la présidence d'Achille du Harlay, s'était refusé à entériner un décret de la Sorbonne déliant les sujets du serment de fidélité au souverain. La guerre civile est partout, et dans ces fatales circonstances, le faible Henri III n'a plus d'autre appui que cet Henri de Navarre, ce successeur légitime qu'il avait combattu et qui accourt généreusement à son secours.

Telle était la situation quand le poignard de Jacques Clément mit fin au règne d'Henri III. Le 5 juillet 1589, ce monarque expirait assassiné. Catherine était morte depuis six mois à peine, quand survint cette catastrophe, dernier et digne couronnement de sa politique.

Arrivé au trône dans des circonstances aussi troublées, Henri IV ne peut mettre fin, dès le premier jour de son avènement, à la guerre civile. Les Ligueurs sont debout, furieux, armés, commandés par Mayenne et d'Aumale, les dignes et redoutables successeurs du Balafré, assassiné à Blois. Avant d'arriver à cet apaisement, qui fait l'objet de ses aspirations patriotiques, Henri devra faire sentir encore et souvent le poids de son épée, notamment dans les journées si brillantes et si glorieuses d'Arques et d'Ivry, qui précèdent les dernières convulsions de cette guerre fratricide. Dans son langage expressif et si pittoresque, le vicomte de Turenne

s'écriait : « *J'ai peur que cette guerre ne nous mange tous si Dieu
« n'y met la main (1).* »

Mais enfin, les efforts d'Henri sont couronnés de succès. A la
paix conclue avec Mayenne en 1597, succède celle avec l'Espagne,
signée à Vervins en 1598.

« A l'occasion de cette paix, dit Carlier, il y eut dans tout le
« Valois des réjouissances, des feux de joie et des processions
« solennelles. Et avec raison, dit le chroniqueur de la Ferté-Milon,
« car la guerre que cette paix termine a été la plus méchante
« guerre et la plus cruelle dont homme vivant ait jamais entendu
« parler. On se tuait sans se connaître. Des gens du même parti en
« venaient à cette barbare extrémité sur le moindre sujet de
« défiance. Ceux qui conservaient quelque sentiment d'humanité
« au milieu de tant d'horreurs, se fuyaient et se détestaient sur le
« plus léger soupçon. Les proches parents ne se connaissaient plus.
« Le titre de père ne mettait pas à l'abri des fureurs d'un fils. Une
« haine mortelle divisait les frères entr'eux. On ne labourait plus
« dans beaucoup d'endroits, depuis dix ans, lorsque cette paix fut
« signée. »

En regard de cet exposé du prieur d'Andrésy, plaçons sous les
yeux des lecteurs celui d'un contemporain, Jehan Vaultier, qui
habitait Senlis. Nous copions une partie de sa préface :

Au lecteur
et auditeur bénévole
salut

« Combien mieux que moi savez les adversités de ce monde
« n'être si grandes, qu'en icelles, les affligés ne reçoivent quelques
« consolations, je n'ai voulu omettre à rédiger par écrit la grande
« joie et allégresse que toute la France a reçu pour la paix générale
« qu'il a plu à Dieu nous envoyer, faite entre très-haut et très-
« puissant prince Henri de Bourbon, roi très-chrétien de France
« et de Navarre, notre souverain seigneur, et très-haut et très-
« puissant prince Philippe, catholique, roi des Espagnes. . . . . .
« Comme après avoir souffert tant de misères si grandes, qu'il
« n'est possible au monde les pouvoirs exprimer, avenues en ces

---

(1) C'était le père du grand Turenne. Il avait donné dans le parti de la
Réforme et pris une part très active aux guerres de religion.

« troubles derniers, desquels en plusieurs endroits de ces histoires
« et mémoires, en sera fait mention, avec partie de ce qui s'est
« passé et qui est venu en ma petite connaissance, des entreprises
« et exploits de guerre, ensemble du siège de cette ville de Senlis,
« lieu de ma naissance, que je dois aimer plutôt qu'autre pays, la
« défendre et soutenir, en suivant du sage Caton la sentence qui,
« en son livre dit : Pugna pro Patria. »

Après s'être excusé d'avoir fait connaître, *en langage codécent les fortunes, dangers et diverses mutations auxquels a été exposé ce pauvre royaume de France*, il continue en ces termes :

« L'on connaît assez par les grands troubles et continuelles
« émeutes avenues de notre temps, que la grande cupidité de
« dominer, fureur d'ambition et d'être grand est la plus ardente
« affection pour bien faire qui soit en l'homme ; car elle seule a
« causé lesdits troubles qui ont engendré tant de querelles et
« dissimulées dissensions, et principalement ceux qui sont avenus
« depuis dix ou douze ans, avec les meurtres, larcins, violements
« de femmes, défloration de filles, carnage et mortalité, de si grand
« nombre de peuples, tant de nobles villes, cités, bourgades,
« villages, châteaux, places et maisons fortes brulées et rédigées
« en cendres, les régions et provinces affligés, délaissés et demeu-
« rés déserts, les labourages des champs abandonnés et autres
« infinis maux qui ont causé la destruction de ce pauvre peuple, le
« tout pour nos péchés si grands et énormes, que Dieu nous en a
« punis par ses fléaux de guerres, pestes, famines, dévorement de
« bêtes furieuses, naufrages, orages, gelées, pénuries de monnaies
« et autres grandes calamités, plutôt tragiques que autrement, tant
« que d'une part et d'autre, l'on ne pouvait plus aspirer. Ayant
« enduré icelles, il nous a regardés de son œil de pitié et miséri-
» corde, inspirant les pontifes, rois, princes, monarques et autres
« grands seigneurs, à nous moyenner la paix universelle, si long-
« temps désirée, et ci-après spéciée. Qui voudra plus amplement
« savoir l'origine d'iceux maux, qu'il lise les écrits de Sardana-
« palus, Néron et autres monarques indignes d'être nommés,
« parmi les princes, ni en la commune société des hommes, qui
« nous serviront d'exemples à l'avenir pour nous retirer vers
« Dieu et lui demander pardon, afin que, ci-après, nous puissions
« ouir heureusement et à perpétuité du bénéfice d'icelle paix. »

CHAPITRE XX

La Ligue. — Prélude des événements militaires qui devaient s'accomplir sous les murs de Crépy. — Bataille de Senlis.

Ce n'est pas sans motifs que nous avons cru devoir faire cet exposé rapide et sommaire des causes qui ont engendré et entretenu les guerres de religion pendant les derniers règnes des Valois. Il va nous servir comme d'une sorte de cadre dans lequel nous pourrons placer à leurs dates, et sans avoir besoin d'en préciser le sens, les événements qui, dans cette période troublée, ont pesé sur le Valois, et principalement sur sa capitale. C'est ainsi qu'après être parvenu, nous l'espérons, à interpréter le deuxième et le troisième vers de l'inscription relevée sur la cloche de Saint-Thomas, nous conduirons cette étude à son terme, en signalant les derniers et cruels événements qui frappèrent la ville de Crépy.

En compulsant les chroniques du temps, nous trouvons que le duché de Valois avait été donné par Henri II à Catherine de Médicis; que son fils, Charles IX, le lui avait conservé, comme douaire, avec d'autres domaines; mais qu'en 1582 cette princesse l'avait remis à Henri II en échange du duché d'Orléans. C'est à cette occasion que le roi en avait gratifié sa sœur Marguerite, femme du roi de Navarre, ainsi que des comtés de Senlis, Etampes et Clermont en Beauvoisis. Tout d'abord faisons remarquer, d'après Carlier, que

cet échange ne fût pas avantageux au Valois. « Avec un cœur plus
« tendre, un esprit plus orné, des mœurs plus douces, elle fit moins
« de bien que la reine sa mère. »

Sans vouloir nous appesantir sur ce jugement qui dissimule mal
une trop grande sévérité sous la courtoisie beaucoup trop exagérée
de la forme, nous ferons observer que, sous ces deux dominations
successives, le Valois, occupé jusqu'en 1588 par des garnisons
royales, échappa aux premières atteintes des guerres de religion;
mais à cette époque les choses changèrent tout-à-coup de face.
Après la Journée des Barricades, et surtout après le meurtre du
Balafré (Henri de Guise), la Ligue des Seize déféra le commandement de Paris au duc d'Aumale (Charles de Lorraine) qui, à la tête
d'une armée considérable, se jeta sur cette province. Après avoir
occupé les châteaux de Pierrefonds et de la Ferté-Milon, ainsi que
les *villes de Creil, Pont-Sainte-Maxence et Crépy, abandonnées
par leurs garnisons faute de munitions, il marcha sur Senlis,
qu'il investit.* Furieux de ne rien trouver dans la capitale du
Valois, les Ligueurs maltraitèrent les habitants et démantelèrent
les remparts.

« Le siège de Senlis, dit Antony Poilleux, fut fécond en événe-
« ments. Les Ligueurs l'occupèrent une première fois en février
« 1589. Ils en furent bientôt chassés par les habitants aidés du
« sieur de Thoré, et de quelques troupes à sa suite; les Ligueurs
« investirent de nouveau Senlis le 6 mai. Le sieur de Thoré, aidé
« du secours de Gilles des Ursins, qui lui avait amené cent cava-
« liers, le défendit longtemps contre des forces supérieures et une
« grosse artillerie (1). »

Mais une armée royale, commandée par le jeune duc de Longueville (Henri d'Orléans), accourut au secours de cette place, et
le fameux Lanoue, ayant appris la réunion du roi de Navarre et
d'Henri III, venait lui apporter le renfort de sa longue expérience
et le prestige de sa renommée. Successeur de Coligny dans l'estime
et l'amitié du roi de Navarre, doué d'une éloquence vive et naturelle, d'une modération et d'une droiture incorruptibles, ce vaillant
capitaine passait pour un des meilleurs généraux de son temps.

---

(1) Poilleux. Duché de Valois.

Aussi, avec une modestie qui fait le plus grand honneur à sa mémoire, le jeune duc de Longueville s'empressa-t-il de le saluer général, en exhortant les officiers à le reconnaître. « Quant à moi, « dit le jeune prince, je lui obéirai comme un soldat (1). »

Mais cet accord, si précieux qu'il pût être, ne suffisait pas. Faible en nombre, l'armée royale manquait de munitions de guerre et de bouche, qu'il était indispensable d'introduire dans la place, et les traitants refusaient de faire les avances, nécessaires pour les acheter. « Oh bien ! dit alors Lanoue, ce sera donc moi qui ferai la « dépense. Garde son argent quiconque l'estimera plus que son « honneur ! Tandis que j'aurai une goutte de sang et un arpent de « terre, je l'emploierai pour la défense de l'Etat où Dieu m'a fait « naître. » Et il engagea sa terre des Tournelles aux marchands qui devaient fournir les munitions.

La victoire, une victoire éclatante et complète, fut le prix de sa générosité. « Ce fut le duc de Longueville et Lanoue, dit l'auteur « des vies des hommes illustres et des grands capitaines français, « qui, les premiers, commencèrent à esbranler la ruine de la « Ligue, lorsqu'ils donnèrent la bataille de Senlis (1589), un si « grand coup que jamais elle ne s'en put bien guérir, ni onques « relever (2). »

---

(1) Mallet, qui habitait Senlis, fait de Lanoue le portrait suivant :
« Le seigneur de Lanoue, gentilhomme connu de longtemps pour grand
« chevalier et des premiers capitaines et chefs de la France, vertueux et
« magnanime courage, pour avoir été expérimenté et reconnu tel, en une
« infinité d'exploits de guerre, rangea lui-même toute la gendarmerie en
« bataille. »
Manuscrit inédit de l'Histoire de France, extrait en bref de ce qui s'est passé en la ville de Senlis, et ès environ d'icelle depuis 1400 jusqu'en 1594. — Adhelm Bernier, 1835.
Montaigne à son tour distingue *parmi les vertus d'une grandeur peu commune de son temps la constante loyauté, douceur de mœurs et facilité consciencieuse de* ... *La Noue, est une telle injustice de parts années..... où toujours il est nourri, grand homme de guerre et très expérimenté.*

(2) L'un et l'autre périrent malheureusement. Le 20 avril 1595, Longueville fut tué d'un coup de mousquet tiré dans une salve qu'on lui fit, lors de son entrée à Dourlens.
Lanoue était mort depuis 1591. Son bras gauche avait été fracassé par une

Surpris dans leurs retranchements par la brusquerie et l'impétuosité de l'attaque, « les assiégeants prirent la fuite avec une
« rapidité telle qu'elle leur valut une chanson célèbre dans ce
« temps-là et dont voici le premier couplet :

> « A chacun nature donne
> « Des pieds pour le secourir ;
> « Les pieds sauvent la personne,
> « Il n'est que de bien courir. »
>
> (Poilleux, Duché de Valois).
> Carlier. — Vaultier.

Cette action militaire eut lieu le 17 mai 1589. Elle devait, dès l'année suivante, amener des conséquences qui rentrent dans notre sujet, comme on le verra tout à l'heure. Un témoin oculaire, Jean Vaultier, dont nous venons de citer la préface, qui habitait Senlis, et dont les chroniques s'étendent du 13 mai 1588 au 16 juin 1598, nous en a laissé un récit animé, et si intéressant, sous plusieurs rapports, que nous cédons au désir de le relater en entier. A partir de cette date jusqu'au rétablissement de la paix en 1597, les chroniques si précieuses de Vaultier vont nous servir de guide. C'est grâce à elles que nous arriverons à interpréter, avec une certitude complète, la deuxième date inscrite sur la cloche de Saint-Thomas.

« Les seigneurs de Longueville, Lanoue, et autres, dit Vaultier,
« firent ranger leur bataille, et après les avoir admonestés, se
« mirent à genoux et firent leur prière telle qui s'en suit : Sei-
« gneur, notre Dieu, combien que tu n'aies que faire de nous ni
« d'aucuns autres pour défendre la vérité, laquelle est injustement
« et obliquement assaillie en nos personnes, néanmoins il te plait

---

balle au siège de Fontenay-le-Comte en 1570, et on lui en avait substitué un en fer, à l'aide duquel il pouvait tenir la bride de son cheval ; d'où lui était venu le surnom de *Bras-de-Fer*. En 1591, le siège de Lamballe ayant été entrepris contre son avis, il voulut monter sur une échelle pour voir ce qui se passait dans la place, une balle qui lui effleura le front le fit chanceler, et comme il n'était accroché que par son bras de fer, il tomba et mourut, peu de jours après, des suites de cette chûte.

Ni l'un ni l'autre n'eurent la satisfaction de voir la fin de la guerre civile ; ils furent *mangés* par elle, suivant la significative expression du vicomte de Turenne.

« nous employer pour illustrer ta bonté par nos infirmités; dont
« nous te rendons grâce, te suppliant de nous donner toutes les
« parties requises, tant au corps que en l'esprit, pour t'y rendre
« humble et fidèle service. Ne nous abandonne pas à nous-mêmes,
« car nous tomberions en pusillanimité ou témérité; mais donne-
« nous la force, le conseil et l'union à notre Roi, à tous les princes,
« seigneurs et gentilshommes, capitaines et soldats, qui sont en
« cette année et autres qui s'emploient en cette guerre, pour la
« restauration de ce royaume à l'encontre des ennemis et rebelles
« de Sa Majesté. Marche devant et nous environne de ta protec-
« tion. Adresse nos coups et divertis ceux de nos ennemis et les
« frappe d'un esprit d'épouvantement, d'étourdissement et de divi-
« sion, et nous rends, par la Grâce, victorieux, en nous pardonnant
« nos péchés, au nom de ton fils, Notre Seigneur Jésus-Christ, le
« priant ainsi qu'il nous a appris; Pater Noster.

« Les prières faites, les deux armées étant proches, l'une de
« l'autre, entre Montépilloy, La Victoire et la dite ville de Senlis,
« à l'endroit d'une longue haie et d'un grand poirier, commencè-
« rent à s'escarmoucher d'une et d'autre part, tant qu'ils se joigni-
« rent au combat et vinrent aux mains, de telle sorte que les
« ennemis étant chargés des argoulets de M. de La Noue(1), entrèrent
« de si grande furie qu'ils défirent la compagnie de M. de Maine-
« ville, où il fut tué, et celle de M. de Vieux Pont qui fut fait pri-
« sonnier, mais il fut secouru du seigneur de Jesseval, qui fut fort
« navré et amené prisonnier en cette ville, au lieu dudit de Vieux
« Pont; mais comme le gros de la cavalerie et piétons vinrent de
« furie pour charger l'infanterie du secours, elle se fendit et ouvra
« de telle industrie, que les pièces de campagne qui étaient au
« mitan d'eux, firent en peu d'heures de telles rues en l'armée de
« l'ennemi, continuant les canonniers à tirer icelles si soudaine-
« ment, qu'ils n'avaient loisir de se prosterner contre terre, selon
« l'usance de la guerre; et leur envoyèrent tant de canonnades,
« qu'ils en firent belle dépêche; et en prirent telle épouvante qu'en
« peu de temps ils furent rompus et mis en route, par ledit secours

---

(1) Argoulets : corps de cavalerie légère qui servait d'éclaireurs; ils avaient remplacé les cranequiniers ou arbalêtriers à cheval.

« qui les poursuivirent de toutes parts, en leur taillant de telles
« écharpes rouges de leurs coutelas reluisants, desquels ils faisaient
« bon marché de leurs corps. Quittant leurs armes et enseignes
« pour mieux courir légèrement, abandonnant l'artillerie, bagages,
« munitions de guerre et belles boutiques garnies de toutes sortes
« de marchandises. Plusieurs y furent tués, grand nombre de
« blessés et estropiés et infinis prisonniers.

« Pensant se sauver dans les bois, ils y étaient tués et égorgés
« des paysans qui s'y étaient retirés, attendant l'issue de la bataille,
« venus au siège pensant avoir leur part du butin de la ville et faire
« jeter dans le feu tous les papiers des habitants. S'il y eut jamais
« chose merveilleuse, miraculeuse et dont l'issue doive être attri-
« buée à Dieu, c'est cette bataille d'une petite assemblée de gens
« contre un si grand nombre d'ennemis, lequel ne veut pas que
« nous nous appuyions totalement au support humain, ains que
« nous nous en fions en lui qui peut tout (1). »

A. Bernier. (Vaultier).
Manuscrits inédits, p. 163.

Vaultier donne un état des compagnies, des princes et ligués, qui furent défaits en la bataille et levée du siège de la ville de Senlis, le 15 mai 1589, et il en conclut que cette armée s'élevait à 22,000 combattants, tant de gens de chevaux que de pied, et il ajoute :
« Il y en avait davantage (en outre) plus de 8,000 hommes
« volontaires, et non sous charge de capitaines, *qui ne se vou-*
« *laient nommer ni donner à connaître. — Il y avait aussi infi-*
« *nis paysans des bourgades, villages, et d'autres lieux des envi-*
« *rons de cette ville de Senlis, qui allaient parmi l'armée*
« *ennemie, criant : Mais que vous soyez entrez dans la ville, jettez*
« *tous les papiers au feu.* »

Tout est à remarquer dans ce récit. La prière d'abord faite, à la manière antique, avant d'engager le combat, par cette armée, peu nombreuse (petite assemblée de gens, dit Vaultier), à la tête de laquelle se trouvaient deux généraux, de religions différentes, réunis

---

(1) Histoires et discours d'une partie des choses faites et passées en ce royaume, qui ont eu cours depuis le 18 mai 1588 jusqu'au 16 juin 1598.

sous le même drapeau par le sentiment du devoir et les plus hautes inspirations du patriotisme. Puis les manœuvres habiles *de cette infanterie de secours qui chargée avec furie par les Ligueurs, se fendit et ouvrit de telle industrie que les pièces qui étaient au mitan d'eux firent en peu d'heures de telles rues dans l'armée ennemie, continuant les canonniers à tirer icelles si soudainement qu'ils n'eurent loisir de se prosterner contre terre, selon l'usance de la guerre.*

Voilà une usance singulière, et dont la pratique serait difficile aujourd'hui. Et plus loin quand, à force de canonnades, l'armée de secours a fait des ligueurs *belle depêche*, et qu'ils sont *rompus et mis en route*, Vaultier nous fait entrevoir ces *coutelas reluisants leur taillant des écharpes rouges!* Quel tableau, attachant et horrible! et comme il nous donne une idée de ces épouvantables guerres civiles.

Mais ce qui nous frappe le plus encore dans cette peinture si saisissante, ce sont ces volontaires nombreux *non sous charge de capitaines* (indépendants) *qui ne veulent pas se faire connaître*, et surtout ce sont ces paysans, venus au siège, approvisionnant les Ligueurs, comptant sur leur succès, *pensant avoir leur part dans le butin de la ville et faire jeter au feu tous les papiers des habitants*, et qui, voyant les Ligueurs battus, ne veulent pas avoir perdu leurs soins et leurs peines, et les égorgent, pour les dépouiller, quand ils *pensent se sauver en se réfugiant dans les bois.*

En écrivant ces lignes, Vaultier nous a ménagé, à 300 ans de distance, une échappée de vue précieuse qui permet au regard de pénétrer au fond de l'existence matérielle et morale de la population rurale de cette époque. Foulée, rançonnée, violentée chaque jour, depuis longues années, par les hommes de guerre appartenant aux partis qui divisent le pays, elle semble avoir perdu toute notion du devoir et de la justice. Si une ville de son voisinage est assiégée, le paysan accourt et observe. Pour quelle cause tiennent les habitants? Quels sont les drapeaux de l'armée qui l'assiège? Quels sont ceux de la garnison qui la défend? Peu lui importe. Derrière les remparts il est persuadé que s'abritent des richesses considérables et des titres qu'il croit avoir intérêt à détruire. Si elle est prise de vive force, il sait qu'elle sera pillée; il compte donc prendre part au butin, et jeter au feu les papiers des habitants; ce qui sera pour lui, il le croit du moins, un double profit. Mais si l'armée assaillante est vaincue, tout fuyard qui passera à sa portée, il l'égorgera pour le dépouiller, ce qui lui procurera un dédommagement. Quel triste temps!

Mais faisons trêve à ces réflexions qui nous attardent; car nous touchons à un événement duquel va sortir la solution de l'une des parties du problème qui fait l'objet de cette étude.

CHAPITRE XXI

Siège, prise et pillage de Crépy, en février 1590, par les troupes royales.

Longueville et La Noue n'étaient pas hommes à laisser une semblable victoire stérile. Dès le commencement de 1590, ils s'appliquèrent à rentrer en possession des villes du Valois dont les Ligueurs s'étaient emparés les années précédentes, et notamment de Crépy, qui leur servait de place d'armes.

Sur ces entrefaites, Henri III était mort. Plus exaltés que jamais par l'assassinat de ce monarque, les Ligueurs poursuivaient de leurs anathèmes son héritier légitime, Henri IV, et soutenaient contre lui les hostilités avec le plus opiniâtre acharnement. La défaite de Mayenne à Arques, pas plus que celle de d'Aumale à Senlis, ne les avait abattus, et, dans leur fanatisme, ils s'appliquaient au contraire à donner à cette affreuse guerre un plus grand caractère de férocité.

Ici encore, et toujours, jusqu'à la fin de cette étude, nous citerons les chroniques de Vaultier et celles de Mallet. Dans leur éloquente simplicité, elles feront ressortir bien mieux que nous ne saurions le faire, les malheurs de cette triste époque.

Jehan Mallet nous apprend que « le duc de Longueville et gens
« de guerre qui étaient à Senlis et ès-environs, allèrent assiéger

« Crépy le 24 février. Les assiégés, après avoir enduré cent coups
« de canon, se rendirent à discrétion, et, contre la volonté dudit
« seigneur, la ville fut pillée par les gens de guerre qui escala-
« dèrent la ville pour y entrer (1) ».

Jehan Vaultier est plus explicite. Voici comment il nous relate
cet événement :

« La ville de Crépy-en-Valois, que l'ennemi tenait, et dans
« laquelle ils faisaient leurs retraites et magasins de toutes sortes
« de munitions de guerre, était grandement préjudiciable en ce
« pays; pourquoi, pour la remettre en l'obéissance du roi, et em-
« pêcher leurs incursions, le samedi 24 février 1590, M. de la Noue
« partit de cette ville de Senlis avec quelques pièces de canon à la
« conduite de six cents hommes de la garnison et *plusieurs volon-*
« *taires habitants*, fut assiéger ladite ville de Crépy où se trou-
« vaient MM. de Longueville, Humières, Armentières et plusieurs
« autres seigneurs, avec leurs compagnies qui firent ensemble
« quelque cinq mille hommes, tant de pied que de chevaux.
« Sommés qu'ils furent (les Ligueurs) et ne se voulant rendre,
« furent *battus en brèche*; *enfin n'étant secourus, et ne pouvant*
« *résister, se rendirent à discrétion de M. de Longueville, qui fit*
« *pendre le chef et autres capitaines ainsi qu'ils avaient fait à*
« *Montmorency ; et fut la ville pillée, dont les pauvres habitants*
« *en reçurent grands dommages, qui après avoir perdu leurs*
« *biens étaient pris à rançon, et principalement de ceux de la ville*
« *de Compiègne qui furent longtemps à faire transporter le*
« *butin... et y fut laissé le seigneur de Pertuis pour y commander*
« *avec garnison* (2) ».

Pauvres habitants, en effet; pauvre et malheureuse ville qui,
après avoir été saccagée par les Ligueurs en punition de sa fidélité
à la cause royale, était, deux ans après, pillée, mise à rançon par
les troupes royales, commandées cependant par des hommes tels
que Longueville et La Noue, dont nous nous sommes appliqué à
mettre en lumière la générosité naturelle. Rien n'est plus fait pour

---

(1) Mallet, p. 113, année 1590 — Adhelm Bernier, Monuments historiques.
(2) Monuments historiques. — Vaultier, p. 203. — Graves, Précis historique du canton de Crépy. Annuaire de 1843, p. 88.

montrer à quel point d'aveuglement et de férocité cette guerre avait été amenée.

Mais, en outre de ces deux chroniqueurs, nous trouvons dans ce qui nous reste des comptes des fabriques de cette époque quelques détails curieux se rapportant à cet événement, que les marguilliers de Sainte-Agathe et ceux de Saint-Denis relatent comme ayant eu lieu à la fin de 1589 (1).

Pour la paroisse de Sainte-Agathe, il est dit que la fabrique *a payé 240 livres pour la rançon de ses cloches sur celle de 600 livres dont on était convenu.* Pour la paroisse de Saint Denis, nous trouvons que la fabrique *a payé aux canonniers de l'artillerie du roi 300 livres sur un tant moins de celle de 600 livres dont il avait été fait promesse auxdits canonniers pour le rachat des cloches.* Les autres 300 livres furent payées en différentes fois de même que des frais à *l'occasion de logements,* qui ne purent être payées de suite, *faute de deniers.*

Pour la paroisse de Saint-Denis, il est dit aussi que pendant *le temps que le siége était devant Crépy, les étrangers* (2) *étant dans la ville on a fait veiller le vicaire et une autre personne pour la garde du reliquaire, ce qui a coûté 12 livres* « *pour sauver iceux au mieux qu'il a été possible* » et qu'en outre il a été donné trois livres pour ravoir, des mains d'un soldat qui s'en était emparé, le calice de ladite église.

Il est bien à regretter que les comptes de la fabrique de Saint-Thomas nous fassent défaut. C'était, des trois églises, la plus exposée aux déprédations. Depuis le siége de 1434, elle avait été désignée comme le point dont tout assaillant devait tout d'abord s'emparer pour attaquer le point faible de la place, savoir : le saillant de la porte du Paon. Elle n'échappa point, cette fois, à cette fatalité. La date de 1590 portée sur la cloche fondue en 1597 qui nous reste, nous en donne la preuve. Cette date est en concordance avec celle fixée à quelques jours près, par Vaultier et Mallet. Les

---

(1) Nous devons faire remarquer que Mallet parle d'une attaque dirigée sur Crépy le 20 juin 1589, par les seigneurs de Humières et d'Argentières, p. 101, année 1589

(2) Les Espagnols qui étaient les alliés des Ligueurs.

cloches de Saint-Thomas, placées sur le lieu même des premières attaques, furent détruites; elle ne purent être, par conséquent, l'objet d'une rançon, comme celle de Sainte-Agathe et de Saint-Denis.

Mais, ainsi qu'on l'a vu au chapitre XVIII, nous ne nous sommes pas contenté de ces indications; après avoir compulsé les comptes des fabriques, et procédant, pour les événements militaires relatifs aux guerres de religion, comme nous l'avions fait pour ceux qui ont rempli la fin de la Guerre de Cent-Ans, nous avons interrogé, avec soin, les registres des argentiers qui nous restent à l'effet d'y recueillir, si c'était possible, quelques dates, ou tout au moins quelques indices se rapportant à ces événements; et nous disons tout de suite, que, sans être à beaucoup près ni aussi intéressants, ni aussi explicites que ceux de 1431, les registres des argentiers de cette période, qui prennent aussi le titre de commis, nous fournissent quelques détails susceptibles de confirmer nos appréciations. De 1589 à 1591, ces registres abondent en ordonnances de paiement de dépenses effectuées pour réparations aux murailles, aux portes du Paon, de Compiègne et des Pourceaux; nous y voyons que, dans les moments de danger, les poternes de Sainte-Agathe et de Saint-Arnould étaient murées à chaux et à sable à l'extérieur. Nous y rencontrons de nombreux manouvriers, et même des femmes, travaillant à élever des barricades, en avant des brèches, afin d'opposer des obstacles aux assaillants avant que les murs écroulés fussent rétablis. Nous pouvons relever dans ces ordonnances les noms des maîtres maçons, charpentiers, menuisiers, et serruriers, qui ont concouru à ces réparations, et jusqu'à ceux des manouvriers et de leurs femmes qui ont travaillé aux barricades. Nous constatons que les murailles devaient avoir, en terrain horizontal, de 19 à 20 pieds de hauteur et 6 pieds de largeur (épaisseur). En 1589, « 25 escus sol sont
« alloués à François Decormis, masson, pour avoir faict et faict
« faire sept thoises de gros murs en longueur sur 19 à 20 pieds de
« hauteur, et de largeur six pieds, et y compris deux thoises qui
« estoient comme abattues du dict gros mur qui estoit près de
« tomber. » Le nombre des corps de garde est porté à quatre. La quantité et le prix du bois qu'on y consume; celui des chandelles de suif qu'on y brûle pour s'éclairer, à raison d'une chandelle par

jour, tout, dans cet amas de dépenses, atteste l'état d'anxiété où se trouve cette malheureuse cité. Comme en 1431, elle en est réduite à trouver chez elle des ressources pour les réparations de ses armes. Ce sont les serruriers et les menuisiers qui sont chargés de mettre en état les mousquets et les *harquebuses*. Et comme, dans l'état perpétuel d'alerte où elle était forcée de vivre, la ville pouvait, d'un moment à l'autre, voir ses communications avec les moulins de la vallée coupées, nous voyons qu'à la date du septième jour de mai 1591, les bailli, gouverneurs et échevins, ont délivré, à Charles Legendre, une ordonnance, qui a été approuvée par assemblée des habitants du 12e jour de mai (cinq jours après), pour « l'achapt
« faict par luy au prix de douze sols d'un moulin à bras, servant à
« mouldre le bled, pour subvenir à la nécessité de la dicte ville,
« ainsi qu'il est plus au long contenu et déclaré cy : xii s. »

Mais en fournissant tous ces détails si caractéristiques d'une situation horrible, les argentiers se taisent sur les événements qui ont rendu ces dépenses nécessaires. Un seul, celui qui nous détaille les comptes de dépenses du 1er octobre 1589 au 30 septembre 1590, Jehan Lebel, soulève, quelque peu et à deux reprises, le voile qu'ils semblent avoir pris à tâche de laisser tomber, sur ces événements. Copions quelques-uns de ces paragraphes exceptionnels.

« A Anthoine Lescuier marchant demeurant au dict Crespy la
« somme de sept escus sol à luy ordonnés par les Gouverneurs et
« Eschevins de la dicte ville, et la dicte ordonnance signée de leurs
« mains en dacte du dixième jour de septembre mille cinq cents
« quatre vingts dix, suivant le marché verbal faict avec luy des
« deux charnières et deux battants, huit planches, six membrures,
« deux fustes, douze membrures, deux barres, et ung fleau de boys
« de chesne par luy baillés et fournis, pour faire la porte du boul-
« levart de la Porte du Paon, au lieu de celle qui avoizt estée
« rompue lorsque la ville avoizt esté reprise et resduicte à l'obéis-
« sance du Roy par Monseigneur de Longueville, ainsi qu'il est
« plus au long contenu et déclaré en la dicte ordonnance cy rendue
....
« comme appert par la quittance signée de sa main, en dacte du
« 28e jour de febvrier 1591 estant au dos de la dicte ordonnance. »

« A Claude de Flandres, menuisier, demeurant à Crépy, la
« somme de 25 escus à luy ordonnée pour pareille à laquelle avoizt

« esté. . . . . . . comme dernier. . . . . au Rabais moings
« offrant et dernier enchérisseur une porte maitresse à faire au
« boullevart de la porte du Paon au lieu de celle qui y estoit
« au précédant bruslées par les compagnies de messieurs les baron
« de Vieupont et chevallier de Thory ainsi qu'il est plus au long
« contenu et comme appert par sa quittance signée de sa main en
« dacte du xxvi° jour de décembre 1591. »

Entrant dans de nombreux détails, l'argentier ajoute qu'après *visitation*, la porte a été reconnue comme convenablement garnie de ferrures, de pentures et de serrures.

« A Jacques Texier menuisier la somme de 31 sols à lui ordon-
« nés par les Gouverneurs et eschevins de la dicte ville de Crespy,
« en leur ordonnance pour avoir faict de son mestier de menui-
« sier ung huis de boys de chesne au clocher et tour de Saint
« Thomas pour la garde et fermeture du lieu où est posée la sen-
« tinelle de la dicte ville, suivant le marché verbal faict avecques
« luy, ainsy qu'il est plus au long contenu et desclaré par la dicte
« ordonnance en dacte du xii° jour de may mille cinq cents quatre-
« vingt-dix. »

Sa quittance, signée de sa main, est aussi du « 12° jour de
« may 1590. »

Le baron de Vieupont (1), dont les soldats nous sont signalés comme ayant contribué à l'incendie du boullevart de la porte du Paon, était un ligueur; il se trouve porté par Vaultier sur l'état des compagnies « des princes et ligués qui furent défaits en la bataille
« de Senlis le 17 mai 1589. » Au début de cette bataille la compagnie de M. de Maineville et la sienne furent défaites par les « Esco-
« petiers » de M. de Lanoue. Maineville fut tué et Vieuxpont fut fait un moment prisonnier; mais il « fut secouru du seigneur de

---

(1) Vaultier écrit Vieux-Pont. Son récit, sur ce point, n'est pas très clair, et nous aurions compris que Maineville et Vieux-Pont étaient dans les rangs des Royalistes, si, aux pages 128 et 120, ils n'étaient pas portés, formellement, sur la liste des capitaines des compagnies des princes et ligués qui furent défaits en la bataille et levée du siège de Senlis, le 17 mai 1589. — Le seigneur de Sessoval est porté sur la même liste, il fut blessé et fait prisonnier par les Royalistes en secourant Vieux-Pont. Les notes sur Vaultier, p. 411 et suivantes, lèvent tout doute à cet égard.

« Sesseval qui fut fort navré et amené prisonnier à Senlis, au lieu
« du dit de Vieuxpont. »

La concordance entre Vaultier et l'argentier de 1589-1590 est complète ; et ce dernier nous montre ici un des ligueurs signalés par Vaultier comme ayant pris part au siège et à la bataille de Senlis, défendant en 1590 la porte du Paon contre les attaques des troupes royales.

Quant au chevalier de Thory, dont la compagnie a joué un rôle important à la porte du Paon, nous ne trouvons son nom ni dans l'état des officiers ligueurs, ni dans celui des officiers royalistes ayant pris part à la bataille de Senlis. Etait-ce un nouveau venu ayant amené du renfort à l'un des deux partis ? Rien, dans la rédaction de l'argentier, ne nous guide pour lui assigner sa véritable place, et si nous ne savions déjà quels sentiments animaient Vieuxpont nous aurions pu éprouver à son sujet la même incertitude. Cependant nous sommes enclin à supposer que pour Thory l'argentier a bien pu commettre une légère erreur dans l'orthographe de son nom.

Il existait, en effet, dans l'armée royale, une compagnie formée à Senlis, en 1589, par Guillaume de Montmorency, seigneur de Thoré ; elle portait ce nom. Lieutenant-général pour sa majesté et gouverneur de l'Ile-de-France, Thoré était propriétaire de cette compagnie, dont le commandement direct était délégué à M. de Vineuil. Vaultier nous donne le rôle des hommes d'armes qui la composaient ; parmi eux se trouve un gentilhomme du nom de Thury (1). Il ne serait donc pas invraisemblable que cette compagnie eut été amenée de Senlis par le duc de Longueville, le 24 février 1590, et qu'elle eut été commandée pour attaquer la porte du Paon qui, nous le savons, était défendue par la compagnie de Vieuxpont. Il ne serait pas non plus invraisemblable que, dans la confusion amenée par ces événements, l'argentier eut mal orthographié le nom de Thoré ; que, par inattention peut-être, il eut écrit Thory au lieu de Thoré, auquel cas l'incendie du boulevart de la porte du Paon serait survenu par suite de l'attaque de la compagnie royaliste de Thoré, contre la compagnie ligueuse de Vieuxpont (2).

---

(1) Vaultier, p. 201.
(2) L'argentier écrit Vieupont, ce qui constitue, également, une erreur dans l'orthographe de ce nom.

Quoiqu'il en puisse être de ces conjectures, les dates de ces ordonnances et celles des quittances qui les suivent sont interressantes à rapprocher de celle que Vaultier assigne à l'attaque et à la prise de Crépy par les troupes royales, sous les ordres de Longueville et de La Noue. Elles confirment, à ce point de vue, son récit, et nous insistons sur deux circonstances qu'elles mettent bien en relief. La première c'est que les efforts de l'attaque ont porté, principalement, sur le saillant de la porte du Paon. La deuxième c'est qu'après la prise de la ville, la partie des boiseries renfermées dans la tour de Saint-Thomas, dont la réparation incombait à la commune, celle du lieu où se tenait la sentinelle de la ville, a dû être rétablie, ce qui prouve que, dans les préliminaires de l'attaque principale sur le corps de place, ces boiseries avaient été détruites. Celles de ces boiseries qui soutenaient la cloche de 1528, et dont le rétablissement n'a eu lieu qu'en 1597, sans doute aux frais de la fabrique de Saint-Thomas, avaient subi le même sort. Les traces d'incendie que nous relevons encore aujourd'hui dans le clocher se trouvent ainsi pleinement expliquées, et la dépense faite en mai 1590, se rapportant à un dommage subi en février 1590, nous ne pouvons plus conserver aucun doute sur la nature de l'événement dans lequel le premier Être de la cloche a été *perye*.

Enfin, faisons remarquer que la dépense faite pour la restauration du lieu où était posée la sentinelle de la ville, confirme aussi de nouveau, ce que nous avons plusieurs fois déjà affirmé, du rôle joué par la tour de Saint-Thomas comme poste avancé, depuis la Guerre de Cent Ans.

Telles sont, au surplus, les seules indications que nous fournissent les documents possédés par les archives locales. Au point de vue tout spécial et restreint où nous nous sommes placé, ils ne sont pas complètement dépourvus de valeur, puisqu'ils nous ont aidé à établir une concordance complète entre la deuxième date portée sur la cloche et celle d'un événement militaire important subi par la ville de Crépy. Surtout, par les réparations considérables, coûteuses, incessamment renouvelées sur le parcours de son enceinte, dont ils nous énumèrent les moindres détails, ils portent témoignage de luttes qui se sont accomplies sur ces points dans les cours des années dont nous possédons les registres, de 1589 à 1592. Mais combien ils seraient insuffisants pour donner une idée des passions qui devaient agiter les esprits dans la capitale du Valois, pendant ces guerres de religion. Au milieu des conflits soulevés par ces guerres, de quel côté penchaient les tendances de la population qui l'habitait? Quelles impressions lui ont fait subir les nouvelles de la mort tragique du Balafré et de celle d'Henri III ? Par quels incidents intérieurs ces impressions se sont-elles manifestées ? Pour essayer de pénétrer le mystère dans lequel les comptables de la ville, comme ceux des fabriques, semblent avoir tenu à se renfermer à ce sujet, nous sommes contraint de saisir au passage, pour les interpréter, quelques expressions qui ont coulé de leur plume d'une façon inconsciente, et qui, par là même, en nous révélant l'état de leur esprit, peuvent nous apparaitre comme une manifestation des dispositions de la population qui les avait investis de sa confiance.

C'est ainsi qu'en parlant de l'armée de la Ligue, qui occupait la ville pendant que l'armée royale l'assiégeait, le comptable de la paroisse de Saint-Denis se sert de cette expression caractéristique : « *Les étrangers étant dans la ville* »; et plus tard, en 1592, lors du retour offensif des ligueurs sous les ordres du duc de Mayenne, nous le verrons bientôt employer des expressions plus significatives encore; il nous dira, tout simplement, qu'en 1592 les Espagnols ont pris et pillé Crépy ; et, en effet, l'armée de la Ligue avait, dans ses rangs, des contingents espagnols envoyés par Philippe II. Il semble donc que, dans le langage courant, à cette époque, parmi les habitants de Crépy, les qualifications d'étrangers ou d'espagnols, fussent attribuées à l'armée de la Ligue.

Les expressions échappées à l'argentier de 1589 à 1590, nous paraissent trahir des sentiments analogues, quand il nous dit que les portes du boulevard de la porte du Paon avaient été « *rompues lorsque la ville avait été réduite à l'obéissance du Roy, par monseigneur de Longueville.* » Et nous nous en emparons, comme de celles que nous a transmises le comptable de la fabrique de Saint-Denis, pour exprimer cette opinion que les dispositions réelles de la ville de Crépy étaient peu favorables à un parti qu'elle considérait comme celui de l'étranger.

Mais si nous abandonnons ces considérations d'un ordre plus général pour rentrer, purement et simplement, dans notre sujet, nous nous croyons autorisé à dire qu'en rapprochant ces divers textes, il devient évident que l'armée de Longueville et de La Noue n'éprouva de résistance sérieuse que de la part des Ligueurs, qui occupaient Crépy depuis 1588, lorsque la garnison royale l'avait abandonnée aux troupes du duc d'Aumale, faute de munitions. C'est pour cela que Longueville fit pendre leur chef et autres capitaines par représailles de ce qu'ils avaient fait eux mêmes à Montmorency. Toutefois, la lutte avec la garnison, avant que la brèche ne fût faite, avait dû être sérieuse, particulièrement aux abords et en dehors de la forteresse proprement dite, comme on le verra tout-à-l'heure, et c'est, sans doute, à l'occasion de quelques-uns des incidents de cette lutte que le pillage eut lieu, sans même que les chefs pussent le réprimer à temps.

Quoiqu'il en soit, Vaultier nous donne ici l'explication du deuxième vers inscrit sur la cloche de Saint-Thomas, et de la date qui le précède :

« 1590. — *Par guerre et feu pérye.* »

C'est bien en février 1590, soit à l'occasion de l'un des incidents du siège, soit au moment du sac de la ville que le premier Être de la cloche établie en 1528 fut détruit. Cela nous paraît tout-à-fait hors de doute et démontré ; on va recueillir tout-à-l'heure, à l'occasion d'une attaque des Ligueurs contre Crépy, le 1er septembre 1592, un détail caractéristique, absolument confirmatif de cette appréciation.

Relevons aussi, comme traits de mœurs et comme indices du désordre moral qui régnait à ces époques si tristes, que des *volontaires habitants de Senlis et de Compiègne* s'étaient réunis à l'armée assiégeante et que ces derniers, *principalement*, s'appliquèrent à profiter du pillage.

Singulier témoignage de reconnaissance envers la ville d'où étaient partis les secours qui avaient aidé Compiègne à résister, quand elle était assiégé en 1430, et avaient forcé les Anglo-Bourguignons à lever le siège.

Toutefois, avant d'aborder le récit du nouveau sévice que Crépy devait éprouver de la part de Ligueurs en 1592, il nous paraît indispensable de faire remarquer que Carlier a omis de faire mention de celui que Vaultier vient de nous raconter. Il en valait la peine cependant, car il a eu pour Crépy de bien sinistres résultats. Carlier a-t-il pu l'ignorer ? Cela ne semble pas vraisemblable. Sans entrer dans les détails où Vaultier se complaît, Mallet, qui est contemporain et habite le pays, le relate, à quelques jours près, à la même date; les comptes des fabriques de Sainte-Agathe et de Saint-Denis, ainsi que ceux de l'argentier, en ont fixé le souvenir dans leurs comptes de dépenses.

A quel motif faut-il attribuer le silence de Carlier? Il nous surprend d'autant plus que nous allons tout-à-l'heure le voir accuser les Ligueurs d'avoir pillé Crépy en septembre 1592, et d'y avoir renouvelé les cruautés commises par les Anglais ce qui n'est pas confirmé, à beaucoup près, par Mallet et Vaultier, deux contemporains, deux témoins irrécusables. Peut-être aura-t-il pensé que le pillage de 1590 ayant eu lieu à l'occasion de l'expulsion des Ligueurs par les troupes royales, il était convenable de jeter un voile sur un fait peu honorable pour elles. Une fois entré dans cet ordre d'idées, qui sait s'il ne se sera pas dit qu'après tout, il valait mieux le mettre à la charge des Ligueurs en 1592. Mais, en outre que la vérité historique se trouve ainsi dénaturée quant aux responsabilités, nous estimons, au contraire, qu'il y a un grand intérêt à faire ressortir l'atroce caractère revêtu par cette longue et abominable guerre de religion, dans laquelle des troupes commandées par des hommes comme La Noue et Longueville, pouvaient être entraînées à commettre des actes aussi condamnables, à l'encontre d'une ville qui ne pouvait être considérée comme responsable de la défense opiniâtre des Ligueurs.

On va voir tout-à-l'heure, à l'occasion de l'attaque de 1592, quels étaient les sentiments réels des habitants de Crépy.

CHAPITRE XXII

Prise et pillage de Crépy par les Ligueurs et les Espagnols en 1592. — Épuisement absolu du pays. — Lettres de neutralité. — La paix en 1597.

« En 1592, dit Carlier, la ville de Crépy éprouva un nouveau
« désastre de la part des Ligueurs. Ceux-ci en avaient été chassés
« par les compagnies bourgeoises, et les habitans avaient reconnu
« solennellement Henry IV pour le seul prince auquel ils devaient
« obéissance. Outrés du traitement, les Ligueurs revinrent en
« forces, surprirent la ville, et y renouvellèrent toutes les cruautés
« et toutes les calamités qu'on y avait éprouvées en 1431. Ils trai-
« tèrent avec la dernière inhumanité les compagnies bourgeoises,
« et rasèrent les fortifications de la ville. Henri IV apprit, avec
« sensibilité, le danger auquel les habitans de Crépy s'étaient
« exposés, par un effet de leur zèle et de leur attachement à sa
« personne (1) ».

L'expulsion des Ligueurs par les compagnies bourgeoises de
Crépy, si elle a eu lieu, est un fait important pour l'histoire de
cette ville. Il n'a pas pu s'accomplir sans lutte violente; et nous

---

(1) Carlier, t. II, p. 671, 672.

nous étonnons, vraiment, que Carlier, qui se fait, comme dit le docteur Bourgeois, le verbeux adepte et le narrateur complaisant de tant de faits qui frisent, pour le moins, la puérilité, n'ait pas jugé de son devoir de nous exposer dans quelles conditions s'était accompli un événement aussi grave et aussi honorable pour les habitants de la capitale de la province dont il écrivait l'histoire. Mais comment nous étonnerions-nous de ce silence relatif, alors que nous venons de le voir garder un silence absolu à l'occasion du siège et de la prise de cette ville en 1590, par l'armée commandée par La Noue et Longueville. Toutefois, il nous répugnerait d'admettre que ce silence absolu ait pu être volontaire et systématique. Nous aimerions mieux en conclure que n'ayant pas eu connaissance du siège de 1590, et ne sachant comment expliquer le passage de Crépy sous la domination royale, entre 1589 et 1592, il aura imaginé d'en rapporter le mérite aux compagnies bourgeoises, en leur attribuant un acte de dévouement et de bravoure dont la date et les détails ne pouvaient conséquemment pas être assignés.

Heureusement que le dévouement de la population de Crépy à la cause royale est certifié par d'autres témoignages.

De son côté, Vaultier nous donne sur ces événements des détails circonstanciés qui ne confirment, sur aucun point, le dire de Carlier et nous paraissent, d'ailleurs, de nature à mieux faire ressortir encore l'état d'anxiété incessante dans lequel étaient forcés de vivre les habitants de cette ville. Au mois d'août 1592, elle était commandée par le seigneur de La Neuville; les Ligueurs battaient les alentours, faisant partout grand amas de grains, et de toutes sortes de provisions et munitions qu'ils retiraient dans leurs forts. Mais le 22 de ce mois, le capitaine Huart ayant été envoyé à Crépy avec une compagnie, la garnison, se jugeant assez forte pour réprimer ces incursions, fit une sortie le 30, et eut la chance de « *prendre et d'amener prisonniers les députés de la ville de Poi-* « *tiers, qui allaient, vers le Seigneur de Mayenne, pour conférer* « *avec lui sur les affaires de la guerre et que le seigneur de* « *La Neuville retint, tant lui commandait l'avarice!* »

« Ayant, ledit seigneur de Mayenne, entendu la capture desdits « députés, il assiégea promptement ladite ville de Crépy, après « avoir fait feintise de se retirer vers Soissons, afin que ceux « qui étaient en garnison sortissent, leur ayant dressé plusieurs

« embuscades, de quoi ils se défièrent : et attendirent dans icelle
« la fortune de la guerre *avec les habitans, étant tous bien résolus*
« *à la défense d'icelle pour y acquérir de l'honneur* ».

Mayenne faisait alors sa principale résidence à Soissons. Par son influence, cette ville avait donné avec ardeur dans le parti de la Ligue. Il s'y plaisait, dit Henry Martin, « comme dans la capitale
« du Royaume qu'il projetait de se construire sur les ruines san-
« glantes de la Ligue. »

Mayenne, comme on va le voir, ne perdit pas un jour pour tirer vengeance de l'enlèvement des députés de Poitiers et les délivrer. Cet enlèvement avait eu lieu le 30 août; dès le 1er septembre, il attaquait Crépy.

« Le mardi 1er septembre 1592, étant la ville de Crépy assiégée
« de six mille hommes tant de pied que de chevaux, y étant en
« personne, ledit seigneur duc de Mayenne, avec sept pièces de
« canon et non obstant la grosse garnison, et *habitants qui avaient*
« *tous bon vouloir de se bien défendre*, et même qu'ils étaient
« avertis du secours du roi qui était là auprès, ledit seigneur de la
« Neuville (le gouverneur) hébété et qui était le cœur failli, sans
« attendre qu'il fût sommé ou autrement, si lâche et éperdu qu'il
« était, se rendit sans coup férir, et ne capitula seulement que
« pour lui, sans parler pour les garnisons *et habitants, qui étaient*
« *toujours aux armes en leurs gardes, défendant icelles comme de*
« *l'éperon, clocher et église de Saint-Thomas, tirant toujours sur*
« *l'ennemi*, ne sachant rien de la reddition de la ville : dans
« laquelle était jà ledit seigneur duc de Mayenne qui leur fit
« savoir sa volonté. Et lors cessèrent; de laquelle ils sortirent
« armes sauves et se vinrent, les habitants, réfugier en cette
« ville, où les élus tinrent leurs bureaux et exercèrent le dû de
« leurs charges... La dite ville rendue, ledit seigneur duc de
« Mayenne, députés et armées se retirèrent vers Soissons, y laissant
« seulement le seigneur de Brouilly-Chevrières, avec cent cuirasses
« et quatre cents lansquenets, *pour démanteler icelle;* mais ils
« l'abandonnèrent et se retirèrent avec leur armée craignant celle
« du roi ».

« Sa majesté, dit Vaultier, qui était préparée au secours dudict
« Crépy, pensant qu'ils dussent tenir ferme, et après avoir entendu
« la reddition d'icelle et retraite de l'ennemie, envoya une partie

« de son armée vers la ville de Provins pour l'assiéger, mais ils n'y
« furent sitôt arrivés qu'ils ne se fussent rendus (1). »

La version que nous donne Vaultier de la prise de Crépy par les Ligueurs, le 1er septembre 1592, est intéressante à plusieurs titres; autant Carlier est peu précis, dans son récit si court, autant Vaultier est explicite pour la date, comme pour la cause et les détails de cette action de guerre; son récit a tous les caractères de la vérité; c'est bien un homme du pays, qui a vu de près la plupart des événements qu'il raconte, à qui nous avons à faire. Il ne confirme pas le dire de Carlier concernant le pillage, puisque, dès la première attaque, le gouverneur *hébété, et le cœur failli,* perdit la tête, et laissa le duc de Mayenne pénétrer dans la place, avant même que la garnison et les habitants *qui étaient toujours aux gardes défendant icelle,* eussent pu en être avisés.

Toutefois la conduite si étrange du commandant qui, dans sa lâcheté, capitula pour lui seul, sans que la garnison ni les habitants pussent soupçonner cet acte inconcevable de faiblesse, dut infailliblement amener un grand désordre, puisque les défenseurs de la place combattaient encore après que le général ennemi y avait pénétré. Or, à cette époque, le pillage entrait beaucoup trop dans les mœurs de la soldatesque qui formait le fond des armées, pour que les Espagnols qui suivaient Mayenne n'en aient pas profité. Aussi voyons-nous dans les comptes de la fabrique de Saint-Denis, qu'en 1592, *les Espagnols ont pris et pillé Crépy.*

Comme on le voit, pour les habitants de Crépy, les Ligueurs et les Espagnols, c'était une seule et même chose: ils les confondaient dans une seule et même désignation: *l'étranger.* Et, d'ailleurs, Vaultier leur rend ce précieux témoignage *qu'ils avaient tous bon vouloir de se bien défendre et que même après l'entrée de Mayenne, ils tiraient toujours sur l'ennemi, de l'éperon clocher et église de Saint-Thomas.*

Ce dernier trait est caractéristique. Il nous montre quel a toujours été le rôle de l'église et du clocher de Saint-Thomas, dans les événements militaires qui se sont accomplis sous les murs de Crépy, soit au point de vue de l'attaque, comme en 1434, soit pour la

---

(1) Vaultier, p. 245.

défense, comme en 1592. Rapproché du récit que Vaultier nous a laissé de la prise de Crépy, par La Noue et Longueville, en février 1590, ce détail nous aide à comprendre le rôle que le clocher a dû jouer en cette circonstance; il confirme pleinement les indications que nous ont déjà données l'inscription portée sur la cloche et les traces d'incendie que nous constatons dans l'espace qui l'environne. Cantonnés dans cet espace et chargés de défendre l'accès du clocher, contre les soldats de l'armée royale, quelques Ligueurs s'y seront sans doute défendus avec acharnement, et c'est ainsi que le *premier Être* de la cloche (celle de 1528) a été *pérye par guerre et feu*, ainsi que le dit l'inscription.

Cette circonstance, qui nous est révélée par un témoin oculaire, nous donne, au surplus, l'occasion d'affirmer, avec plus de certitude encore, ce que nous avons dit précédemment, concernant le saillant de la porte du Paon qui, mal défendu sur ses flancs, et dominé en avant par des constructions diverses, et surtout par les bâtiments de Saint-Michel et le clocher de Saint-Thomas, était le point le plus faible de la place. C'est sur ce point, qu'à partir de 1430, tous les efforts des attaques successives ont dû se porter, et le clocher de Saint-Thomas est devenu, par la force des choses, une sorte d'ouvrage avancé que la défense et l'attaque ont dû se disputer, tout d'abord, avec acharnement; dans cette période, de 1588 à 1589, des dépenses ont été faites pour la *maçonnerie du boulevard de la porte du Paon;* en 1590, *la charpenterie* de la porte du Paon a dû être réparée; en 1591, après la prise de la ville, par La Noue et Longueville, cinquante toises de murailles dûrent être refaites (1), ce qui ne doit pas nous surprendre, puisque Vaultier nous dit que les Ligueurs, *sommés et ne voulant pas se rendre, furent battus et brèche faite, et que n'étant secourus et ne pouvant résister, se rendirent à discrétion.*

Pour battre les murailles et faire brèche, l'armée royale dut, d'abord, s'emparer des abords de la porte du Paon; toute la lutte se concentra sur ce point.

Quoiqu'il soit, les Ligueurs ne firent, cette année, qu'un très court séjour dans Crépy; mais, au mois de novembre suivant, le

---

(1) Cette réparation coûta 25 escus sol.

duc de Mayenne y revint ; la ville étant démantelée et dépourvue de garnison, ne pouvait lui opposer la moindre résistance. « M. le « duc de Mayenne et autres grands seigneurs, dans la ville de « Crépy, et son armée ès environ, en grand nombre, ne pouvant « en juger et craignant l'intelligence ou surprise, les gardes de « cette ville furent renforcées, et recherche exactement faite par « toutes les maisons, avec infinies rondes et patrouilles pour la « garde d'icelle (1). »

D'où il suit, avec évidence, que Mayenne se défiait, non sans raison, des sentiments d'hostilité que les habitants de Crépy portaient à la Ligue. Les soupçonnant d'intelligence avec le parti du Béarnais, et ne se considérant pas, malgré ce luxe de précautions, comme en sureté dans une ville aussi démantelée, il l'évacua peu de temps après, et, l'armée royale s'y étant établie, Henri IV « en « fit rétablir les fortifications du mieux qu'il put, et rendit en « faveur des habitants, des lettres-patentes datées du mois d'avril « 1593, par lesquelles il déclarait prendre sous sa sauvegarde spé- « ciale les bourgeois de Crépy ; faisant défense à tous gens de « guerre de séjourner chez eux, ou de fourrager sur leur terri- « toire. »

Déjà le 13 septembre 1592, peu de jours après le siège que nous venons de relater d'après Vaultier, le duc de Mayenne, touché des malheurs qui avaient accablé cette ville, leur avait accordé des lettres de neutralité, « datées de Soissons, fondées sur ce que cette « ville était sujette de la reine de Navarre, *fille unique de France,* « et qu'elle lui avait été délaissée pour partie de son douaire ; ces « lettres disent formellement, *qu'en trois ans, la ville a été prise,* « *pillée et ravagée quatre fois!...* (Poilleux, p. 458).

A ces lettres de neutralité, Henri IV avait répondu le 27 septembre par des lettres pareilles, datées de Lagny, fondées sur « les mêmes motifs, et leur permettant, en outre, de trafiquer aux « villes voisines, *tant ennemies qu'amies*, sans qu'ils *pussent être* « *pris et arrêtés ou déclarés prisonniers de guerre.* »

Prise, pillée et ravagée quatre fois en trois ans! Que pourrions-nous ajouter qui ferait mieux ressortir les horreurs qui remplissent

---

(1) Vaultier, p. 249.

cette période, et les calamités qui ont accablé la malheureuse capitale du Valois (1) !

Le désordre et les ruines avaient été poussés à tel point après la prise de la ville par les Ligueurs, en septembre 1592, que les élus de Crépy avaient dû se réfugier à Senlis, où ils reçurent l'hospitalité jusqu'au 26 octobre. A cette date, dit Vaultier, « les élus de « Crépy qui étaient réfugiés en cette ville de Senlis, partirent le « 26 octobre et furent tenir leur bureau de justice au bourg de « Béthisy, et se retirèrent dans la tour du château qu'ils firent « réédifier et où y commandait pour sa majesté le capitaine Le- « couvet, avec une compagnie de cuirassiers qui empêchèrent fort « les courses des ennemis de Pierrefonds et autres lieux. Les « habitans dudit Crépy avaient obtenu des lettres de neutralité, « attendu que leur ville était démantelée, mais ils ne s'en voulurent « aider : et dans laquelle petit à petit, ils se retirèrent, et l'ont « fortifiée pour le parti du Roi, qu'ils ont toujours depuis « gardé (2). »

Nonobstant ces lettres de neutralité, les habitants de Crépy éprouvèrent encore quelques sévices avant la fin de la guerre civile.

« Le 16 février 1593, dit Vaultier, Conan, commandant ligueur « dans Soissons, s'avança jusqu'aux portes de Crépy, où il dressa « une embuscade vers la Folie sur l'ancien chemin de Lévignen. « Il attaqua, à l'improviste, M. de Hédouville, gouverneur de « l'Isle-Adam, qui allait à Neuilly-Saint-Front avec trente cui- « rasses. Celui-ci n'étant bastant, retourna en diligence à Crépy où « était la compagnie de M. d'O, avec laquelle ils retournèrent « ensemble et défirent ladite embuscade, prirent le comte de « Conan et seize autres des principaux. Trente-deux furent tués « sur le champ, et cinquante chevaux furent amenés en ville où « ils furent vendus avec les armes. Et du parti du roy, il n'y eut « que le seigneur de Lys et un autre qui furent tués, et plusieurs « de blessés, lesquels prisonniers furent menés au roy par son « commandement. »

L'historien de Soissons nous donne de ce combat une version plus

---

(1) Voir aux pièces à l'appui ces lettres de neutralité.
(2) Vaultier, p. 248.

développée, qui nous montre bien avec quel acharnement les Ligueurs, concentrés à Soissons, persistaient dans leurs rancunes, et surtout dans les habitudes de désordre créées par cette guerre.

« La garnison de Soissons, dit Henry Martin, n'était pas toujours
« aussi heureuse dans ses expéditions qui consistaient *journelle-*
« *ment à courir, à piller et voler un chacun sans distinction de*
« *personnes.* Le 3 février 1595, M. de Moussy et d'autres capitaines
« royalistes de Crépy, cherchèrent les ennemis *par toutes les tra-*
« *verses des forêts, et jusqu'aux portes de Soissons et d'Amblegny*
« *pour les provoquer au combat.* Le gouverneur de Soissons ne
« fit sortir une partie de la garnison que le 14, et il confia le
« commandement de deux cents cuirasses et de deux compagnies
« *d'argoulets* à son lieutenant le baron de Conac, et au capitaine
« Belfond. Cette petite troupe alla dresser une ambuscade dans les
« bois aux environs de Crépy, et, le lendemain, quand passa le
« sieur d'Hédouville qui se rendait à Vailly avec trente chevaux,
« les gens du baron de Conac se jetèrent sur l'escouade et la for-
« cèrent de battre en retraite. Le tocsin retentit au clocher de
« Crépy, et M. de Moussy qui était revenu avec ses compagnons
« dans la place, eut *loisir* de monter à cheval. La vue de ce renfort
« fit reculer les ligueurs qui se replièrent en désordre jusqu'à la
« plaine de Villers-Cottrêts. M. de Moussy ne leur donna pas le
« temps de *choisir les avantages* et de se ranger en bataille ; il
« ordonna de sonner la charge et s'élança le premier en avant ; le
« combat fut *opiniâtre* et la victoire resta enfin aux royalistes :
« cinquante ligueurs étaient morts ; soixante blessés, et les autres
« prisonniers ou mis en fuite. Vingt seulement rentrèrent dans
« Soissons effrayé de la perte de ses meilleurs capitaines tués ou
« pris. Cette défaite décida peut-être Mayenne à se ménager une
« capitulation honorable auprès du Roi, pendant que la guerre
« continuait en Picardie, et que les espagnols la soutenaient
« presque seuls ; Henry IV qui, de son côté, ne désirait rien tant
« que d'étouffer la Ligue en ouvrant les bras à Mayenne, appuya
« les négociations, secrètement commencées, par les graces qu'il
« octroyait à Soissons, où pourtant son autorité n'était pas encore
« reconnue (1). »

---

(1) Henry Martin, Histoire de Soissons, t. II, p. 481, 482.

Cette action de guerre qui, dans les Mémoires de la Ligue et la Satyre Ménippée, est qualifiée de *défaite de la garnison de Soissons*, eut donc une assez grande importance militaire et politique. Le récit de l'historien de Soissons met bien en lumière l'antagonisme violent qui existait entre la garnison ligueuse de cette ville et la garnison royaliste de Crépy ; antagonisme qui ne put cesser que par la défaite irrémédiable de la première.

Cependant les habitudes de pillage contractés par les Ligueurs de Soissons ne cessèrent pas entièrement ; car le 16 septembre de la même année, les Ligueurs de Soissons « furent ès environs de
« Crépy, prirent et amenèrent tout ce qu'ils trouvèrent de bétail,
« et de peur que les habitants n'allassent après eux pour la
« rescousse d'iceux, ils dressèrent plusieurs embuscades qu'il
« fallait combattre, avant de ratteindre ledit bétail. Les habi-
« tants ne pensant en icelles, coururent aux armes, en désordre,
« puis rencontrant les ennemis, les chargèrent de telle sorte
« que, d'une part et d'autre, il y eut de tués sur le champ
« vingt-cinq ; et furent les habitants contraints de se retirer avec
« perte de leur bétail. » (Vaultier, p. 311).

Ces alertes furent les dernières jusqu'à la signature de la paix avec le duc de Mayenne ; elle avaient lieu après l'entrée d'Henri IV à Paris ; elles démontrent à quel point étaient grands le fanatisme et la témérité de quelques Ligueurs. Cette paix fut conclue en 1596, peu de temps après le combat de Fontaine-Française, où la valeur d'Henri s'était montrée plus éclatante que jamais.

Et c'est ainsi que nous voilà parvenu à cette troisième date (1597) placée en avant du troisième vers de l'inscription portée sur la cloche de Saint-Thomas. C'est la date de l'année qui suivit celle où la guerre civile avait pris fin ; celle où Henri avait procuré à la France cette paix dont elle avait un si grand besoin, et où chacun allait pouvoir enfin travailler à réparer ses ruines.

Détruites en 1434 avec la tour qui les portait, les cloches primitives de la Collégiale ont disparu dans ce cataclysme ; en 1520, la construction de la tour que nous voyons aujourd'hui a été commencée ; l'œuvre terminée en 1528 a été aussitôt dotée d'une cloche dont le premier Etre, brisé en février 1590, lors de l'entrée de La Noue et de Longueville, a été rétabli en 1597, sous l'influence de la paix rendue à ce pauvre pays si meurtri, si épuisé. Par l'inscription qui est enroulée autour d'elle, la cloche que nous entendons aujourd'hui, a voulu porter témoignage de ces événements auprès des générations suivantes ; elle a voulu rappeler, à leur souvenir, les souffrances que le pays de Valois avait endurées et la fidélité de ses enfants au milieu de ces épreuves. C'est bien la cloche de la paix ; c'est la cloche d'Henri IV, fondue avec les débris de la cloche de François Ier, et nous aimons à nous persuader qu'Henri et Marguerite ont assisté à son baptême.

CHAPITRE XXIII

Résumé de l'interprétation de l'inscription.

Si nous arrivons avec une certitude absolue à l'interprétation de ces trois dates, il n'en est pas tout à fait de même, nous devons le reconnaître, quant au sens des deux derniers vers et surtout du quatrième, ce qui, au surplus, paraît sans grande importance.

Le troisième vers :

Thomasse a fait renaître,

ne voudrait-il pas dire que, dans sa vénération pour la mémoire du patron de la Collégiale, la ville de Crépy a voulu attribuer à son intercession le mérite du rétablissement de la cloche ? Cela nous paraît vraisemblable. C'est vainement d'ailleurs que nous avons demandé aux médaillons répandus sur sa surface de nous venir en aide dans ce travail d'interprétation. L'un d'eux cependant semble y avoir été placé dans ce but.

Ce médaillon a huit centimètres de hauteur sur huit de largeur. Il représente une cloche portée par deux anges se faisant face et debout de chaque côté. Dans l'espace compris entre le sol, le corps des anges et le bas de la cloche, on aperçoit une draperie sur laquelle sont inscrits des noms dont quelques lettres semblent avoir été masquées, avec intention, par ses plis. Ces noms sont-ils ceux du parrain et de la marraine, ou tout simplement ceux donnés à la cloche? Voici cette inscription telle qu'elle nous apparait :

Me IEHAN
DE LATR

Si l'on suppose que cette inscription nous donne le nom de la cloche, nous lirions volontiers : *Marie Jehanne de Latran*.

Si c'est le nom de la marraine seule, nous lirions : *Marie Jeanne de Latre*

Si c'est le nom du parrain seul, nous lirions : *Maître* ou *Messire Jehan de Latre*.

En tout cas, quel qu'ait été le but du fondeur en moulant ce médaillon sur la cloche, nous n'y savons rien découvrir qui nous aide à interpréter, plus sûrement, le sens des deux derniers vers de l'inscription principale.

Le sens du quatrième :

Et la troupe endormie,

nous parait tout aussi difficile à préciser que celui du troisième. Ne voudrait-il pas dire que la paix étant faite, la troupe (les soldats) pouvaient désormais se reposer? En liant ces deux vers l'un à l'autre, pour ne former qu'un sens, on peut aussi conjecturer que cette cloche a été fondue par une de ces troupes d'ouvriers ambulants, portant des surnoms, qui, sous la direction d'un chef, se transportaient sur les lieux où l'on requérait leurs services, et, dans cette hypothèse, ce serait tout simplement le sieur Thomasse, patron de la troupe endormie, qui aurait voulu nous transmettre son souvenir.

Quoi qu'il en soit, répétons que l'interprétation rigoureuse du quatrième vers nous parait sans importance; celle des dates, étant absolue, suffit amplement à donner le sens réel de l'inscription. Elle doit suffire, surtout, à nous inspirer un véritable respect pour cet airain sonore qui, après s'être fait entendre pendant soixante-deux ans, et avoir été réduit, pendant sept ans, au silence, n'a pas cessé, depuis 286 ans, de prendre part à tous les événements qui se sont accomplis dans la cité. Cet airain a assisté aux événements les plus sinistres, comme témoin, comme acteur, comme victime. La guerre et le feu l'ont sacré. Par les transformations qu'ils lui ont fait subir, c'est à lui qu'est échue la mission d'appeler, le premier, le Valois tout entier à se réjouir, en lui annonçant cette paix si nécessaire, si ardemment attendue que lui procuraient les efforts et le génie d'Henri IV. Fidèle à cette origine, voilà bientôt trois siècles qu'il s'associe, chaque jour, aux prières, aux labeurs, aux douleurs, et aux joies des générations.

CHAPITRE XXIV

Résumé de cet écrit.

Nous voici parvenu au terme de cette étude. En avons-nous trop élargi le cadre? Cédant à la curiosité qu'avait suscitée en moi la découverte de cette inscription, nous sommes-nous trop complu dans les recherches que son interprétation rendait nécessaires? Le lecteur, si nous en avons, nous saura-t-il mauvais gré d'avoir ramené sa pensée vers des événements dont le souvenir, si glorieux qu'il puisse être pour les enfants de Crépy, est effacé de leur mémoire? Nous n'avons pas eu même l'idée de nous poser ces questions; nous avons cédé à l'entraînement du sujet qui nous captivait, voilà tout. *Abent sua fata libelli,* disaient les anciens; nous dirons comme eux en ouvrant la carrière à ces quelques lignes, et, les abandonnant à leur destinée. Toutefois nous ne voulons pas les clore sans les faire suivre de quelques réflexions qui sortent tout naturellement des divers sujets que ces recherches nous ont fait effleurer.

Par la façon dont ils se sont imposés à notre esprit, nous avons été amené à faire parallèlement deux historiques : celui de la Collégiale de Saint-Thomas; celui du prélat illustre qui lui avait transmis son nom dans son martyre; et nous avons dû signaler les plus étranges similitudes dans leurs destinées. Singularité dans les origines;... Prospérité suivie d'une première catastrophe;... Retour de la prospérité première, à laquelle succède, cette fois, pour l'église une ruine complète;... Pour Thomas Becket une mort tragique, et jusqu'à la proscription de sa mémoire;... Près de quatre cents ans après ce jour où le défenseur de l'Eglise d'Angleterre, tombait sur les marches de l'autel, ses ossements jusqu'alors vénérés, étaient brûlés, et leurs cendres jetées au vent;... Près de quatre cents ans après que les Anglo-Bourguignons avaient saccagé la Collégiale, elle est soumise à une dévastation complète, et le clocher qui surmonte aujourd'hui ses ruines n'a même jamais fait partie de la construction primitive. Comment notre esprit n'aurait-il pas été frappé de ces rapprochements?

Mais, en poursuivant ces deux historiques, un autre point de vue s'est offert à notre esprit et l'a forcément subjugué. Prospère sous la domination des comtes du Vexin, issus du sang de Charlemagne, et de la branche royale de Vermandois, jusqu'au jour où les Valois sont parvenus au trône, le pays de Valois a vu fondre sur lui, à partir de ce jour, les plus épouvantables calamités; la série des catastrophes qu'il a essuyées, durant cette période de 261 années, ne prend fin qu'avec la mort violente du dernier des Valois.

Toutefois, si ces rapprochements étranges étaient de nature à attrister nos réflexions, et si l'horrible spectacle que faisaient passer devant nos yeux les acteurs de ces drames émouvants que l'histoire a qualifiés de Guerre de Cent-Ans et de guerres de religion, nous accablait d'épouvante, celui de l'énergie avec laquelle nos aïeux ont traversé et surmonté ces terribles épreuves faisait naître, dans notre cœur, une grande et légitime fierté.

Après les batailles de l'Ecluse, de Crépy et de Poitiers, alors que la moitié de la France monarchique appartenait à l'ennemi, que la Jacquerie ravageait les campagnes, que le gouvernement devait fuir la capitale, où triomphait la révolution, ils furent grands, ces hommes qui, sous la conduite de Charles V, assumèrent sur eux la tâche patriotique, et qui semblait impossible, de refaire en entier ce pays dévasté, et ne craignirent pas d'entreprendre la guerre de revanche en déchirant le honteux traité de Brétigny.

Ils furent grands aussi ceux qui, sous le drapeau de Charles VII, après une nouvelle éclipse de notre fortune, apparurent, à leur tour, sur la scène, et ne remirent l'épée au fourreau qu'après avoir purgé le sol national du dernier des envahisseurs.

Oui, ils furent grands, les uns et les autres! Pour oser entreprendre et mener à bien des tâches pareilles, j'imagine volontiers que leur cœur dût être entouré de cette triple enveloppe dont parle le poète : *Illis robur et æs triplex circa pectus erat.*

Mais si nous sommes invinciblement entraîné à glorifier la mémoire de ces grands aïeux, nous ne voudrions pas oublier celle des générations qui les ont suivis et soutenus dans l'accomplissement de leur tâche formidable. En un siècle, elles ont subi huit invasions; mais elles les ont châtiées plus tard, au prix de quelles souffrances, de quel dévouement, de quels sacrifices, Dieu seul pourrait le dire (1).

Dans ces souffrances, dans ce dévouement, dans ces sacrifices, le pays du Valois a pris une part bien large et bien oubliée, hélas! Fidèle à la cause nationale, sa capitale a vu sombrer sa fortune, dans la catastrophe de 1431, où les Anglais exaspérés se sont acharnés à sa ruine. La population qui l'habite n'a conservé de ce naufrage qu'un bien vague souvenir; ce sont là cependant des titres dont un pays et une ville ont le droit d'être fiers. En cherchant à découvrir le sens de l'inscription enroulée autour de la cloche qui, depuis près de trois cents ans, appelle, chaque jour, les habitants de Crépy à la prière et au travail, nous les avons mis un peu plus en lumière. Nous nous estimerons heureux si le réveil de ces souvenirs peut servir d'encouragement et d'exemple pour la partie de ces générations nouvelles, auxquelles demeurent confiées l'honneur et la sauvegarde de la patrie.

---

(1) Voir à cet égard une étude militaire très complète, faite en 1874, sous le titre : *Le livre de guerre*, sur beaucoup de points elle nous a servi de guide. — Granier frères, Paris.

CHAPITRE XXV

Où l'auteur de cet écrit s'excuse auprès du lecteur.

L'auteur de cet écrit, il ne saurait trop l'affirmer, n'a pas la prétention d'avoir fait œuvre d'archéologue, encore moins d'historien. C'est, tout simplement, un curieux que des circonstances imprévues ont mis à même d'entreprendre une course rapide dans une partie du Valois, à travers les XIVe, XVe et XVIe siècles. Il a pris pour compagnons de voyage et pour guides les chroniqueurs contemporains, les historiens qui leur ont succédé jusqu'à la fin du siècle dernier, et, plus près de nous, les historiens et les archéologues qui, par leurs investigations patientes et sincères dans la recherche de la vérité, ont imprimé à la critique historique des allures nouvelles, et contribué à dissiper tant d'obscurités. Surtout il a pris soin de faire de nombreuses visites chez ces braves argentiers de Crépy qui, depuis quatre à cinq cents ans, pouvaient se croire endormis du dernier sommeil. Souvent, quand il s'est trouvé en désaccord avec quelques-uns de ses guides, sur la direction à prendre ou sur la valeur des personnages qu'il rencontrait sur son passage, ou bien encore quand il a été mis en défiance sur leur clairvoyance ou leur impartialité, c'est encore auprès des argentiers qu'il s'est renseigné. Il est venu les réveiller à l'improviste, il leur a donné la parole, et les réponses, naïves dans la forme, mais, au fonds, si nettes et si précises des comptables, lui ont permis de contrôler utilement et même de rectifier les dires des narrateurs.

De ces confrontations fréquentes sont nées parfois, trop souvent à son gré, des controverses, dans lesquelles le voyageur a pris une part personnelle, avec une vivacité qui n'est peut-être pas très conforme aux règles de l'art, mais qui s'explique par son parti-pris absolu en faveur de la vérité. Ce ne sont pas là, il le proclame, « Lesongnes » dignes de figurer parmi les documents philologiques et historiques, ni de prendre place à la bibliothèque des hautes études. Ce sont, tout uniment, des impressions de voyage où l'émotion du voyageur se trahit avec une sincérité souvent ardente, dans ses manifestations contre l'erreur, et une satisfaction non moins ardente quand il a pu contribuer à réparer une injustice, ou bien, — pour emprunter encore à M. l'abbé Müller quelques-unes des expressions charmantes dont il fait usage dans la préface de la troisième partie de sa *Monographie des Rues, Places et Monuments de Senlis*, — quand il a « trouvé en nos « vieux parchemins quelque gibbier neuf. »

Crépy-en-Valois, juillet 1883.

PIÈCES A L'APPUI

I

Lettres de Philippe-Auguste, par lesquelles il accorde à la ville de Crépy-en-Valois les droits de commune. Juin 1215 *(a)*.

Philippus Dei gratia francorum rex, universis adquos presentes littera parvenerint salutem. Notum facimus universis presentibus pariter et futuris, quand nos, intuitu pacis in posterum observande, concessimus communiam fieri apud Crispiacum, quam omnes homines in Crispiaco morantes, et circa castellum manentes, juraverunt se perpetua observaturos.

(1). Juraverunt autem quod alter alteri recte secundum opinionem suam auxiliabitur, et quod ipsi nullatenus patientur quod aliquis alicui auferat aliquid, vel eum talliet, vel quid libet de rebus ejus capiat *(b)*.

(a). Registre de Philippo-Augusto. Ordonnances des Roys de France par MM. de Vilevault et de Bréquigny. Imprimerie Nationale, 1749. — P. 305. Vol. II.

(b). Dans les chartes on aperçoit deux parties absolument distinctes : 1° L'acte ou l'obligation de la confédération et du serment. 2° La rédaction des coutumes, c'est-à-dire des lois municipales anciennes ou nouvelles, confirmées ou adoptées. La première partie qui caractérise essentiellement

(2). Si quis vero sacramentum alicui facere debuerit, et ante arramitionnem sacramenti, se in negotium suum iturum dixerit; propter illud faciendum, de itinere suo non remanebit, nec ideo incidet, sed postquam redierit, convanienter subinonibus, sacramentum faciet.

(3). Si autem archidiaconus aliquem de communia implacitaverit, nisi accusator ante venerit, vel forifactum apparuerit, non ei respondebit : si autem archidiaconus testes habuerit, contra quos accusatus se defendere non possit, emendabit.

(4). Si aliquis aliquam injuriam fecerit homini de hac communia, et clamor inde ad juratos venerit; si ipsum hominem qui injuriam fecerit, cœpere poterunt, de corpus suo vindictum capient, nisi forifactum emendaverit ipsi cui factum fuerit, secundum judicium illorum qui communiam custodiunt; et si ille qui forifactum fecerit, ad aliud receptaculum perexerit, et communie custodes ad ipsum receptaculum transmiserint, et Domino receptaculi, vel primatibus ipsus loci, querimoniam fecerint, ut de illo inimico suo, ipsis rectitudinem (c); et si facere noluerit, postea auxiliatores erunt faciendi vindictam de corpore et de pecunia ipsius qui forifactum fecerit; et Domini ipsius receptaculi ubi inimicus eorum fuerit.

(5). Item si mercator Crispiaci venerit ad mercandum, et aliquis ei aliquid forifecerit, in Banleucam ipsiut castelli; si clamor ejus ad juratos venerit, et mercator eum invenerit, jurati erunt auxilia-

---

la commune est à la tête de la charte. Tout le reste contient les coutumes. —(Ordonnances des Roys de France Préface, p. xxxi).

Par cet acte essentiel du serment les habitants se constituaient en confédération, en vue de la défense mutuelle, comme on le voit par l'art. 1 de la charte de Crépy. Par ce serment la commune était dite jurée ; de là le titre de juré attribué aux magistrats qu'ils élisaient pour gouverner la commune et rendre la justice dans les limites fixées par l'art. 30. — (L'auteur).

(c) Le texte de ce passage est modifié dans les lettres de confirmation. Le sens de cet article est : « que celui qui aura fait tort à un homme de la
« commune sera puni par les jurés s'il y a plainte; s'ils peuvent le saisir ils
« en feront justice; s'il se réfugie sur un autre territoire ils s'adresseront
« au seigneur ; s'ils n'en obtiennent pas justice, ils agiront contre le cou-
« pable et traiteront le seigneur comme un ennemi. »

tores faciendi vindictam rectè, secundum opinionem suam, nisi mercator de hostibus ipsorum fuerit; et si ad aliud receptaculum ille adversarius perrexerit, et ipse mercator vel jurati ad eum miserint, et forifactor mercatori satisfecerit, secundum judicium juratorum, vel probere vel ostendere poterit se illud non fecisse juratis sufficiet. Si vero facere noluerit, postea si intra villam venerit, cum cœpere poterunt, vindictam de eo facient.

(6). Nemo autem, preter nos et Dapiferum nostrum, poterit conducere in villam, hominem qui forficerit homini de communia, nisi pro forifacto emendando venerit, secundum judicium juratorum.

(7). Et si Episcopus Silvanectensis ignoranter aduxerit hominem in villam, qui forficerit homini de communia, postquam sibi ostensum fuerit illum esse de hostibus communie, nullo modo postea eum adducet, nisi consilio juratorum, et ea vice eum reducere poterit.

(8). Si autem homo extraneus panem et vinum suum in villa Crispiaci, causa securitatis adduxerit, et posteà discordia inter juratos et Dominum extranei hominis evenerit, quindecim dies habebit vendendi panem et vinum suum in ipsa villa, et differendi nummos, et omnem aliam pecuniam suam, preter panem et vinum, nisi ipse fecerit forifactum, vel fuerit cum illis qui forifecerint.

(9). Et nullus homo de communia credet peccuniam suam vel accomodabit inimicis communie, quandiu guerra durabit; et si aliquis de communia fuerit convictus quod crediderit aliquid inimicis communie, de eo secundum judicium juratorum, justitia fiet.

(10). Et si homines de communia aliquando contra hostes suos exierint, nullus eorum loquetur cum hostibus suis, nisi de licentia eorum qui communiam custodiunt.

(11). Statuti vero ad communie custodiam juraverunt, quod nomini propter cognationem vel amorem deferent, et neminem propter inimicitiam ledent, et rectum judicium, secundum estimationem suam, facient. Omnes alii juraverunt, quod idem judicium quod predicti statui supereos fecerint, patientur et concedent;

nisi probare potuerint quod de propicia peccunia solvere nequiverint.

(12). Pretereà concessimus et precepimus quòd universi homines infra muros castelli et extra, manentes, in cujuscumque terra morentur, communiam jurent, si de communia esse voluerint *(d)*.

(13). Si quis etiam de communia, aliquid forifecerit, et perjurator emendare noluerit, homines communie facient eis indè justitiam.

(14). Si quis ad sonum campane pro congreganda communia statim non venerit, denariis emendabit *(e)*.

(15). Nos autem super hominem communie, mortuam manum non clamabimus, nec forismaritagium, nec aliud; nec homo communie nobis nec alii respondebit, nisi tamen de cavagio suo, quod nisi statuto termino reddiderit, quinque solidis Domino suo emendabit.

(16). Concessimus etiam quod bannum non poterimus facere super burgenses, neque super res corum, nisi de assensu corum, sicut nec hactenus fecimus.

(17). Si quis extraneus, sive miles, sive serviens, ant rusticus, forifactum fecerit infra Banleucam, major eum de hoc forifacto submonere debet, et nisi ad mandatum majoris venerit, major et homines ville ad diruendum domum ejus exeant. Quod si sit adèo fortis ut vi burgensium dirui non possit, ad eam diruendam et auxilium conferemus.

(18). Si verò aliqua donus infra tertiam leucam sita sit, que ville nocuerit, sine forifacto à Burgensibus diruetur, que si vi corum dirui non possit, vi et auxilio nostro diruetur.

(d). Il semble résulter de ce texte que le serment personnel était obligatoire pour tout homme qui voulait « être de la commune. »

(e). Le montant de l'amende infligée à tout citoyen qui ne se rendait pas à l'assemblée après y avoir été appelé par le son de la cloche n'est pas fixé; mais dans les lettres de confirmation de 1223 dont il sera parlé plus loin, il est fixé à 12 deniers. (Duodecim denerios emendabit).

(19). Nos etiam non possumus, nec aliquis de servientibus nostris, appellare per vadia duelli, hominem de communia.

(20). Quicquid à bigis et quadrigis accipietur, ad faciendam calciatam dabitur; à biga non ferrata obolus accipietur; à ferrata denarius; à quadriga non ferrata, denarius; à ferrata duo denarii accipietur.

(21). Si nos, majorem, vel homines communie de re que ad nos pertineat submonere fecerimus, intra villam Crispiaci, judicio juratorum causa finietur.

(22). Si rusticus extraneus in villa venerit, causa intrandi communiam, de quocumque sit districto, quicquid secuum adduxerit, salvum erit, et hoc quod sub districto domini sui remanebit, Domini erit excepta hereditate. Si vero aliquid sub districto alterius Domini habuerit, Dominus hejus super hoc clamorem non faciet, et hoc quod secum adduxerit, quocumque voluerit liberè remittet; ipso etiam et res ejus ubicumque morari liberè poterunt.

(23). Sciendum est etiam quod burgensibus Crispiaci, nullos homines de corpore Silvanectensis episcopi, poterunt de cetero in sua communia retinere, nec etiam nec et aliquos de hominibus de corpore, Beate Marie de Moriengue vallis.

(24). Si homo communie terram vel aliud habuerit extra villam, et illuc causa negotiationis ierit, de aliquo submoneri non debet, nisi tantùm de redditu terre.

(25). Si homo de communia, hominem de communia per vadia appellaverit, per se ipsum aut per advocatum qui sit de communia, appellabit : nullusque ab utralibet parte erit advocatus, qui non sit de communia.

(26). Si verò homo extraneus qui burgensi catallum debeat, intra villam venerit, burgensis sine forifacto eum detinebit, et major reddet, et major cum judicio juratorum tractabit.

(27). Ubicumque burgensis pro catallo suo à milite abendon acceperit, sine forifacto accipiet; quod si miles negaverit, burgensis coram majore, ad judicium juratorum, illud infra Banleucam disrationare debet.

(28). Ubicumque major et jurati villam Crispiaci firmare voluerint, in cujuscumque terra sit, absque forifacto firmabunt.

(29). Nos etiam monetam non possumus divellere, nec aliam facere, nisi assensu majoris et juratorum; sed si eam prout necesse sit non sufficere videremus, eandem revocare poterimus, neque eam leviorem fieri permittemus, veteremque cum nova currere faciemus (*f*).

(30). Nos etiam propter servitium quod dicta communia nobis fecit, et propter augmentum redditum nostrorum quod nobis fecit, eidem communie in perpetuum concessimus quòd dicta communia habeat forifacta et justitias catallorum, et emendationes omnium forifactorum que in castello Crispiaci, et infra Banleucam ejusdem ville fient, de hominibus communie ubicumque habuerimus infra, Banleucam; eo exepto quod nobis retinemus, mulierum raptum, homicidium, et justitiam pedagii nostri et molendinorum nostrum, sicut est consuetum, salvo jure ecclesiarum et militum, sicut ea hactenus habuerunt (*g*).

(31). Dicta verò communia, pro hiis omnibus tenetur reddere

(*f*). D'après ce texte Philippe-Auguste s'interdit de pouvoir faire aucun changement dans la monnaie qui aura cours à Crépy, sans le consentement du maire et des jurés. Mais s'il est nécessaire d'en faire de nouvelle, par suite de l'insuffisance, elle devra être du même poids que l'ancienne, avec laquelle elle aura cours.

Peu de villes étaient en possession d'un privilège aussi considérable et aussi absolu. On le retrouve mentionné, avec les mêmes termes, dans les chartes accordées à la commune de Roye (1185, art. 35) et dans celle de Saint-Quentin (1193, art. 38) il serait difficile d'en découvrir d'autres exemples. Dans celles d'Etampes et d'Orléans, par exemple, accordées l'une et l'autre en 1137 on relève des privilège relatifs au monnayage; mais ils sont conditionnels, subordonnés à des redevances spéciales, et limités pour leur durée.

(*g*). Par cet article le Roi fixe les limites de la compétence des jurés. Il accorde à la commune les amendes en matière civile et criminelle, sur les hommes de la commune, excepté les cas de rapt, d'homicide, et ce qui concerne les moulins du Roi.

Le texte des lettres de confirmation diffère un peu de celui de la charte; mais le sens est le même.

« Retinemus murtrum, ruptum, homicidium et justitiam pedagii (1) « nostri, sicut est consuetum. »

(1). Pedagium, droit de péage. Cette réserve semble plus étendue, et s'applique à toutes les redevances accoutumées, telles, par exemple, que le droit de travers ou de passage.

Balivis nostris apud Crispiacum, singulis anuis, trecentas et septuaginta libras nigellorum *(h)*, videlicet tertium in festo sancti Remigii, et aliud tertium in Purificatione Beate Marie, et relicum tertium in assensione Domini. Avenam verò et panes et capones nobis *(i)* reddent ad statutos terminos, sicut solent. Ipsis verò census et omnem legitimam meliorationem quam ibi facere poterunt, in perpetuum concedimus.

(32). Et ipsi nobis debent exercitus et equitationes sicut alie communie nostre.

Quo omnia ut perpetuum robur obtineant et præcepimus confirmari. Actum Parisiis anno Domini M.CC.XV. mense junio.

Cette charte fut confirmée, en 1223, à l'avènement de Louis VIII, par lettres datées de Compiègne, avec quelques différences indiquées dans les notes qui précèdent. Voici le commencement et la fin de ces lettres de confirmation.

In nomine sanctæ et individuæ Trinitatis, amen. Ludovicus, Dei Gratia, francorum Rex : noverint universi presentes et futuri, quòd nos intuitu pacis in posterum observandæ concessimus communiam factam apud Crispiacum, quam omnes homines in Crispiaco

---

(*h*). Monnaie noire ou neret. On appelait ainsi, au moyen-âge, toute monnaie de billon en opposition aux monnaies blanches ou monnaies d'argent (Nigellus species monetæ, eadem que neretus). La redevance annuelle en argent n'était donc pas considérable, et on remarquera qu'elle était payable par tiers, ce qui en rendait l'acquit plus facile. D'après Carlier, les sols nerets étaient appelés sols de Crépy (Solidus Crispiensi). Déjà un peu décriée depuis 1348, cette monnaie aurait été proscrite par suite des lettres de Charles VI (juillet 1419) portant règlement touchant les monnaies.

M. Amédée Dubac qui s'est livré à des recherches fort intéressantes concernant l'histoire de Crépy, possède un médailler fort remarquable où l'on peut voir deux monnaies de Crépy. La plus ancienne est un neret frappé vers 1119, au nom de Mathieu, comte de Crépy (Madeus comes). La deuxième en argent, frappée en 1170, au nom de Philippe d'Alsace.

(*i*). Les lettres de confirmation de 1223 sont plus explicites. Comme la charte primitive elles fixent la redevance en argent à 370 livres nerets, et elles ajoutent onze muis et quatre mines d'avoine, seize chapons et deux pains. « Undecim modias et quatuor minas avenæ, et sexdecim capones et « duos panes, ad statuos terminos, sicut solent reddi. »

morantes, et circa castellum Crispiaci manentes, juraverunt es perpetuo observaturos.

Juraverunt autem, etc.

(Suit le texte de la Charte).

Quæ omnia ut perpetuæ stabilitatis robur obtineant, præsentem paginam sigilli nostri auctoritate, et Regii nominis caractere inferius annotato, salvo jure nostro, ad usus et consuetudines præsenti chartæ annotatas confirmamus. Actum compendii, anno Dominicæ incarnationis millesimo ducentesimo vicesimo tertio; regni vero nostri primo : adstantibus in palatio nostro quorum nomina subposita sunt et signa.

Dapifero nullo ; signum Roberti, Buticularii; S. Bartholomei, camerarii ; S. Mathoi, Constabularii; Data per manum G. Silvanectensis episcopi, cancellarii (1).

Ainsi qu'on l'a vu, au cours de cette étude, cette charte fut abolie, sur la demande des habitants, par lettres de Philippe-de-Valois, datées de Bourg-Fontaine, le 18 mai 1329. Le roi ordonna qu'à l'avenir la ville de Crépy-en-Valois serait gouvernée en prévôté.

Le nombre des villes à qui le privilège de commune fut retiré dans le cours des XIII⁰ et XIV⁰ siècles fut grand. Les auteurs du Recueil des Ordonnances des Rois de France en citent des exemples nombreux, justifiés par des motifs très divers.

En 1199, la commune d'Etampes fut abolie, par lettres de Philippe-Auguste, pour cause d'excès commis contre les nobles et le clergé.

En 1325, la ville de Soissons obtint de Charles IV l'abolition de sa commune, par suite « des supplications des bourgeois et habitants » dit le texte des lettres du 4 novembre.

La ville de Roye ayant été pillée et brûlée par les Anglais en

---

(1). Dapiferus : Sénéchal du palais.
   Buticularius : Bouteiller.
   Camerarius : Trésorier, camerier, chambrier.
   Constabularius : Connétable,
   Concellarius : Chancellier.

1373, les habitants ruinés et dispersés, ne pouvant plus soutenir les charges de la commune, demandèrent avec instance qu'elle fut « abattue. » Par lettres de janvier 1373/4 Charles V leur donna satisfaction.

Il en fut de même de la commune de Neuville-le-Roi en Beauvoisis, qui, par suite des guerres du XIVe siècle, avait été réduite de 300 feux à 30 feux.

Quelquefois les suppressions avaient lieu par arrêt du Parlement.

En 1331, un arrêt supprima la commune de Laon pour « certains « méfaits et excès notoires, énormes et détestables. »

En 1332, les magistrats de Tournai ayant violé leurs règlements, et oublié le respect dû à la sauvegarde du roi, un arrêt du Parlement priva les bourgeois du droit de commune.

En 1366, un arrêt condamna la ville de Douai à « perdre toute « justice, loi, échevinage, corps et communauté, » parce que les magistrats avaient condamné injustement un de leurs anciens échevins à être pendu.

II

Charte ancienne de l'affranchissement des habitans du comté de Vallois.

En nom dou Pere, et dou Fils, et dou Sainct-Esprit. Charles fils de Roy de France, comte de Vallois, d'Alençon, de Chartres, et d'Anjou, à tous ceulx qui ces présentes lettres verront et orront, salus en celuy qui est vray saluz de tous. Comme créature humaine qui est formée à l'image Nostre-Seigneur, doie généralement estre franche par droict naturel, et en aulcuns pays et certains lieux ceste naturel liberté ou franchise par le jou de servitude qui tant est haineuse soit si effaciée et obscurcie que les hommes et fames qui habitent cz pays et lieux dessuzdicts en leur vivant sont réputés comme morts, et à la fin de leur douleureuse et chaitive vie si estroictement liez et demenez, que des biens que Diex leur a presté en cest siècle, et que ils ont acquis par leurs propres labours, et accreuz et gardez par leur porveance, ils ne puent en leur desraine volonté disposer ne ordonner ne acroistre en leurs propres fils, filles, et leurs aultres prochains; Nous meus de pitié pour le remède et salus de nostre ame, et pour considération de humanité et de commun profit, Donnons et octroyons des planière franchise et liberté perpétuel, à toutes personnes de quelque sexe elles soyent nez et à nestre en mariage ou dehors de nostre comté de Vallois, et de son ressort en quelque estat ils se vouront porter, et aus hoirs et successeurs des personnes dessus dictes, réservé toutevoies à nous et à nos hoirs l'eschéance des bastards qui morront sans hoirs de leurs cors. Derechef il est à scavoir que les personnes devant dictes et leurs hoirs en quelque lieu que il demeurent en la dicte comté ou ressort ou hors, demorront franchisement et en paix sans main-morte ou formariage, ou aultre espèce de servitude quelle quelle soit. Ainçois peuvent et porront desores en avant franchement et en paix demorer en la dicte comté et ressort, et ou Royaume de France et ses appartenances, et hors dou Royaume, et en quelque partie les personnes dessus dictes se transporteront, et en quelque estat ils soyent vivront ou mourront, Nous, nos hoirs ou successeurs ou chascune aultre personne de quelque dignité ou préauencereté elle ne porront lever ou prendre ou lever ou faire prendre des personnes dessus dictes ou de leurs hoirs ou successeurs, ou de ceulx qui ont ou aront cause de eux mortemain, formariage, ou aultre redevance serve quelle quelle soit, par l'occasion des prémisses ou occasion d'espèce de servitude quelle que elle soit.

Item les personnes dessus dictes peuvent et porront pour le temps advenir prendre tonsure de clercs quand il voudront, faire mariage, entrer religion, et eslire estat et soy mettre là où il voudront et porront, sans que de eux et qui ont ou aront cause d'eux, nous, nos hoirs ou successeurs, ou ceux qui ont ou aront cause de nous, ou chacune aultre personne de quelque dignité ou estat elle soit, puissions demander ou réclamer aucune espèce de servitude ou aulcune redevance par l'occasion d'icelle, si comme dessus est dict, et se aulcunes des personnes devant dictes masles ou femelles prennent privilège de tonsure de clerc, ou entrent religion, ou acquierrent aulcune autre franchise ou liberté quelle que elle soit, nous voulons que dores eu avant en usent et en jouissent plenement et en paix.

De rechef se il advenait en aulcune manière que aulcuns cas de servitude fust ou temps advenir en aulcune personne demeurant en nostre comté de Vallois devant dicte et ou ressort d'iceluy de quelque sexe elle soit, et les dictes personnes fussent faictes en en notre seigneurie, ou à nostre droict appartenissent, ou revenissent, ou eschaissent tant comme homme de cors, Nous voulons et octroyons que ils ayent et usent de plaine liberté en franchise, sans ce que nous, nos hoirs et successeurs puissions demander ou réclamer de eux, de leur hoirs, ou ceux qui ont ou aront cause de eux aulcune espèce de servitude ou aulcune redevance par l'occasion des promesses.

De rechef, il est à scavoir, que se nous et nos hoirs ou successeurs avons ou eussions ou temps advenir aulcune redevance pour aulcun cas de servitude ou homme de cors de quelque sexe ou hommes conditionnez ou hommes de serve condition de l'église de Nostre-Dame Morgneval, de l'église de Nostre-Dame de Valsery, de l'église Sainct-Arnoul de Crespy, ou de aulcune autre église quelle que elle soit, nous volons et octroyons que les personnes dessus dictes usent et jouissent paisiblement et en paix de plaine franchise et liberté en manière semblable et en le forme comme les personnes contenuës ez articles dessus dicts, si comme dessus est dict, en tant comme à nous est, à nos hoirs, et nos successeurs poura appartenir ou temps advenir.

Derechef, nous et nos hoirs et nos successeurs ne porront ou temps advenir accompagner les yglises devant dictes avec nous, ne les dictes yglises ne porront accompagner nous ou nos hoirs, en manière que nous puissions demander ou réclamer d'icelles personnes aulcune redevance pour raison de quelque servitude que ce soit.

Derechef nous volons et octroyons que toutes personnes de quelque sexe elles soyent nées ou à nestre en mariage ou hors mariage, que de chacunes parties dou monde sont ja venues à la dicte comté et ou ressort, ou vendront dores en avant, jouissent dores en avant de plaine liberté ou franchise, sans ce que des personnes devant dictes ou de leurs hoirs, nous et nos hoirs puissions demander ou réclamer aulcune espèce de servitude ou aulcune redevance pour raison d'icelle.

Derechef nous volons et octroyons et accordons que se aulcunes personnes sont ja venues ou viennent en la dicte comté et ou ressort, qui soyent chargées d'aulcune espèce de servitude, se il demoroient par an et jour sans ce que leur seigneur les suivissent, les dictes personnes et leurs hoirs illec puent demeurer et jouir de plaine franchise sans ce que de nous ou de nos hoirs ou nos successeurs soyent contraints ou tenus à payer aulcune redevance pour raison de servitude.

Derechef nous volons et octroyons et accordons que tous privilèges donnez et octroyez, et toutes chartres par nous et nos prédécesseurs du Royaume de France pour le temps, et spécialement la chartre sur laquelle la commune de Crespy-en-Vallois est fondée, soyent tenuz et gardez paisiblement de poinct en poinct, si comme ils ont esté au temps de nos devanciers, non contrestant quelconques nouvelletez, foires ou empeschemens non deuz qui y ayent esté faiz ou mis puis le temps de nostre cher seigneur et père, Philippes, jadis Roy de France. Et se aulcuns articles contenuz ez devant dicts privilèges et chartres soyent ou ayent esté si obscurs ou doubteux que pour leur obscureté, ou doubte, ou aultre cause ou raison quelle que elle soit, nous et nos hoirs ou successeurs puissons ou pourrions au temps advenir, d'aulcunes personnes et des articles exposez ou compris ou qui souz iceulx peuvent ou pourront estre compris, réclamer aulcune espèce de servitude. Nous volons, accordons et octroyons que iceulx articles quant à ce ou tout en tout ne facent nient, et tenons ces dicts articles en ceste manière, et à ceste fin pour desclairiez et interpretez, que dores en avant nous nos hoirs et successeurs ne pourront réclamer esdictes personnes ou aulcune d'icelles et leurs hoirs et successeurs aulcune espèce de servitude, ou aulcune redevance pour raison d'icelle, soyent ces personnes jà nées ou à nestre, et soyent résidentes en la dicte comté ou ressort, ou hors, ou soyent à venir : Sauve à nous et nous hoirs, si comme dessus est dict, l'eschéance des bastards se ils mourroyent sans hoirs de leurs cors. Et se nous ou nos gens ayons acquis aulcune saisine nouvelle depuis le temps nostre cher seigneur et père le Roy Philippe dessus dict, qui soit contraire à aulcuns articles contenuz ez privilèges et chartres dessus dicts ou aulcuns articles d'iceulx, nous réputons pour nulle icelle saisine, et si aulcune estait nous y renonçons, et voulons que d'icelle saisine nous et nos hoirs n'en puissions user en nous aider au temps advenir.

Derechef comme il soit contenu ez privilèges ou chartres sus lesquelles la commune de Crespy est fondée, que la banlieue du bourg de la dicte ville est donnée et octroyée avec les seigneurie, exceptez en icelle quatre cas expressément retenus; nous pour eschever et oster toute matière de question et débat qui pourrait naistre entre nous et nos hoirs et les bourgeois de la dicte ville, volons, accordons et octryons que la dicte banlieue soit et dure de la dicte ville de Crespy jusques aux fourches de la dicte ville, lesquelles fourches sont assizes en la justice et en la seigneurie de la dicte ville, derechef jusques à Sainct Ladre et à Bouillant Sainct Germain, laquelle maison de Sainct Ladre est assize en la justice et seigneurie de la dicte ville de Crespy, et aussi tout entour la dicte ville de Crespy à la circuitte, d'autant d'espace comme dessus est dict.

Et voulons et octroyons et permettons nous à faire que la dicte banlieüe soit distinguée et divisée en telle manière, si que les dicts bourgeois puissent savoir les termes de leur juridiction, et que ils puissent justicier là où ils pourront et devront sans mesprendre envers nous. Et volons et octroyons, et en ce nous consentons expressement, que toutesfois que aulcun cas ou exploictement en justice vendra ou escherra en la dicte ville, commune et banlieüe d'icelles de quelconques personnes, soyent les dictes personnes prises en mesfaict present ou non, que la prise d'icelles personnes, la cognoissance, la correction, jurisdiction et punition, et les amendes quelles que elles soient pour raison d'iceulx soyent et seront et appartiendront à la commune dessus dicte, exceptez tant seulement les quatre cas expressément retenus à nous et à nos hoirs, selon ce qui est contenu plainement en la chartre de la dicte commune, sauf nostre ressort et nostre souveraineté.

Et voulons que les bourgeois de la dicte ville punissent tous malfaicteurs en la dicte ville, commune et banlieüe quand ils voudront bannir au son de la taupanne se le cas de bannir s'y offre.

Derechef nous voulons que se aulcun qui soit né de la dicte ville se transporte hors les metes de la dicte commune, comment que ce soit, que lesdits bourgeois soyent pers et esgallé au payement des debtes de la dicte ville selon la faculté d'iceulx.

Derechef nous voulons, commandons, octroyons et approuvons que toutes les personne de quelque sexe ou condition que il soyent, qui ou temps dessus dicts estaient de la commune de la dicte ville de Crespy, lesquelles personnes ne veulent payer les debtes et les charges de la dicte ville, que dores en avant, au moins pour leur partie, soient tenuz à payer les debtes accrues en leur temps, ou avant que ils se partissent de la dicte ville, et les charges dessus dictes avec les aultres bourgeois de la ville.

Et est à sçavoir, que nous retenons par devers nous tout nostre droict et exploict de main-morte au feu Gilles, jadis fame de feu Thibault Lescuyer et en toute sa postérité. En tesmoin de ce, nous avons garny ces présentes lettres de nostre propre scel, qui furent faictes l'an de grace, mil trois cens et onze, le dix neuvième jour d'avril, sous le reply desquelles lettres vers la marge est escrit par monseigneur, et sont scellées sur un laz de soye rouge et verte d'un grand scel de cire verte ou est empreint un homme à cheval.

III

Quelques extraits des Commentaires de Laurent Bouchel sur les Coutumes des Baillages de Senlis, Comté de Clermont-en-Beauvaisis, et Duché de Vallois.

« Or puisque le sujet se présente si à propos de contenter la
« curiosité de ceux qui désirent scavoir quel est le fondement et
« vraye intelligence de ce premier article (1), qui est tout historial,
« concernant le Duché de Vallois, et aussi pour exciter et servir
« d'exemple à tous ceux qui voudront expliquer le droict municipal
« de leur pays, de donner par mesme moyen au public, du moins
« quelque abrégé de ce dont ils ont plus particulièrement cognois-
« sance au lieu de leur nativité ou demeurance........ Vous scavrez
« donc que le pays de Vallois est situé et assis soubs le quartier le
« plus salubre et mieux temperé de tout son climat; il fait comme
« le nombril et milieu de la vraye Gaule française, appelée vulgai-
« rement l'Isle-de-France à cause des cinq rivières navigeables
« qui le bornent et limitent aucunement, scavoir est Seine, Marne,
« Oyse, Aisne et Ourcq, constituant presque le centre de prévosté,
« Baillages, et éveschez de Paris, Soissons, Senlis, Compiegne,

---

(1) De l'ancien ressort du Baillage de Senlis est la Duché de Vallois.

« Meaux, Fère-en-Tardenoy, Chasteau-Thierry, qui l'environnen,
« de toutes parts.....

« Si est-ce à considerer de bien près la beauté et bonté, l'aménité
« et abondance, et sommairement tout le contenu et l'enclos de
« cette petite région et contrée, nous pouvons à bon droit l'appeler
« d'un costé pays de chasse, d'exercice et plaisir; d'autre terre de
« profit, nourriture et mesnage, d'autant plus qu'il est composé,
« partie de quelques plaines et campagnes, consistant en bonnes
« terres labourables, qui rapportent du meilleur froment qui se
« puisse trouver, comme ès-environs de Crespy, Mairemont,
« Figneux, Viviers, Vauberon, Pierrefonds, Morguienval, le Ples-
« sier-Chastelain; le reste estant meslé de quelques terres bois-
« sables, landes et bruyères, mais pour le plus, de pays bossu,
« bien rempli et diversifié d'infinies petites colines et costaux, ou
« se présentent par-cy par-là, de beaux et bons vignobles, comme
« ès triages de Pierreflete, des Falaizes, d'Auberval, Gillocourt, du
« clos de Chambrerie, de la Douye, de Béthizy, et de Rocquemont:
« joint plusieurs vallées bien tapissées de leurs pasquis, pastu-
« rages, marests et prairies arrousées et entre-lassées de force
« fontaines..... sur les quelles aussi sont assis des moulins de toute
« sorte, à bled et à tan, à papier, à huyle et à foullon, accompagnez
« de leurs fossez, estangs et viviers.....

« Davantage le pays est enrichy et paré de forests des plus
« plantureuses et plaisantes, fructueuces et profitables, qui sont
« celles de Reth, laquelle contient bien ving-sept mille arpens.....
« dont y en a environ dix mille de haute futaye; et outre le
« Buisson de l'Aigle qui est environ six mille arpens..... »

Après avoir complété sa description du pays de Valois, Laurent Bouchel présente un abrégé de son histoire, dans lequel je relève les paragraphes suivants :

1218. « Philippes Auguste Roy de France, suivant la trace de
« Louys VII son père, octroya aux bourgeois de Crespy droict de
« communie ou de commune, c'est-à-dire de bourgeoisie et assem-
« blée en corps de ville, avec toute juridiction ordinaire aux
« maire, argentier, et huict jurez ou eschevins : ayant la justice

« esté depuis quittée et renduë au Roy, en récompense d'autres
« droits. »

Au sujet de Charles de France, qui a formé la souche de la maison de Valois, il s'exprime ainsi :

« Ce preux, magnanime et vertueux guerrier, chevalier, et grand
« gouverneur du Royaume, Charles, comte de Vallois : lequel pour
« preuve de sa plus grande noblesse et générosité, en l'an 1311,
« accorda et fit accorder par d'autres seigneurs ses vassaux,
« moyennant la confirmation de Philippes le Bel (acte fort notable)
« lettres de manumission et affranchissement général à toutes per-
« sonnes qui se trouveraient en tout le pays de Vallois, serves et
« mainmortables, autrement dicts gens de morte-main, à la diffé-
« rence des hommes francs et affranchis, leur donnant à tous
« indifféremment droit de commune et de bourgeoisie, chacun
« pour son regard, comme il a esté en cas semblable pratiqué en
« certains triages de Champagne, à la charge de quelque droict de
« jurée et recognoissance.

« Ses prouesses, tant pour avoir rangé les Anglais par toute la
« Guyenne à l'obéyssance du Roy de France, revengé courageuse-
« ment le siège Romain de la faction et menées des Gibelins, par
« lui dissippée, vengé virilement l'extrême horreur et barbare
« tyrannie des Vêpres siciliennes, reconquesté et rendu aux vrays
« héritiers le Royaume de Sicile, refusé et quitté, en l'an 1290,
« celui d'Arragon, à luy offert et deferé par le pape Martin IV, au
« moyen de l'interdiction en laquelle fut mis Pierre d'Arragon,
« autheur de si exécrable conspiration, et exécutée contre les
« Français, ores que le dit Charles fut désigné comte de la Roman-
« diole, et vicaire de l'Empire, presté main-forte à ce franc et
« courageux chevalier Guillaume de Nogaret, à l'aide de deux cens
« chevaux legers retirez de Sicile, pour réprimer l'audace et
« attentat du pape Boniface VIII, qui abusait de l'authorité de
« l'église, au préjudice du Roy Philippe-le-Bel, et de tous les
« François; rembarré les Anglais et Flamens; appaisé les tumultes
« et conjurations du tems de Louys-le-Hutin, sont amplement
« descrites en nos histoires. Nonobstant tout cela, il se contenta de
« porter quelques fois le simple titre de sire, seigneur et comte de

« Vallois; autrefois de s'intituler Challes ou Charles fils du Roy de
« France, comte de Vallois, d'Alençon, de Chartres et d'Anjou,
« préferant néant moins le Vallois à tous, comme estant iceluy son
« vray fond, et domaine légitime et patrimonial. »

Comme on peut en juger par cette citation, il n'a pas dépendu de Laurent Bouchel que le souvenir du chef de la branche royale du Valois fut conservé et vénéré dans cette province.

En ce qui concerne les opinions religieuses et les sentiments patriotiques des habitants, Laurent Bouchel porte à notre connaissance des faits assez curieux. Après avoir fait l'éloge de quelques-uns des hommes remarquables enfantés par le Valois, il cite tout particulièrement Pierre de Cugnières, auquel il attribue le mérite d'avoir soutenu les franchises de l'Eglise gallicane en introduisant la coutume des appels comme d'abus.

1328. « Comme Publius Valerius Romain institua l'appel au
« peuple, dit-il, aussi Mre Pierre de Cugnières fit-il ouverture des
« lors aux appellations comme d'abus qui s'en sont depuis ensui-
« vies, et qui ont prins petit à petit leur forme, force et vertu, et
« apporté plus de fruict en France que quelques uns ne pensent.
« Je dirai donc à la loüange de nostre pays de Vallois, qu'il semble
« que le territoire anime ses nourrissons à la défense des droits
« royaux, et libertez de l'Eglise gallicane. »

Au sujet des ruines accumulées par la Guerre de Cent-Ans, il s'applique à témoigner en faveur du dévouement des habitants du Valois à la cause nationale.

1422. « La plus part des places fortes du dit Vallois furent saisies,
« saccagées, battues et ruinées plus que jamais à l'enuy des uns et
« des autres. Jaçoit que les Vallésiens tinssent le plus fort qu'ils
« pouvaient pour la défense de leurs princes naturels; la force
« néanmoins enclinait plus du costé de leurs ennemis, qui firent
« tant qu'ayant gaigné le Roy, en l'an 1422, il intervint une forme
« de traicté de paix fort au désavantage des Vallesiens, par lequel
« les habitans de Crespy furent contraints de se sousmettre et
« rendre la ville, et chasteau auparavant fortifié par les Armagnacs,

« ensemble tout le plat pays à l'obéissance de Henri Roy d'Angle-
« terre, soy disant héritier et Régent de France, lieutenant général
« pour les Roys Charles VI et VII. »

Le silence de Laurent Bouchel au sujet de la dévastation de Crépy, que Carlier place en l'année 1431, est à remarquer. C'est une indication de plus à ajouter à celles que nous ont fournies les chroniqueurs contemporains, et surtout l'argentier de 1432-1433, Raulin Billart, dont le témoignage irrécusable ne laisse rien subsister des amplifications et des conjectures sur lesquelles le prieur d'Andresy a échafaudé son récit.

IV

Notice sur la Collégiale de Saint-Thomas-le-Martyr-les-Crépy-en-Valois.

Les cartons de la mairie de Crépy renferment divers plans qui nous donnent le périmètre extérieur de la Collégiale de Saint-Thomas. Le plus récent a été dressé en l'an IX pour fixer les alignements de voies nouvelles, sur l'emplacement du cloître et de l'église, qui était alors en ruines. Ce périmètre comprenait, à la fois, la superficie occupée par l'église proprement dite, et celle que recouvraient certaines constructions accessoires, qui lui avaient été appliquées à diverses époques. Il était irrégulier.

Sur le côté regardant le midi, au droit du chevet de l'église, la sacristie formait une saillie considérable, et d'autant plus frappante que l'extrémité sud du transept ayant été détruite et non rétablie, son emplacement, resté à découvert, produisait une dépression et un étranglement à l'entrée du collatéral, entre le chœur et la sacristie. A partir du transept jusqu'à la façade principale, des constructions avaient été appliquées à ce collatéral; elles renfermaient les chapelles de Saint-Joseph et de la Trinité (1), entre

---

(1) La chapelle de la Trinité édifiée en 1475.

lesquelles se trouvait le portail latéral servant, habituellement, pour l'entrée des fidèles.

Sur le côté regardant le nord, le mur primitif était demeuré à découvert, depuis la façade principale jusqu'au transept, dont le bras faisait, sur ce point, une saillie régulière; mais, à partir du transept jusqu'au chevet de l'église, une construction accessoire avait été appliquée le long de ce collatéral, formant une saillie qui dépassait celle du bras de la croix, allant en s'éloignant de plus en plus de l'axe du chœur par deux alignements successifs.

A quoi servait ce dernier placage? C'était probablement une dépendance de la sacristie. Nous croyons pouvoir admettre, d'ailleurs, que cette construction, pourvue de contreforts, d'après le plan de l'an IX, avait été élevée pour servir d'appui, de ce côté, aux voûtes du chevet de l'église, lors des réparations considérables faites après 1470, par suite des dommages éprouvés, en 1431, au moment de l'invasion si violente des Anglo-Bourguignons (1).

C'est par une conjecture se rapportant aux mêmes événements que nous nous sentirions enclin à expliquer la dépression dont nous venons de parler, laquelle a remplacé par un vide la saillie naturelle que l'extrémité sud du transept devait faire dans le plan primitif.

On sait, en effet, qu'après la fin de la Guerre de Cent-Ans, la Collégiale de Saint-Thomas, considérée alors presque comme une ruine, demeura longtemps abandonnée, et que c'est grâce au produit des quêtes faites dans le diocèse par Jean le Fuselier, vers 1470, qu'il fut possible de procéder aux réparations les plus indispensables. Les voûtes menaçaient ruine, des brèches énormes

---

(2) Cette conjecture est d'autant plus naturelle que c'est par la chute des voûtes de ce côté, et particulièrement de la chapelle de Saint-Jean-Baptiste, que la ruine de l'église est survenue plus tard. Je tiens de M. Dupas qu'à cette époque, dans les plans qui furent étudiés pour sauver l'église de Saint-Thomas, il fut question de supprimer la chapelle de Saint-Jean-Baptiste, dont les matériaux auraient servi à élever des contreforts destinés à contrebuter les voûtes ébranlées du transept, dont l'extrémité nord aurait été ainsi détruite comme l'avait été, sans doute, l'extrémité sud, à une époque antérieure.

Il est bien à regretter que cette belle église n'ait pas été sauvée, dans son ensemble, au prix de ce sacrifice.

étaient be..?.!es dans les murs principaux ; et comme il n'y avait presque point de place dans l'église, à laquelle on n'eut travaillé, il parut nécessaire de la consacrer de nouveau.

Toutefois ces irrégularités, dues à des causes diverses, que le contour extérieur porté au plan de l'an IX nous signale, devaient être peu apparentes pour le spectateur placé à l'intérieur de l'édifice. La seule qui put attirer son attention était la dépression du bras du transept vers le sud, encore ne pouvait-elle être constatée que de près, étant masquée par les nombreux pilliers de la nef principale. Elle devait donc disparaître dans l'ensemble que les gravures du temps nous représentent comme remarquable par ses proportions grandioses et la richesse des ornements que les siècles y avaient accumulés. Celle que nous avons fait reproduire est tirée du *Voyage de Laborde en France*, ouvrage important du siècle dernier. Elle nous montre la chaire monumentale, le jubé, dont l'entrée était encadrée par les autels de Notre-Dame au sud, de Saint-Etienne au nord ; la statue du martyr, ainsi que celles de Pierre Barbette et d'Agnès, sa femme, placées, dit Carlier, sur le massif qui séparait la chapelle Saint-Jean du chœur de Saint-Thomas.

Pour mieux faire ressortir l'importance de cet édifice, nous avons cru devoir en reproduire les contours d'après le plan de l'an IX ; mais nous en avons rempli l'intérieur de manière à reconstituer l'ensemble, en rétablissant chaque détail là où il nous paraissait avoir dû être placé. Dans ce travail de reconstitution, nous avons été guidé par Graves, et surtout par les indications si précises fournies par le Mémoire du Président Minet.

Une particularité à remarquer, c'est l'inclinaison très prononcée, vers le nord, de l'axe du chœur relativement à l'axe de la nef principale. Cette inclinaison, que la dépression produite par la destruction de l'extrémité sud du transept rend plus sensible à l'œil, dans le contour extérieur, n'avait rien d'anormal. Dans l'architecture religieuse du moyen-âge, tout était symbolique. Les deux bras du transept représentaient les deux bras de la croix ; l'inclinaison de l'axe du chœur vers la droite figurait l'inclinaison de la tête du Christ de ce côté. Elle se retrouve dans tous les édifices religieux importants de cette époque ; nous la constatons à Crépy dans l'église de Saint-Denis qui nous reste.

L'église de Saint-Thomas était le siège d'une cure et de six chapelles en titre, savoir :

1° Notre-Dame, fondée en 1210 par Pierre Herbert;

2° Saint-Etienne, établie en mémoire de la première église des Bordes. C'était l'autel de la paroisse auquel était attaché le titre de Saint-Etienne;

3° Saint-Jean-Baptiste, fondée en 1229 par Guy de Duvy, chanoine;

4° Saint-Nicolas, établie pour la première messe, en 1238, par Guillaume le Sellier;

5° Saint-Pierre, fondée en 1288 par Pierre de Chambaudon, valet de pied du roi;

6° Saint-Eloy.

En cas de vacances, ces chapelles étaient à la nomination du chanoine qui était en tour.

Il y avait deux chapelles non en titre :

1° Celle de la Trinité ou de la Confrérie des Prêtres, bâtie en 1475;

2° Celle de Saint-Joseph et Saint-Rieul, où la Confrérie de Saint-Joseph tenait son bureau.

A la fin du siècle dernier, le chapitre était composé de : un doyen, un grand-chantre, dix chanoines, huit chapelains; ses revenus s'élevaient à 10,000 livres.

V

Argent presté à la ville de Crespy pour la widange des Escossais estant au dict Crespy et pour la dépense de Monseigneur de Fontaines, Gouverneur du Valois, pour ordonner la widange d'iceulx Escossais, par les habitants cy-dessous nommés.

(Extrait du registre de l'argentier, 1431-1432).

Adam de Rumea, ix salus; — Hernotin Fongart, xii salus; — Jehan Bessart, iii salus; — Pierre Pontevin, ii salus; — Jehan de France, i salus; — Guillaume de Vaucorbel, xiiii salus; — Jehan Raulin, i salus; — Pierre le Ronas, i salus; — Pierre Cognart, i salus; — Guillaume Broda, i salus; — Jehan Cerammont, xiiii salus; — Pierre Billart, viii salus; — Etienne le Fuselier, dix salus, dont i à bailler pour la ville; — Athonaz Blancez, procureur, cy iiii salus; — Jehan Rehault, i salus; — Jehan Dufour, v salus; — Jehan Dulage, ii salus; — Pousson, i salus; — Roudet Allot, i salus; — Jehan de Vé, v salus; — Pierre Gilles, ii salus; — Jehan de la Porte, i salus; — Pierre Dacy, i salus; — Jehan Dacy, i salus; — Pierre Cadot, viii salus; — Guillaume la Forest, i salus; — Jehan Barbe, vii salus; — Piottin Legnon, xi salus; — Jehan Destamps, vi salus; — Jehan Denis, i salus; — Pierre Dufour, i salus; — Jehan Bertron, xii salus; — Jehan de Verdelot, i salus; — Pierre Lagnon, viii salus; — Dionnet Paris, i salus; — Guillaume Lepergem, xii salus; — Robin Guerin, xii salus; — Jehan Aussart, i salus; — Jehan Barbe, vi salus; — Pierre Duport, i salus; — Pierre Fonars, égousier, xv salus; — Cocart de Ferville, ii salus; — Jehan le Maire, i salus; — Pierre Ager, ii salus; — Gilles ...., iii salus; — Pierre le Barbier, ii salus; — Eudon Berard, potier, i salus; — Jehan Colin, iii salus; — Geromin le Pair, xxxvi salus; — Laconomile, i salus; — Gilles Coffart, i salus; — Simon de Laconomile, i salus; — Gilles Bourart, iiii salus; — Jehan de Boussourt, xv salus; — Dionet le Merier, iii salus; — Colin Boynin, iii salus; — Jehan Deroullez, iii salus; — Pierre le Four, barbier, i salus; — Partonal, i salus; — La Morisone, ii salus; — Covin ...., xii salus; — Jaquet Bontemps, iii salus; — Philippot Desgranches, ii salus; — Raulin Billart, vi salus; — Rondet de la Fontaine, i salus; — Philippot de Vaucorbel le Jeusne, viii salus; — Guilles Cacosier, iii salus; — Pierre Decuvin, vi salus; — Jehan Favy, i salus; — Pierre Grognot, vi salus; — Pierre de Béthisy, iii salus; — Philippot de Vaucorbel cousin, ii salus; — Fay Minon, ii salus; — Hue Destamps, i salus; — Pierre Grougnot, ii salus; — Pierre Dufour, i salus; — Jehan Boylcane, iii salus; — Robert Blouet, iiii salus; — Messire Thomas Jamelot, ii salus; — Yrons la Fouers, iii salus; — Pierre Fouart, vi salus; — Jehan Pothon, i salus; — Thomas Vigueur, i salus; — Damoys Philippot de Fiodinte, i salus; — Damoys Depreyt, i salus; — Adam Paulmier, ii salus; — Pierre Fenoir, xii salus; — Colin Baudoue, xii salus; — Simon Vaillant, xxxii salus; — Messire Pierre Pourchiteau, i salus; — le doyen et chapitre de Saint-Thomas, vi salus.

Aultre emprunt fait pour paier la dicte widange et la dépense faite :

Jehan le Maire, viii salus; — Pierre Grougnot, iii salus; — Pierre Lusd, xvi salus; — Yquin Yembart, xvi salus; — Guillette Cordier, xlviii salus; — Coynovarde, xxiii salus; — Lorin Pardrassin, xxiiii salus; — Bilote Barbe, i salus; — Pierre Dufour, xxiiii salus; — Gilles Bomart, xliii salus; — Pierre Colas, xl salus; — Jehan de la Porte, v salus; — Dionet Coudars, xxiiii salus.

Somme toute de toute la recepte :

II^c XXXVII salus XXII s. p., valant II^c IIII^{XX} V^l X s. p. (1)

D'après l'Histoire financière de la France, par Bally, la livre tournois du temps de Charles VII équivaudrait à **27 fr. 34 c.** de notre monnaie, d'où il suit que le renvoi des Ecossais coûta à la ville une somme qui équivaudrait aujourd'hui à un peu plus de **7,800 fr.**

---

(1) Les argentiers font rarement mention du Salut d'or qu'ils nomment parfois Escus d'or en faisant observer que cette monnaie valait 24 sols parisis.

La livre tournois valait 20 sols.

Les 285 livres tournois et les 10 sols donnent ensemble un total de 5710 sols.

Les 237 salus (à 24 sols) et les 22 sols donnent ensemble un total de 5710 sols.

Donc à cette époque, le Salut avait tousjours le valoir pour 24 sols parisis.

Dans le régistre de 1432-1433, le même argentier rend compte du remboursement de sommes faites par les prêteurs ci-dessus, et ne manque pas de dire que le Salut d'or vaut 24 sols parisis.

F. De Fleury

VI

Sentence rendue par Jehan Plume, lieutenant-général du baillage de Valois, touchant la ferme des estalages de Crespy, le 7 mars 1492.

La cause servant et échéant pardevant nous Jehan Plume, licencié ès loix, conseiller de Monseigneur le Duc d'Orléans, de Millan et de Valois, et lieutenant-général de Monseigneur le Gouverneur, et bailly de Valois pour mond. Seigneur le Duc, entre Jehan Lemaire, fermier des estalages, demandeur, comparant en sa personne, garni d'un procureur d'une part; contre Antoine Guillot deffendeur, comparant par Guillaume Harsent son procureur, d'autre part; après ce que praticiens et autres personnes assistans en jugement, pardevant nous, ont été d'opinion que les marchands qui estallent marchandises en leur hotel, ne doivent ou sont tenus d'aucun droit d'estalage, nous lad. cause avons mise hors de cour. Faict à Crespy le jeudy sep^{te} jour de mars mil IIII.C.IIII.XX et douze. Signé la personne avec paraphe.

VII

Remplacement d'un argentier qui n'avait pas fourni caution.

Acte d'assemblée placé en tête du registre de l'argentier pour l'exercice de 1588-1589.

Transcript de l'acte d'assemblée faicte par les habitans de la ville de Crespy-en-Valloys le vingtiesme jour de novembre mil cinq cens quatre vingts huict par laquelle iceulx habitans, tant en général qu'en particulier ont nommé et eslu Guillaume Bourrée, marchand de la dicte ville de Crespy, pour argentier de la dicte ville pour une année commencée le premier jour du moys d'octobre mille cinq cens quatre ving huit et finissant au dernier jour de septembre mille cinq cens quatre vingt neuf ainsy qu'il est plus au long contenu et déclaré par le dict acte d'assemblée signé du procureur greffier de la dicte ville de laquelle la teneur ensuit.

A tous ceuls qui ces presentes lestres verront : Charles Thibault liantié ès droits conseiller du Roy nostre sire et de la Royne de Navarre duchesse de Valloys et leur lieutenant particulier es chastellenyes de Crespy, Pierrefond et Béthisy, baillage de Valloys. Scavoir faisons en cejourd'huy dacte de ces présentes à l'assemblée faicte pardevant nous au siège et auditoire de Crespy au son de la cloche et adtournement et son de trompe avy publicg faict par Francoys Lesmerc sergent aux manans et habitans de la dicte ville en laquelle estoient présens en leurs personnes maistre Pierre

Lefebvre, Hugues Lemasson, et Gilles Lescuyer, gouverneurs, et attournés de la ville de Crespy, avecq la plus grande et seyne partye des dicts habitans en grand nombre, M. Loys Lanquenil, advocat, et Anthoine Bataille, procureur du Roy, M. Jacques Lefebvre, Jacques Duport, M. Françoys Languenil, président en l'eslection de Crespy, M. Toussaint Lesconnet, Claude Loirres, procureur, Guillaume Bourrée, Philippes Saiccourt, Laurens Legran, Nicollas Caillet, Pierre Godard, Nicollas Berthault, Laspazin, Gayault, Nicolas Mansse, Jacques Lesmere, Guillaume Devivlieer, Pierre Marteau, Jehan Cadot, Denis de Compiègne, Robert Cadot, Urban Leclerc, Pierre Coustin, Jacques Foucault, Jacques Durvorg, Jacques Puissan, Jehan de Champaigne, Nicollas Flaman, Denis Bietrix, Laurent de Frémont, Raoul Eguin, Gilles Pichet, Thomas Martin, Jehan Libes, Jehan Pichon, Quantin Lemaire, Françoys Delarue, Anthoine Dehendauges, Nicollas Valdain, Martin Lemoisne, Pierre Leclier, par lesquels gouverneurs a esté remonstré que par les appointements à nous donnés le vingt-septième jour d'octobre dernier à esté ordonné que M. Florin Bouchel, pourvu de l'office de recepveur et argentier des deniers communs dons octroys et patrimoniaulx de la dicte ville fournirait d'aultres cautions que celles par lui cy devant bailllées dedans la quinzaine desuivant, laquelle passée et faulte de ce faire serait commis à la recepte desdicts deniers aux périls et fortunes du dict Bouchel et cependant déffenses auroient esté faictes à tous débiteurs de mettre es mains du dict Bouchel aulcuns deniers auquel appointement le dict Bouchel n'aurait satisfait ny fourny de sorte que à la présente assemblée il est besoing de pourveoir de personne capable suffisant et qu'ils demandent et prient aux dicts habitans vouloir faire de l'ung d'entre eulx ainsy qu'il a esté par le passé faict à la charge d'en rendre compte comme est accoustumé pour que la recepte des dicts deniers puisse estre faicte sans perte ny dommage. Laquelle remonstrance oye et entendue à la dicte assemblée et que à chacun a esté par nous ordonné d'adviser sur icelle et que tous les dicts habitans en particulier ont esté d'advis qu'il soit procédé à l'eslection d'une personne capable suffisant pour faire la dicte recepte pour le temps d'ung an et en faire descharger le dict Bouchel pour le dict temps à la charge de rendre compte et que celluy qui sera eslu demeurera deschargé d'assiette et collecte de taille pour l'advenir pourveu qu'il face les charges pour le temps d'ung an et qu'il rende compte et que tous les dessusdicts ont nommé pour icelle recepte Guillaume Bourrée marchant demeurant à Crespy. Et nous faisant droit sur la dicte remonstrance et requeste des dicts susnommés gouverneurs avons ordonné que le dict Bouchel sera deschargé de la recepte et maniement des deniers communs dons et octroys de la dicte ville de Crespy pour le temps d'ung an à commencer du jour Sainct Remy, dernier passé jusques à pareil jour que l'on dira mil cinq cens quatre vingts neuf et la nomination et eslection faicte de la personne du dict Guillaume Bourrée pour faire icelle recepte par luy a esté confirmée et auctorisée par ce présent jugement à la charge de rendre compte au lieu du dict Bouchel et du consentement des dits habitants avons deschargé et deschargeons d'assiette et collecte des tailles aux charges susdictes sauf si le dict Bouchel ne fournit sa caution dedans ung moys il y sera pourveu et luy sera signiflié. Et ce a esté faict par moy greffier du dict baillage parlant à sa personne en tesmoing de ce nous avons scellé en partie du scel du dict baillage et fuct faict le dimanche vingtiesme de novembre mil cinq cens quatre vingts huict ainsy signé de présent.

(Collationné à l'original).

VIII

Lettres de neutralité accordées par le roy Henry IV à la ville de Crépy-en-Valois, en l'année 1592 (le 22 septembre).

Henry, par la grace de Dieu, roy de France et de Navarre, à tous les lieutenants généraux, gouverneurs de nos provinces, maréchaux de France, maréchaux et maitres de camps, colonels, capitaines, chefs et conducteurs de nos gens de guerre, tant de cheval que de pied, de quelque nation qu'ils soient, maréchaux de logis, fourriers, commis et à commettre, à faire et à établir des logis de nos dits gens de guerre et à tous autres qu'il appartient, salut. — Les habitans de notre ville de Crespy nous ont très-humblement remontré, fait dire, qu'encore qu'ils eussent bonne volonté de s'opposer aux desseins que nos sujets rebelles pourraient avoir sur eux, néanmoins l'ouverture qui depuis peu de tems a été faite dans leurs murailles, les empeche de se deffendre contre ceux qui voudroient entreprendre quelque chose à leur préjudice, de façon qu'ils soient contraints, à leur très-grand regret, de demeurer comme neutres, ce qu'ils nous ont très-humblement requis leur vouloir octroier : Pour ce est-il qu'ayant égard à leurs remontrances, et aux grandes pertes qu'ils ont soufferts. A ces causes, nous leur avons permis et accordé, permettons et accordons, qu'ils puissent et leur soit loisible de demeurer en neutralité, sans qu'à cette occasion ils puissent être estimés autrement que nos bons et fidèles sujets, ni que cela leur puisse nuire ni préjudicier en aucune manière que ce soit. — Si nous mandons et à chacun de vous, comme à lui appartiendra, très-expressément enjoignons, que de nos pures graces et permission, vous fassiez et laissiez jouir lesd. habitans de Crespy pleinement, sans aller ni venir au contraire, sans leur donner aucun trouble, destourbier ni empêchement, ains toute l'assistance et faveur dont ils auront besoin, car tel est notre plaisir. — Donné à Lagny le xxiie jour de septembre, l'an de grace 1592, et de notre règne le quatrième. Signé Henry, et plus bas Par le Roy, Riche avec paraphe. — Scellé en queue du grand scean de cire jaune.

Enregistrés aux baillages de Senlis et de Compiègne les 19 novembre 1592 et 10 febvrier 1593.

IX

Lettres de neutralité accordées en 1592 aux habitants de Crépy-en-Valois par le Duc de Mayenne.

Charles de Lorraine, Duc de Mayenne, lieutenant général de l'estat et couronne de France, à tous ceux qui ces présentes lettres verront salut. — Scavoir faisons qu'ayant mis en considération les humbles remontrances à nous faites par les pauvres habitans de la ville de Crépy, chef et capitale du Duché de Valois, disant qu'ils sont sujets de la reine de Navarre, fille unique de France, à laquelle la dite ville et Duché ont été délaissés pour partie de l'assignat de son domaine, et qu'au moyen des grandes pertes, ruines et désolations par eux reçues depuis le commencement des présents troubles, *ayant été la dicte ville prinse, pillée et ravagée par quatre diverses fois en trois ans,* la plus grande partie des habitans et les plus aisés se sont retirés aux villes prochaines, tant de l'un que de l'autre party, pour raison de quoi il serait du tout impossible à ceux des dits habitans restés et qui sont retournés en icelle depuis sa dernière réduction à ce parti, de subsister et se maintenir s'ils n'étaient tenus par l'un et l'autre party comme neutre, conservez aux autres privilèges à eux concédez et octroyez par les défunts roys de France et Ducs de Valois, appanagers d'icelle ville et ès juriddictions de tout temps et autrement établiz en

icelle, nous suppliant très-humblement leur vouloir sur ce pourvoir.
— Pour ces causes et nous étant les pertes incommodités et ruines souffertes par les dits habitans, assez notoires *même celles qu'ils ont reçues à la dernière réduction à ce party de la ville, ou à notre très-grand regret furent faites et exercées quelques insolences par les gens de guerre,* considéré aussi que la dite ville était de peu de force et défense, et démantelée comme elle est, se peut conserver en quelque party que ce soit ; et que quand on voudrait entreprendre de la garder, ce ne pourroit être qu'avec une forte garnison, l'entretennement de la quelle couterait la totale ruine des dits habitans et du pays ; et par conséquent la dite Dame Reine de Navarre demeurerait frustrée de la plûpart du Domaine et revenu qu'elle doit tirer de la dite ville et Duché et grandement incommodée à son entretennement. Après avoir communiqué de cette affaire avec aucuns seigneurs, grands capitaines et autres notables personnages faisant profession des armes étant sous nous ; avons par leur aveu et en vertu de notre pouvoir, accordé et consenti, accordons et consentons en tant qu'en nous est que la dite ville de Crépy demeure en neutralité entre ce parti de l'union des catholiques et celui du Roy de Navarre, et pour notre regard voulons, entendons et ordonnons que les dits habitans comme neutres, soient et demeurent dès maintenant et pour l'avenir, exempts et déchargés de toutes garnisons, passage et logement de gens de guerre, sans que par ceux de ce parti il y soit commis aucun acte d'hostilité : qu'ils soient maintenus, conservés et continués, et les maintenons, conservons et continuons aux libertez, jurisdictions, franchises, immunités, dons, octrois, et autres privilèges à eux donnez, octroyez et concedez par les Roys de France et Ducs de Valois, appanagez de la dite ville et Duché pour en jouir par iceux habitans et leurs successeurs, tant si avant et par la même forme et manière qu'ils en ont ci-devant joui et usé, jouissent et usent encore à présent. Et en oultre avons permis, consenti et accordé, permettons, consentons et accordons, le libre trafic et commerce des marchandises, tant à ceux des habitans qui sont demeurez au dit Crespy, qu'aux réfugiés d'icelle de l'un et l'autre parti qui y voudront retourner, ensemble à tous autres marchands, les quels pourront porter, vendre et débiter, soit en gros ou détail en la dite ville, toutes sortes d'espèces de marchandises non prohibées et

défendues par les ordonnances du Royaume, avec toute assurance, tant de leurs personnes que marchandises, en payant les droits et devoirs pour ce dus et accoutumés ; et les quels habitans de Crespy officiers, marchands et autres personnes qui y voudront aller résider, nous avons pris et mis, prenons et mettons en notre protection et sauvegarde, leur permettons de faire leurs charges, états et fonctions, comme ils ont ci-devant faits et faisaient auparavant des présents troubles. — Défendons très-expressément à tous gens de guerre étant à présent, et qui seront ci-après, lever pour le service de cette sainte cause de l'union des catholiques, de loger dans la dite ville, y prendre y emporter aucunes marchandises, denrées et provisions, si ce n'est de gré et consentement des dits habitans et marchands y trafiquans, et en payant de gré à gré ; ni en quelque autre manière troubler les dits habitans, sous peine d'être chatiez rigoureusement comme infracteurs de nos ordonnances et défenses. Pourront aussi les dits habitans de Crespy, aller librement trafiquer et négocier leurs affaires, ès villes de l'un et de l'autre party, avec toute assurance de leurs personnes et marchandises, à la charge qu'ils *ne pourront rétablir les fortifications que nous avons fait abattre en la dite ville*, ains au contraire, paracheveront d'abattre tous les remparts, terrasses, plateformes et épaules qui y sont, et feront les promesses, serment et soumissions de se maintenir comme neutres, de ne recevoir dans la dite ville aucunes forces du dit party contraire, faire ou entreprendre ouvertement ou couvertement chose quelconque préjudiciable à ce party, ni d'abuser de la dite neutralité, sous peine d'être traités comme ennemis, et de décheoir de la jouissance de cette nostre présente grace.

Si prions Mrs de la cour de Paris, chambre des comptes et cour des aydes audit lieu que ces présentes ils vérifient, fassent lire, publier et enregistrer.

En témoin de quoi nous avons fait mettre le scel à ces dites présentes. Donné à Soissons le xiiij jour de septembre mil cinq cens quatre-vingt-douze. Signé le Duc de Mayenne, de Par Monseigneur Boissieu, et scellé en double queue de cire jaune.

Le 22 octobre suivant les habitans assemblés au son de la cloche, en la chapelle St-Aubin, firent serment de demeurer neutres.

X

Note complémentaire au sujet du Bâtard de Thian et du Seigneur d'Auffémont.

Sous le titre : *Observations sur les Baillis,* le tome VII, année 1881, des Procès-Verbaux et Mémoires du Comité archéologique de Senlis publie des notices au sujet des magistrats qui se sont succédés à Senlis dans cette charge, à partir de son institution. Parmi ces hommes se trouve le Bâtard de Thian, dont nous avons entretenu le lecteur au chapitre XIII de cette étude, et qui commandait la ville de Crépy pour les Anglo-Bourguignons en mai 1433, quand elle fut reprise par les soldats de Charles VII.

Il est dit dans ces notices « qu'il fut pris et dépouillé en la ville
« de Crépy, que ceux du party du Roy, les Armagnacs, emportèrent
« d'assaut, au point du jour, le 25 février 1421 (1422), et que le
« même jour il fit demander, à la ville de Senlis, de l'aider à payer
« sa rançon; pourquoy on luy accorda, en l'assemblée du 4 mars
« suivant, deux cents écus, auxquels on ajouta cinquante écus qui
« lui étoient dus pour une année de ses gaiges échus le premier
« février précédent. »

De cette indication il résulterait qu'en 1421 la ville de Crépy était au pouvoir des Anglo-Bourguignons, et que le Bâtard de Thian la commandait en leur nom avant le 25 de ce mois, jour où, par suite d'une action de guerre importante, elle leur aurait été enlevée par les Armagnacs.

Selon nous, cette indication ne peut être que le résultat d'une confusion de dates, et il nous a paru utile de le démontrer.

Notre premier soin a été de nous reporter aux procès-verbaux des assemblées de Senlis des 25 février et 4 mars 1421. Dans la première « est exposé la recommandation de messire Johan Bastard « de Thian, chevalier, capitaine de Senlis, à présent prisonnier « des Arminaz, pour la quelle il contredit d'avoir aucune aide pour « paier sa finance. » Sur quoi les « dessus nommés », considérant que l'assemblée est trop peu nombreuse et que « peu des anciens « et notables » de la ville y assistent, sont d'avis que malgré la pauvreté de la ville, il convient de venir en aide le mieux possible au « capitaine de Senlis » et invitent « les attournez à avoir déli- « bération avecques ceulx qu'ils voudront pour ce faire appeler, et « que ce que par eulx sera sur ce fait vaille et tiengne (1) ».

Dans l'assemblée du 4 mars suivant, à laquelle 19 personnes assistent, « fut conclud estre donné présentement au capitaine la « somme de deux cents escus et avecques ce luy estre payé pour « ses gaiges d'une année finie au jour de la Chandeleur dernier « passé la somme de cinquante escus, et furent auctorisés à faire « emprunt au nom de la ville Simon Herouart, M⁽ʳᵉ⁾ Ancel, Marquel « prestre, et Hugut de Rieu (2) ».

De ces textes, il résulte que, le 25 février 1421, le « capitaine de « Senlis » était « présentement » prisonnier des Armagnacs; mais le procès-verbal de l'assemblée ne nous dit pas à quelle date ni dans quelle circonstance il avait été fait prisonnier. Loin de donner à penser que de Thian eut quitté le commandement de Senlis, pour prendre celui de la ville de Crépy, où il aurait été capturé le 25 février, ce texte nous fait comprendre que, par cette capture, c'est bien la ville de Senlis qui se trouve présentement privée de son capitaine, et qu'il lui incombe de lui venir en aide pour payer sa rançon.

Et c'est ainsi, en effet, que les choses ont dû se passer au mois

---

(1) Cartulaire de Senlis, p. 127.
(2) Cartulaire de Senlis, p. 128.

de février 1421. Livrée, depuis plusieurs années, aux Anglo-Bourguignons, Senlis était entourée de places qui tenaient encore pour le dauphin. Son dernier bailli, François-Robert d'Esne, qu'elle avait expulsé de ses murs, avait pu s'établir dans son voisinage, à Montépilloy, dans une attitude incessamment menaçante pour elle. Creil, Compiègne, Pierrefonds, Verberie, Meaux, Crépy, comme presque toutes les villes de l'Oise et du Valois, étaient demeurées, jusqu'alors, réfractaires à l'influence étrangère; elles étaient commandées par des capitaines « Daulphinois », comme dit Monstrelet, demeurés fidèles à la cause de l'héritier légitime de la couronne. Cet état de choses dura jusqu'à la prise de Meaux, par les Anglais, en 1422.

La série des faits militaires qui se sont accomplis dans cette période et dont Monstrelet nous expose les détails avec une précision si minutieuse, ne peut nous laisser aucun doute à cet égard. Au mois de novembre 1421, le seigneur d'Offémont, dont l'autorité s'étendait sur un grand nombre de places du Valois, qui tenaient pour le dauphin, défendait Saint-Riquier contre le duc de Bourgogne. Obligé de capituler après une défense opiniâtre, il obtint les conditions les plus honorables. « A tout ses gens, dit « Monstrelet, il alla passer l'eau de Somme à Blanche-tacque, et « par Vimeu s'en retourna à Pierrefonds et à Crespy-en-Vallois, « et aultres forteresses à luy obéissans (1) ».

Mais aussitôt après qu'il eut réparti sa troupe dans les places à lui obéissantes, d'Auffémont n'eut plus d'autre préoccupation que celle de se porter au secours de la ville de Meaux, qui était assiégée par l'armée anglaise, à la tête de laquelle se trouvait le roi d'Angleterre Henri V. Les habitants de cette ville lui envoyèrent des émissaires pour le solliciter de se mettre à leur tête. Après avoir « assemblé environ quarante combattans des plus experts et « renommés en fait de guerre qu'il put fixer (2) », d'Offémont se rendit, à un moment convenu, sous les murs de Meaux. C'était la

---

(1) Monstrelet, vol. I, ch. CCLI, feuillet 313, verso. Cet auteur écrit Offémont dans son vol. I, et Auffémont dans le vol. II. Ed. Pierre Metayer. Paris, 1595.

(2) Monstrelet.

nuit ; les assiégés avaient placé une échelle le long du rempart, au droit du point qui était désigné ; les gens de d'Offémont s'étaient munis d'une planche pour franchir le fossé en face de l'échelle. Surpris par eux, les Anglais qui veillaient sur ce point furent mis à mort, et le passage du fossé s'effectua. Mais d'Offémont était demeuré « derrière pour bouter ses gens en avant », et quand son tour fut venu, la planche se rompit et « il cheut dans le fossé armé « de plein harnais et ne peut de là estre tiré par ses gens non « obstant qu'ils luy baillèrent deux lances l'une après l'autre « lesquelles lui demeurèrent ès mains (1) ». Avertis par la clameur et l'émoi que cette chute avait causés, les Anglais accoururent et s'emparèrent de d'Offémont, qui était gravement navré (blessé) au visage. C'était un prisonnier d'importance. Le roi d'Angleterre le traita comme tel. « Moult joyeux de cette prise, il l'examina sur « plusieurs propos et après le faict mettre en bonne garde, et bien « penser de sa personne (2) ».

Nonobstant cet échec, la population de Meaux continua à résister avec la plus grande opiniâtreté. Obligée d'abandonner le corps de la ville, elle concentra sa défense sur le marché. Au mois d'avril 1422, elle y subit, avec honneur, et repoussa « un assault moult « cruel et ensanglanté, lequel dura de sept à huit heures. »

Mais tout cet héroïsme devait être dépensé en pure perte. A la fin d'avril, aucun secours ne leur étant parvenu, et les Anglais s'étant emparés des moulins, les assiégés durent entrer en composition. Monstrelet nous donne le détail des conventions par suite desquelles le marché de Meaux devait être rendu le onzième jour de mai ; mais la prise de possession n'eut réellement lieu que le 10 juin suivant. C'était, comme on en peut juger, pour la ville de Meaux, une défaite glorieuse. De la part du roi d'Angleterre, elle fut suivie de rigueurs bien dignes de l'homme qui, à un moment de la bataille d'Azincourt, avait donné l'ordre de mettre à mort tous les prisonniers. Ces rigueurs jetèrent la « cremeur » parmi les derniers défenseurs du Valois. Monstrelet nous fait comprendre le désespoir qui s'empara des capitaines « Daulphinois ». Il nous

---

(1) Monstrelet.
(2) Monstrelet.

montre aussi avec quels égards fut traité le seigneur d'Offémont, auquel demeurèrent ses villes et forteresses, mais qui, en revanche, dut livrer au roi d'Angleterre « les villes qui luy étaient obéissans, « entre les quelles celles de Crépy-en-Vallois, le chastel de Pier- « refonds, Morlau et aulcuns aultres (1) ».

Telle est la série des faits qui se sont accomplis du mois de novembre 1421 au mois de mai 1422, lesquels ont précédé et amené la chute de la plupart des villes du Valois entre les mains des Anglais. Durant cette période, le sort de ces villes a été intimement lié à celui du seigneur d'Offémont; elles sont demeurées sous son obéissance jusqu'au jour où, les Anglais étant parvenus à s'emparer de Meaux, toute résistance étant devenue impossible, d'Offémont a remis ces villes au roi d'Angleterre comme prix de sa rançon.

Donc au mois de février 1421, la ville de Crépy n'a pas pu être sous le commandement du Bastard de Thian, ni prise d'assaut par les Armagnacs, puisqu'elle était en leur possession. Nous avons cru utile de faire cette démonstration. C'est en mai 1433 seulement, ainsi qu'on a pu le voir au chapitre XIII de cette étude, après la prise de Crépy par les Anglo-Bourguignons, laquelle avait eu lieu le 24 mars précédent, que cet homme de guerre a exercé pour eux le commandement de cette ville. Il ne l'a pas gardé longtemps.

Le Journal d'un Bourgeois de Paris nous dit : « Le septième jour « de may 1433 vinrent les Armians à minuit en la ville de « St-Marcel près Paris et y feirent moult maulx. Tantôt après « allèrent devers Crespy-en-Vallois laquelle ville les Anglais « avaient prinse un pou devant; mais elle fust par trayson rendue « aux mains des Armians. Qui fust douleur sur douleur aux bons « menasgiers de la ville. »

Monstrelet dit à son tour : « Durant ces tribulations les gens du « roi Charles prinrent par eschiellement, à un poingt du jour, la « ville de Crespy-en-Valloys, tenant le party des Anglais, et en « était capitaine le bastard de Thian. » Ce qui est confirmé par Jean Chartier en ces termes : « Les Français prinrent d'emblée

---

(1) Monstrelet, vol. I, chap. CCLXI, feuillet 319, verso.

« Crespy-en-Vallois, sur le bastard de Thian, tenant le party des
« Anglais (1) ».

Si l'on veut bien remarquer les termes dont se sert Monstrelet
au sujet de cet « eschiellement », ayant eu lieu « au point du jour »,
et qu'on les rapproche de ceux que l'auteur de la *Notice sur les
Baillis de Senlis* emploie pour la prétendue prise d'assaut du
25 février 1421, qui aurait eu lieu également « au point du jour »,
on pourra s'expliquer la confusion dont nous parlions au début de
cette note; confusion qui n'aurait pas été possible si le Cartulaire
de Senlis ne s'était pas tu sur les circonstances au milieu desquelles
le capitaine de cette ville avait été fait prisonnier avant le
25 février 1421. Entouré de tous côtés d'ennemis auxquels, dit
M. Flammermont, il faisait une rude guerre, de Thian avait été
sans doute capturé dans une rencontre avec quelque capitaine
dauphinois. Peut-être était-il tombé dans une embuscade. Le fait
étant récent et de notoriété publique à Senlis lorsque sa « recom-
« mandation » y était parvenue, il n'était pas nécessaire de le
relater dans les procès-verbaux des assemblées des 25 février et
4 mars 1421. En tout cas nous croyons pouvoir affirmer et nous
pensons avoir démontré qu'à cette date il n'a pas pu être capturé
par les Armagnacs en défendant Crépy pour les Anglais. Comme le
plus grand nombre des villes de cette région, qui, à cette date,
reconnaissaient, au dire de Monstrelet, l'autorité du seigneur
d'Auffémont, la capitale du Valois n'est passée sous la domination
étrangère qu'après la reddition de Meaux entre les mains du roi
d'Angleterre, en mai et juin 1422. Elle y est demeurée jusqu'au
retour des Français, après le sacre de Charles VII, en août 1429.

Puisé à des sources qu'il ne nous fait pas connaître, à moins
qu'il ne soit le produit de sa fantaisie, le récit de Carlier diffère
sensiblement de celui de Monstrelet. D'après l'historien du Valois,
les places de cette région n'étaient pas sous l'obéissance du
seigneur d'Offémont; mais le roi d'Angleterre, sachant que « ses

---

(1) Il sortait des cadets de la maison de Montigny-en-Osterrant, pays de
Hainaut, qui portoient de sinople au lion d'argent et pour brisure billetoient
d'argent. Il était capitaine de cent hommes d'armes et de cent hommes de
trait. (Procès-verbaux du Comité de Senlis, 1881; t. VII, p. 73).

« avis faisaient impression sur les esprits de ceux de sa faction, lui
« proposa de ramener par ses conseils les capitaines de ces places,
« qui se préparaient à une vigoureuse résistance. » De son côté, le
seigneur d'Offémont « ayant reçu les ouvertures du Roi d'Angle-
« terre, en homme sage, sans préjugés, sans préventions, et pesé
« les raisons qu'on lui exposait, écrivit, en conséquence, aux
« capitaines des principaux lieux du Valois, et ses avis produisirent
« l'effet que le roi d'Angleterre en avoit attendu (1) ».

De telle sorte que les capitaines de Crépy, Pierrefonds, La Ferté-
Milon, Montépilloy, Chavercy, Béthisy, Saintines, Compiègne, lui
ouvrirent les portes de ces places, non sans avoir « songé chacun
« de leur côté, à obtenir des conditions favorables. »

Que d'Offémont ait eu, sous son obéissance, les places du Valois
en 1421, ou que ses avis aient fait impression sur l'esprit des
capitaines qui les commandaient, une chose paraît certaine, c'est
que le roi d'Angleterre lui fut redevable de la soumission de ces
places à sa domination, et que ce souverain le traita avec une grande
distinction. Mais une autre chose paraît non moins certaine, c'est
que les capitaines qui demeurèrent fidèles à la cause française lui
gardèrent rancune, jusques à la fin, du rôle qu'il avait joué en cette
circonstance, et qu'ils cherchèrent l'occasion de s'en venger.

Ainsi qu'on l'a vu au cours de cette étude, en 1434, la guerre
était fort rude dans le Beauvoisis et le Valois. Revenu d'Angleterre
avec 800 soldats anglais, Talbot s'y était jeté, entraînant, avec lui,
Villiers de l'Isle-Adam et les Bourguignons, qu'il s'agissait de
compromettre, afin de rendre plus difficiles les négociations entre
Charles VII et le duc de Bourgogne. Ils s'emparèrent d'abord de
Beaumont-sur-Oise, qu'ils trouvèrent abandonné par sa garnison,
que commandait Amadour de Vignolles, frère de Lahire. Ils se
portèrent ensuite sur Creil, où cette garnison s'était réfugiée, et
qu'ils prirent après un siège de six semaines, durant lequel le frère
de Lahire fut tué. Puis ils se rendirent maîtres, successivement, de
Pont-Sainte-Maxence, qui était tenu par Guillon de Ferrières,
neveu de Sainte-Treille, de Neufville-en-Esmoy, de la Rouge-
Maison, de Crépy en-Valois, qui était commandé par Pothon le

---

(1) Carlier, t. II, p. 438 et 439.

Bourguignon et qui fut prise d'assaut; et enfin de Clermont-en-Beauvoisis, qui était tenu par un autre frère de Lahire, Le Bourg de Vignolles, qui fut obligé de se rendre (1).

De son côté, Lahire, accompagné d'Antoine de Chabannes et de son frère Le Bourg de Vignolles, qu'il avait recueilli, après avoir réuni 200 combattants environ, se portait au secours de cette région ainsi ravagée, et se présentait devant le château de Clermont-en-Beauvoisis. D'Auffémont, qui en était le capitaine, sans s'effrayer de leur venue, « pour eux complaire, et faire le bien viengnant, « fait tirer du vin et le porter dehors la poterne de la tour, et « vindrent iceulx boire. Et là contre eux issit le seigneur « d'Auffémont, avecques luy trois ou quatre de ses gens tant « seulement. » Mal lui en prit de cette confiance, « car en parlant « au seigneur d'Auffémont, Lahire le print prestement, et de fait le « contraignit incontinent de luy rendre le dict chastel, et avec ce « le fait mettre en fers, et avaller en la fosse. » Instruit de cette capture, Charles VII, dont, à ce moment, la politique était dirigée vers la paix, écrivit plusieurs fois à Lahire pour l'inviter à traiter d'Auffémont avec douceur, et à le délivrer « sans en prendre « finance. » Mais Lahire demeura inflexible. Il retint le prisonnier dans la fosse pendant un mois. Exténué, couvert de poux et de vermine, d'Auffémont « paya pour sa rançon quatorze mille salus « d'or, un cheval de vingt queuës de vin ou autre tel pris et « estimation (2) ».

L'énormité de cette rançon, la conduite exceptionnelle de Lahire, sa résistance aux désirs du roi ne peuvent s'expliquer que par le ressentiment que les capitaines demeurés toujours réfractaires à l'influence anglo-bourguignonne gardaient à d'Auffémont depuis 1422, alors que, soit par ses ordres, soit par suite de ses conseils, toutes les places du Valois avaient été livrées, sans résistance, aux mains du roi d'Angleterre.

---

(1) Monstrelet, vol. II, chap. CLIV, feuillets 97 verso et 98. Ed. Pierre Métayer. Paris, 1595.
(2) Monstrelet, vol. II, chap. CLXI, feuillet 100 verso. Ed. Pierre Métayer, 1595.

XI

Promenades.

En 1763, les doyen, chanoines et chapitre de l'église collégiale de Saint-Thomas-le-Martyr, contestaient à la ville de Crépy la propriété de la promenade, située en face du cloître Saint-Thomas, dite Chemin-Vert ou Chemin des Prêtres, ou plutôt ils prétendaient que ce chemin leur était nécessaire pour leurs charrois, et que la ville n'avait pas le droit d'y faire une promenade et d'interdire le passage des charrettes, chevaux, etc., etc.

En conséquence, le 21 janvier 1763, le maire et les échevins de la ville de « Crespy en Vallois » leur firent signifier un mémoire, accompagné d'un plan des promenades, et le 27 janvier une addition au mémoire, desquels il m'a paru intéressant de reproduire les paragraphes suivants :

« A l'extrémité de Crespy et hors des remparts, il y avait
« anciennement un terrain assez étendu qui fut donné par la
« ville aux Capucins. Ceux-ci y firent une habitation. Les bâti-
« ments et les murs sont achevés depuis plus d'un siècle.

« Le long des murs du jardin et du coté de la campagne est la
« promenade ou chemin verd (sic) qui fait la matière de la contes-
« tation.

« Les Capucins furent établis en 1640, ce qui 'a ôté tous les

« passages de la Porte des Pourceaux. Elle fut fermée alors. Il y a
« à cette porte une maison batie depuis plus de cent ans.

« En 1704, le sieur Charpentier, maire, fit applanir et planter le
« coté qui est le long de la ville. Ce cours porte son nom.

« En 1716 ou 1717, le sieur Minet, président et maire fit applanir
« le terrein en retour ; il le fit planter et mettre des bornes au bout
« de ce cours, qui porte son nom. »

« En 1739, la ville fit exhausser et recharger ce cours de six à
« sept pieds au moins ; de sorte qu'à la place des bornes qui y
« estoient, on substitua un escalier de sept à huit marches du coté
« du chemin verd. »

« En 1740, la ville fit applanir un terrein qui aboutit à la porte
« de Compiègne ; on le fit planter, et au bout on fit un escalier
« avec barrières et tourniquet. »

Sur la légende qui accompagne le plan on lit :

« A. Promenade entre les murs de la ville et les Capucins,
« ayant 90 toises de longeur, dite cours Charpentier, du nom de
« l'échevin qui l'a fait planter en 1704.

« B. Promenade décorée en 1740. Elle a 100 toises jusqu'aux
« Capucins (1).

« C. Cours Minet du nom de l'échevin qui l'a fait arranger en
« 1717 ; lequel a 100 toises de longeur et 22 pieds de largeur. Il
« sert d'entrée au cours qui occasionne aujourd'huy les contesta-
« tions des chanoines avec la ville.

« D. Chemin vert ou des prêtres. Promenade qui de tems immé-
« morial est à la ville. Elle a été plantée en 1758. Elle a 150 toises
« de longeur et 36 pieds de largeur. »

Dans quelques autres documents que les archives de la mairie possèdent, il est dit encore que : le jeu de battoir fut fait en 1759 sur l'emplacement des fossés de la ville, qu'il a 63 toises de longueur sur 9 de largeur, et que les décombres tirés des fossés

---

(1) C'était le cours d'Elincourt qui contournait les remparts, à partir du cours Charpentier, jusqu'à la demi-lune, où l'ancienne route de Compiègne tournait à gauche, après avoir traversé la place de la Couture. On voit encore ce nom gravé sur une pierre encastrée dans un reste des remparts, au droit de l'ancienne porte des Pourceaux. Il a été détruit par la route actuelle.

serviront à surélever le Cours Minet; que l'abreuvoir fut construit en 1765; que la dépense s'éleva à 5,000 livres et qu'elle fut supportée en grande partie par la généralité; que l'hôtel-de-ville actuel fut acheté en 1778, principalement pour y loger la maréchaussée, et que la dépense fut, également, supportée, en très grande partie, par la généralité; que la prison située sur le Pilory, et qui était en très mauvais état, fut également démolie en 1778 et transférée au vieux château, sous la chambre de l'auditoire.

D'où la conclusion que la promenade du Pilory date de cette époque.

Quant aux portes que nous voyons aujourd'hui, nous trouvons : que la porte de Paris a été terminée en 1758 par le sieur Besin, qui était alors subdélégué de la généralité; que celle de Sainte-Agathe, renversée par un ouragan, a été rétablie en 1759 « sur un terrain « sans fonds, ce qui a nécessité une grille pour établir les fon- « dations. »

Enfin nous y rencontrons le plan de la porte Saint-Lazare, fait sur les dessins de M. Dumay, ingénieur, approuvé par MM. Laurent, maire, Colliette, Defroqueville et Roguin, échevins, à la date du 28 juillet 1758. Sur l'un des piliers de cette porte se trouvait un écusson portant les armes de Crépy, et sur l'autre on voyait l'écusson de la maison d'Orléans. L'un et l'autre étaient entourés de sculptures qui étaient l'œuvre d'un sculpteur nommé Randon.

XII

Archers. — Compagnies de l'arc. — Compagnie de l'arquebuse. — Milice bourgeoise. — Enseigne. — Sobriquet.

Le combat livré entre les archers français et les archers picards à Baron, en août 1429, lorsque l'armée de Charles VII était en présence de l'armée anglo-bourguignonne, a pu donner une idée du rôle que les francs-archers remplissaient dans les armées au commencement du XV° siècle. C'était, à proprement parler, la première infanterie régulière. On en désignait un par paroisse, pour être équipé à frais communs par les habitants, l'exercer au maniement des armes, et être prêt à répondre au premier appel. Ils tiraient leur nom de l'exemption d'impôts qui leur était accordée.

Telle a été l'origine des compagnies de l'arc dont la tradition s'est continuée jusqu'à nos jours, bien que les compagnies des francs-archers aient été supprimées par Louis XI à la fin du XV° siècle, en 1480. Ils furent alors remplacés, dans les armées, par des Ecossais et des Suisses à la solde de la France. Les premiers formaient le corps des archers de la garde du roi. Toutefois, malgré cette suppression, les compagnies des jeux de l'arc et de l'arbalète, jouirent encore longtemps de véritables privilèges, tels que l'exemption de taille et de toutes espèces d'impositions, sauf celles qui étaient levées en temps de guerre pour le rétablissement des fortifications ; mais, en 1625, sous le règne de Louis XIII, un arrêt de la Cour des Aydes de Paris intervint, réduisant à la personne seule du roi d'arc, ces privilèges, attendu que l'arc ne servait plus à la guerre, et qu'il ne résultait de l'exercice de cette arme aucune utilité pour le service de la patrie.

Déjà, vers la fin du XVIe siècle, le jeu de l'arquebuse s'était substitué dans les villes, au jeu d'arc, demeuré en usage dans les campagnes. Par lettres-patentes du mois de février 1576, Henri III avait déclaré le capitaine ou roi de l'arquebuse de Crépy, exempt de toutes impositions, mises ou à mettre sur la dite ville et sur les faubourgs, sauf les contributions extraordinaires, nécessitées par les temps de guerre.

L'arquebuse, à laquelle fut plus tard substitué le fusil, devint ainsi l'arme spéciale des milices urbaines, chargées de pourvoir à la défense des villes et au maintien de l'ordre pendant les troubles. Dans les cérémonies publiques, la compagnie de l'arquebuse avait le pas sur les autres compagnies bourgeoises. En 1715, le duc d'Estrées, gouverneur de l'Ile-de-France, ayant rendu une ordonnance qui défendait aux arquebusiers de son gouvernement de se rassembler et de paraître aux cérémonies publiques sans en avoir obtenu la permission, les officiers de ces compagnies se pourvurent au conseil et présentèrent leurs titres. Le 5 août 1715, un arrêt fut rendu qui maintenait dans leurs privilèges les compagnies de l'arquebuse de Crépy, de Laon et de Soissons. Cet arrêt ordonnait que, dans les convocations des milices bourgeoises, les compagnies seraient appelées; qu'elles auraient le pas sur les autres compagnies; qu'entre les chevaliers de l'arquebuse et les autres compagnies, il y aurait un intervalle de six pieds.

Mais vers cette époque, les compagnies de l'arquebuse commencèrent à dégénérer. Elles devinrent des occasions de dépenses énormes, auxquelles le cérémonial de ces jeux assujettissait, lors des concours qui s'ouvraient annuellement entre les compagnies d'une même province. En 1733, elles furent supprimées. La défense fut motivée sur la ruine des familles, amenée par la folle ambition de soutenir un vain faste (1).

---

(1) Carlier, t. II, p. 634 et suivantes.

L'enseigne de la compagnie de l'arquebuse de Crépy était un cochon dans une cage, d'où est venu le sobriquet des gens de Crépy. L'uniforme était : hausse-col aux armes du duc d'Orléans; habit bleu de roi, bordé d'un galon d'argent, doublure écarlate; revers et parements de velours ponceau; boutons d'argent; deux épaulettes aussi d'argent; retroussis de l'habit garni de quatre fleurs de lis en or; veste et culotte écarlates; jarretières d'argent; bas de soie blancs; chapeau uni à plumet blanc; bouton et gance d'argent (1).

Dans la volumineuse collection des manuscrits de Dom Grenier, déposée à la Bibliothèque Nationale, je trouve que, dans le siècle dernier, la milice bourgeoise de Crépy était formée de la manière suivante :

« Elle est commandée par le major, et composée de huit
« escouades de cinquante fusiliers chacune, plus ou moins suivant
« l'exigence du cas, formant deux compagnies. Elle est conduite
« par deux capitaines, deux lieutenans, deux sous-lieutenans,
« deux capitaines-enseignes, un sergent-major et huit autres
« sergents.

« Quand la bourgeoisie prend les armes, le corps de ville marche
« dans le centre des deux compagnies, par lesquelles il est pris et
« reconduit à l'Hôtel-de-Ville.

« Il y a deux compagnies de l'arc : une de la ville, et l'autre
« des faubourgs. L'arquebuse ne reprend pas (2). »

---

(1) Graves, Annuaire de 1843 (extrait), p. 103.
(2) Bibliothèque Nationale (manuscrits), collection Dom Grenier, vol 177, page 148.

XIII

Légendes.

L'Hôtel des Ratz. — La Bête du Léopard. — L'Ordre du Porc-Epic.

Comme toutes les villes anciennes, Crépy-en-Valois a eu ses lég... Au cours de cette étude, nous avons relaté celle qui se r... aux circonstances qui avaient amené Philippe d'Alsace à placer la Collégiale, édifiée par lui dans le faubourg des Bordes, sous l'invocation du martyr de Cantorbéry. A l'époque où écrivait Carlier, cette légende était encore vivante, et cela se comprend. L'église était debout, dans toute sa majesté, abritant sous ses voûtes, la statue de Thomas Becket; elle était desservie par un personnel soigneux de perpétuer le souvenir de ses origines. Bien que conservé dans les écrits de Carlier, ce souvenir est effacé aujourd'hui; si peu de personnes les lisent. Ce n'est pas ainsi que les légendes locales se peuvent conserver au sein de masses. Il y faut surtout ajouter la tradition orale se transmettant, de bouche en bouche, auprès du foyer, attentivement écoutée, religieusement recueillie par l'enfant suspendu à la parole de l'aïeul.

C'est ainsi seulement que se conservent, en se modifiant et s'amplifiant souvent, les légendes populaires. La Collégiale ayant été détruite, la tradition qui, durant plus de dix siècles, avait été fidèlement transmise par le personnel qui la desservait, a disparu.

Si elle la ravive pendant quelques jours, l'étude que nous lui avons consacrée ne pourra lui redonner cette force de transmission qui est le propre des légendes.

En outre de celle qui concerne Saint-Thomas et qui emprunte un haut degré de vraisemblance à l'ensemble des circonstances au milieu desquelles remontait son origine, il en existait d'autres dont nous aurions voulu pouvoir saisir les traces. Nous aurions voulu, par exemple, parvenir à découvrir la cause qui avait fait attribuer à l'hôtel de ville actuel, le nom d'*Ostel des Ratz*, qu'il portait déjà, et depuis longtemps sans doute, dès les premières années du XVe siècle. A partir de 1405 (et nous ne remontons pas plus loin), tous les argentiers en font mention; aucun ne nous fournit l'explication de ce nom étrange; mais vers le milieu du XVe siècle, dans le registre de 1445-1446, les comptables font, pour la première fois, passer sous nos yeux le nom d'une *Maison du Léopart*, dont l'appellation a réveillé chez nous d'anciens souvenirs et provoqué nos recherches. A l'article concernant la ville de Crépy-en-Valois, voici ce que nous avons trouvé dans une très intéressante description de Compiègne et de ses environs, publiée au commencement de ce siècle, par M. Léon Ewig :

« Un de ces nobles logis, dont il reste encore quelques portions
« remarquables dans la Grande-Rue de Crépy fut, pendant bien
« longtemps, le refuge d'un animal fantastique.

« Voici comment on raconte la chose : le soir même de ses noces,
« une jeune et belle épousée, contemporaine de je ne sais qui,
« s'enfuit de la couche nuptiale et ne reparut plus : seulement à
« quelque temps de là un squelette de femme fut trouvé blotti sous
« de la paille dans une grange de ce manoir. Depuis lors un
« Esprit, traînant après lui de lourdes chaînes, revint quotidienne-
« ment sous la forme d'un léopard, et se postait sur le chemin pour
« forcer les passants à danser avec lui un galop infernal.

« Cette mystérieuse demeure, à laquelle dans le pays on assigne
« bien des destinations, était occupée à la fin du dix-huitième
« siècle par l'administration de la Gabelle. Les armes des comtes
« et de la ville de Crépy, dont le symbole est un léopard, étant
« sculptées au dessus de la principale porte de cette habitation,
» où l'on assure que les démolisseurs ont découvert des sommes
« immenses, avaient nécessairement dû accréditer la légende

« merveilleuse de la *Bête du Léopard,* qui est encore aujourd'hui
« le croque-mitaine des petits enfants de la ville (1). »

Les portions remarquables du noble logis, qui existaient encore lorsque Léon Ewig nous transmettait cette légende, ayant disparu, il nous aurait été difficile d'en déterminer l'emplacement, si, comme toujours, les argentiers ne nous étaient venus en aide. Dans le registre de 1445-1446, tenu par Pierre Destamps, ayant pour attournés Pierre Du Boys, Jehan Ligier et Henriet Luillier, nous rencontrons, pour la première fois, ainsi que nous venons de le dire, une maison du *liepart* mentionnée à l'occasion d'une parcelle de terrain donnée à surcens par la ville et à laquelle cette maison était contiguë; et comme le cens était une rente seigneuriale imprescriptible et non rachetable, nous retrouvons cette mention reproduite dans tous les registres suivants, au chapitre des rentes annuelles, sous le titre de rentes *non-muables.*

Voici en quels termes cette mention est faite :

« Nota, qu'il n'est point fait récepte de III s. p. de surcens en
« quoy est obligé Guillaume Gorjias dit Porc-Epy à cause de une
« place assise auprès le puys de la cousture séant au long du jardin
« du léopart appartenant au dict Porc-Epy, naguère baillée à la
« dite charge au dit Porc-Epy, et dont sont deubs deux deniers
« desquels Jehan Ligier argentier subséquent est chargé. »

Jusqu'en 1457, nous retrouvons toujours le même censitaire, porté nominativement comme débiteur de cette même somme envers la ville, au chapitre des dépenses non muables; mais en 1496-1497 ce sont ses héritiers qui se trouvent portés à sa place comme débiteurs de cette rente qui, par sa nature, étant attachée à la parcelle de terrain cédée à surcens, était imprescriptible et non rachetable.

En 1498-1499, la dette est portée au nom de maître Pierre de Vaucorbel « au lieu, dit l'argentier, des hoirs feu Guillaume

---

(1) Larousse, à l'article Crépy-en-Valois, rapporte cette légende; mais il en donne une version différente. D'après cet auteur, c'est le vieux château qui fut, pendant longtemps, le refuge d'un animal fantastique. L'épousée, qui s'enfuit le jour de ses noces et ne reparut plus, était une châtelaine; c'était elle qui revenait chaque soir, sous la forme d'un léopard. Cette fable aurait rendu le château à jamais désert.

« Gorgas, dit Porc-Espy pour ung jardin appartenant à la dicte
« ville séant près la maison du liepert. »

Avant d'aller plus loin remarquons la différence dans l'orthographe du nom et du surnom du propriétaire de la *maison* ou de l'*ostel* du *liepart*, comme disent les comptables à partir de 1451-1452. Celui de 1447-1448, Pierre Destamps, qui exerçait cette charge en 1445-1446, écrit cette fois Gorgast dit Porc-Espy. Les comptables subséquents écrivent Gorgas dit Porc-Espy. Mais le point de départ de 1445-1446 est bien Gorjias dit Porc-Epy, ce qui est utile à constater ; on va voir pourquoi tout-à-l'heure.

A ces indications, déjà intéressantes, sont venues bientôt s'en ajouter de nouvelles, tirées des titres relatifs à l'achat, en 1773, de l'hôtel de ville actuel. Par une circonstance très inattendue, il s'est trouvé que le vendeur, M. Néret, avait acquis, en même temps, cet immeuble, en 1705, des mains des mêmes personnes qui se trouvaient alors propriétaires de la maison du Grand-Léopard. Nous relevons dans l'acte de vente la description suivante :

« La moitié de la maison appelée le Grand-Léopard ou est depuis
« longtemps et est encore actuellement le magazin et grenier à scel
« de Crespy. La dite moitié du Grand-Léopard ou grenier à scel
« scis en cette dite ville de Crespy entre l'estape a vin et la place
« de la couture tenant le total du côté du midy aux héritiers et
« succession de feu maître Pierre Legay, d'autre vers septentrion
« au petit léopard. D'un bout par devant vers orient sur la Grande
« rue, et d'autre part derrière vers occident à plusieurs. »

Ainsi se trouvent confirmées et complétées les indications fournies par Léon Ewig, quant à l'emplacement occupé par la maison ou l'ostel du Léopard et à sa destination à la fin du siècle dernier. C'était bien là qu'était établie l'administration de la Gabelle. Pour une raison que nous ne découvrons pas, cette demeure avait été divisée en grand et en petit Léopard.

Quant à la légende que la tradition populaire lui avait attachée, il nous serait impossible aujourd'hui d'en découvrir l'origine ; toutefois il n'est pas absolument invraisemblable d'aventurer à cet égard quelques conjectures non sans avoir, au préalable, dégagé, des documents incomplets qui nous restent, la personnalité du premier propriétaire connu de cette demeure ensorcelée.

Au chapitre XVI on a vu qu'en 1440, après son retour de captivité,

Charles d'Orléans, voulant se créer des ressources, sans peser sur ses vassaux, avait vendu la seigneurie du donjon de Lévignen. D'après Carlier cette vente aurait eu lieu le 13 décembre 1440, au profit du sieur Billard, chevalier, avec le droit de travers, et le prince se serait réservé la mairie du lieu. Il ajoute que les héritiers du sieur Billard vendirent ce fief au sieur de La Noue (1), qui le céda à Jean Gorjias dit Porc-Epy.

Le prénom du personnage dont, pour les premières fois, nous entretient l'argentier de 1445-1446, n'est pas le même que celui de l'acheteur du fief aliéné par le duc d'Orléans en 1440; mais la concordance entre les noms et les surnoms est telle qu'il semble impossible de douter de leur identité; nous croyons pouvoir affirmer, presque avec certitude, que le propriétaire de l'ostel du Léopard, de 1445 à 1498, a été, bel et bien, en possession du fief du donjon de Lévignen; avec le droit de travers s'il vous plait, ce qui n'était pas peu de chose. C'était, en effet, un droit féodal perçu, par les seigneurs, sur les marchandises transportées à travers leurs terres, d'un lieu à un autre. (2)

Cette identité une fois démontrée ou admise, rien ne nous empêcherait de supposer que l'aventure d'où est née la légende de la bête du léopard est survenue au propriétaire du fief de Lévignen, et que la belle et noble épousée qui, la nuit de ses noces, s'était enfuie de la couche nuptiale, était celle à qui avait été destiné l'honneur de continuer la race des Gorjias, dits Porc-Epy. Nous imaginons volontiers qu'un gaillard pourvu d'un pareil nom et d'un pareil surnom devait être un assez mauvais plaisant. Il se pourrait qu'après l'avoir vu de trop près elle eût été envahie par une crainte respectueuse dont l'excès suffirait à expliquer sa fuite, et jusqu'au désespoir contre lequel aurait été impuissante la perspective des avantages attachés à la seigneurie du donjon de Lévignen, même avec le droit de travers.

Ce ne sont pas là, nous en convenons sans peine, des déductions d'où l'on puisse tirer une démonstration inattaquable; mais nous sommes ici dans le domaine des légendes; et quand nous nous

---

(1) Carlier, t. I, p. 280.
(2) Cheruel, t. II, p. 1225.

trouvons en face du seigneur de l'hôtel du Léopard où serait survenue la mésaventure lamentable d'où est sortie la légende qui porte ce nom, la situation prête, on ne peut le nier, aux conjectures. Nous croyons donc pouvoir aventurer celle qui précède, sans tr opvioler la vraisemblance et sans vouloir manquer aux égards que pourrait mériter la mémoire du seigneur dont la demeure était, en 1445, voisine du puits de la Couture, et qui avait loué à la ville de Crépy un espace destiné à agrandir son jardin.

Terminons cette recherche en faisant observer que, dans le cours du XVe siècle, il existait dans les domaines des ducs d'Orléans et de Valois, un ordre de chevalerie dit du camail et du porc-épic. Il avait été institué par Louis de France, en 1393, à l'occasion du baptême de son fils aîné Charles. Lors des fêtes qui accompagnèrent le mariage de ce dernier avec Marie de Clèves, en 1440, après son retour de captivité, Charles ayant reçu du duc de Bourgogne le collier de l'ordre de la Toison-d'Or, donna, de son côté, à Philippe-le-Bon, le collier de son ordre. « Et tantôst, dit Monstrelet, le dict « duc d'Orléans tira de sa manche un des colliers de son ordre, et « le meit autour du col du dict duc de Bourgogne. »

Le Porc-Epic était le symbole de la maison d'Orléans, avec cette devise : *Cominus eminus* (de près et de loin).

L'ordre du Porc-Epic disparut sous Louis XII.

Le seigneur du donjon de Lévignen n'aurait-il pas été décoré de cet ordre? Son surnom ne tirerait-il pas son origine de cette distinction ?

Mais arrêtons-nous dans la voie des conjectures.

XIV

Acte de décès du Président Minet.

Extrait du Registre des Actes de Baptêmes, Mariages et Décès de la Paroisse Sainte-Agathe (1749).

Le vingt-sept d'aoust mil sept cens quarate neuf fut inhumé par Nous Curé soussigné dans le Cimetière de cette paroisse avec les cérémonies ordinaire M⁺ Louis Jacques Minet mort d'hier aagée de soixante douze ans, écuier seigneur de Bergnie en partie conseiller du Roy. Président Premier au Baillage et siège présidial de Crépy en Vallois, et encien Maire de laditte ville. Apprès s'etre confessé et receu le sacrement d'extremonction n'ayant pu recevoir le sacrement d'Eucharistie Ledit convoie a été fait en présence de Messire Pierre Jacques Héliot Conseiller du Roy auditeur ordin^re en sa chambre des comptes, Neveux dudit deffunct. MM. Charles Laurent Conseiller du Roy Lieutenant particulier esd. siège. M. Nicolas Moniaut bourgois, M⁺ Nicolas Vrbain Doien Prestre Chanoine de l'Eglise collégiale de S⁺ Thomas de cette ville et Conseiller aud. siège. de M^tre le Moine Conseille du Roy Elue en l'Election de cette ville de M^tre Louis Charles Parent Dumoiron Conseiller du Roy son procureur aud. baillage et siège présidial. M⁺ Choron et autres Procureurs es siege présidial dud. Crépy lesquels ont signé avec nous Curé les mêmes jours et an susd. *Ainsi signé au registre :* Helyot, Laurens, Doien, Monniot, Parent Dumoiron, Choron, Le Tellier et Dioirre Blanc.

XV

Délibération des Marguilliers de Sainte-Agathe au sujet du Président Minet.

Extrai du Registre des Délibérations des Marguilliers de Sainte-Agathe (1728).

Le quatre avril de la même année (1728), Madame Lefebvre ayant consenti que Monsieur Jacques Minet escuier seigneur de Bargny en partye, président au présidial de Crépy et dame Marthe Legrain son épouse, fassent posser un ban ou il est dit dans l'acte d'assemblée cy devant, se dessistant entièrement du proffist de la permission à elle donné par le dict acte d'assemblée, les curé et marguilliers ont consenti et consentent que Monsieur et Madame Minet fassent posser un ban au lieu et place ou il avait été permis à Madame Lefebvre d'en faire posser un pour en jouir par eux leurs vyes durant à la charge par eux de faire un ban neuf de bois de chesne fermé de tous cotté et esgal aux suivants et de payer à présent à la fabrique la somme de six livres, ce qui a esté accepté par le dict sieur Minet qui a payé les dits six livres, les quels ont été reçus par moi curé soussigné.

A. Levé curé, Lefebvre, Claude Vallée, Dulac, Picart, Jullien Minet, Berthoult, Pasquier, Marie Lefèvre, Daquez.

ADDITION AUX PIÈCES JUSTIFICATIVES

Note préliminaire.

En faisant choix des pièces qui précèdent, notre intention était de nous borner à ne placer sous les yeux des lecteurs, avec le Mémoire inédit du Président Minet, que quelques documents principaux et, notamment, ceux qui se rapportent à la période qui a fait l'objet de nos investigations. Ce n'est pas sans un certain regret que nous en avions écarté un grand nombre.

On a pu remarquer, en effet, que, sauf de rares exceptions, telle par exemple, que l'article de dépense où l'argentier de 1432-1433 nous donne la date exacte de la prise de la ville de Crépy par les Anglo-Bourguignons, la plupart des indications, recueillies toujours sous cette même forme, dans les registres des comptables, ne peuvent être élucidées qu'à l'aide de déductions se rapportant à des événements contemporains. Or il est évident que ces déductions ne sauraient acquérir de valeur réelle que si elles se trouvaient confirmées, ou rendues tout au moins vraisemblables, par leur rapprochement avec des faits historiques incontestés.

Mais en outre, qu'à tort peut-être, quelques-uns des documents qui, dans le cours de cette étude, avaient été vérifiés par nous, ne nous avaient pas semblé assez importants pour être rangés au nombre des pièces à l'appui, il en est d'autres que notre inexpérience, en ce genre de travaux, ne nous avait pas permis de découvrir en temps utile, et qui, tardivement recueillis, nous paraissent digne d'être placés sous les yeux des lecteurs. Ils seront peu nombreux; sous cette réserve et en les accompagnant, chacun, de quelques explications très sommaires, ils feront l'objet de cette addition.

PIÈCE A.

Procès en réhabilitation de Jeanne d'Arc. — Déposition de Dunois. — Notices et Extraits des manuscrits de la Bibliothèque du Roi, par M. de Laverdy, t. III, p. 369.

Rege veniente apud *La Ferley* et apud *Crespy-en-Valloys* veniebat populus obviam regi exultans et clamans Noël. Tunc ipsa puella equitanda inter ipsum archiepiscopum remensem et dictum deponentem (Dunois), dixit verba quæ sequuntur : Ecce bonus populus, nec vidi quemcumque alium populum qui tam lætaretur de adventu tam nobilis regis, et utinam ego essem ita felix dum ego finirem dies, quam ego possem inhumary in hâc terra.

Quo audito, præfatus archiepiscopus dixit : O, Joanna in quo loco spem habetis moriendi ? Ad quos respondit : Ubi placebit Deo, quia ego, non sum secura, neque tempore, neque de loco amplius quam vos scitis. Et utinam placeret Deo creatori meo, quod ego nunc vaderem, dimittendo arma, et irem ad serviendum patri et matri, custodiens oves ipsorum cum sorore et fratribus meis qui multum goderent videre me.

Dunois, premier témoin de l'enquête (1).

---

(1) Il nous a paru intéressant de recueillir et de publier le texte latin de cette déposition de Dunois, se rapportant à un fait historique éminemment honorable pour la ville de Crépy-en-Valois.

PIÈCES B ET C.

Note préliminaire.

Les deux pièces qui suivent sont tirées des Archives de la ville de Senlis. Elles ont déjà été éditées par M. Flammermont, parmi les pièces à l'appui de son Histoire de la ville de Senlis pendant la deuxième période de la Guerre de Cent-Ans. Il ne nous saura pas, nous l'espérons, mauvais gré de les reproduire, en lui reconnaissant tout le mérite de leur découverte. Ces documents ont pour nous un intérêt particulier en ce qu'ils confirment ce que nous avons dit précédemment : 1° Au sujet de la composition de la garnison écossaise laissée à Crépy par Charles VII après son retour au-delà de la Loire; 2° Relativement au petit nombre d'hommes de guerre dont il pouvait disposer pour former les garnisons des places du Valois, rentrées sous son obéissance après son sacre et son passage triomphal dans cette province en compagnie de Jehanne d'Arc.

PIÈCE B.

Procès-verbal de l'assemblée des députés des bonnes villes et des capitaines.

(29 janvier 1432 n. s.)

C'est la provision, qui a esté conclue et délibérée par monseigneur messire Théaude, seigneur de Valspergue, lieutenant de monseigneur le mareschal de France, lieutenant du roy nostre sire es marches de deçà la rivière de Seyne et conservateur des treves ordonnées par les ambassadeurs du roy nostre dit seigneur et de monseigneur le duc de Bourgogne, avecques plusieurs gens d'église, nobles, bourgois des villes de Beauvais, Senlis, Compiègne, Creil, Pont, assembléz en certain nombre en la ville de Senlis, en la presence de monseigneur de Montmorency, messire Rigaut de Fontaines, messire Regnaut de Saint-Jehan, capitaine de Boissi, comme soy faisant fort avecques François Jehannin, de Pierre de Beauvais, capitaine de Saintines ; Jehan Selva et Robert Traston, escossois, envoyés de par les escossois de Crespy-en-Valois (1) ;

---

(1) Le registre de l'argentier de Crépy pour l'année 1431-1432 porte l'article de dépense suivant :

« A Jehan Stuart et ses compagnons la somme de xxxiii s. p. à lui

Thibaut de Cuise pour Villers-Coste-Rest et Viviers; le bastard de Saintthere pour Creil, Chantilly et Saint-Queux, sur l'entretenement desdictes treves et remettre sus justice, labourages et marchandises en l'obéissance du roy nostre sire, pourveoir à la frontière des Anglois, nos anciens ennemis, et à la provision des patis pour le soustenement et l'entretenement des gens d'armes, le XXIX° jour de janvier l'an mil IIII° et XXXI.

Est conclu de entretenir lesdites treves, et d'icelles entretenir ont fait le serment tous les dessus nommés; et sera envoyé par devers les autres cappitaines, qui ne sont pas cy-dessus nommés et qui n'ont pas esté à cette presente conclusion, pour leur fere fere l'assentement et leur fere les deffenses, qui appartiennent en tel cas; et, se aucuns y en a qui soient reffusans, leur sera couru sus par voye de fait et main armée.

Item, et, pour icelles mieulx entretenir, a esté deliberé qu'il est expedient de abattre et faire abastre plusieurs places et forteresses de nouvel remparées et non tenables, et qui ne servent de riens, et qui de leger pourroient etre gaignées de nos ennemiz; et pour ce

---

« paiés par le dict argentier pour aler en la ville de Senlis devers monsei-
« gneur Thesulde conservateur des trefves lequel les avait mandés. Somme
« par mandement des gouverneurs cy rendu assavoir pour XXXIII s. p. »

Le procès verbal de l'assemblée du 29 janvier 1431, cité par M. Flammermont, nous fait connaître les motifs pour lesquels les capitaines qui commandaient la garnison de Crépy avaient été mandés à Senlis. Le registre de l'argentier de Crépy ne nous les avait pas même indiqués.

Ce même procès-verbal confirme ce que nous avions établi au sujet de la composition de la garnison de Crépy qui était formée par des Ecossais, et il nous permet de constater que cette place était la seule dont la garde avait été confiée à des auxiliaires étrangers.

Le Johan Stuart de l'argentier de Crépy était sans doute un des principaux officiers de la garnison écossaise ; son nom se trouve porté fréquemment dans les registres à l'occasion de distributions de blé et de vin aux « escossais. » C'est évidemment le même que le Johan Setva de l'assemblée du 29 janvier 1431. D'après l'orthographe du temps le V remplaçait ordinairement l'U. C'est donc Setua qu'il faut lire, ce qui nous rapproche beaucoup de Stuart ; et c'est d'ailleurs ainsi qu'Afforty écrit ce nom ; il n'est pas surprenant que, prononcé par un étranger, il ait été entendu par le copiste de Senlis, de manière à donner lieu à cette légère modification. Le nom de Stuart était essentiellement écossais.

faire sera envoyé devers le roy nostre sire, et y seront envoyés les noms des forteresses, afin de avoir mandement et congié de les desmolir et abattre.

Item, a esté conclu et juré par lesdits cappitaines, que jusques au xv° jour de février ilz ne ceurront, prendront ne leveront aucuns patis, ne prendront aucuns laboureurs, femmes, enffans, chevaulx, bestiaulx, ne quelconques autres choses pour arrerages des patis ne autrement, en atendant la provision que pendant ledit temps leur sera faite pour leur entretenement par mondit seigneur messire Théaude.

Item, est conclu que, pour les provisions faire, pendant ledit temps on advisera l'état des patis, que l'en pourra cueillir bonnement es termes de Normandie et de Veulguessin le François et de France en l'obéissance de nos ennemiz, ou cas que iceulz de Paris ne tenroient lesdites treves; et sera advisé à combien et à quelle somme ilz se pourront monter, quelle quantité de gens d'armes iceulx patis pourront souffrir ne endurer et où iceulx gens d'armes seront colloqués es frontieres d'iceulx ennemis, et, ce fait, sera faicte à chacun sa provision après la monstre qui d'iceulx gens d'armes sera faicte par ledit messire Théaude ou son lieutenant, appeléz à ce faire des bourgois de chacune desdites villes, qui y seront presens, se bon leur semble.

Item, a esté appointié et juré par lesdiz cappitaines que ceulx qui feront le contraire desdites ordonnances seront pugniz et corrigiéz, et seront tenus tous lesdis cappitaines les aidier de toute leur puissance à les faire pugnir et corrigier par main-armée et assiegement, demolition des places de ceulx qu'icelles enfraindront.

Item, et pour ce que les confiscations et plusieurs autres deniers venant desdiz patis se lievent par plusieurs particuliers, qui ne sont pas yci presens et qui sont par deçà la rivière de Saine, à l'occasion de laquelle chose plusieurs cappitaines, gens d'armes et de traict demeurent despourveus de leur vivre et substance et convient que ilz engagent leurs armeures, chevaulx et autres habillemens de guerre, les autres pillent, robent les povres subjez du roy, dont le pays est presque tout despopullé, en voie de perdiction, est conclud de envoyer devers le roy nostre sire, afin que tous les deniers yssans de toutes les confiscacions soient et demeurent pour le paiement desdis gens d'armes et pour aidier des patiz, et que nulz forains n'ayent patis, s'ils ne sont residens sur le lieu, et à la deffense du pays et de la chose publique.

(Archives de Senlis, EE, 4.)

PIECE C.

Règlement pour les garnisons, les patis et les forteresses en mauvais état.

(Du 10 avril 1431 avant Pâques).

Ce sont les provisions que le roy fait, et les provisions qu'il veut et ordonne présentement estre mises au fait de la frontière du païs du bailliage de Senlis, et du ressort et des contrées voisines et marchisians dudit bailliage, pour obvier aux grands oultrages et dommages, qui le tems passé ont esté fais au peuple de son obbéissance desdis pays par les gens de guerre de son service, et aussi pour entretenir en seurté en yceulx pays le fait de labour et de marchandise.

Premièrement, veult et ordonne le roy que en la ville de Biauvaiz, pour la garde et seurté d'icelle et du pays d'environ, aura le nombre de cent hommes d'armes et cent hommes de traict seulement et que, sans le consentement des bourgeois et habitans de ladicte ville, ne y en sera mis plus grant nombre, se non que par nous en soit autrement ordonné.

Item, en la ville de Senlis aura quarante hommes d'armes et soixante hommes de traict et, sans le consentement des bourgeois et habitans de ladicte ville, ne y en sera mis plus grant nombre, se non que par nous en soit autrement ordonné.

Item, en la ville et chastel de Creil et ou chastel de Chantilly aura cinquante hommes d'armes et cent hommes de traict pour la garde desdites places.

Item, ou chastel de la Neufville-en-Hez aura vingt-cinq hommes d'armes et trente hommes de traict.

Item, ou chastel, ville et basse cour de Bretueil aura trente hommes d'armes et quarante hommes de traict.

Item, ou chastel de Moy, que tient le seigneur du lieu, aura vingt-cinq hommes d'armes et trente hommes de traict.

Item, en la place de Pont-Sainte-Maixance aura dix hommes d'armes et quinze hommes de traict.

Item, en la place de Boissy aura vingt-cinq hommes d'armes et trente hommes de traict.

Item, en la place de Gournay-sur-Aronde aura dix hommes d'armes et dix hommes de traict.

Item, au lieu de Remy aura dix hommes d'armes et dix hommes de traict.

Item, à Ermenonville aura dix hommes d'armes et quinze hommes de traict.

Et ne seront lesdites places establies de plus grand nombre, jusqu'à ce qu'autrement en ayons ordonné.

Tous lesquels gens d'armes et de traict le roy veult et ordonne estre montéz et habilléz souffisaument et en bon appareil, et leur sera faict paiement ou provision sur les deniers venans des appatis qui seront prins es pays contraires, et rien es villages et lieux obbéissans au roy, estans à quatre lieues à l'environ des villes et forteresses devant dictes; lesquelx appatis seront assis et ordonnéz par certains cappitaines à ce esleuz ou par leurs commis, appeléz à ce aucuns notables hommes desdictes bonnes villes; et d'iceulx sera fait ordenance et distribucion aux gens d'armes et de traict, qui serons résidens et demourans es places et lieux devant dis, qui seront montéz et arméz et habillés suffisaument, comme dit est, et non autrement, et seront veuz de mois en mois en monstre ou reveue, appeléz à ce aucuns notables hommes desdictes bonnes villes, comme dit est.

Item, veult et ordonne le roy que chacun village, qui sera imposé à paier patis, sera et demourra quitte, en paiant un seul patis et sera baillée seurtée aux habitans de chacune ville appatissée, laquelle aucun ne pourra rompre ne enfraindre sur peine de pugnition corporelle, telle que au cas appartiendra.

Item, ne serons prins aucuns laboureurs, ne chevaux de labour sur peine de ladite pugnition corporelle, mais seront tenus paisibles et leur sera souffert labourer paisiblement.

Item, et pour ce que en l'environ des villes et places devant dites à plusieurs places non tenables, que tiennent plusieurs du service du roy, qui pourroient legerement être conquisiéz par les adversaires, veult et ordonne le roy, pour la seurté du pays et pour obvier à tous inconvéniens, qu'elles seront desmolies et abatues, par ceulx qui les tiennent et occupent et qui les ont emparées.

Auxquels sera fait commandement, que ainsi le facent sur payne de rebellion et désobéissance, desquelles places la teneur s'ensuyt : Premièrement le molin et église de Harmes, de nouvel emparés par gens, qui sont soubz Corvillan, cappitaine de la Nuefville-en-Hez.

Item, le molin à la Saulx, tenu par les gens du seigneur de Fontaines-Lavagan.

Item, la place de Chepoy, que tiennent les gens du seigneur de Sainte-Severe, c'est assavoir Jehan de Blanchefort et Regnault de Langueval.

Item, la tour de Jouy-sous-Thelle, que tiennent les gens de Loys de Wencourt, chevalier.

Item, le Chastiau-Rouge tenu par les gens estans sous Loys de Soyecourt, seigneur de Mouy, chevalier.

Item, Bulles et Nointel, tenu par Karados des Quesnes, chevalier.

Item, Cramoisy que tient Preau de Saintrailles.

Item, Villenuefve-le-Roy, Longueil-Sainte-Marie, Nantueil-le-Haudoin, Viviers, Bethysy, Verberie, Saintynes-les-Fossés, Saint-Queux et autres places remparées et non tenables contre adversaires, par lesquelles ont esté et sont faiz au pays divers dommages, tellement qu'il en est à destruction et en est empeschié le fait de labour.

Item, veult et ordonne le roy, pour obvier aux inconveniens dessus diz, que toutes autres places non emparées, que on pourroit emparer, soient desmolies et abatues, à qui que elles soient, sans faveur ne dissimulation, afin que aucunes gens de guerre ne se y logent d'ores en avant. Laquelle démolition le roy autorise et assure, et ne veult préjudicier à aucuns de ceux qui feront ladicte demolicion ne tourner à aucuns dommaiges, ores ne ou temps avenir.

Donné à Mont Richard le x° jour d'avril, l'an mil IIII° xxx et ung avant Pasques.

Par le roy en son conseil,

COURTINELLES (1).

(Archives de Senlis, EE, f° 5.)

---

(1) Bien qu'elle eut été représentée à l'assemblée du 29 janvier précédent, par les capitaines écossais qui commandaient sa garnison, la place de Crépy-en-Valois ne figure pas sur la nomenclature des places à conserver, pas plus que sur la liste de celles qui devaient être démantelées. Il n'est cependant pas à présumer que, dans ce court intervalle de temps (du 29 janvier au 10 avril), la widange de cette garnison eut été faite et qu'elle eut évacué la place. En tout cas, il est certain que la capitale du Valois conserva son rang parmi les places fortes de cette région, puisque nous l'avons vue prise par les Anglais le 24 mars 1432, et reprise par les Français dans les premiers jours du mois de mai suivant, sur le Bâtard de Thian, qui en avait pris le commandement pour les envahisseurs étrangers. Il est à regretter que le règlement du 10 avril 1431 ne nous ait pas fixé sur le chiffre de l'effectif qui aurait été assigné à sa garnison, proportionnellement à ceux des autres places. En raisonnant par analogie, et prenant pour point de comparaison l'effectif de la garnison assignée à Senlis, laquelle était de 40 hommes d'armes et 60 hommes de trait, on peut admettre, avec vraisemblance, que l'effectif de la garnison de Crépy aurait pu être porté à 30 hommes d'armes et 40 hommes de trait. Cette supputation se trouverait au surplus confirmée par le dire de Monstrelet, nous faisant connaître qu'en 1434 Crépy fut assiégé et pris par Talbot et Villiers de l'Isle-Adam, après avoir été énergiquement défendu par 30 hommes d'armes français, ayant à leur tête Poton le Bourguignon. A ces 30 hommes d'armes devaient être adjoints au moins 40 hommes de trait.

Quoiqu'il en soit, le chiffre des effectifs des garnisons fixé dans le règlement du 10 avril 1431, montre combien était grande la pénurie des ressources militaires dont disposait le maréchal de Boussac et le comte de Vendôme pour défendre cette région, après le retour de Charles VII au-delà de la Loire.

PIÈCE D.

Note préliminaire.

Comme les deux précédentes, cette pièce a été éditée déjà par M. Flammermont : comme elles, elle a pour nous un intérêt particulier, en ce qu'elle nous fait connaître quel était l'objet de la mission conférée à Jehan Plume en 1431, et à quelle occasion elle avait été décidée. C'est évidemment sur l'initiative du comte de Vendôme et du maréchal de Boussac, et comme conséquence des décisions prises dans une assemblée tenue à Crépy, sur leur demande, que cette résolution avait été arrêtée. Loin d'aller seuls devers le roi, comme nous avions pu le supposer, Jehan Plume et les autres représentants de Crépy et du pays de Valois se seront rendus auprès de Charles VII en compagnie des élus de Senlis, Maistre Flourens Boucaut et Lorens Sorin, comme aussi des envoyés de plusieurs autres bonnes villes, faisant escorte au comte de Vendôme et au maréchal de Boussac.

PIECE D.

Assemblée faicte en l'ostel de la ville, le mercredi XXe jour de décembre, l'an mil IIII^c et trente, à la requeste de Lorens Sorin, Polet Canterel, Pierre Choron et Jehan Cauche, attournéz.

A laquelle assemblée a esté exposé que monseigneur le comte de Vendosme et monseigneur le maréchal de France s'estoient déterminés d'aller presentement devers le roy nostre sire pour lui remonstrer l'etat de ce pays et la povreté et la necessité, là où il est, afin d'y mettre provision et savoir de son estat et voulenté. Et pour ce fere avoient intencion de mener avecques eulx, de chascune bonne ville de ces parties obéissant au roy, aucunes notables personnes; et pour ce avoient fait commandement aux atournez qu'ilz feissent assembler les habitants de ceste ville et que ilz esleussent aucunes notables personnes pour y aler de par la ville avecques eulx.

Pourquoi ilz avoient parlé de ce en plusieurs notables assemblées et finalement avoient esté, pour ledit voyage faire, esleuz et ordonnez maistre Flourens Boucaut et Lorens Sorin, qui de ce faire s'estoient déterminés aux perilz et despens de ladicte ville, se il estoit ainsi que par assemblée générale les habitans de ladicte ville en feussent content et d'accord, en demandant sur ce les advis et deliberations aux presens de ceste assemblée, lesquelx presens ont de ce esté d'accort et le ont voulu, gréé et consenti, et que de ce feussent faites audit maistre Flourens et Sorin telles lettres et seureté que il appartenoit, par les attournez et le procureur de la ville.

Et ce fait, iceulx atournez et procureur, ou nom et pour ladicte ville, en la presence des dessuz nommez et de leur adveu, ont passé les dictes lettres et seureté en la main de Jehan Aubri, garde des seeaulx royaulx, et de Mahieu d'Encre, tabellion, qui de ce ont faict registre devers eulx.

DUCHANGE.

Et pour ce que, à ceste presente assemblée, n'estoient aucuns des gens d'eglise de ladicte ville, ont esté envoyés devers eulx Jehan Cauche, attourné, Clement Morlaye et Jehan le Clerc, charon, assavoir se ilz avoient l'ordonnance et appointement dessuz dis agréables. Lesquelx Jehan Cauche et autres retournez ont dit et rapporté que ilz avoient esté en l'eglise de Nostre-Dame, où ilz avoient assemblé monsieur le déan de ladicte eglise, l'archediacre de Senlis, le déan de Saint-Frambould, l'abbé de Saint-Vincent, messire Jehan Godefroid, chanoine des trois chœurs et curé de Saint-Aignan, avecques plusieurs autres notables personnes d'eglise; lesquelx leur avoient dit et respondu pour tout le clergié de ladicte ville que de l'ordonnance, appointement et ambassade dessuz dis ils estoient d'accort et contens et l'avoient agréables et que sur ce avoient autrefois assemblés et estoient demourés en ceste voulenté et accort.

(Archives de Senlis, BB, II, f° 164 r°).

PIÈCE E.

Note au sujet de la vuidange des Ecossais en 1431-1432.

Nous avons donné ci-dessus, sous le numéro 5 des pièces à l'appui, la liste des habitants de Crépy qui avaient prêté à la ville une somme de 237 salus d'or et 22 s. p. pour obtenir le départ de la garnison écossaise. Cette somme équivalait à 285 livres tournois et 10 s. p.

Dans le cours de l'exercice suivant, 1432-1433, cette opération fut liquidée à l'aide d'une taille assise sur la généralité des habitants dont le produit s'éleva à 378 livres tournois et 2 s. p., sur le montant de laquelle chaque prêteur fut remboursé, défalcation faite de la somme pour laquelle il avait été assis à cette taille. La différence entre le produit de cette taille et le total des sommes prêtées l'année précédente, soit 92 livres 12 s. p. reçut d'autres destinations.

Dans le registre de 1432-1433, tenu d'ailleurs par le même argentier Raulin Billard, un chapitre tout entier est consacré à cette opération; nous y relevons les détails suivants :

Les répartiteurs chargés d'asseoir cette taille étaient : Jehan de Fonairy, ecuier, Jehan de La Rue, Pierre Fonar le jeune, Pierre Senir, Nicaise Fontagnon, Jehan Ronsart et Jehan de Verdelot, ils ont employé deux journées pour accomplir cette besogne, et fait une dépense s'élevant à 50 s. p.

L'argentier Raulin Billard, qui avait prêté v salus d'or, a été remboursé intégralement.

Chaque prêteur était muni d'une pièce de comptabilité appelée cédule établissant la somme qu'il avait versée, ainsi que le montrent les alinéas suivants :

« Autres paies faites par le dit argentier sur et tant moins de la
« dite taille à plusieurs personnes cy dessous nommées et sur les
« cédulles quelles ont de la ville et tant moins d'icelles.

« Guillaume de Vaucorbel II t. p. à quoy il est assis par rolle
« tant moins de xiiii salus qu'il a prêté à la ville dont il a cédulle.

« Pierre Cadot pour l'assiette de lui sur et tant moins de huit
« salus d'or qu'il avait presté à la ville dont il a cédulle des
« attournés, cy c^t s. p.

« Guillaume Bourant en argent contant xx s. p. sur et tant
« moins de la cédulle de iiii salus qu'il a prestés à la ville.

« Colin Boynas pour l'assiette de sa taille lx s. p. sur une cédulle
« de iii salus qu'il a prestés à la ville.

« Maistre Thomas Jamelot en l'assiette de lui et de sa femme
« xxxiiii s. p. sur et tant moins de deux salus qu'il avait presté
« à la ville dont il a cédulle. »

En marge de ces deux derniers alinéas, il est ajouté que la ville sera quitte audit Colin, et audit maistre Thomas, en payant au premier xii s. ou lieu de lx et au second xiiii s. au lieu de xxxiiii s. p., l'un et l'autre apposent leur signature au-dessous de cette mention.

Enfin, pour abréger, copions l'alinéa suivant qui concerne Jehan Plume :

« A honnorable homme et sage maistre Jehan Plume la somme
« de c^t s. p. à quoy il avait été assis à la dite taille laquelle somme
« lui a esté comptée et rabattue sur le voiage pour lui fait par la
« ville et païs devers le Roy nostre sire monseigneur le Bastart
« d'Orléans, et les chancelliers et conseil de monseigneur le duc
« d'Orléans pour cy c^t s. p. »

PIECE F.

Prix du blé en 1430.

A l'occasion des distributions en nature faites aux hommes d'armes en résidence à Crépy, lors de la création des armées permanentes, en 1445, nous avons établi quel était le prix des principales denrées en monnaie de cette époque. Nous avons, en outre, tenté, par des rapprochements, d'en déduire la valeur qu'elles avaient en monnaie de notre temps. Nous nous sommes heurté à une difficulté grave, celle de démontrer quelles étaient les contenances des mesures de capacité, à Crépy, au milieu du XV° siècle, dans leurs rapports avec celles en usage de nos jours.

Mais les registres de 1445 ne sont pas les seuls où nous aurions pu puiser des renseignements susceptibles de nous aider à surmonter ces difficultés. Celui de 1431-1432, notamment, renferme un chapitre tout entier consacré au paiement des blés et des vins envoyés à Compiègne, pendant le cours du siège subi par cette ville en 1430, siège que les secours partis des villes voisines parvinrent à faire lever, et durant lequel la malheureuse Jehanne avait été prise par les Bourguignons.

Nous voulons citer quelques alinéas de ce chapitre. Ils nous donneront la composition de certaines mesures de capacité et le prix du blé et du vin à cette époque, d'après ces mesures.

« A Phenote, veufve de feu Guillaume Fouace la somme de
« xxviii s. p. qui deubz lui estoient pour trois septiers de blé, et
« un sac prins par les commissaires du roy, nostre sire, et menés
« en la ville de Compiègne pour ladvitaillement d'icelle durant le
« siège, c'est assavoir pour le dit blé xxiiii s. p. et pour le
« sac iiii s. p. — Si comme par mandement des attournez rendu
« peut apparoir pour xxviii s. p.

« A Cinot Boyleane xviii s. p. paiés par le dit argentier qui deubz
« lui estoient pour avoir baillé trois mines de blé et pour un sac
« de treillis prins par les commissaires du roy, nostre sire, pour
« ladvitaillement de la ville de Compiègne durant le siège estant
« devant icelle. C'est assavoir pour les dites iii mines de blé
« xii s. p. et pour le sac vi s. p. si comme par mandement des
« attournez cy rendu peut apparoir pour xviii s. p. »

D'après le premier de ces alinéas, le septier de blé avait été payé
viii s., d'après le deuxième la mine avait été payée iiii s. p., d'où
la conclusion que le septier contenait deux mines.

D'autre part, d'après l'Histoire financière de la France par Bally,
la livre tournois du temps de Charles VII équivaudrait à 27 fr. 34.
Et la livre tournois valant vingt sols, le sol équivaudrait à 1 fr. 367.
Ce qui, pour le septier, nous donne un prix de 10 fr. 936, et 5 fr. 468
pour la mine.

Mais quelles étaient, en litres, la contenance de la mine et celle
du septier? C'est ce que nous ne pouvons établir. Il est à remarquer, d'ailleurs, que, plus tard, nous trouvons que le septier
renfermait trois mines au lieu de deux.

Nous trouvons, dans d'autres alinéas, des fournitures en blé et en
vin mesurés au muids divisé en septiers, sans qu'il soit possible de
déduire la quantité de septiers contenus dans le muids.

Le dernier alinéa nous en fournit un exemple :

« Guillaume de Vaucorbel ix l. t. qui vallent vii l. iiii s. p. qui
« deubz lui estoient pour avoir par lui baillé et livré, pour la dite
« ville deux muis et deux septiers de vin qui donnés ont esté par
« la dite ville à Jehan Stuart et David Haridas (1), si comme par
« mandement cy rendu appert. vii l. iiii s. p. »

---

(1) Deux capitaines écossais.

PIÈCE G.

Lettres de Charles VI portant règlement pour la vente des vivres à Paris.

Terminons cette addition aux pièces à l'appui par des extraits intéressants de lettres de Charles VI, du 17 février 1419, portant règlement sur la vente des vivres à Paris.

Le préambule de ces lettres est curieux. Il y est dit, notamment, que « la ville de Paris est capital, et doibt estre mirouer et exemple « en police et en bon gouvernement, de toutes autres bonnes « villes d'icelui roiaulme. »

Suit un règlement en onze articles sur la police « des marchés, « de grains, farines, chairs, poissons sallez et aultres aliments, « denrées et marchandises quelzconques, servans pour corps « humain, lesquelles doibvent et ont accoustumé estre descendues « en places publiques. »

Ce règlement fut suivi, à la date du 11 mars 1420, d'un tarif arrêté en conseil en 10 paragraphes, dont le n° 10 est ainsi conçu :

« *Item* est aussi ordonné et commandé ou à tous les poulallers « et marchans de poullaries quelzconques, que ilz vendent et « délivrent leurs denrées doresnavant ung jour passé après ce « présent cry, et jusques à ce que autrement y soit pourveu, « au pris et en la manière qui s'ensuist.

« C'est assavoir :

Cognins, perdriz et canards de rivière, parmy	VI s. p. pièce.
Lappereaulx de clappiers	II
Lieuvres, pour	X
Faisans	XVI
Ramiers, videcos, pleuviers et autres vollaiges semblables	III
Merles, mauvis, au pris de la XIIe de	VI
Alouettes, au pris de la douzaine de	IIII
Petits oyseaulx, la douzaine	II
Chappons, la pièce......................	VI
Poules...............................	VIII
Poussins, pièce	IIII
Pijons	IIII
Oyes, pièce	XVI
Cochons, pièce	XVI

« et aultre leurs denrées à pris compectant, eu esgard au pris
« devant dicts, sans excéder, sur peine de perdre icelles denrées,
« et d'amende voluntaire.

« Signé le 11 mars 1420, par maistre Gauchier Jayer, procureur
« général du roy, tenant le siège de la prévosté de Paris, vaccant
« par le trépas de feu Monsieur Jehan Seigneur du Mesnil.

« Enregistré le mercredy XIIe jour de mars 1420. »

Tiré du Recueil des Ordonnances du Roy de France. Vol. XI, p. 50, 51, 52.

PRÉFACE

POUR LE

Mémoire historique sur le Valois,

de M. Minet.

———

Au premier rang des hommes qui lui ont fourni des matériaux utiles pour son histoire du Valois, Carlier place tout d'abord le Président Minet. Dans la préface de cette histoire, il s'exprime ainsi :
« Feu M· Minet, président premier au présidial de Valois, avait
« travaillé sur le même sujet, et avait amassé des matériaux qu'il
« eut la complaisance de nous communiquer. Nous trouvâmes
« dans le fond de ses recherches, et dans les nôtres, sinon une
« moisson assez abondante, pour remplir toutes les parties d'une
« histoire complette du duché du Valois, au moins des secours et
« des lumières, à la faveur desquelles nous pouvions tracer un
« plan, et entrevoir de nouvelles facilités et des moyens sûrs d'ar-
« river au terme auquel nous sommes parvenu. »
Entrant alors dans le détail de ces matériaux, il ajoute qu'ils sont contenus dans trois cahiers manuscrits : Le premier, dit-il, est un *Essai de Mémoire historique sur le Valois*; le second, un *Recueil de Mémoires sous le nom de Traité du Valois*; le troisième, un *Espèce de carton rempli de feuilles détachées*, sur lesquelles ce magistrat *avoit écrit divers extraits, et des notes curieuses recueillies de diverses pièces, qui lui étaient tombées entre les mains.*

Après cet exposé, il déclare que « malgré l'esprit de parti qui, « depuis sa mort, s'est élevé contre lui, il ne fait aucune « difficulté de rendre au président Minet cette justice, qu'il « doit à ses premiers secours, à son zèle et à sa sincère amitié, « l'origine d'une partie de ses découvertes historiques ; et que sans « les correspondances et facilités qu'il lui a procurées avec toute « la cordialité d'un galant homme, il n'aurait peut-être jamais « entrepris l'ouvrage qu'il publie. »

Au début de son introduction, revenant sur ce sujet, Carlier complète, dans les termes suivants, la nomenclature des travaux accomplis par M. Minet.

« Feu M. le président Minet avait rassemblé toutes les cartes « particulières du duché de Valois, qui avaient paru depuis le règne « de François Ier jusqu'à son temps. Le nombre de ces cartes mon- « tait à onze. Elles ont été dispersées à sa mort. Il ne nous a pas « été possible de recouvrer les plus anciennes, nous en avons vu « plusieurs qui étaient d'une belle exécution.

« Nous n'avons pu retrouver que trois de ces cartes. La première, « gravée vers le milieu du siècle dernier, par les soins de Damien « de Templeux. La seconde a pour auteur un géographe nommé « Leclerc. Je parle avec étendue de ces deux cartes, au huitième « livre de cette histoire, à l'article Damien de Templeux.

« La troisième carte a pour auteur M. le Président Minet : il « l'avait composée, avec le secours de Dom Hersan, religieux béné- « dictin de Saint-Arnoul de Crépy. Elle porte en titre : Carte du « Bailliage et siége Présidial du Duché de Valois. Elle comprend, « sans exception, tous les noms des lieux qu'on trouvera par ordre « alphabétique, à la fin de cette première partie ; son format sur- « passe celui des plus grands atlas. Nous avons vu deux exem- « plaires de cette carte, tous deux manuscrits ; quelques incidents « nous ont privé de la faculté de les consulter. L'auteur ayant eu « l'attention de dresser un dénombrement des lieux de la carte, « séparé du plan, nous nous sommes conformé à ce dénombrement, « pour l'orthographe des noms. »

Ces citations doivent suffire pour nous faire apprécier la variété et l'étendue des travaux du Président Minet, et l'on comprend de suite que, parmi les documents que Carlier énumère, il en est un qui devait les résumer sous le titre de Mémoire historique sur le

Valois. Du vivant de son auteur, et bien qu'il n'eût pas été publié, cet historique avait, sans doute, acquis une grande notoriété parmi ses contemporains, puisque « l'esprit de parti » s'était attaché à le critiquer après sa mort, et que, plus de cent ans après, les traditions locales en avaient gardé le souvenir. D'après ces traditions, ce mémoire devait se trouver entre les mains des héritiers de M. Minet, qui auraient négligé de le livrer à la publicité ; à moins qu'ils n'eut été placé dans quelque dépôt de papiers publics, où il serait, sans doute, difficile de le découvrir.

Aussi, lorsqu'en 1867, M. le docteur Bourgeois entreprit la publication de l'histoire de Crépy et de ses dépendances, son premier soin fut-il de se mettre à la recherche de l'historique de M. Minet; et, sur l'indication de M. Peigné-Delacourt, il s'adressa aux Archives nationales où il nous apprend, page 14 de son histoire, qu'il en a recueilli le texte. De mon côté, partant de la même indication, je me suis empressé de m'adresser à la même source dès que j'ai eu la pensée de faire des recherches concernant l'histoire de Crépy.

Je dois faire remarquer ici que les registres fouillés en 1867 par M. le Dr Bourgeois, catalogués sous les indications : (O. N° 20125. Crépy) sont catalogués autrement aujourd'hui. Renfermés dans des cartons sous le titre : *Papiers des Princes*, ils portent l'indication : (K 174.). Renfermaient-ils, en 1867, le Mémoire historique qui nous occupe? M. le Dr Bourgeois le déclare. Je ne suis pas parvenu à l'y découvrir, mais je suis loin d'avoir regretté le temps consacré, par moi, à cette recherche. Sous le titre : « *Inventaire de la châtellenie de Crépy, fait sous la direction du président Minet* », ces registres présentent un ensemble de travaux très importants, divisé en autant de notices qu'il y avait de communes et de paroisses dans la châtellenie de Crépy. Cet inventaire, fait sans doute à l'intention de la famille d'Orléans qui était apanagère du Valois, le titre : « *Papiers des Princes* » le prouve, a réclamé, forcément, de la part du Président de très nombreuses recherches. Il nous fournit un témoignage irrécusable de sa vaste érudition, et de l'estime dont il jouissait; mais enfin, ce n'était pas là, à proprement parler, l'historique du Valois, que, sur le dire du Dr Bourgeois, je m'attendais à trouver; ce n'était qu'un ensemble très important de matériaux précieux pouvant servir à l'élaboration de cet historique.

Une circonstance toute particulière devait, peu de temps après, me mettre sur la voie de cette découverte. Le point de vue, tout spécial, auquel j'avais été amené à me placer pour envisager l'histoire de Crépy était celui des événements militaires accomplis sous les murs de cette place, tant dans le cours de la Guerre de Cent-Ans, que pendant les guerres de religion. J'étais, en conséquence, préoccupé de certains faits mentionnés par Graves, dans son Précis statistique du canton de Crépy-en-Valois (1), faits dont je ne trouvais la confirmation nulle part. Dans l'embarras où cette absence de justifications me plaçait, j'ai prié M. Damainville, conseiller général pour ce canton, de réclamer, en mon nom, pour cet objet, les bons offices et les avis éclairés de M. Couard-Lhuys, archiviste du département. Peu de jours après, avec un empressement et une bonne grâce, dont je ne saurais trop le remercier, ce fonctionnaire s'était mis à ma disposition, et m'avait, tout d'abord, engagé à fouiller la volumineuse collection Dom Grenier, déposée à la division des manuscrits de la Bibliothèque de la rue Richelieu. Je m'empressai de déférer à cet avis, et c'est dans le volume 177 de cette collection, qu'à ma grande surprise, je trouvai le manuscrit de l'historique du président Minet, que je n'y cherchais pas. Ce manuscrit n'est évidemment qu'une copie de l'original; mais, par son admission dans la collection Dom Grenier, cette copie prend un caractère d'authenticité incontestable, et c'est là ce qui m'a décidé à le livrer à l'impression. En prenant cette résolution, j'ai l'espérance que je serai approuvé par tous ceux qui sont jaloux de voir s'accroître et s'enrichir chaque jour, si peu que ce puisse être, pour le monde savant, l'ensemble de nos Archives nationales.

Une autre considération n'a d'ailleurs pas été sans influence sur ma détermination. Avant d'être le chef du siège présidial de Crépy, M. Minet avait été successivement échevin et maire de cette ville, dont une des promenades porte son nom depuis 1717. Par les fonctions administratives qu'il avait remplies ; par les charges de judi-

---

(1) Annuaire du département de l'Oise de 1843.

cature dont il avait été investi (1), par sa vaste érudition ; par ses nombreux travaux intéressant le Valois, travaux dont j'ai pu reconnaître l'importance et constater l'existence ; par l'estime dont il jouissait, dont Carlier nous rend témoignage, il demeure certain que M. Minet était, de son vivant, l'une des personnalités les plus éminentes du Valois. Alors que les traditions tendaient à s'éteindre autour de son nom, il m'a paru que la découverte que j'avais faite, à l'improviste, de son Mémoire historique sur le Valois, m'imposait le devoir d'évoquer la mémoire de cet homme de bien, et que le meilleur moyen, pour atteindre ce but, était de faire participer le public au bénéfice de cette découverte.

Je viens de dire que le manuscrit qui se trouve à la Bibliothèque de la rue de Richelieu ne pouvait être qu'une copie du Mémoire du Président Minet Il se peut même que ce ne soit qu'une copie de deuxième ou de troisième main. On y relève des oublis de mots et des incorrections nombreuses ; mais ces défectuosités mêmes attestent son authenticité ; j'ai voulu qu'elles fussent respectées dans la copie que j'ai fait prendre, et j'ai tenu à ce que l'impression reproduisît fidèlement le texte recueilli à la Bibliothèque.

P. DE F.

---

(1) Le siège présidial de Crépy, créé en 1638 par un édit de Louis XIII, fut supprimé en 1758. Durant cette période il fut occupé successivement par quatre présidents premiers, savoir : Jacques de la Grange ; Pierre de la Roche-Lambert, seigneur de Grimancourt ; Jacques-Louis Minet, seigneur de Bergnie (a), et Charles-Louis Leclerc de Monlinot.

(a) Bargny sans doute, le nom de Bergnie se trouve sur son acte de décès. Carlier dit qu'il était seigneur de Betz.

MÉMOIRE HISTORIQUE SUR LE VALOIS

Par Monsieur MINET

Président au Bailliage et Siège présidial de Crespy

(Mort en 1750)[1].

Le Valois est dans Lisle de france entre quatre Rivieres, la Seine La Marne Loise et Laisne et entre paris et La picardie ; il a environ 20 lieux de Largeur a prendre de par de la Saint Vast de L'aumont entre Verberie et pont jusqua par de la basauche pres fives en Champagnes et de largeur environ quinze Lieues de par de la Eschampeu entre Gesvres et Lisy jusque par de la Attichy sur la Riviere daisne. Son circuit est en commençant du côté de paris de nanteuil et hauduin ce lieu compris a baron, de baron ce lieu dehors a Raray, de Raray ce lieu compris a la Riviere dOise entre pont Saint Maxence et Saint Vast de Laumont ce dernier compris, de la passant la Riviere a Arcy en montant dans les terres, de la redescendant la riviere vis à vis Armancourt ce lieu dehors, de la remontant la riviere jusqua bienville et Claroix ces lieux compris, de clarooix descendant Loise vis à vis le Clocher de Jaux passant la Loise et prenant au dessus de Merciere pres Royallieu en traversant la forest de Compiegne jusqu'a trosly et lieu compris (a Compiegne au faux bourg de la porte de pierre-

---

[1] Bibl. Nation. Mss. Col. Dom Grenier. F°° 30 à 76. Tome 177.

fond, il y a des fiefs relevants du Valois) De trosly passant la riviere Daisne et enveloppant la forest de Cuise jusques et compris Saint Crespin Loffemont et de la passant par dessus Autresches jusques et compris Morsain, de Morsain descendant un petit ruisseau et le passant au dessus de Vix sur Aisne, de la remontant dans les Terres et comprenant Tastier, Vilers le fossé et Vaux, jusqua un petit Ruisseau qui vient des Estangs de Lauvigny decendant ce Ruisseau et jusqua la Riviere d'Aisne et la passant au dessus de Ollicourtil de la a Soissons dont le faux bourg appellé de Crise est du Valois, de ce fauxbourg remontant la Crise et la passant à Vauboin, ce lieu compris a Ciry, de Ciry allant regagner la Riviere D'aisne et la passant pour comprendre bucy puis la bordant jusques et compris Condé vis a vis L'embouchure de la Vesle, de Condé montant dans les terres pour comprendre Nanteuil les fossés, margival et La Malmaison, de la Malmaison venant regagner La Riviere d'Aisne au dessus d'essenlis, et la passant au-dessous de Charonnes jusques et compris brenelles, de brenelles laissant Moussart et allant regagner la riviere d'Aisne a Pontarcy, ce lieu compris, de la venant gagner La Vesle, riviere et la passant entre basauche et fines. Ce dernier dehors quoique par de la il y ait encore Muysons les Vaulles et meme au faubourg de Reims La folie La Maison Rouge et la barbe aux Cannes qui sont du Valois, de basauche en enfermant La forest de Daule a Neuville sous Saint Gesmes de la a fere en Tardenois ce lieu dehors, de fere passant la Riviere d'Ourc et allant à Marsilly sur la Riviere de Marne, de Marsilly a Chantreuve sur la même Riviere, de la a Roucourt, de Roucourt a Nanteuil N. D. sur la Riviere d'Ourc tous ces lieux compris, de ce Nanteuil a Sommelan de la Cointicourt, de Cointicourt a Gandelu, ce lieu dehors, de la passant la petite riviere de Clignon à Gesvres une partie de ce chateau comprise, de Gesvres a Lisy, ce lieu dehors, de Lisy a Vincy ce lieu compris, de Vincy a Lorme de hurtebise et fermant Le plessis-pacy [1], et laissant Noyon dehors, de cet orme à la source de le Therouanne petite Riviere qui va se jetter dans la Marne a Congy, deca a Nanteuil Le haudouin.

---

[1] Le Plessis-Placy.

Il est borné par le Chatelet de paris, les bailliages de Senlis, Compiégne, Soissons, Vitry, Chateau-Thiery et Meaux, et dans deux generalités Paris et Soissons.

Il n'est point aisé de dire d'ou luy vient le nom de Valois. du Tems de Lempereur Charlemagne, il etoit appellé en Latin *Comitatus seu pagus Vadensis*. Dans une Charte Le Crois dit Le Simple du 20 janvier 907 qui est dans le Cartulaire de labbaye de Morienval, il est appellé *pagus Vadensis* et Trevoux dit que ce mot *Vadensis* vient de *Vadum Gué*, il y a asses dapparence quant au mot, mais y a til de la vraysemblance quant a la Chose? Si le Valois avoit eut originairement la meme etendue quil y a present nulle dificulté que sa position entre 4 Rivieres de Seine, Marne, oise et aisne auroit pu luy faire donner le nom de *Vadum* Gué. Mais originairement il ne comprenoit que les Chatellenie de Crespy et celle de bethisy et Verberie ce posé pouvoit. il etre nommé Vadum un gué et par analogie etre appellé *pagus Vadensis?* Vers l'an 1010 le Valois etoit appellé en Latin Valesia. Il conserva ce nom jusquau 14me siecle que *Valesia* fut changé en Valesium, mais toujours avec une seule L. Dire comme l'on pretendu quelqu'historiens que le nom de Valesia ou valesium vient de la famille Valerius dont étoit *Marius Valerius procillus* lun des fameux Capitaines qui accompagnoit Jules Cesar dans la Conquete de la Gaule, *Lucius valerius* vaincu par Mortisaque chef des senonois et *Valerius majorius* successeur Daēce pvante [1] par Sidonius appollinaris, C'est vouloir inutilement faire parade de Litterature. Il n'est point besoin d'une longue dissertation pour prouver le peu de fondement de cette Etimologie, puisque sous Charlemagne vers lan 770 tems bien posterieur a tous les Valerius, dont le nom etoit eteint depuis plusieurs siecles Le Valois etoit appellé *pagus vadensia*, et que ce n'est que longtems apres qu'il a été appellé *Valesia* et ensuite *Valesium*. Ce nest pas de Valerius qu'il a pu tirer son nom en chengeant L R. en S. pretendre, comme en general on pretend dans le Valois que son nom vient de *Vallibus* des vallées qui sont frequentes dans le Vallois sur Tous dans les Chatellenies de Crepy et de bethisy Verberie qui formoit le vray valois

---

[1] *Surmonté*, sans doute?

dans L'antiquité la plus reculée dont nous ayons connoissance, C'est L'opinion la plus vraysemblable, Comme aussy L'étimologie la plus naturelle : Mais deux choses la detruisent La premiere est son nom, son nom primitif Vadensis qui n'a aucune etimologie avec les vallées. La seconde que le nom qui a succédé a *Vadensis* et qui en changeant le D en L. pourroit bien en être derivé a Etre *Valesia* et ensuite *Valesium* Ecris avec une seule L ce qui seurement n'a nul Rapport avec le mot *Vallibus*. Les Vallées, quoique depuis 20 300 ans (*sic*) on ait ecris Valesium avec ce qui a fait Vallesium, d'ou on a ecris Valois aussy avec deux L. Vallois au lieu qu'il ne devoit etre ecris et prononcé qu'avec une seule L. Valois. Dans Cet embaras il m'est permis d'hazarder une conjecture pour faire honneur a L'etimologie du dictionaire de Trevoux. Je diray que le Valois vient de *Valesium* ou de *Valesia* comme cela est indubitable et que *Valesium* ou *Valesia* vient de Vadensis qui luy même est tiré de *Vadum*, Gué. Dans tous les auteurs, dans les plus anciens manuscrits ce qui est a present appellé le Valois étoit anciennement appellé *Comitatus seu pagus Vadensis.* suivant les plus anciennes Chartes Le Valois avant d'etre erigé en Comté en 1284, et sous Les princes des Maisons de Senlis et de Vermandois, n'étoit composé que des seules Chatellenies de Crespy et de bethysy Verberie, Il est de notorieté et la seule inspection des Lieux le justifie qu'anciennement ces Chefs lieux et tous les Villages de ces Chatellenies n'etoient que dans des fonds, dans tous ces fonds il y a des Ruisseaux. suivant Robert Estienne, *Vadum* ne signifie pas seulement un gué, mais encore une eau que l'on peut passer a pied ou au Gué, comme sont tous nos petits Ruisseaux de ces deux Chatellenies. Ainsy donc *Comitatus seu pagus Vadensis* vouloit dire dans la basse Latinité Le Comté ou Le Canton abondant en petits Ruisseaux de *Vadensis* on aura fait ou prononcé Valensis en changeant le D en L suivant le Genie de la Langue Gauloise, et de Valensis on aura fait *Valesia, Valesium* en françois Le Valois. Siquid novistis rectius istis Candidus imperi, Si non, his utere meum (horace).

Le Valois est composé de six Chatellenies Crespy bethisy Verberie Laferté Milon, Pierrefonds, ouchy nuilly S^t front.

Originairement il ne comprenoit que la Chatellenie de Crespy et celle de bethisy Verberie. Je dirois volontier et celle de la ferté milon, Car suivant plusieurs Chartes tant de St Thomas que de St Arnoul Je trouve que les derniers Seigneurs de la maison de Vermandois disposoient des biens et faisoient des aumones aux Eglises et aux hopitaux de cette Chatellenie Comme d'un pais qui leur appartenoit. N'en ayant que cette preuve, J'aime mieux dire avec quelques auteurs, qu'en mars 1268 quand le Roy St Louis donna a Tristan son 5 fils Le Valois en appanage, Il y Joignit la Chatellenie de la ferté milon qui etoit lors reunie a la Couronne ayant été acquise lan 1110 par Louis Le gros de Hugues Le Blanc. Ce Tristan ne survecut pas longtems et mourut avant St Louis sans Laisser d'Enfants quoique marié.

Lan 1284 Le Valois fut donné en appanage par Philippe le hardy fils et successeur de St Louis a Charles son second fils et erigé en Comté. C'est pourquoy il y adjouta la Chatellenie de Pierrefonds pour lors aussy reunie a la Couronne. Comme acquise en 1185 par philippe auguste de Nivelon Eveque de Soisson a qui elle appartenoit de son patrimoine.

En 1406, les Chatellenies douchy et de Neuilly S^t front furent adjoutées au Valois quand il fut erigé en Duché par Charles 6 en faveur de Louis son frere a qui il Lavoit donné en appanage en 1386.

Le Valois originairement etoit un domaine de la Couronne, du moins il Letoit tres anciennement puisque le Roy Dagobert premier qui vint a la Couronne en 628 fonda labbaye de Morienval pres Crespy. et il nauroit pas fondé une abbaye dans la Seigneurie d'autruy.

Par la suitte et sous les Rois surtout les derniers de la Race Carlovingienne qui finit en 987 par Louis 5, les Seigneurs setants appropriés chacun les places, les Seigneuries, les pays qui étoient a leur bienseance et surtout ceux dont ils avoient le gouvernement : Il est vraysemblable que le Seigneur qui avoit le gouvernement du Valois, s'etoit approprié ce pais, mais qui, et dans quel Tems? C'est ce qui est inconnu. Ce que nous pouvons savoir de certain des Seigneurs de Crespy et de Valois est que

Galleron Comte du Vexin françois, pontoise, Chaumont, Mente et Meullent lequel descendoit de Lempereur Charlemagne, eut de sa femme eldegarde Comtesse d'amiens et dame de Crepy un fils nommé Gaulthier.

Ce Gaultier 1er du nom vers lan 900 epousa Eve fille de Landry Comte de Dreux. Ils eurent Trois enfants Ermenfrede, Gerbere et Raoul. Il mourut en 925. Dans cette année les villes d'Amiens et d'Arras furent consumées par le feu apres sa mort.

Ermenfrede son fils ainé fut Comte d'Amiens et Seigneur du Valois ou de Crespy, il mourut sans enfants, de meme que Gerbert son frere puisné : ainsy toute la succession vint a leur frere cadet.

Raoul Ier, on ne sait pas le nom de la femme qu'il épousa. Ce que l'on sait c'est qu'il en eut deux enfans, Gaultier 2e qui suit, et Gui. Ce dernier etoit Eveque de Soissons en 973.

Gautier second dit Leblanc Comte d'Amiens epousa Adelaide ou Adele fille de herbert ou heribert Comte de Senlis. Il reunit en sa personne Tous les biens des Seigneurs dont il vient d'etre parlé y joignant le Comté de Senlis du Chef de sa femme. Ayant vecu fort longtems on le nommoit le Vieux Comte de Pontoise ou du Vexin. Il etoit porte oriflame ou porte-baniere de france. Il fit fortifier le chateau de Crespy, et enceindre de murs. La ville qui setoit formée aupres par des habitans qui avoient quittée des fonds pour venir setablir sur la hauteur pres du Chateau. Il eut de sa femme Adele ou Adelaide Trois enfants Dreux ou Drogon Comte d'Amiens, Raoul 2e qui suit et foulques eveque d'Amiens.

Raoul 2e Comte de Senlis et Seigneur de Crespy ou du Valois epousa la fille de Hilduin Comte de Breteuil et de Clermont en Beauvoisie elle luy apporta en dot la Terre et Seigneurie de Nanteuil, des lors surnommé Le hauduin, comme il se nomme a present. Elle y est enterrée dans Leglise pres lautel. Ils eurent deux Garcons Raoul 3e qui suit et Thibaud. Ce dernier qui fut appellé Thibaud de Crespy par la suitte surnommé le Riche eut en partage entre autres choses, ce Nanteuil que ses descendants ont possedés jusquau tems de Philippe Auguste.

Raoul 3e Comte de Senlis et du Vexin et Seigneur de Crespy ou du Valois eut trois femmes. De la premiere nommée Adele Comtesse de Bar-sur-Aube, il eut deux garçons Gautier 3e qui suit et Simon et deux filles dont Lainée nommée Adele comme sa mere fut mariée dabord a Thibaud Comte de Champagne et ensuite à herbert quatrieme Comte de Vermandois. Lautre epousa un jeune Seigneur nommé Barthelemy. Apres la mort d'Adele, Raoul epousa une seconde femme, dont l'histoire n'a pas conservé le nom et qu'il repudia pour epouser, Comme il fit en 1063 La Reine Anne de Russie, v⁰ de henry premier Roy de france, et mere du Roy Philippe premier et de hugues de france dont il sera parlé cy apres. On dit que sa seconde femme qu'il avoit repudiée fut a Rome se plaindre au pape Alexandre et dit que son mary apres lavoir depouillé de tout, lavoir chassé en luy supposant un Adultere pour se marier a une autre, et qu'il fut excommunié pour cela et mourut Tel. Il neut pas denfants de cette derniere femme Gaultier 3ᵉ Lainé de deux garçons qu'il avoit eu d'Adele sa premiere femme fut tué au siege de Vitry en Champagne ou il avoit accompagné le Roy Philippe premier. Il fut inhumé dans Saint Remy a Reims en presence de son pere en 1072. Il ne laissa pas d'enfans. Enfin Raoul 3ᵉ luy meme mourut en 1074 et fut enterré a Montdidier ou trois ans apres en 1077, le Comte Simon son fils et son successeur fit transporter son corps dans l'Eglise de Sᵗ Arnoul de Crespy, dans laquelle le meme Raoul avoit été baptisé, il le fit mettre aupres de Celuy dAdele son épouse qui y étoit enterrée.

Lan 1074, Simon 2ᵉ fils et alors fils unique de Raoul 3ᵉ et d'Adele son epouse luy succeda. On dit quayant fait au bout de trois ans transporter de Montdidier a Crespy le corps de son pere, comme il vient d'être rapporté, il fut si frappé d'horreur et devoir ce cadavre et de la Reflexion quil etoit mort excommunié, qu'il resolut de se convertir. Ce qui est certain, c'est qu'il se fit moine au couvent de Sᵗᵉ Engende au mont Jura, ou de Sᵗ Claude pres de Geneve, il mourut en odeur de Sainteté en allant à Rome en 1082.

Soit par abdication quand il se fit moine, soit par sa mort, le Valois passa avec tous ses autres biens à sa sœur ainée Adele ou Alix qui comme il a dejà été dit avoit epousé en 2ᵈᵉ noces herbert 4ᵉ Comte de Vermandois. Elle n'avoit pas eu d'enfants de son premier mariage, mais de ce second elle eut une fille nommée comme elle Adele ou Alix qui epousa hugues de france surnommé le Grand 3ᵉ fils de henry 1ᵉʳ Roy de france et de la Reine Anne de Russie et frere de philippe 1ᵉʳ roy de france ainsy qu'il étoit fils de la bellemère de sa femme.

Hugues de france surnommé le Grand succéda au Comté de Vermandois apres la mort de heribert ou herbert 4ᵉ son beau pere et au Valois du propre de la mere de sa femme; il se croisa en

1096 et fut aux deux expeditions contre les Sarasins. en 1102 il mourut de ses blessures a Tharse en Cilicie, âgé de 45 ans Laissant de son mariage 3 garçons Raoul 4me qui luy succeda, Simon eveque de Noyon et henry, et quatre filles, Adele sa ve qui vivoit encore en 1118, epousa en secondes noces Renault second Comte de Clermont dont elle eut une fille nommée Marguerite qui fut mariée a Charles Comte de flandre.

Raoul 4e Comte de Vermandois et Seigneur de Crespy ou du Valois. Comme il se qualifiait fils ainé de Hugues le Grand et dadele ou d'alix, épousa en 1eres noces Eleonore fille de Thibault Comte de Champagne dont il n'eut que le bienheureux hugues autrement dit felix de Vallois Celebre solitaire a Cerfroy pres de Meaux ou pluslot pres de Gevres ou avec Jean de Matha qui sassocia a luy, il institua lordre de la Redemption des Captifs. Lequel fut en 1198 approuvé par le pape Innocent 3e et confirmé par le meme en 1209. Quoique Raoul eut un enfant de sa femme, il la repudia pour epouser Alix ou petronille fille de Guillaume Duc de Guienne, Dacquitaine et de potiers sœur de la reine eleonore mariée en premières noces au Roy Louis VII et ensuitte a henry 3e Roy dangleterre. Raoul fut excommunié par le pape innocent 2e a cause de la repudiation et de son second mariage, mais apres la mort de sa premiere femme, il fut reçu a penitence par le Cardinal Ives Legat du pape en 1147. Il fut Regent du Royaume avec l'abbe Suger, pendant labsence du Roy Louis sept allé aux Guerres de la Terre Sainte. De son troisieme mariage, il eut trois enfants, un garcon Raoul 5me et deux filles Elizabeth et helyenor. Il mourut en 1156.

Raoul 5e dit le Jeune Comte de Vermandois et Seigneur de Crespy ou du Valois ne fut pas marié. Il mourut le 17 Juin 1176 ; son epitaphe se voit au cloitre de l'abbaye de Longpont.

Il fut succedé par Elizabeth lainée de ses deux sœurs qui avoit epousé Philippe dalsace Comte de flandres et depuis, par sa femme, Comte de Vermandois et Seigneur du Valois. Ce philippe dalsace apres la mort de Louis VII en 1180 fut tuteur du Roy Philippe Auguste dont il étoit parrein et auquel il fit epouser sa niece Isabelle ou alia fille de sa sœur et de Guillaume Comte de hainaut ; il la traittoit comme sa fille n'ayant point denfant. En faveur de ce mariage il donna a sa niece La Comté Dartois, et le pais qui est le long de Lalis. Une année nè fut pas expiré que suivant Mezeray qu'il perdit tout lautorité quil avoit, aupres du Roy, Comme son parrein, son Tuteur et son Oncle. L'administration des affaires fut donnée a Robert Clement Seigneur de Mez en Gatinois, que le Roy Louis VII avoit donné a philippe pour Gouverneur en 1182. Elizabeth mourut a Amiens, d'autres disent à Arras.

Par cette mort, le Vermandois et le Valois etoient devolus a helyenor ou comme on lappelle abusivement Alienor sœur Delisabeth et fille comme elle de Raoul IV. Mais d'une part philippe dalzace pretendoit quil avoit droit de jouir en usufruit de l'un et de Lautre et d'autre part le Roy philippe Auguste pretendoit que le Vermandois devoit luy revenir. Je ne vois pas trop fondé sur quoy, Tous les auteurs ont dit que le Roy, pretendoit aussy le Valois; mais dans les Chartes de cette princesse que jay vu, elles ne parlent que du Vermandois. Enfin par un traité de pacification conclu à Amiens en 1184, Confirmé depuis en 1194, Il fut donné quelques Recompenses a Philippe dalzace pour le faire desister de ses pretentions, et accordé quapres la mort dhelyenor le Vermandois et le Valois seroient reunis a la Couronne, mais quelle en jouiroit sa vie durant. Il fut stipulé entre autres choses que toutes les fondations quelle avoit faitte par Donations subsisteroient et quelle pourroit encore disposer du Domaine du Valois jusqu'a 300 l. parisis de Rente en fond de Terre, ce qu'elle passa de beaucoup. Cette princesse tant qu'elle vecut pris la qualité de Comtesse de St Quentin et Dame du Valois *domina Valesia*, elle fut mariée quatre fois La 1er a Godefroy Geoffroy Comte du hainaut. La 2e a Guillaume Comte de Nevers, la 3e a Mathieu Comte de Boulogne sur Mer frere de Philippe Dalsace, et la 4e a Mathieu Comte de Beaumont sur oise. Elle etoit avec ce dernier en 1184, elle n'eut point d'enfants de ces quatre maris : cest ce qui lengagea a faire des donations immenses aux Eglises, et aux hopitaux de Valois. Elle a entre autres fondé Longpré et le parc aux dames. Mais plus vraysemblablement Longpont puisque son epitaphe est dans Le Cloitre. Philippe dalsace etoit mort des Lan 1191, ayant été tué au siege de ptolemaïde ou il avoit suivi le Roy au voyage d'Outremer.

Ainsy la maison de Vermandois cessa de Regner sur le Valois.

Je dis regner parce que Tous ces Seigneurs se qualifioient Comtes et Seigneurs par la Grace de Dieu.

Le Valois ayant appartenu depuis si Longtems a la maison de Vermandois, Il fut regardé comme faisant partie du Vermandois ; de la vient a ce que Je crois, quencore a present au parlement Les Causes du Valois sont mises au Rolle du Vermandois, cette raison paroit dautant plus naturelle que Deruhel dans son Commentaire sur la Coutume de Senlis, article premier parle d'un vieux M. S. intitulé le Coutumier du Vermandois et Valois. de meme le Valois comme il seroit dans la presente Genealogie ayant appartenu successivement a plusieurs Comtes de Senlis qui vraysemblablement n'avoient qu'un bailly pour Senlis et le Valois Lequel residoit a Senlis Comme plus qualifié etant Comté et ne se qualifioit peut être que bailly de Senlis : de cela dis je on s'ast (*sic*) imaginé, que le Vallois avoit été du Ressort du baillage de Senlis, ce qui a fait mettre article 1er de la coutume de Senlis. Lors de sa Redaction en 1529. que de lancien ressort du baillage de Senlis est La Duché du Valois en ce que concistoit la Comté dudit Valois auparavant quil fut erigé en Duché, ensemble les Chatellenie de Pierrefonds, bethysi et Verberie, et comme Tel il revint a philippe Auguste en Consequence du Traitté de 1184. Confirmé en 1194. brussel dans son Traitté General des fiefs, Edition de 1727 Tome 1er pag. 441. le prouve formellement par des Chartes de la Chambre des Comtes. La Chatellenie de la ferte milon ny fut jointe qu'en 1268, et celle de pierrefonds quen 1284 lors de lerection du Valois en Comté Ces deux Chatellenies avoient été reunies a la Couronne, La premiere en 1110, et la seconde en 1185 par des acquisitions faites par les roys des Seigneurs particuliers a qui elles appartenoient, et enfin le Valois quand de Comté il fut erigé en Duché en 1406 etoit deja composé des Chatellenies de Crespy, bethisy, Verberie La ferté milon et pierrefonds. Or le Valois Tel quil revint a Philippe Auguste par le Traitté de pacification de 1184, confirmé en 1194, cest a dire composé des seules Chatellenies de Crespy et Bethysi et Verberie avoit un bailly a part qui étoit en 1202 Renaut de Bethysi. Suivant le meme brussel T. 1er 415 Le Valois dabord quil eut été erigé en Comté en 1284 et que lon eut pour cela adjouté aux chatellenies de Crespy, de bethysi Verberie, Celle de la ferté milon et de pierrefonds eut un bailly particulier. J'ay trouvé dans les Chartes de Saint Thomas de Crespy, une ordonnance rendue en 1292 par un Gaultier dit Vaubert bailly du Valois *balivus valesia* pour le Comte Charles en faveur duquel le Valois venoit d'etre erigé en Comté, se peut il rien de plus formel pour montrer le peu de fondement de ce qui est porté dans ce premier article de la coutume de Senlis.

Rentrons dans la Genealogie.

La Maison de Vermandois finit donc dans la personne de la Comtesse helyenor ou comme on lapelle Alienor, et par sa mort en 1214. Le Valois fut reuni a la Couronne en usufruit, comme il letoit en propriété. Le du Cange de 1733. T. 1er col. 9. sous le mot *avandum* cite la Charte par laquelle en 1205 le Roy donna a la Ville de Crespy le droit de Commune, ainsy il disposoit en proprietaire. Cette Charte prouve encore que des lors la ville avoit des echevins *Seabini*.

A Philippe Auguste succeda Louis 8 qui eut pour successeur Louis 9 ou St Louis.

En 1268 St Louis donna le Valois en appanage a Jean Dit Tristan son troisieme fils qui en 1265 avoit epousé Ioland de Bourgogne Comtesse de Nevers, pour rendre cet appanage plus considerable, le Roy adjouta aux Chatellenie de Crespy et bethysie verberie, celle de la ferté milon. Ce prince mourut sans laisser d'enfants. Le 3 aoust 1270 devant Tunis en affrique, pendant la seconde croisade agé de 20 ans seulement ainsy il avoit été marié a quinze ans etant né en 1250 dans la ville de Damiette ou etoit teste sa mere qui avoit suivi Saint Louis son mary dans lexpedition de la 1er Croisade. Cette mere attristée de la prison de son mary dont elle apprit la nouvelle trois jours avant sa couche donna au fils le nom de Tristan.

Apres la mort de ce prince Jean dit Tristan Le Valois seroit a Philippe 3 dit le hardy.

Le Roy en 1284 donna le Valois en appanage a Charles son 5e fils né en 1270. Le prince Charles fut frere de Philippe 4 dit Le bel oncle de Louis X dit hutin, philippe 5 dit Le long, et Charles 5 dit Le bel successivement et pere du Roy philippe 6. Il merita le nom de deffenseur de l'Eglise. Quoiqu'il eut encore les duchés dalençon de Chartre et dAnjou, Il ne prit jamais que le nom de Comte de Valois. Il fut la souche de la maison des Valois qui a donné 12 Roys a la France. En sa faveur et pour eriger le Valois en Comte, philippe le hardy adjouta aux Chatellenies de Crespy, de bethisy Verberie, et de la ferté milon, Celle de pierrefonds. Ce fut ce prince qui en 1311 avec la Confirmation du Roy philippe le Bel son frere, donna a tous ceux qui habitoient le Valois, un affranchissement General, avec le droit de Commune et de bourgeoisie chacun a leur egard.

En 1316 ce prince fit de son vivant le partage de ses biens entre ses enfants. par ce partage il donna le Valois a Philippe l'ainé des Enfants qu'il avoit eut de Marguerite de Sicile fille de Charles second Roy de Sicile Naple et Hongrie. Il mourut le 9 octobre 1325.

En 1328 Philippe Ce fils ainé qui fut surnommé de Valois et le bien fortuné, vint a la Couronne apres la mort de Philippe Lebel son oncle, qui ne laissa pas d'enfants. Ainsy le Valois fut reuni a la Couronne. Il mourut le 22 aoust 1350. Il avoit eut de sa premiere femme Jeanne fille de Robert 2^d duc de Bourgogne 2 enfants Jean 1er dit le Bon luy succeda et Philippe.

Il paroit qu'il avoit donné le Valois avec le Duché dOrleans a Jean son fils ainé Car lhistoire nous apprend que ce prince Jean se plaisoit fort a Bethysy quil appelloit son desert, parce quil etoit environné de bois. Elle nous apprend aussy quil y sejournoit souvent avec son Chancellier qui y fit batir une maison que lon appelle encore a present Le grand hotel qui est un fief relevant du Chateau de Bethysy et y fonda le prieuré de St Adrian.

Lan 1343 le Dauphin humbert ayant fait au Roy philippe de Valois donnation de sa Seigneurie de dauphiné et des autres Terres qui luy appartenoient a condition que le fils ainé du Roy et ses successeurs porteroient le nom de dauphin, et cette donnation ayant été confirmée en 1349 Le prince Jean se trouvant dauphin, le Duché Dorleans et le comté de Valois furent donnés a philippe son frere puisné marié a Blanche de france fille postume du Roy Charles Le bel.

Ce prince philippe etant mort sans enfants le premier septembre 1375, blanche de france sa v^e [1] tant qu'elle vecut du Valois a titre de douaire.

---

[1] Il doit y avoir un mot passé.

Apres la mort de cette princesse vers lan 1384, le Valois fut reunis a la couronne en la personne de Charles VI.

En 1386. Le Roy erigea le Valois en duché en faveur de ce prince Louis qui se qualifia alors Duc Dorleans, de Milan et de Valois, Comte de Blois et Coucy. pour faire cette erection Charles VI adjouta au Comté de Valois les Chatellenies d'Ouchy et de Neuilly Saint-front, qui pour cela furent distraittes du baillage de Vitry. Ce Louis avoit epousé Valentine de Milan, il en eut trois garçons et deux filles. Les Trois garçons furent Charles Duc dorleans et de Valois. Philippe Comte de Vertus mort sans enfants et Jean Comte d'Angoulesme. Du premier et du Troisieme sortirent les maisons dorleans et d'Angoulesme, de la premiere vint Louis XII, Roy de france et de la seconde le Roy françois premier. Le prince Louis ne survecut pas longtems a lerection du Valois en Duché. La nuit, le 24 novembre 1407 il fut assassiné en trahison a Paris dans la rue barbette par les ordres de Jean duc de Bourgogne. Par sa mort le Valois avec le Duché dOrleans vint a Charles son fils ainé sous la Tutelle de Valentine de Milan sa mere parce qu'il n'avoit que 14 ans. Ce Charles duc de Valois et dOrleans eut Trois femmes. Les deux premieres ne luy donnerent pas denfants. De Marie de Cleves sa troisieme, il eut deux filles et deux garçons qui furent Louis duc Dorleans et de Valois et Jean Comte d'Angoulesme. Il avoit epousé cette Marie de Cleves en 1440, apres avoir été prisonnier en Angleterre depuis la bataille d'Azincourt donnée le 15 8bre 1415. Il mourut en 1465.

Apres sa mort le Duché Dorleans appartint avec le Duché de Valois a Louis son fils ainé, mais marie de Cleves sa mere en jouit jusqu'en 1479. pendant sa minorité en 1498, le 6 avril le Roy Charles 8 etant mort a Amboise sans laisser denfants, La Couronne de france fut devolu au prince Louis Duc Dorleans et de Valois qui se trouvoit etre le premier prince du sang etant de la ligne masculine et cousin du feu Roy du 3e au 4e Degret, il fut sacré et couronné a Reims le 27 may suivant, il fut le 12e Roy de france du nom de Louis, ont le surnomma le Juste et le pere du peuple. par luy le Valois fut reunis a la Couronne mais pour peu de tems, Car la meme annee il le donna a françois Comte dAngoulemo son cousin Germain, le fiançant avec Claude de france sa fille ainée. Comme il etoit trop jeune pour gouverner ses biens luy-même, ce fut Louise de Savoie, sa mere v° de Jean dorleans Comte d'Angoulesme fils de Charles duc Dorleans et de Valois et de Marie pere et mere de Louis Douze qui en eut le gouvernement et ladministration en 1514. Le mariage de françois avec Claude de france ayant eté consomé, le 18 may, il gouverna par luy meme et aussy le valois mais pour peu de tems.

Louis 12 etant mort a Paris le premier Janvier 1515 sans laisser denfants, le prince françois fut reconnu pour roy et fut sacré a Reims le 28 du meme mois. Il fut surnommé le père et le Restaurateur des Lettres.

Par Luy le Valois fut reunis a la Couronne et y demeura sous son regne et sous celuy de henry 2e son fils et son successeur. Apres la mort d'henry 2° arrivée le 10 Juillet 1559, le Valois fut donné a Catherine de Medicis sa v° pour luy tenir lieu de dot et de douaire.

En 1584 cette Reine se desista et fit consentir henry 3 son fils a le donner a Marguerite de france sa fille, alors femme de henry de Bourbon Roy de Navare, Lequel etant par la mort de henry 3 parvenu a la Couronne de france en 1589 sous le nom de henry 4. Il repudia cette Reine Marguerite de son consentement en 1599, elle jouit cependant toujours du Valois jusqu'a sa mort arrivee le 25 mars 1615 que le Roy Louis 13 qui en jouissoit le donna a son frere Gaston Dorleans en janvier 1630.

Ce prince eut de Marguerite de Lorraine sa femme un fils qui fut nommé Duc de Valois, mais qui mourut en bas âge, ainsy sans enfants et avant son pere en 1652.

Gaston etant mort sans enfants males en febvrier 1660 Louis 14 donna en mars 1661, le Valois en appanage a Philippe Dorleans appellé M'. Ce prince en jouit jusqu'a sa mort arrivée en juillet 1701. Il avoit epousé en 2de noces Charlotte Elizabeth de baviere morte le 8 decembre 1722 dont il neut quun garçon qui fut

Philippe 2° Duc de Chartres premier prince du sang petit fils de france. Ce prince apres la mort de son pere fut appellé Duc dOrleans et jouit du Valois ainsy que des autres Duchés et Seigneuries de la succession. en 1515, apres la mort de Louis 14, il fut regent du Royaume sous la minorité du Roy Louis 15. A present Regnant. Il mourut le 2 decembre 1723. Il n'a laissé denfants males de Marie francoise de Bourbon son epousé que Louis Dorleans Duc de Chartres, né le 4 aoust 1703 qui luy a succedé dans lappanage du Valois comme dans les autres. Il le possede aujourdhuy en 1743. Il est le premier prince du sang. Il a pour fils unique Louis Philippe Duc de Chatres, né a Versaille, le 12 may 1725. de son mariage avec la princesse de Bade baden morte le 8 avril 1726.

Le jeune prince ayant montré tant de Valeur et de Conduite dans la bataille des Teingen, le 27 Juin 1743. Quest ce que la france na pas lieu desperer de luy. Le 17 x^{bre} 1743, il epousa a Versaille Louise henriette de Bourbon Conty née a Paris le 20 Juin 1726.

Reprenons le Valois apres avoir parlé de ses princes.

Il y a pour le Valois une coutume particuliere qui a eté redigée en 1539. Elle est peu differente de celle de Paris. elle est appellée la Coutume de Valois. Cependant elle n'a pas lieu dans les Chatellenies d'Ouchy et de Neully Saint front qui sont du Valois. Quand on fit la distraction de ces deux Chatellenies du baillage de Vitry pour les joindre au Valois, lors de son erection en Duché en 1406, Ils leurs fut accordé, de continuer la Coutume de Vitry meme de cette chatellenie douchy, Le village Terre fief et Seigneurie de Maysons pres Reims, Le Vanttes hotelleries, La maison Rouge au faubourg de Reims, et la barbe aux Cannes La folie, ferme pres de Reims. Jardin pres les murs de Reims et les villages de Cohan, Coulogne, et parti pres fero en Tardenois sont Regis par la Coutume de Vermandois.

Il ny a dans le Valois a proprement parler aucunes Rivieres navigable, Cependant Laisne *axona*, a commencer a Pontarigny par de la Soisons jusqua relonde pres Compiegne coule dans le Valois environ 12 a 15 lieues, mais elle n'en fait que commencer la Riviere. La Riviere dOise *œsia* coule aussy dans le Valois, mais dans un bout, et la longeur de 4 a 8 lieues a commencer pres Compiegne jusqua Verberie et Pont.

Il y a encore la Riviere dOucre, *Urca* qui prend son origine dans le Valois a Crepy pres fero en Tardenois et coule letendue de 15 lieues, Toujours dans le Valois passant par la ferté milon jusqu'au pont de fresne a Gevres, dou sortant du Valois elle va se jetter dans la Marne a Lisy qui n'en est pas loin. Elle a eté rendue navigable en 1666. a commencer a fresne audessus de la ferté milon pour faire aller les bois de la forest de Rets ou de Villers

Cotterets par la Marne a Paris. Cette Riviere donc sert pour les bois de la forest et ne sert qu'a cela. La navigation en est entretenue au depens de Mr le Duc Dorleans qui pour dedomagement recoit sur les batteaux des droits qui produisent 20000 fr. par an.

On compte encore dans le Valois comme Riviere Lautonne *althona* mais qui ne peut passer que pour un Ruisseau, et prend sa source a pisseleu pres Villers Cotterets par une fontaine qui a de particulier qu'apres avoir un peu coulee sur Terre, elle sy perd et reparoit un peu plus loin. Cette Riviere apres avoir serpenté 7 a 8 lieues dans les terres va se jetter dans Loise a Verberie. Ainsy tout bien examiné avec tout les petits Ruisseaux qui peuvent sy rendre, on ne pourroit la rendre navigable et quand on le pourroit a force d'ecluses et de Levées, elle parcourt trop peu de pays, et le pays quelle parcourt n'a pour le fort de son Commerce que du vin qui ne vaut pas la peine dêtre transporté a paris, même par la Riviere.

On pourroit mettre encore au nombre des Rivieres du Valois la Vesle et la Crise, mais elles ne passent que par des bouts du Valois.

La Vesle vient de Reims, passe par fimes et braine et va se perdre dans Laisne un peu au dessous de braine. Elle ne fait presqueffleurer un coin du Valois depuis basauche vers fimes jusqua la Riviere dAisne.

La Crise nest proprement qu'un Ruisseau qui ne peut servir qua faire tourner des moulins, mais cependant qui a donné son nom a un faubourg de Soissons ou il va se jetter dans lAisne. Ce faubourg appellé le faubourg de Crise est du Valois. Le Ruisseau de Crise a sa source pres moret a 3 ou 4 heures de Soissons.

Il y a encore quelques Ruisseaux mais peu considerables comme le Ru de Gergonne qui a sa source pres bouillancy et a quatre Lieues de la se jette dans Loucre a Gevres. Le Ru de Grivette qui prend sa source de Letang de Macquelines pres beth et environ 5 lieues de la va se jetter dans Loucre a Neufcheiles pres Gevres. et le Ru de Retheuil Vandy ou la Mothe qui a sa source a Retheuil pres de pierrefonds et a 4 ou 5 lieues de la va se jetter dans Laisne a Attichy. Le Ru avoit été rendu navigable en 1666 pour le flotage des bois de la forest de Rets et ensuite son transport a Paris par la Riviere Daisne Loise et la Seine, mais apres que les hautes futayes de ce côté la ont etés debitées, ce Ru a été negligé.

Sil y a si peu de Riviere dans le Valois il y a en recompense une forest considerable cest celle de Rets appellée Villers Cotterets. en 1672 suivant un mesurage qui en fut fait lors de la reformation faittes par Mr Lallement de L'ettrée elle contenoit 25367 arpents bien plantés compris tous les buissons, elle est la mieux plantée du Royaume et la plus spatieuse a lexception de celle dOrleans qui cependant est de moindre consideration, par son assiete et Letat des bois. Cette forest etoit primitivement du Valois qui appartenoit a la maison de Vermandois, comme étant de la chatellenie de Crepy. Sa figure est irreguliere et approchant de Lovale dont lextremité vers Soissons est entierement fermée et celle vers Crepy est partagée en deux pointes qui forme un demi cercle nommé communement Le fer a cheval, ayant a la pointe du midi Le bois du Tillet pres Crepy, et au septentrion la Garene de Montaigu vers Morienval. Le bourg de Villers Cotteret est dans le Centre de ce fer a cheval. Cette forest est comme liée a celle de Compiegne vers pierrefonds par une continuité de bois que lon appelle La haye Labbesse, parce n'est presque comme une haye qui appartient a labbaye de Morienval. Anciennement et sous les Seigneurs de la maison de Vermandois cette forest etoit bien d'une plus grande etendue et presque du double, pour preuve entre autre a trois lieues de Crepy pres montepilouer[1], Il y a un village appellé borest, La tradition veut quil ait été nommé par sincope, bout derets qui originairement etoit son vray nom par ce que la forest de Rets setendoit jusque la. Mais les derniers Seigneurs de cette maison apres eux les Comtes et ensuite les ducs de Valois, meme les Roys ayants permis de defricher dans le contour des ventes usées, Cest a dire les triages dont on avoit abbatu et vendu les bois, Lesquels ne croissoient plus parce que faute de police les bestiaux detruisoient tout, principalement dans les Tems malheureux des Guerres Civiles et des Anglois, la forest sest trouvée Reservée dans des bornes plus etroittes, ces Terreins ainsy deffrichés etoient donnés a Cens, mais les Seigneurs Riverains surtout ceux qui en prenoient a defricher se sont emparés de presque touttes ces Cencives.

---

[1] Ne serait-ce pas Montépilloy, dans l'Oise?

Pour la police de cette forest il y a une maitrisse des eaux et forest. elle est particuliere et dépendente de la grande maitrisse de Lisle de france, ses apels vont a la Table de marbre ; anciennement son siege se tenoit a Crespy, ou meme les principaux officiers fesoient leur residence, mais par la suitte il a été transferé a Villers Cotterets comme plus a portée.

La seconde forest du Valois est celle non de Laigle, comme on lappelle communement et improprement, mais de Laigue *ab aqua* parce que de Tout un coté elle touche a la Riviere daisne. Cette forest contient 6475 arpents, et nest separée de celle de Compiegne que par la Riviere. La haute Justice de cette forest appartient à Mr le Duc dOrleans, comme Duc de Valois, mais il en partage les fruits avec le Seigneur Doffemont. Les officiers de cette maitrise devroient resider a Choisy pres Compiegne, mais ils resident a Compiegne. Cette forest est du Valois, comme etant une dependance de la chatellenie de pierrefonds qui en fait partie Comme il a eté dit les bois de cette forest vont tout a Paris, par la Riviere d'aisne qui tout aupres se jette dans l'Oise, Laquelle comme on sait a son embouchure dans la Seine.

Il y a encore dans le Valois la forest de D'aule entre fere en Tardenois et fisme en Champagne. Cest une dependance de la Chatellenie d'Ouchy, elle a le nom de forest, mais cest peu de chose ; elle est soumise a la maitrise de Villers Cotterets, ainsy que quelques bois pres de la et quelqu'autres dans la Chatellenie de Neully Saint front. En general tous les bois qui sont dans le Valois, sont sujets a cette maitrise a Lexception de la forest de Laigue, comme il vient d'etre dit et des bois qui sont en Gruerie.

Il y a dans le Valois une Gruerie appellée la Gruerie du Valois, et abusivement depuis un siècle La Gruerie de Nanteuil. Cette gruerie avant le 11e siecle appartenoit en entier aux Seigneurs du Vallois comme etant une dependance de la Chatellenie de Crespy, mais vers lan 1030 Raoul comte de Senlis et du Vexin et Seigneur de Crespy ou du Valois, et sa femme fille de hylduin Comte de Breteuil et de Clermont en Bauvoisis, étant morte, Raoul 3me leur fils ainé eut les Comtés de Senlis, du Vexin et la Seigneurie de Crespy, la Terre et seigneurie de Nanteuil Le hauduin, la moitié de la gruerie du Valois pour en decorer et augmenter sa Seigneurie de Nanteuil et le donjon du Chateau de Crespy qui fut pour luy erigé en fief, et auquel fut adjouté un domaine et des dependances, comme il sera dit au chapitre de S᷉ Albin.

Thibaut de Crespy fut la souche de la maison Crespy qui posseda la Seigneurie de Nanteuil jusqu'a vers lan 1300 quAlix derniere dame de cette maison, epousa pierre Seigneur de pacy de la maison de Chatillon sur Marne, par ce mariage Nanteuil avec la moitié de la Gruerie qui y demeura incorporée passa dans la maison de pacy. est a remarquer qu'en 1214 le Valois ayant eté reunis a la Couronne en la personne de philippe Auguste, philippe de Crespy Seigneur de Nanteuil, faché peut être davoir eté fait prisonnier a la bataille de bovines si fameuse par la victoire qu'y remporta ce Roy dans la meme année, changea son nom de Crespy en celuy de Nanteuil, qu'ont portés ses successeurs jusqu'a pierre de Pacy. La moitié de cette gruerie par indivis avec le seigneur de Crespy ou du Valois, a donc appartenu aux Seigneurs de Nanteuil depuis le commencement du 11 siècle jusqu'au 22 8ᵇʳᵉ 1622 qu'en vertu dun Edit du mois de mars 1619 La moitié appartenant au Roy comme Duc de Valois fut rendue par les Commissaires du Roy pour lalienation du Domaine moyennant 21218 l. 4 s. a la charge de Rachat perpetuel a henry de Scomberg Comte de Nanteuil. Depuis ce tems les Seigneurs de Nanteuil ont jouis en total de cette Gruerie.

Cependant Mʳ le Duc Dorleans comme Duc de Valois pourvoit un gruier, un procureur du Roy et autres officiers pour la moitié du Valois, mais ce sont les memes que pourvoit le Seigneur de Nanteuil. Cette gruerie a dix neuf lieues et demi de circuit renfermée par 32 bornes hautes et apparentes dont la premiere est a la Croix au pellerins pres Crespy, dans cette etendue sont 2651 arpents 5 perches en bois dont 30 seulement appellés Les bois du Roy, situés entre Crespy et Nanteuil appartiennent au Duc de Valois. Le reste est et appartient au Seigneur de Nanteuil et a dautres tant Seigneurs que Gens de main morte et particuliers. Le siege de cette juridiction se tenoit autrefois trois jours la semaine et en differents Lieux, le mardy a Acy devant la grande fontaine, Le Vendredi a Nanteuil aussy devant la grande fontaine, et le Samedy a Crespy devant la Croix au bourg; mais a present il ne se tient plus qu'une fois la semaine, qui est le Vendredy a Nanteuil, ses appels vont a la Table de Marbre.

Il y a dans le Valois et pour le Valois une Capitainerie de Chasse. Cette Capitainerie est Royale, mais il n'est pas aisé de dire dans quel Tems elle a été établie. Il n'est pas douteux que les Comte de Vermandois Seigneurs de Crespy ou ils faisoient leur residence, ne profitassent du voisinage d'une forest aussi gratieuse que celle de Rets qui leur appartenoit pour y prendre le plaisir de la Chasse. Ces Seigneurs etoient asses puissants pour en avoir un equipage et des officiers en Regle, on peut dire de meme, des Comtes et des Ducs qui ont etez appanager du Valois, dont il y a preuve que quelquuns ont fait leur residence a Crespy. Si on ne peut faire remonter si haut Lorigine de cette Capitainerie, du moins on ne peut contester quelle n'ait été formée en 1515 ou quelqu'année suivante. en 1515 Francois premier Duc de Valois vint a la Couronne. Ce roy aimoit fort la Chasse ; pour en avoir le plaisir dans la forest de Rets, il fit batir un chateau au lieu Villiers ou Villers La malmaison quen supprimant la malmaison, Il appella Villiers ou Vilers Col de Rets ou coté de Rets. Cest le batiment de ce chateau qui a donné naissance a ce qu'on appelle aujourdhuy villers cote rets. Ce Roy ainsy que henry 2e et henry 3 et henry 4 ses successeurs ayant fait leurs sejours a vilers coterest pour le plaisir de la Chasse, il est sans difficulté quils y eurent une Capitainerie et quainsy cette Capitainerie etoit Royale. Henry 4 dans ses ordonnances de 1602 et 1607, la nomme Telle; Louis 14 dans sa declaration du mois de juillet 1701 la reconnu de meme. Or ayant eté capitainerie royale, nayant point eté degradée de cette dignité, le Valois ayant eté donné en appanage a Philippe fils de france en 1661. avec tous les droits Royaux, hors le ressort et la souveraineté, la garde des Eglises cathedrales et autres, et la connoissance des cas Royaux. cette Capitainerie n'a pas cessé detre Royale. Le siege de ses jurisdictions se tient a Vilers coterets, les appels en sont portés a la table de marbre.

Il y a dans le Valois deux duchés qui en relevent nont pas en tout, mais en partie Gevres et Cœuvres. 3 comtez Nanteuil Le hauduin braisne et Levignan. 3 marquisats. fayel, Rocourt, et Nery raray. Quatre baronnies Cramaille, acy, S^t ines (Saintines) et pontarcy. dix vicomtés pierrefonds, ouchy, boursonnes mont ne Vilers, Le hellon busancy, maucreux Courtieux, ambriel, Lisner et un grand nombre dautres belles terres et fiefs qui en relevent a cause de l'une ou de lautre des six Chatellenies dont il est composé. La pluspart de ces Terres ou fiefs appartiennent a leglise qui dailleur possede de grands biens en Roture dans le Valois.

Il y a quatre Collegiales S¹ Thomas et S¹ Albin a Crepy, S¹ Jacques a pierrefonds, et Notre Dame au Mont Notre Dame pres Soissons Neuf abbayes dhommes S¹ Jean des Vignes de Soissons Valsery Longpont, S¹ Jean aux bois, Villers coterest, Lieu restauré, S¹ ives de Braisne, Chartreuve, et Val Chretien. Trois abbayes de filles, marienval Le parc aux Dames, S¹ Remy. Nombre de prieurés dhommes. deux prieurés de filles, S¹ Michel de Crespy S¹ Michel de la ferté milon. Quatorze couvens dhommes S¹ Arnoul, benedictins, et les Capucins a Crespy. premontrés a Villers coterets, benedictins à Nanteuil, chanoines reguliers a S¹ Jean au bois, Celestins a S¹ Pierre a chatre chartreux a bourfontaine, Bernardins de Citeaux a Longpont, chanoines Reguliers de S¹ Augustin a S¹ Jean des Vignes de Soissons, premontrés a Lieu Restauré, Valsery, Chatreuve, braisne et Val Chretien. huit couvent de filles; Urselines a Crespy, et S¹ Michel hospitalier. A la ferté milon benedictines, a morienval Bernardines de Citeaux. au parc aux Dames pres Crespy fontevrault, a Colinances pres la ferté milon et Longpré pres Villers Coterets Bernardines de Clervaux, a S¹ Remy pres Villers Coterest et grand nombre de benefices simples sous differends titres. Je nay point icy gardé dautre ordre que Celuy que ma memoire a pu me fournir.

En General le Valois est un beau pais et fort vivant. Lair y est bon et sain. Il y a du bled, du vin, du foin, du bois et du poisson, des fruits des Legumes, du Gibier, du Chanvre de la Laine mais il est desagreable de parcourir a cause des montagnes et des vallées qui y sont frequentes. Il ny a nulle manufacture excepté qua Neully S¹ front il se fabrique quelques serges mais qui ne sont pas fort recherchées, et qua villers coterets il setoit etablis une manufacture de fayance, qui na pas pu sy soutenir elle pourroit sy retablir. Il ny a ny mines ny forges, ny verreries, ny blanchiries. excepté qua la ferté milon lon y blanchit des toiles de menage. Il ny a pas non plus de moulin a papier, il y en avoit autrefois un a Crouy, pres Crespy, mais en 1740, le papetier a enlevé la nuit ses effet et a disparu. Le proprietaire en a fait un moulin a lhuile. Le seul commerce de ce pays est le bled. Il n'i a de grand chemin entretenus que celuy de Paris qui passe par Nantouil et Villers Coterets pour aller a Soissons, et celuy qui de Nantouil passe par ce nantouil, la ferté milon et Ouchy pour aller a fisme et de la a Reims. Autrefois celuy de Soissons passoit par Crespy, mais en 1728 a loccasion du Congres de Soissons, il en fut retiré pour abreger environ d'une demie lieue, ce qui a fait un grand tord a la ville. Ces deux chemins sont bien bordés darbres.

Crespy.

Crespy est et a toujours été la Capitale du Valois. Cette Ville est a treize a quatorze lieues de Paris et sur la route de paris a Soissons, a cinq lieues de Senlis et de Compiegne, a neuf de Soissons, a dix de Chateau-Thiery et a sept de Meaux, elle est au centre et a la traverse des quatro province de brie Champagne picardie et flandre, et en particulier de Compiegne a meaux et a la ferte milon, et de Senlis verberie, et pont a Soissons, elle est de Leveché de Senlis. Lair y est tres bon et tres sain, aussy y voit on tres communement de gens fort agez. du coté de Senlis et de Compiegne Crespy est entouré de Vallées, mais du coté de Soissons c'est une petite pleine par ou commence la forest de Villers Coterest par le bois de Tillet pres de Crespy.

Les armoiries de la ville sont d'or a un Tigre de sable ce qui étoit les armoiries des anciens Seigneurs de Crespy. Mais le Valois etans sorti de la maison de Vermendois pour etre reunis a la Couronne par philippe Auguste en 1214 ou plustot quand en 1284, le Vallois fut donné en appanage par philippe le hardy a Charles son second fils et erigé en Comté en sa faveur, La ville adjouta a ses armoiries en Chef Trois fleurs de lis d'or en champ d'azur pour montrer que son prince etoit de la maison Royale de france. Ainsy les armoiries actuelles sont dor a un Tigre de Sable, non rampant selon duchesne et muldrac, mais suivant les monuments armé et lampassé au chef d'azur chargé de Trois fleurs de Lis du Champ.

Son vray nom Latin est *Crispiacum* comme je lai lu dans de Tres anciennes Chartes, et comme il est ecris dans la Charte citée dans le Glossaire de Ducange de Ledition de 1783. Coll. 9 sous le mot *abandum Carta Communiæ* Crispiaci ann. 1205 et non *Crespiacum* ny *Crespeium,* comme on a voulu et on veut l'appeller

afin de dire qu'il tient son nom de S¹ Crepin Crespinien, qui y
sejournerent en allant porter l'Evangile a Soissons vers lan 280.
Cette étimologie seroit glorieuse a la ville a cause de la sainteté de
ces deux martirs apotres du Soissonnois et du Valois. Mais ce n'est
pas la la veritable. Le nom de Crispy comme il est ecris dans une
ancienne Charte du Comte Simon vient a Criptis Grottes ou voultes
comme on les appelle et lon y adjoute la terminaison Latine *acum*
qui vient du mot Latin *arœ*, qui comme on sait signifie forteresse
lieu elevé et fortifié. La raison de cette Etymologie est naturele.
Originairement la ville etoit dans le fonds et les Cotes qui sont
dominées par le chateau. On pretend que dans ces fonds et dans
ces côtes il y avoit plus de 2000 maisons qui composoient la ville,
or ces maisons etans sur des Grottes ou voûtes *Cryptœ* dont ces
côtes sont pleines, et etans dominées par le Chateau batti sur le
haut dune de ces côtes *ars*. Ce chateau a eté dabord appellé
Cryptiacum pour exprimer *ars Cryptarum*. La forteresse des
grotes ou voûtes, l'assemblage des maisons ou la ville a pris son
nom du Chateau est ainsy appellé *Cryptiacum* et par adoucisse-
ment *Crispiacum* puis *Crespiacum* d'ou par la suitte pour luy
donner une espece de dirivation du grec, on a fait *Crespeium*.

La preuve que la ville etoit anciennement dans les fonds et sur
ces côtes se tire des anciens fondements des batiments que lon a
toujours trouvé et de ce que dans ces fonds pres le lieu appellé
fond marin se trouvent les vestiges dun grand chemin quon
appelle le Chemin de Bapaume, chemin fait vraisemblablement
quand les Comtes de Vermandois eurent le Valois pour faciliter
leurs voyages de l'un a lautre pays. de plus le Terrain qui y est en
deça du Chateau vers S¹ Denis, et la porte dite aux Entiers (pour
enteurs) cest a dire jardiniers n'etait pas la ville, mais comme la
basse Cour du chateau ou logoient les officiers des Seigneurs. On
voit encore dans ce canton quelques maisons qui ont la facade
extremement antique et dune architecture gothique et qui pa-
roissent avoir servi de Logement a quelquuns des principaux des
officiers. Telles sont les maisons qui appartiennent actuellement a
M¹ Bourgeois Conseiller celles qui appartiennent a M¹ Guillot
avocat du Roy et celle de M¹ le president Minet dans ce Canton.
Entre les ursselines et la prison est une Croix de pierre appellée de
tout Tems la Croix aubourg parce que cette basse cour setans rem-

plie de maisons pour les Logemens des officiers du Seigneur et pour dautres qui sy etablirent il sy forma comme un bourg qui etoit terminé ou plustôt enfermé sur la fin du dixieme siecle par Gaultier dit Leblanc par la porte de Ste Agathe un mur qui de cette porte venoit gagner la porte aux entiers sur laquelle est a present lhorloge de la ville dou un mur continuoit en deca de la rue aux fromages allant gagner la porte de Compiègne. Le Terrain qui etoit par dela ces Limites etoit la Campagne puisque les Chartes de la fondation de St Thomas disent, quil a été bati *prope muros Crispei* pres les murs de Crespy. par la suitte etant encore bati de maisons par dela cette enceinte, elle fut poussée au 13e siècle par Charles de france premier Comte de Valois jusqu'a la porte du paon dont on tira un mur et par dela des fosses jusqu'a une Tour ou fut faite une porte de la ville pour aller a celle de Compiegne. Cette nouvelle porte fut par la suitte apellée La porte aux pourceaux parce que c'est par elle qu'entroient les porcs que les marchands de picardie amenoient vendre a Crespy. C'est la lorigine du sobriquet des Cochons donné aux habitans de Crespy. Cette porte a eté depuis condamnée et la Tour converti en logement. et enfin la ville setant encore accrue par dela la porte du paon, St Thomas fut trouvé être de la ville, quoiqua lextremité dans le faubourg. Ce quon appelle aujourdhuy la Couture etoit sans maison. Il ny a gueres plus de deux cens ans, C'etoit un terrain remplis de jardinage *Cultura* dont il a retenu le nom de Couture et dou la porte dite aux entiers a pris aussy son nom dentier cest a dire jardiniers. Tout cela joint a la situation du Chateau qui etant sur une hauteur, paroit avoir eté bati pour comander. Les fonds et les cotes qui lenvironnent au Trois quarts, et plus prouve quoriginairement la Ville etoit dans les fonds et sur les cottes *sub Cryptis* ce qu'il falloit prouver.

par succession de Tems dont les habitans ayants quitté les fonds et les cottes pour venir habiter la hauteur Lair y etant plus sain et pour etre mieux deffendus par le Chateau La a eté formée ou elle est, mais au lieu de 2000 maisons quil y avoit dans ces fonds et sur ces cottes il ny en a plus quenviron 500. La preuve du grand nombre dhabitans dont elle etoit formée peuplée anciennement se tire d'une Charte de Louis 8 en 1224 par laquelle le Roy donne a Cens pour toujours aux habitans ses Trois moulins de Crespy savoir Recroc, Compollé et Choiseul avec la bannalité avec charge d'en rendre a sa recette Cent cinquante quatre muids et une mine de bled, il falloit que la ville fut alors encore tres peuplée, pour que les moulins pussent fournir une si grosse redevence outre leur entrétient. Ses habitans en general sont gais, spirituels et tres affables aux Etrengers.

Le Chateau dont il vient detre parlé est tres ancien, quelquuns en ont attribué les commencement a Dagobert, Roy de france, qui comme il a été dit vint a la Couronne en 628. Cela peut etre puisque ce Roy etoit Seigneur de Crespy et du Valois, comme il a été demontré. Dautres disent quil fut bati par Gaultier premier, fils de Gautereau. Ce qui est de certain cest que Raoul 2 Comte de Vermandois et seigneur du Valois au commencement du XI siecle se disoit quelque fois Seigneur du fort chateau de Crespy. Ce chateau en comprenant La basse cour comprenoit lespace depuis la porte de Ste Agathe, la porte aux entiers, et allant en deca de la rue au fromages a la porte de Compiegne Laquelle etoit porte du chateau. Leglise de St Denis et celle de St Arnoul ont chacune dans son tems etés batie dans le chateau comme il sera dit en parlant de ces deux Eglises. A present de tout ce chateau il ne reste que le bas [1]
dune Tour dont une moitié paroit seulement en dehors, lautre moitié est enclose dans un Terrain que le prince accorda en 1738 aux Urselines pour leur faire un jardin. La moitié qui paroit en dehors n'a été laissée accessible au public, que parce que cest de cette Tour que Relevent Tous les plains fiefs de la Chatellenie de Crespy. [2]

Il en reste encore Lendroit ou se tiennent les audiances ou baillage du presidial, et de Lelection au dessus duquel sont les Greniers ou se reservent les grains qui sont dus au domaine et aupres duquel est la Chapelle St Albin, dont il sera parlé cy dessus apres lorsquil sera parlé des Collegiales. Cet endroit ou se tiennent les audiances etoit anciennement le Donjon du Chateau. Il en fut demembré apres la mort de Raoul 2^d et donné en partage a Thi-

---

[1] Le manuscrit a été à la ligne sans raison.

[2] D'après le Président Minet aucune partie de la ville n'aurait jamais été située entre Sainte-Agathe et Duvy. (L'auteur).

baut de Crespy surnommé le Riche, à titre et sous le nom de fief du Donjon relevant du Chateau de Crespy avec la Terre et Seigneurie de Nanteuil Le haudouin, celle de Levignan et la moitié de la gruerie du Valois, comme il a été dit. Ce fief des Seigneurs de la maison de Crespy seigneurs de Nanteuil passa dans la maison de Chatillon de Brie sur Marne soit immediatement, soit ce qui me paroit plus vraysemblable par la maison de pacy dans laquelle se fondit cette maison de Crespy. Ce qui est de certain c'est qu'en 1377 ce Donjon a Titre, et sous le nom de fief du Donjon, relevant du Chateau de Crespy (Raoul 3ᵉᵐᵉ setoit reservé la foy et hommage de Tout ce quil avoit donné en partage a Thibaut son Cadet) appartenoit a Jean de Chatillon, Chevalier Seigneur de Brie sur Marne, et Dony qui eut pour fils Robert de Chatillon, Chevalier Seigneur des memes Terres, Chambellan du Roy Charles 6. Ce Robert fut tué a la bataille d'Azincourt le 25 8ᵇʳᵉ 1415. Ce fief qui consistoit en ce batiment du donjon, un corps de ferme pres Sᵗ Agathe cent soixante arpents de Terre, dix sept arpents et un quartier de prèz, droit de Champart, sur environ Trois cens arpents de Terres vingt sols de menus sur cens sur des maisons a Crespy, sur dautres heritages et dautres droits fut reuni a ce chateau. Il paroit que c'etoit par une saisie feodale faute de devoirs non faits. en 1528 il fut vendu a faculté de Rachapt perpetuel par les Commissaires du Roy pour Lalienation de ses domaines a Artus dAulnoy seigneur de Coussainville. Les batimens de la ferme ne subsistent plus, depuis longtemps il avoient etez detruis dans les Guerres des Anglois et le lieu de Lauditoire ainsy que la Chapelle de Sᵗ Albin fut reservé au profit du Roy en 1560. Ce fief fut racheté et revint au domaine de Crespy. Le 20 aoust 1714 La ferme et les Terres seulement de ce fief furent avec les Terres et Seigneuries du plessier au bois et Vauciennes donné par son altesse Royale Mʳ le Duc Dorleans Regent aux abbez et Religieux de Longpont en echange du tres fond, que cette abbaye avoit dans la forest de Rets. Cette ferme par des aumones faittes par d'anciens Seigneurs de la maison de Crespy, Seigneurs de Nanteuil et du Donjon est chargée de payer chaque année deux muids de bleds au chapitre de Sᵗ Albin et un muid aux de Cerfroy chef d'ordre des Trinitaires et un muid au prieur de Raray a present maison de Loratoire pres Gevres.

C'est dans cette ville que le 18 7ᵇʳᵉ 1445 fut conclud le fameux

Traitté de paix entre francois premier Roy de france et Lempereur Charles Quint.

En 1371 Philippe le Valois accorda a la ville de Crespy, trois jours de foires franches dans loctave de S¹ Denys au mois doctobre mais cette foire par la suitte cessa de se tenir a cause des guerres.

Au mois de decembre 1492 Charles 8 a la priere de Louis Duc Dorleans et de Valois accorda a la ville au lieu de ces trois jours, quatre jours. Savoir deux jours a commencer du Second Lundy de Caresme, et les deux autres a commencer du lendemain du jour et fête des morts 3 novembre ce qui fait deux foires, en sorte que si le second jour etoit une fête ou un dimanche, jour auquel il est deffendu de vendre ou de debiter ce second jour seroit pris apres la fete ou le dimanche, de maniere que chaque foire dure deux jours entiers, pendant lesquels les marchands, et autres qui vendent a ces foires pourront vendre, echanger permuter et distribuer (ce sont les Termes des Lettres patentes) leurs denrées et marchandises en gros et en detail a quelques personnes que ce soient sans en payer aucune imposition, droits devoir ny autre Tribut aides ou subsides quelconques, dont ils sont exempts et affranchis, a la reserve Toutefois du 8me du vin vendu en detail dans la ville et faubourgs. Dans Lenregistrement de ces Lettres patentes a la Chambre des Comptes, le 25 feb. suivant il est aussy reservé Limposition du bestial a pied fourché.

Par Lettres patentes données a Poitiers au mois daoust 1577 par henry 3. Ce Roy a la priere de la Reine Catherine de Medicis sa mere duchesse du Valois accorda a la ville de Crespy que chaque premier mecredy du mois, le marché qui se tient soit exempt et franc de Toutes impositions, droits, Tributs et subsides, en permettant a Tous marchands tant de la ville, fauxbourg que dautres villes Lieux et bourgs des environs qui y vendront d'amener et conduire touttes sortes de marchandises permises, de pouvoir acheter, vendre distribuer, Trocquer echanger pendant les dits douze jours de mecredy francs et quittes de tous lesdits droits, tributs subsides et autres impositions quelconques? dans Lenregistrement a la cour des aides du 24 7bre 1677. Il est mis excepté le droit de huitieme du vin qui se vendra en la ville en detail.

Il se tient par semaine Trois marchés Le Mecredy, le Vendredy et le Samedy. Celuy du Vendredy n'est que pour le beure, les œufs et les legumes, dans les deux autres on vend de plus de la volaille, du bled de lavoine et autres grains.

Ce seroit icy le Lieu de parler du Commerce de la ville, mais helas il ny a rien, ou presque rien a en dire. La ville n'a aucun commerce particulier. Anciennement on fabriquoit des petits ou plustot des gros draps, et des serges, a Crespy il y avoit meme une communauté de fabriquants de cette espece. Cette communauté avoit des statuts. Sur le ruisseau appellé la petite Riviere de Ste Marie qui sort de Letang du Moulinet audessous de Crespy, et sur la Riviere d'autone qui n'est pas loin de Crespy, il y avoit des moulins a draps pour cette mauufacture. Mais depuis les Guerres de Religion, Les moulins ayants etez detruits, il ny a plus de vestiges de manufacture. Tout le commerce de la ville est reduit au bled qui se vend sur le marché le mecredy et samedy.

Ce Commerce est beaucoup diminué depuis 1728. que le Grand Chemin de Paris a eté retiré de Crespy et a present il est reduit presquarien Tout va a Nanteuil. Deux moyens pourroient rendre le marché de Crespy plus florissant ou aussy florissant quil la eté autrefois. Le premier seroit de faire paver un demi quart de lieue de chemin qu'il y a au sortir de Crepy en allant a Villers Coterest, et que Lon appelle le Chemin de St Germain. Ce chemin est impraticable, surtout en hiver de sorte que les laboureurs qui viendroient de ce côté la amener leurs grains a Crespy preferent de prendre le plus long pour aller gagner le grand chemin fait en 1728 et aller vendre a Nanteuil.

En 1720 Ladjudication avoit été faite par M^r L'intendant de la generalité de Soissons a uu nommé Vadbot paveur a Crespy pour paver ce chemin de St Germain mais comme il ne devoit être payé quen billets de banque qui tomboient dans le discredit, ce Vadbot ne voulut pas executer le marché et le chemin est resté Tel qu'il etoit. Le second moyen seroit d'engager les religieux de St Arnoul a prendre en argent, comme il se prend a Nanteuil, au lieu de prendre en nature comme ils font le droit de *Strage*, qui leurs a été donné par les anciens Seigneurs du Valois. *Tempori aptari decet*. Il faut saccommoder au Tems, seurement l'intention du Seigneur qui leur a fait ce don n'a pas été que Lexecution Litterale, ruina le commerce de la Ville, elle n'a été que de faire du bien au couvent, or dans la situation des choses Linterest des

RR. P.P. seroit de faire cette conversion du grain en nature en argent pour leur droit de strage. Le marché devient a rien parce que les Laboureurs aiment mieux aller vendre leur bled a Nanteuil ou ce droit ne se prend qu'en argent sous le nom de droit de Halle, ainsy le droit de strage devient de nul produit. prenant le droit en argent Les Laboureurs viendront vendre a Crépy et le droit de strage augmentera de produits, il faut savoir perdre a propos dit Balthazar Gratien. Comme une Communauté ne se resout pas volontiers a faire une pareille innovation, et que d'ailleurs elle ne le peut, sans des formalités souvent rebutantes, il faudroit une autorité superieure.

Jay dis que le bled etoit le seul commerce de la ville. Cependant je ne dissimuleray pas quaux deux foires qui sy tiennent, il sy fait un grand debit de Toille de menage, de cochons, de Genisses et de chevaux, et que dans les marchés francs il se fait aussy un grand debit de chevaux presque tous de Labour. Comme cela nest quaccidentel et que ce n'est pas le pays qui les produits, les Toilles et les cochons viennent de Picardie les genisses de Normannie, et les chevaux de flandre, Cela ne peut etre dit le commerce de la ville.

On pourroit pour rendre la ville florissante quant a son commerce y retablir la manufacture de draps et de serges. Le pays est abondant en Laine, il y a des Ruisseaux pour faire aller les moulins a draps et les habitans de la ville sont assez industrieux et Laborieux. Si spes refulserit nummi.

Second au lieu qu'il ny a quune Tannerie y en faire plusieurs comme il y en a eu autrefois. La forest de Villers Coterest nest pas loin, le bois du Tillets abondant en chesne, ce qui est en Taillis est tout proche, ainsy facilité davoir de Lecorce de chesne pour le Tan. Le petit Ruisseau de Ste Marie peut aussy faire aller dix a vingt moulins a Tan qu'un seul. La ville fourniroit avec le pays suffisamment de peaux de bœufs et de vaches.

3° faire une blanchirie. Il y a dans le fond, par dela Le lieu appellé les Tanneries des préries suffisamment pour cela. Le Ruisseau Ste Marie y passe; Comme il y a beaucoup de Chanvre dans les vallées surtout vers bethysi et verberie, on y fille beaucoup, pouvant mettre a portée les Toilles au blanchissage on y fileroi plus fin, Les toilles se rendroient aux deux foires ainsy aportée.

Mais pour cela il faudroit faire quelquavances aux entrepreneurs et surtout favoriser leur Etablissement par des exemptions de Tutele, Curatele, Collecte, Logemens de Gens de Guerre, de milice, Tant pour eux que pour leurs enfants apprentifs, compagnons, et garcons : et quant a la Taille ne les pas laisser a la discretion des Collecteurs mais de les Taxer d'offices, ou meme les exempter du moins pendant un nombre d'années comme de dix 20 ou 30 ans.

Il y a dans la ville Trois paroisses, Saint Denys Sainte Agathe, St Thomas. Deux collegiales, St Thomas et St Albin, deux couvents de Religieux St Arnoul et les Capucins. Deux couvents de Religieuses, St Michel et les Urselines. Un prieuré a Ste Agathe. Deux confrairies, La Trinité et St Joseph.

L'Eglise et paroisse de St Denys est la plus ancienne des trois paroisses de la ville, quoique la plus petite, par letendue de la paroisse et du corps de l'Eglise. Elle etoit originairement La seule paroisse de la ville. En 1162, dans une Charte du Pape Alcandre 3, elle est appellée la mere Eglise *Matrium Ecclesiam*. Celle de Ste Agathe etoit alors batie. Quand le Valois et principalement la ville de Crespy eut été convertie a la foy, Les Seigneurs de Crespy firent batir cette Eglise, en cet endroit qui etoit lenceinte du Chateau Laquelle s'etendoit jusqu'a la porte de Compiegne Cest a dire par sa proximité leurs etoit commode et a leurs domestiques. Cette Eglise a été brulée et reparée on ne sait dans quel tems, mais vraysemblablement son incendie est arrivée dans les guerres des Anglois en 1434. lorsque Crespy qui avoit alors pour Capitaine Poton Lebaurguignon Lebourguignon fut pris dassaut par les Anglois en   suivant Simon dans son suplement a Lhistoire du Bauvoisis au chapitre du Nobiliaire. Le batiment est dune structure entre Gothique et moderne. Le chœur en est tres hardy, La voute en est soutenue par deux seuls piliers, fort delicats; la Cure est dun mediocre revenu. Cette paroisse nest habitée presque que par des officiers de robe ou des nobles et par des manouvriers et des pauvres. Il y a 119 feux dont 33 ^{ves} et seulement le labour dune demie charue.

Leglise et prieuré de St Agathe est le 2e de Crespy. son origine paroit avoir suivie de pres celle de St Denys apres la conversion de Crespy au Christianisme par les predications de St Crespin et Crespinian, vers lan de J. C. 280 et de St Rieul apotre et premier eveque de Senlis vers lan 130. Les Seigneurs de Crespy ayants fait batir lEglise de S¹ Denis surnommé Lareopagite pour leur commodité et celle de leurs domestiques a cause de la proximité, il est naturel de croire que les habitans de la ville qui comme il a été dit etoit au dessous du chateau dans les fonts et les cotes presque tous de lautre coté de Leglise de S¹ Denys et la ville, il est dis-je naturel de croire que les habitans de la ville souhaiterent davoir une Eglise de leurs cotés ; Dautant plus que lEglise de S¹ Denys etoit trop petite pour contenir le Seigneur et tous ses officiers et domestiques et les habitans de deux mille maisons dont la ville etoit composée. Cette Eglise ne pouvoit être batie elle auroit été trop pres de celle de S¹ Denys, elle ne pouvoit etre dans les fonds a cause du terrein marecageux, on choisit donc pour cela un terrein sur la croupe de la cote opposé au chateau. Cette Eglise fut dediée a S¹ Agathe morte martire a Catane en Sicile le 5 fevrier Lan 252. Il est fort vraysemblable que ce fut le Seigneur de Crespy d'alors, qui fit aussy batir cette Eglise a ses depens ou au moins y contribua pour la plus grande partie. Les habitans etoient Tous serfs comme le peuple letoit alors ainsy peu Riches. Quand Gaultier 2ᵉ dit Leblanc et Adele fonderent S¹ Arnoult, ils donnerent a cette maison lEglise de S¹ Denis et de S¹ᵉ Agathe ils sen croyoient donc les maitres comme ayant été batie par leurs predecesseurs. Cette eglise a été aussy anciennement bruslée, vraysemblablement en 1431, Quand la ville fut prise dassaut par les Anglois ainsy que je lay dit cy dessus puis rebatie. par la structure de la fleche qui est fort belle, elevée, delicate et tres saine et dont le deshors des pierres, et taillé comme en ardoises rondes on peut conjecturer quelle a été batie par les Anglois sous le regne de Charles V qui etoient maitres dune partie de la france comme ils Letoient de paris. La cure est dun tres mediocre revenu. On ne sait ou Logeoit originairement le Curé. Vraysemblablement cetoit pres de lEglise. Cette Eglise ayant été donnée a S¹ Arnould avec celle de S¹ Denys, ces Religieux qui mirent Lun des leurs pour le deservir sous le titre de prieur. Ce prieur logeoit pres lEglise dans un batiment, dans le batiment quon appelle encore Le prieuré joignant Leglise. par la suite ce prieuré etant devenu en commande, le prieur mit un seculier pour deservir Leglise. Ce deservant sous le nom de Curé ayant eu son Logement brulés en meme tems que celuy du prieuré dans le Tems des Guerres de Religion, pour se mettre a couvert de l'insulte des pillards, vint se loger dans la ville pres le chateau sur la croupe de la cote opposée a son Eglise, et y a toujours demeuré depuis. Ce logement le met a porté de ses paroissiens, mais il a la fatigue de monter un montagne et den decendre une autre pour aller a son Eglise, et den faire autant pour revenir chez luy. Les Religieux benedictins sen pretendoient Curés primitifs comme de S¹ Denis et ils en etoient en possession. Cetoient a juste titre puisque ces Eglises leurs avoient eté donnees par ceux qui les avoient fondées. Depuis la declaration du Roy de janvier 1731, ils ny pretendent plus rien, mais ils ont retenus le bien de ce prieuré, qui vaut mil ou 1200 l. de Rente est ancien puisque les Eglises de S¹ Denis et de S¹ Agathe ayants etés données a S¹ Arnoul quand les Religieux de Cluny y furent substitués vers mil quatre vingt aux Religieux qui avoient etés a S¹ Arnoul lors de la fondation. Les Religieux de Cluny y mirent un des leurs pour desservir la Cure. Des biens ayant etés donnés en particulier a cette Eglise entre autre La Comtesse helyenor par son Testament en 1191. Le Religieux desservant sappria¹ par la suitte ces biens serigea en prieur et mit un seculier pour la desservir comme son vicaire. Ce prieuré a presque toujours été possedé par un Religieux de Lordre. Il y a cent quatrevingt neuf feux dont 45 veuves et huit Charrues.

La paroisse de S¹ Thomas est la 3ᵉ paroisse et le plus etendue. Cest une Collegiale fondée en 1182 par philippe Comte Dalzacé et de Vermendois, et Elisabeth son epouse Dame du Valois *domina Valesiæ*; ils y fonderent dix chanoines. Scavoir cinq pretres, trois diacres et deux soudiacres peu apres helyenor Comtesse de S¹ Quentin et dame de Valois et Mathieu Comte de baumont son 4ᵉ mary y fonderent une prebende de pretre, au lieu du chapellain de Lhotel dieu et ensuite Geoffroy *Gaudefridus* eveque de Senlis y joignit deux prebende une de Diacre et lautre de sousdiacre. De ces 13 chanoines il y en a un qui est Doyen. Cette dignité par le titre de fondation est a la nomination du Chapitre et a le revenu dune demye prebende plus que les autres Chanoines.

---

¹ *S'appropria* sans doute.

Un autre Chanoine est chantre. Cette dignité est de l'institution de Robert Eveque de Senlis en 1260 et a la nomination de Leveque elle est sujette a Lexpetative des Graduez son revenu nest gueres plus considerable que celuy dune prebende ordinaire. Un 3me chanoine est principal ou regent du College en vertu de l'ordonnance de Charles 9. en janvier 1560. qui veut que dans chaque Eglise Collegiale, le revenu dune prebende soit appliqué a lentretien dun precepteur qui moyennant ce sera tenu denseigner gratis les enfants de la ville. Le precepteur est intituable ainsy que destituable par Leveque du consentement du Chapitre, des Maires echevins Conseillers et capitouls de la ville suivant la meme ordonnance. Ainsy il y a a Crespy un College ou senseignent toutes les humanités Le Rhetorique comprise. Les autres prebendes de ce chapitre qui sont dun tres petit revenu surtout quand le bled est a bon marché sont a la nomination de Leveque. par La fondation elles etoient a la nomination des Seigneurs de Crespy et du Valois, mais en 1284 philippe Second, dit Auguste, ayant reunis le Valois a la Couronne, donna a Guerin eveque de Senlis et a ses successeurs sont droit de nomination. Cette Eglise est sous linvocation de St Thomas martir archeveque de Cantorbery en Angleterre. La Tradition veut que philippe dAlzace et la Comtesse son epouse regardant batir par leur ordre cette Eglise, passa Thomas Becquet cet archeveque qui setoit refugié en france pour se soustraire a la colere de henry 2 Roy dAngleterre contre lequel il setoit elevé pour des prerogatives ecclesiastiques. Ce prelat leur demanda a qui ils comptoient dedier cette Eglise. Luy aiants repondu quils netoient point encore decidé sur celà, il leurs repliqua quils navoient qua la dedier au premier martir. peu apres en 1170, Le 29 x^{bre} cet eveque ayant été massacré par les ordres, a ce que lon pretendit, du Roy dAngleterre, fut mis par le pape Alexandre 3 au nombre des S^{ts} martirs et reconnu comme Tel par la suitte de Leglise. Ainsy le Comte et la Comtesse luy dedierent LEglise quand elle fut achevée. Elle fut batie pres des murs de Crespy, *prope muros*. Le Comte et la Comtesse firent aussy batir en deça de lEglise un hopital quils fonderent de même.

Il y a dans cette Eglise huit chapelle. Scavoir de St Jean baptiste, qui est a gauche, celle de St Eloy qui est derriere le maitre autel, celle de N. D. qui est entre le Chœur et la Sacristie, celle de S¹ Estienne qui est lautel de la paroisse. A cette chapelle est le titre de S¹ Antoine dont il sera parlé cy apres a larticle des Capucins, celle de S¹ Nicolas qui est dedant la nef derriere la place du Chantre parallele a lautel de la paroisse. Cette chapelle etoit en titre comme les cinq precedentes, mais elle a eté reunie au chapitre qui tous les dimanches y dit une messe quand on commence Matines, aussy lappelle-ton La Chapelle Maladinale. Ainsy restent cinq chapelles qui restent en titre dans le cas de vacance, elles sont a la nomination du Chanoine qui est en Tour. Il y a encore mais non en titre La chapelle de la Trinité qui est a droite en entrant dans le collateral. Cest la plus grande et la mieux ornée et la chapelle que le public appelle de S¹ Joseph, parce que le bureau de la Congregation de S¹ Joseph sy tient, mais qui est sous linvocation de S¹ Rieul, ce qui est si vray que quand le Chapitre y va faire station, il y fait mention du S¹ Prelat apotre et premier eveque de Senlis. La fondation de ces chapelles nest pas du Tems de celles du Chapitre mais elle a suivi de pres. Car des 1240 je trouve 8 chapellains, dont le 1ᵉʳ est Gerbert, pretre et curé de S¹ Thomas, et le 2ᵉ est un nommé Eudes de Menvervis curé de S¹ Germain de bouillant.

Pour revenir a la cure elle ne fut point par la fondation attribuée au Chapitre, au contraire quoique le curé fit ses fonctions curiales dans l'eglise de S¹ Thomas, il nen etoit point chanoine mais seulement chapellain en 1240. Le 12 avril 1242, Adam eveque de Senlis fit un reglement pour cette cure entre le chapitre et le curé, qui selon le Tems sera sur la presentation du Doyen et du Chapitre etabli pour Regir cette paroisse. Le Chapitre aura pour lors pris le party de nommer toujours pour le Curé un de leur Corps, et aura reuni a soy les revenus de la chapelle a la reserve du presbitere qui existe encore et appartient en particulier a la Cure. Mais dans tous les Cartulaires de S¹ Thomas on ne peut voir en quel Tems. Ce presbytere est Tout a fait hors du cloitre vis a vis le Gué de S¹ Thomas. Il y a 265 feux dont 37 veuves et 10 charrues.

Au commencement du onzieme siecle dans le partage des biens de la succession de Raoul 2ᵉ Comte de Senlis et Seigneur de Crespy Le Donjon pour avec la Terre et Seigneurie de Nanteuil le hauduin celle de Lavignan, la moitié de la Gruerie du Valois et autres biens etre donnés a Thibaut surnommé de Crespy ou le

Riche le Cadet des deux pour sa part hereditaire. Comme il residoit a Crespy dans ce donjon, il fit soit par ostentation, soit pour sa commodité ou par devotion, batir une chapelle pour luy dans ce Donjon, ou du moins joignant. Cest dans cette chapelle quest leglise collegiale sous linvocation de St Albain ou Aubin, né dune famille noble dans le Territoire de Vannes en Bretagne vers lan 469. Il se fit nômer de bonheur dans le monastere des anitillants, il en fut eslu abbé en 504. Nayant que 35 ans il gouverna ce monastere pendant 25 ans. en 529 il fut elu par le peuple, et le Clergé d'Angers pour remplir le siege de cette ville vacant par la mort de lEveque Adolphe, il en fut eveque pendant 21 ans et mourut en odeur de sainteté en 550, agé de 87 ans (baillet). Le Chapitre n'est composé que de six chanoines dont un est prevot, ils n'ont point dabord etés appellés chanoines ny fondés en meme Tems, ils ne sappelloient que Clercs ou Chapellains, et il ny en avoit eut dabord que deux suivant les Chartres de ce Chapitre, il en fut ensuite fondé quatre en trois tems differents un, puis deux, et un; La derniere prebende fondée en mars 1231 suivant la Charte de Philippe de Crespy seigneur de Nanteuil. Enfin en juillet 1239 Adam eveque de Senlis fonda une 6e prebende, avec le Titre de prevot. Le Chapitre na point cette Charte. Je nen ai vu qu'une note dans un inventaire de production de 1672. Ainsy ce Chapitre est composé de six chanoines dont un est prévot. Ces six prebendes sont a la nomination du Seigneur de Crespy qui est M^r le Duc Dorleans duc de Valois en sa qualité de Seigneur du Donjon ; suivant les Chartes de ce chapitre, il y avoit anciennement des biens suffisants pour entretenir honorablement six Chanoines, mais a present le revenu est si mediocre qu'a peine ceux qui ne resident pas a Crespy ont ils asses pour se deffrayer du voyage quils sont obliger dy faire tous les ans, pour le service quils y font le 1er mars jour de la fête de S^t albin sans quoy ils ne recevroient Rien.

Ce chapitre me donne occasion dajouter icy a ce que jay dit du fief du Donjon dans lequel est Lauditoire. Il est si vray que ce fief fut demembré du chateau de Crespy pour etre donné a Thibault 2 fils de Raoul 2 avec la seigneurie de Nanteuil, que, 1° Ce Thibault surnommé de Crespy seigneur de Nanteuil, fut la tige de la maison de Crespy qui possede Nanteuil, jusqu'a celle de pacy dans laquelle elle fondit. 2° suivant les Chartes de St Albin, les prebendes ont etées fondées en differends Tems, par des seinneurs surnommés de Crespy Seigneurs de Nanteuil. Ces Seigneurs nauroient pas fait batir une chapelle dans le Donjon et fondés des chanoines dans cette chapelle si le Donjon navoit point etés a eux. 3° Ces Seigneurs ont pour la plupart residés a Crespy et y avoient une maison puisquils avoient des cens memes considerables qui se recevoient devant leur maison. Vraysemblablement cette maison etoit le Donjon. 4° Les deux muids de bleds que les chanoines recoivent encore par an sur la ferme du Donjon leurs ont eté donnés par philippe de Crespy, Seigneur de Nanteuil et du Donjon. Dessus cette chapelle de St Albin, il y avoit encore une chapelle dediée a la Vierge, on y montoit par un escalier de platre qui y est encore a present, et qui conduisoit a une chambre qui servoit de chapitre aux chanoines, elle sert a present de chambre du parquet a M^{rs} les gens du Roy; De cette chambre lescalier reprenoit et conduisoit a la chapelle de la Vierge, et sert maintenant a serrer les grains du domaine. Cette reprise descalier a eté detruite.

La plus ancienne, comme la plus illustre des maisons religieuses est celle de St Arnoul. Vers le milieu du Xe siecle Gautier 2e dit Leblanc Comte dAmiens, Comte de Crespy et Adele son epouse firent batir dans leur chateau de Crespy une Eglise et y mirent non des chanoines comme disent quelques auteurs, mais des Religieux, sous la conduite d'un abbés mais on ne voit pas a quel S^t elle fut dabord dediée. Vers lan 1030 elle le fut a St Arnoul. Ce qui donna lieu de la dedier au Saint fut quen ce tems la un pretre du Valois nommé Comtance Versageant, dans le diocèse de Chartres passa par un lieu irelius ou il y avoit une Eglise desservie par des chanoines qui y avoient en depot le corps de St Arnoul. Ce pretre fit si bien qu'il enleva le Chef et une bonne et grande partie des Reliques de ce S^t et les apporta a Raoul 3me petit fils de Gaultier 2e. Ce prince en enrichit cette Eglise dans laquelle il avoit eté baptisé et la mit sous la protection de St Arnoul qui etoit né a Rethel en Champagne dune maison illustre qui avoit epousé Scariberge proche parente du Roy Clovis.

Vers lan 1080, la Charte nest pas datée, le Comte Simon fils de ce Raoul 3me et son successeur donna a hugue abbé de Clugny et a toutte la Congregation Labbaye de St Arnoul pour luy etre entierement sujette et afin quil y envoya pour abbé un de ses moines.

Cet abbé qui, comme on dit de luy cassa touttes les crosses de Lordre c'est a dire quil ne voulut plus dabbé dans Lordre, envoia a St Arnoul un de ses religieux pour gouverner ce monastere comme prieur, qui introduisit dans cette maison La regle de St benoist, et la reforme de Cluny. Ce prieuré demeura regulier jusqu'en 1522, que Claude Duprat abbé de Mosac en fut pourvu en commande, et y a toujours été jusquen 1723, que Louis de Coursillon de Dangeau (c'etoit l'abbé Dangeau de l'accademie francoise) qui en etoit pourvu en commende mourut. A sa mort Dom Gerard Poncet Religieux de lordre obtint ce benefice par ses grades. Il L'a depuis resigné a Dom Baudinot procureur general de Lordre qui actuellement, en 1743, en jouit, et qui a lexemple de Dom Poncet employe les revenus pour la decoration de la maison et de leglise. Le couvent est tres bien bati presque tout nouvellement, il y a entre autres choses un escalier tres hardy et dune tres belle architecture. La maison a de quoy soutenir 12 religieux. Il y a un cours de philosophie et de Theologie pour les Religieux dont les enfants de la ville peuvent profiter.

Le second couvent de Religieux est celuy des Capucins, il a eté bati en 1645. entre autre par les liberalités de Gaston Duc Dorleans et de Valois frere unique du Roy Louis 13 et de Marguerite de Lorraine son épouse. Comme il est des murs et des fossés de la ville, Les habitans ny pouvoient aller sans faire un trop grand circuit ou en passer par une ruelle impraticable lhiver, ils obtinrent Lettres patentes du Roy et de Gaston, Lettres de Mr le marquis de Gevres le bailly et gouverneur du Valois et de Crespy en particulier, le consentement des echevins et des Gens du Roy etc. pour faire percer le mur de la ville vis a vis leur Eglise a lendroit ou etoit la chapelle St Antoine. Il fut fait en cet endroit une porte asses grande, mais trop peu pour que les charettes y pussent passer, et apres la porte un pont sur le fossé de la ville au bout duquel la rue entre deux est lentrée du Couvent. Les capucins sont obligez dentretenir le pont. Le projet lors de la construction de cette porte etoit de mettre lhorloge de la ville au dessus qui etoit lors au change. Lhorloge fut mise dans le beffroy de la prison dou elle fut transferé ou elle est sur le haut de la Tour de la porte aux cuiliers. Cest dans cette Tour que sont les tresors des Archives du Valois et le depot du greffe du baillage. Le jardin des

Capucins et grand et des plus gratieux quil y ait dans la province par ses potager, un bois et des allées. Il y a ordinairement 10 religieux.

La chapelle S¹ Antoine autrement des Changes qui fut demolie pour percer la porte de communication de la ville aux Capucins y avoit eté contruite comme etant sur la halle en 1301 par la devotion de philippe barbette et de sa femme bourgeois de Crespy et par eux donnée au Chanoines de S¹ Thomas pour y faire loffice comme ils y firent pendant deux ans pendant les guerres, elle fut transferé a S¹ Thomas a la chapelle de S¹ Estienne ou est lautel de la paroisse. Le mausolée qui est au chœur a gauche presente les statues de Barbette et de Agnes sa femme a genoux.

Le premier couvent des Religieuses est celuy de S¹ Michel, suivant la Charte de fondation de S¹ Thomas en 1182 par philippe comte de flandre et de Vermendois et dElisabeth son epouse. Ces princes firent aussy batir aupres de lEglise un hopital quils fonderent de meme et le soumirent au gouvernement dun maitre en 1184. suivant la Charte de Mathieu comte de Beaumont et helyenor son epouse. Ces princes avoient fondés un hotel Dieu et une chapelle sous linvocation de S¹ Michel, mais ils donnerent au Chapitre S¹ Thomas le bien quils avoient donnés au chapellain de lhotel Dieu, et en firent une onzieme prebende avec obligation de continuer à desservir cette chapelle. Ces deux etablissemens furent toujours distingués. Lhopital, sous le nom de la Magdeleine fut, jusquen 1608, gouverné par des seculiers bourgeois de Crespy et autres denômés administrateurs qui rendoient compte aux echevins de la ville. Lhotel Dieu devint un prieuré appellé le prieuré hospitalier de S¹ Michel. en 1391 Blanche, fille de france duchesse dOrleans et comtesse de Valois, fit quelques dons a ce prieuré originairement pres de S¹ Thomas, il fut transferé dans les guerres des Anglois et celle de la Religion, quant a lexercice, plus avant dans la ville Rue dugué Jamel ou de paris. Celle qui de la porte du paon va a celle par ou on sort pour aller a Paris. en 1608 Jacques furet et Mathieu Lambert administrateur de la Magdeleine, la resignerent entre les mains de la Reine Marguerite Duchesse de Valois et Magdelaine sutile Religieuse benedictine pourvuée du prieuré hospitalier de S¹ Michel, sur la resignation de sœur Albouzine de Lezine en fit autant de son prieuré. Cette reine confera ce prieuré hospitalier, et la Magdelaine ou Maladrerie a périne de hanique, par ses lettres du mois de juin 1608, et cette dame en fut pourveüe, par le Roy henry 4 qui, par ses lettres patentes de la meme année, unit et incorpora La Maladrerie a lhotel Dieu; pour etre le revenu de Lun et Lautre gouverné gouverné conjointement par cette Dame a la charge par elle dy faire celebrer Loffice divin, Loger les pauvres passants, et quand ils y tombent malade pourvoir a tous leurs besoins spirituels et les faire inhumer quand ils meurent. Cest ce qui se pratique encore. elle en prit possession le 24 aoust 1510 accompagnée de Marguerite hanique sa sœur et des Dames de Chanteloup et Claude Gallois Touttes religieuses professes de l'hotel Dieu de St Nicolas de Pontoise ordre de St Augustin qui est la regle quon suit dans ce monastere; par la permission de Leveque de Senlis elle fit apporter le St Sacrement dans cette maison le jour de Noel a minuit Lan 1610. Depuis elle fit autoriser son etablissement de prieuré Titulaire et conventuelle par le Cardinal de la Rochefoucault Grand aumonier de france, par Nicolas Sanguin eveque de Senlis, par bref du Pape Urbain 8 et Lettres patentes de Louis 13, enregistrées au grand conseil en 1627 Le prieuré titulaire a le meme droit que les abbesses etant nommée par le Roy et prenant les bulles du Pape. Cest elle qui donne lhabit de Religion aux pretendantes et recoit des novices leurs vœux de profession; elle nest obligée que davertir Leveque de Senlis 8 jours auparavant le veture ou la profession des filles pour venir les examiner luy meme ou y envoier qui bon luy semble pour cela. Nicolas Sanguin eveque de Senlis ayant voulu disputer ce droit, il y eut un grand proces qui ne fut terminé qu'en 1661 en faveur de ce prieuré. en 1634 en 1635. le 21 8bre perrine de hanique prieure premiere instituée de ce prieuré mourut apres 26 ans de gouvernement, Louis de hanique sa niece et sa coadjutrice professe de cette maison luy succeda et changea Lhabit blanc en habit noir, tel quon le porte aujourdhuy. elle eut tous les consentements necessaires pour cela; elle mourut le 10 aoust 1644 agée de 32 ans 6 mois apres 9 ans de gouvernement. Magdelaine de hanique sa sœur professe de cette maison luy succeda le 11 de x^{bre} 1644. elle mourut le 8bre 1647. agée de 33 ans. Le 12 8bre suivant, Eleonore de Vic religieuse professe de N. D. dhieres proche paris de lordre de St Benoist ayant obtenu de Mᵣ le Duc Dorleans sa nomination au prieuré la fit signifier a la superieure de cette maison et pris possession le 25 may 1648. et mourut le 1ᵉʳ juin 1676 agée de 79 ans. elle obtint ses bulles du pape innocent X le 8 8ᵇʳᵉ 1648. Marie de Vic sa sœur Religieuse professe de labbaye Sᵗ Etienne de Reims ordre de Sᵗ Augustin et nommée coadjutrix le 6 juillet 1654 luy succeda, elle mourut le 19 juin 1677 agée de 74 ans. Charlotte de Vic sa niece professe de cette maison, luy succeda, comme elle navoit que 22 ans elle obtint dispense dage a condition que la plus ancienne religieuse gouverneroit jusqua ce quelle eut lage de 30 ans. elle mourut le 26 aoust 1684, agée de 27 ans. Marie de Vert Lamont Religieuse professe des filles Dieu de Paris ordre de fontevrault luy succeda ayant eu la nommination du Roy aussitot la mort de Charlotte de Vic. Elle vint prendre possession du dehors du prieuré nayant pu le prendre au dedans faute de bulles, que refusa Innocent XI a cause de la trop grande difference dordre, mais elle fut mise superieure par ordre de Denys Sanguin eveque de Senlis. Enfin en may 1689 elle obtint ses bulles du pape Alexandre 8. elle mourut le 14 9ᵇʳᵉ 1727. agée de 83 ans. francoise henriette de Goüy Darcy Religieuse professe du monastere de la presentation de Senlis luy a succedé ayant la nomination du Roy le 30 may 1728 et obtint ses bulles de Benoist 13 au mois daoust suivant; elle a pris possession le 22 7ᵇʳᵉ de la meme année; elle gouverne encore a present 1743. Cette maison nest pas Riche ayant beaucoup perdu en 1719 par le remboursement des Rentes, mais elle se soutient par une bonne administration et la communauté nest pas nombreuse.

Le 2ᵉ couvent des Religieuses a Crespy est celuy des Ursulines. en 1620, 6 filles pieuses de Crespy prirent la resolution de vivre en communauté et de se devouer a linstruction de la jeunesse de leur sexe a Crespy; le 20 mars, elles en obtinrent la permission du Cardinal de La Rochefoucault lors eveque de Senlis et davoir une Chapelle et une autel, pour y faire celebrer la messe et recevoir les sacrements sous la direction de Mʳ Jacques Rangeuil. Clair eLe Masson, Marie Baussay, Marguerite de Beaussay, et Marie pellart, se retirerent dans une maison pres le Chateau et y firent vœux de vivre en communauté et dy instruire la jeunesse de leur sexe et de ne jamais consentir a la dissolution de leur Congregation; Le landemain, elles elurent des officieres dequoy elles dresserent le proces verbal, ce qui fut confirmé le 27 xbre par Mr de Senlis. Le 5 mars 1622, le meme prelat leur donna permission daumenter leur nombre et davoir pendant 6 mois seulement un reposoir pour y garder le St Sacrement. Le Cardinal de la Rochefoucault etant mort, Nicolas Sanguin approuva le 23 juin 1623 Letablissement de cette Congregation. La meme chose avoit été faite par les habitans par acte dassemblée le 23 et 28 8bre 1622. par brevet du 15 7bre 1623 le Roy Louis 13 agreant cet etablissement, fit don a cette Congregation du Logement du Chateau qui luy appartenoit comme Duc de Valois. Le logement consistoit en Trois corps d'hotel avec la chapelle deux jardins enclos, et jusque la muraille qui separoit les cours de lancien chateau et du fort ou etoient les Tours et encore une partie de la cour dentre la chapelle dont il vient detre parlé et Lauditoire separé par une muraille. Ce don fut depuis confirmé par Lettres patentes du Roy verifiées en parlement le 10 7bre 1625, et par Gaston duc Dorleans et de Valois, le 6 juillet 1630. Cette chapelle donnée aux Ursulines prouve que celle de St Albin netoit pas celle du Chateau, mais celle du Donjon seulement. Le 23 may 1624, le nombre de ces bonnes filles etant augmentée jusqua onze malgré la mort de quelques unes, Nicolas Sanguin eveque de Senlis leur donna permission deriger leur Congregation sous le nom de Ste Ursule, et non autrement, et pour cet effet de demander aux Ursulines de Paris trois ou quatre filles pour les instruire des Regles et des fonctions de cet institut, a condition de justifier dune fondation suffisante avant de recevoir lhabit dursuline. Le landemain par acte passé devant notaire a Crespy, les onze filles, barbe Rangeuil a leur tete se soumirent a embrasser la Regle de Ste Ursule et donnerent chacune a leur communauté le bien quelles avoient. Cette donation fut acceptée par Jacque Rangeuil Doyen et Chanoine de St Thomas leurs Directeur et par Pierre de la grange procureur du Roy, le 9 7bre de la meme année. Catherine Bourdon lune d'elles se desista de lengagement a cause de la faiblesse de sa vue. On luy rendit les mille livres dargent comptant quelle avoit donné. Deux autres quitterent au meme tems en sorte quelles ne restoient plus que huit qui le meme jour prirent lhabit dursclines des mains de Nicolas Sanguin eveque de Senlis. le 10, 11 et 12 de septembre

1625 et firent profession aussy dans ses mains, et le 29 du meme mois elles elurent pour Superieure la mere Elisabeth de S¹ᵉ Catherine de Sienne religieuse professe du couvent des Urselines de la rue S¹ Jacque a Paris. Ces Religieuses au moyen de plusieurs places et ruelles de maisons voisines par elles acquises et de presque tous le reste du Terrein du chateau, se sont fait un grand emplacement sur lequel est batie une belle maison spatieuse et fort commode avec un grand jardin le tout en tres bon air. La communauté est tres nombreuse, elle n'est pas riche, mais elle se soutient par une grande economie et quantité de pensionnaires.

Entre les Confrairies, il en est deux plus considerables etablies pour le soulagement des pauvres. La premiere ditte de la Trinité fut etablie en 1102. dans leglise de S¹ Albin et ainsy par les seigneurs de la maison de Crespy, seigneurs de Nanteuil et du Donjon de Crespy, elle fut appellée la Confrairi aux pretres parcequil ny avoit queux qui en fussent. En 1160 elle fut transferée en leglise de S¹ Denis et les seculiers y furent admis. En 1214 philippe Auguste maitre du Valois ayant donné a Guerin eveque de Senlis le droit de nomination et de patronage qu'il avoit dans S¹ Thomas, ce prelat transfera cette Confrairie dans cette Eglise, ou elle est toujours restée depuis. elle est gouvernée par un abbé et 4 auditeurs, dont deux avec labbé selisent tous les ans le jour de la Trinité, jour auquel labbé qui sort de charge rend ses comptes devant labbé entrant, Les deux auditeurs sortant et les deux entrant. Cet abbé est choisi parmy les confreres, et alternativement. Cest un ecclesiastique presque toujours Chanoine de S¹ Thomas et un Laïc. Cette confrairie a des Revenus peu considerables presque tous en grains destinés pour le soulagement des pauvres honteux, pour y entrer il en coute six livres, pourquoy le chapitre fait un service solennel pour le confrere defunt.

La seconde Confrairie qui est plustot une Congregation, est celle de S¹ Joseph instituée pour les pauvres malades de la ville, elle a eté etablie en leglise S¹ Thomas, le mardy 20 avril 1638, par le pere Charles de Boislevé Jesuite sous lautorité et le bon plaisir de Leveque de Senlis. Elle est gouvernée par des Laïcs administrateurs nommés par ce prelat. Ils firent un reglement de 16 articles qui fut confirmé par Nicolas Sanguin le 16 novembre 1639. Par le 6ᵐᵉ il est dit quelle sera sous la protection de Leveque de Senlis qui pourra changer et innover comme luy semblera, et que les comptes seront rendus pardevant Luy. Son principal revenu vient des quêtes qui se font les dimanches et fetes dans les Trois paroisses de la ville.

Passons a la Judicature qui selon bien des Peres est une espece de sacerdoce.

Il ny a pas a douter que le baillage de Crespy ne soit tres ancien ; il est a presumer que le Valois ayant appartenu si longtems a la maison de Vermendois, les Seigneurs de cette maison qui etoient tres puissans, avoient un baillif soit pour le Valois seul, soit pour le Valois et le Vermandois ensemble. Comme les Comtes de Senlis qui ont aussy etés Seigneurs du Valois n'en avoient qu'un pour leur Comté de Senlis et le Valois. Ce quil y a de certain cest quau moins en 1284 quand le Valois fut donné en appanage a Charles 5 fils du Roy philippe le hardy et erigé en comté en sa faveur, Ce prince qui fut la tige de la maison de Valois, et qui le plus souvent faisoit sa residence a Crespy, avoit un baillif pour le Valois, puisque dans les Chartes de St Thomas il y en a une de lan 1292, dans laquelle il fait mention dune ordonnance rendue par un Gaultier dit Vaubert, baillif du Valois pour M^r le Comte. bien plus suivant Crussal dans son Traité general des fiefs T. 1er p. 415. Dans un compte de la Toussaint 1202 etant en la Chambre des Comptes nous trouvons un Regnault de Bethysi baillif de Crespy sous le Roy philippe Auguste. Or dez quil y avoit un baillif a Crespy il y avoit donc un baillage. Ce baillage est donc tres ancien, mais son etendue n'a pas eté aussy grande quelle et'e par la suite. elle a suivi celle du Valois. Avant 1284 ce baillage navoit dans son ressort que la prevoté de Crespy et celle de Bethisy Verberie. Quand en 1284 Le Valois fut erigé en Comté on adjouta au Valois et ainsy au Ressort du baillage les chatellenies et prevoté de la ferté milon et de pierrefonds. Ce ressort fut augmenté en 1406 des chatellenie et prevoté d'ouchy et neully S^t front qui furent distraites du baillage de Vetu pour adjouter au Valois afin d'en faire un duché. Depuis cette epoque les baillifs furent qualifiés baillifs et gouverneurs du Duché de Valois. Leur Lieutenant general etoit qualifié lieutenant general du Valois. Dans lespace de 200 ans il y en a eu sept de ceux cy presque consecutifs du nom de Rangeuil, et enfin ce ressort fut encore augmenté en 1639, par un arrêt du Conseil qui leur attribua les connoissances des appels des hautes justices de Nanteuil sur Marne, Charly, Croutes, et Romeni qui ne sont pas du Valois et cela pour dedomagement de quelques Lieux qui furent distraits de la jurisdiction du Valois pour les donner au presidial de Soissons. Mais d'une autre part quand le Valois fut erigé en Duché, en 1406, les Eglises de fondation Royales de la Chatellenie de pierrefonds, son siege fut mis a Compiegne, ou il est encore a present. L'appel en fut attribué au baillage de Senlis, malgré ce retranchement qui fut fort parce que leglise a de gros bien dans cette chatellenie, Le baillage de Crespy ne laissa pas que detre un baillage considerable, et le fut toujours jusscequ'a ce qu'en 7bre 1703. il plût a Louis 14 de creer un baillage en chef a Villers coterets et luy attribuer Jurisdiction sur pres de cinq sixieme du duché de Valois, ce qui a ruiné le baillage de Crespy, sans que jusqu'a present ses officiers ayent pu obtenir la moindre indemnité. Ce quil y a de particulier dans la creation de ce baillage, est que luy ayant attribué la Jurisdiction par appel de la Chatellenie et prevoté de bethisy et Verberie, il faut que les habitans de cette chatellenie passent necessairement par Crespy ou le long de ses murs, pour aller a Trois lieues par de la a Villers Cotterets demander et solliciter la justice.

Le baillage de Crespy est décoré d'un presidial, il a eté creé en janvier 1638. avec ressort sur tout le Valois, mais la creation de Villers coterest la aussy ruiné; il est vray que par Ledit de creation de ce dernier baillage Lappel dans ce qu'on appelle les deux Chefs de Ledit est toujours reservé au presidial, mais les procureurs pour empecher que les appels n'aillent a Crespy concluent en premiere instance a six cent livres dinterest et de domages, afin que la matiere excede les deux chefs de Ledit et que les appels aillent *recta* au parlement. Cet abus est toleré par ceux qui devroient lempecher, La jalousie peut aveugler d'ailleurs [1] pleins desprit et de merite.

Lors de la creation du presidial en 1638 fut aussy creé une marechaussée provinciale a Crespy au lieu de Lieutenant de Robe

---

[1] Il doit y avoir quelques mots passés.

courte qui y etoient, mais en 1719, cette marechaussée fut suprimée comme les autres, et pour l'arrengement des mareschaussées il nest pas seulement resté une brigade a Crespy quoique Capitale du Duché de Valois decorée dun presidial. Il est vray quil y en a une a Villers coterest a 3 lieues de la, mais cette brigade etant obligée de garder la forest par dela en allant a Soissons, Crespy et les environs fort au loin excepté du coté de Villers coterest sont a descouverts et par[1] exposé a Tous les malvaillants, et sourtout aux attroupements des mandiants qui inondent le pays et principalement les fermes à l'ecart. Il seroit aisé de remedier a cela en tirant pour ly mettre une brigade d'un endroit ou elle est inutile comme par exemple il y en a deux a la Charité-sur-Loire dans le Nivernois, ou a brive la Gaillarde dans le Limousin ; une seule suffiroit dans chacun de ces deux endroits. Il y en a Trois a Lille en flandre, comme il y a toujours garnison en cette ville une seule suffiroit, ou au plus deux. Il est indiferent a Letat de payer une brigade a un endroit ou a un autre.

Enfin il y a a Crepy une election dont en 1580 la reine Catherine de Medicis v° du Roy Henry 2, duchesse de Valois obtint la creation, ainsy que dun grenier a sel de la ferté milon.

A la suitte des jurisdictions Royales, les maire et echevins qui dans Lantiquité avoient une jurisdiction meme assez etendue dans la ville, suivant Chopin du domaine de france, L 3me Titre 20me Lechevinage de Crespy est le plus ancien de la france, puisquil fut donné a la ville par philippe Auguste qui vint a la Couronne en 1180. par la Charte de 1205 cité par Ducange dont jay parlé. Et par des Chartes du même Philippe Auguste, en 1213, il est parlé d'un maire. Il est inutile de disserter icy sur tous les changemens qui sont survenus depuis dans leur nombre et leur pouvoir, La facon et le Tems de leur Election, de même que sur les noms dechevins, jures, atournez et gouverneurs quils ont eu, il suffit de dire qua present il y a un maire et deux echevins, qui doivent se changer tous les deux ans. Le jour de leur nomination est fixé au jour de St André 30 9bre, et elle se fait par une assemblée de la ville, convoquée par les maire et echevins en charge, elle se tient

---

[1] Mot passé.

dans la salle de Laudience, cest le Lieutenant General du baillage qui y preside. Chacun y nomme trois sujets pour maire et Trois pour Echevins. Chacun ayant donné sa voix que le Greffier ecris a mesure, le lieutenant general prend lextrait des trois qui ont plus de voix, pour chacune place et lenvoye au secretaire des Commendement de M^r le Duc Dorleans. Ce prince choisit des trois qui luy plait. Les Trois choisis demandent ensuite lagrement a M^r le Gouverneur de la ville, et puis ils entrent en fonction le 1er janvier. Le maire est ordinairement nommé par les habitants ou plustot les 3 sujets p^t [1] la place de maire sont ordinairement nommez du nombre de ceux qui ont eté echevins.

Les premiers Echevins se tirent des officiers de robe ou des avocats ou des habitans exempt par eux même de la colecte. Les seconds Echevins se nomme alternativement des praticiens ou des marchands ou simples bourgeois. Il est de linterest de la ville de ne jamais nommer pour premiers echevins, mais seulement pour seconds des sujets qui par eux memes ne soient pas exempts de la collecte, parce que Lechevinage en affranchit pour toujours ceux qui y seroient sujet, il y auroit trop daffranchis ce qui seroit a la charge des habitans.

Je viens de parler dun gouverneur et jay dis au chapitre du baillage que depuis que le Valois avoit eté erigé en Duché en 1406, les baillifs avoient toujours etez appellés baillifs et gouverneurs du Valois ; sans doute les Ducs donnerent à leurs baillifs le gouvernement de leur duché de Valois. depuis un siecle et demy ou environ que le baillage du Valois est dans la maison de Gevres, Le gouvernement particulier de la ville et chateau de Crespy a eté adjouté au gouvernement et au baillage general du Valois; Ainsy M^r le Duc de Gevres pair de france, premier gentilhomme de la Chambre du Roy et gouverneur de Paris et de Lisle de france est gouverneur et grand baillif du Valois et gouverneur de la ville et chateau de Crespy. Ce gouvernement particulier de Crespy vaut 1200 l. d'appointement employés dans les Etats du Roy.

Les Revenus de la ville consistent en un droit doctroye ou de courte pinte, un droit de pont et chaussée a percevoir dans la ville,

---

[1] *Prenant* sans doute.

le tout accordé par le Roy, et quelques surcens dus sur quelques maisons de la ville a cause du Terrain par elle concedé sur quoi il y a des charges a aquitter, mais tout acquitté a moins quil ne surviennent des charges extraordinaires, quand ce Revenu est bien menagé, il en reste environ Trois cent livres a employer en pavé ou autres necessités ou ornement de la ville.

Il ne reste plus qu'a parler de deux jeux qui de tems immemorial ont fait un noble amusement. Le premier est le noble jeu de Larc. sans contredit il est le plus ancien puisque Larc etoit la seule arme dont pour atteindre dun peu loin son ennemi a la guerre ou le gibier a la chasse, on sen servit avant lusage de la poudre a canon qui comme on sait fut inventée au commencement du 14 siecle. Ainsy la Compagnie des Chevaliers de Larc est de tres ancienne institution, elle ne jouit daucuns privileges, ce nest que pour le plaisir de faire voir son addresse quelle exerce ce jeu dans un jardin qui est foncierement a elle a la porte pres les Capucins.

Le second jeu est celuy de Larquebuse. la Compagnie de Chevaliers qui setoient adonnés a ce noble exercice etoit dune institution presquaussy ancienne que larquebuse qui a eté la premiere arme a feu portative dont on se soit servi apres linvention de la poudre. Cette ditte Compagnie setoit toujours distinguée par son adresse dans les prix generaux et provinciaux. Par arret du Conseil, du 27 aoust 1735. a eté suprimée et nest point retablis.

La ville de Crespy a des deniers patrimoniaux, dons et octroys, ce qui luy fournit un petit revenu pour les necessités et depences de la ville et pour lentretien du pavé. Autrefois ce revenu etoit plus considerable; la ville avoit droit de prendre 50 sols sur chaque muid de sel qui se vendoit a la chambre au sel de Crespy.

En 1527 le Roy francois premier reduisit ce droit a 40 sols, en 1602, le Roy Henry 4, le reduisit a 20 d.[1] depuis ce droit a eté eteint. A present ce revenu ne consiste plus quen deux partie outre quelques petits surcens sur quelques maisons sur la porte du Paon et a celle des Capucins, lesquels tirent leur origine des concessions faittes par la ville quand elle fit batir ces deux portes chacune dans sont Tems.

Deniers.

Les deux parties donc qui restent sont la ferme des ponts et chaussées, et celle des octrois. Celle des ponts et chaussées est la plus petite, cependant je la met la premiere comme la plus ancienne; elle est ainsy ditte parce qu'originairement sont revenu etoit destiné à l'entretien des ponts qui etoient entre les deux portes du paon, et les deux portes de Compiegne. Je dis les deux portes parce qu'il y en a une au dedans, une autre au dehors de la ville, entre les deux ponts il y avoit un pont levis. Il falloit aussy entretenir les chaussées qui y aboutissoient.

En 1205, Philippe Auguste qui avoit entierement reuni le Valois a la couronne, accorda aux habitans de Crespy droit de commune, cest a dire droit de bourgeoisie et assemblée en corps de ville avec toute jurisdiction ordinaire. Bouchet sur son commentaire dans l'article 1er de la coutume de Senlis a placé la charte de cette concession sous lannée 1218, mais il s'est trompé, elle est de 1205 suivant Ducange dans son Glossaire de Ledit 1733, ou sous le mot *abandum* il a cité cette charte an 1205. en vertu de ce droit de commune Les habitans nommerent un majeur ou maire *major*. Un argentier ou Receveur et huit Jurez ou Echevins *jurati* pour les Gouverneurs. Ce corps de ville fit des Reglements et entre autres, ordonna que chaque bette a somme ou de traits que des forains feroient entrer dans la ville pour y vendre marchandise ou denrées payeroient a lentrée un denier pour Lentretien des ponts et chaussées. par la suitte ce denier a été doublé triplé etc. a cause de la difficulté de payer 2 deniers Le fort denier doit etre pour le receveur mais ce nest que quand il ny a qu'une bete seule, quand il y en a plusieurs appartenantes au même, il ne paye qua raison de deux deniers par bete. Cette ferme se publioit autrefois et les encheres se recevoient sous le change, et le landemain ladjudication sen faisoit a la Croix au bourg par les maires et echevins. A present cest a lhotel de ville que tout se faisoit apres lapposition des affiches. Cette ferme etoit autrefois plus considerable quelle n'est. Letablissement dun baillage a Villers coteret qui a retranché les 4 cinquieme de celuy de Crespy; La mareschaussée provinciale oté de Crespy sans quil en soit resté seulement une brigade; Le grand chemin et la porte retiré de la ville de Crespy, Le marché a bled de Nantheuil qui a entrainé presquentierement celuy de Crespy, ont fait diminuer le nombre des habitants de Crespy et la consommation et par consequent lapport des marchandises et denrées. Cette ferme nest actuellement que de 300 l.

La ferme des octrois quoique moins ancienne est plus considerable. en 1400, le 4 juillet, la ville de Crespy ayant été fort affligée par la grande mortalité qui y avoit regné, Louis fils de Roi de france duc dOrleans, comte du Valois de blois et de baumont, celuy en faveur de qui le Valois fut bans apres erigé en Duché, octroya aux habitans pour servir aux reparations des fortifications et autres necessités de la ville Laide pendant 4 ans de prendre a leurs proffits dans la ville et a une lieu et demie a la ronde, la dixieme partie de la pinte et de la chopine sur tous les vendants vin en detail. Cet octroy qui fut appellé droit de courte pinte leurs fut de Tems en Tems renouvellé ou confirmé par les Ducs de Valois. et le Roy henry 4 par ses Lettres patentes du dernier decembre 1602 Letendit jusqua deux Lieues a la ronde de la ville, mais par la suitte il a été restraint a la ville et le Roy s'en est réservé la moitié. Enfin Louis 14 par son ordonnance du mois de juillet 1681, Titres des octrois art : 1 et 2^d ayant voulut que sa moitié et celle qui se leve au proffit des villes fussent levées a perpetuité, quoique le Tems porté par Loctroy fut limité ou expiré, Ce droit est devenu perpetuel.

Autrefois les publications de cette ferme et les encheres comme de celle de la Chaussée se faisoit aux chamges et Ladjudication sen fesoit le landemain a la place de la Croix au bourg par les maires et echevins, mais depuis lordonnance de 1681 et surtout depuis larret du Conseil du 14 juin 1689, le Tout se fait en Laudience de Lelection, et par les officiers de cette compagnie; Cette ferme est sujette a variations comme celle de la Chaussée et le produit depend de meme du plus ou du moins de consommation. elle est actuelement affermée la somme de 1850 l. et 30 l. au principal du College ce qui avec la ferme de la Chaussée montant a 300 l. fait le revenu actuel de la ville de 2150 l.

Il y a un Receveur en titre doffice sous le titre de tresorir des revenus de la ville de receveur de deniers patrimoniaux dons et octrois. Il prend ses provisions du Duc Dorleans comme Duc de Valois en rend ses comptes, pour les deniers patrimoniaux devant le Lieutenant general de Crespy, et pour les octrois en la Chambre des Comptes ou il se fait recevoir. Cest M⁽ʳ⁾ Noel francois Julien Neret receveur des Tailles qui en est actuellement pourvu.

Les depences sur ce Revenu sont de deux sortes ordinaires et extraordinaires et sont affectées sur une des deux fermes. Sur la ferme de la Chaussé suivant Letat arretté pour M⁽ʳ⁾ Bossuet lors intendant de la generalité de Soissons le 25 juin 1690.

Les depenses ordinaires sont 1° Au Religieux Mathurins de Paris pour rente düe originairement par la ville et creé par elle au profit de Philippe Auguste lors de la concession de la commune a la ville et depuis donnée au couvent par ce prince 45 l.

2° Au domaine de Valois pour droit accordé a la ville par les Comtes de Valois 79 l. 7 s. 9 d.

Cette rente avoit eté donnée aux Chartreux de bourgfontaine par Charles de Valois, et depuis retirée d'eux en echange de terres.

3° pour les bois et chandelles qui se consomment pendant Lhiver a Lhotel de ville pour travailler au logement des gens de guerres et autres affaires de la ville, papier, plume et registres imprimés bois chandelles de corps de garde ce qui est sujet a variation 130.

4° pour les Torches et flambeaux avec les ecussons qui se portent par les officiers et archers de ville a la procession generale du S⁽ᵗ⁾ Sacrement ce qui coute beaucoup plus a present.

5° Au sonneur et organiste pour la sonnerie et toucher lorgue pendant le service de ce jour 6 l.

6° pour les frais du compte qui se rend de cette partie par devant le Lieutenant General 15 l.

Total de la depence sur la ferme de la Chaussée 300.

Sur la ferme de loctroy suivant Letat arretté par le meme M⁽ʳ⁾ Bossuet le 23 juin 1690 en lexecution de Ledit du mois juillet 1686 portans creation de deux receveurs des octroys de chaque election du Royaume.

1° primo au Greffier de lhotel de ville pour gage 5 l.

2⁽ᵈᵒ⁾ au Geolier pour le son de la Cloche du beffroy chaque jour a huit heures du soir pendant six mois de lannée, commencant au 15 octobre et finissant au 15 mars. Cest pour remettre dans leur chemin ceux qui sont egarés dans la campagne 25 l.

3° Au conducteur de lhorloge de la ville 25 l.

par un marché fait avec Sulpice Picard Lhorloger, il est obligé de conduire lhorloge et lentretenir moyennant 40 s. Ainsy cet article doit être augmenté de 15 l. par an.

4° au trompette de la ville par les cris publics 5 l.

5° aux deux anciens des 4 valets de la ville pour les services quils rendent pendant lannée a chacun 15 l. cy 30 l.

6° pour netoyer chaque semaine un ru et Lavoir public 8 l.

7° pour les casaques ou habits de valets de ville Baudouillieres aux armes de la ville cinturons epées pertuisanes et chapeaux bordés 80 l.

8° et aux portiers des portes du Paon et de Compiegne 20 l.

Nota que cet article ne se paye plus. Ainsy memoire.

9° Au predicateur pendant Loctave du St Sacrement L'avant et le Careme 250.

Nota que depuis quon ne preche plus le grand Avant, on ne donne plus que 200. Savoir 150 pour le Careme et 50 pour lavant.

10° pour les feu de joie, vins de present, voyages du maire et echevins. Comme pour aller a Paris querir leurs brevets de nomination de Mgr le Duc Dorleans et demander Lagrement de M^r le Gouverneur de la ville, Copies de Route Duplicata et autres depences prevües et non prevues 370.

11° pour lentretien de ponts chaussées pavés murailles, portes, casemates, corps de gardes, puits fontaines et autres edifices publics 500.

12° Au Receveurs des octrois pour ses droits qui sont a present de deux sols pour livre des octrois.

13° pour les frais de Recouvrement de Letat 6 l. et a present 8.

14° pour les epices du compte du Receveur des octrois de la ville 79 l. 18 s. 6 d.

Nota que ces epices sont aujourdhuy plus fortes et vont a cent dix livres et varient quelquefois.

15° Il y a en outre les 3 s. pour livre qui se paye aux fermiers des domaines du Roy.

Autres depenses non arretés par ces deux Etats.

Par acte dassemblée de la ville du 9 may 1734 autorisé par Mr de la Galisiere intendant de Soissons Il y a un Tombereau etabli pour chaque jour de marché de la semeine enlever les boues et les ordures des Rues; pourquoy suivant ladjudication faite en lhotel de ville, Il est passé par an et payé 188 l.

Plus par arret du Conseil du 15 decembre 1739 et ordonnance du 10 may 1740, La ville a eté condamnée de payer par an a lhotel dieu de Clermont en beauvoisis pour une ancienne dête pour laquelle il y avoit proces depuis longtemps 16 l.

Plus au Roy pour le dixieme denier montant a 165 l. plus pour chaque milicien quand on tire la milice 30 l. 10 s. par homme au moyen de quoy Toutes depenses indispensables deduittes il ne reste rien pour les reparations des edifices publics.

———————

NOTE EXPLICATIVE

pour la Carte de la ville de Crépy-en-Valois

au commencement du XVe siècle.

Pour indiquer le tracé de l'enceinte de la ville de Crépy-en-Valois, élevée par Gauthier le Blanc à la fin du Xe siècle et au commencement du XIe, nous avons dû nous appuyer sur les dires de Carlier et de Graves, bien qu'ils ne soient pas toujours concordants; de même pour la division de la ville en deux quartiers séparés, le château et le donjon. Le premier au nord, le deuxième au midi, séparés par une ligne partant de la poterne Saint-Arnould, et aboutissant à la rue de la Cloche, après avoir longé le Pilori. Nous avons d'ailleurs été confirmé dans la certitude de l'existence de cette première enceinte par les vestiges des tours polygonales que l'on voit encore sur le parcours d'une ligne courbe qui, partant de la porte de Compiègne, passerait au levant de la rue de la Cloche et atteindrait la rue Goland en avant de la poterne Sainte-Agathe, après avoir coupé la rue de la Boucherie au point où se trouvait la porte du Beffroy ou des Oinctiers, qui existait encore dans le siècle dernier et servait de lieu de dépôt pour les archives de la ville.

En ce qui concerne l'enceinte plus récemment élevée qui existait au commencement du XVe siècle, Carlier et Graves sont en complet désaccord. Le premier dit qu'elle remontait à Gauthier; le dernier affirme qu'elle fut établie, en 1394, par le duc d'Orléans. Nous pensons qu'ils se trompent l'un et l'autre. Les articles de recettes relevés dans les comptes des argentiers de 1405 et suivants relatent des surcens dus à la ville, ou tout au moins des locations faites depuis longtemps par elle, sur le parcours de la rue des Couteliers, de la Grande-Rue, à l'angle de la rue de la Viex-Boucherie, près des Changes, et attestent que ces concessions étaient anciennes. Tout nous porte donc à penser que l'enceinte dont il s'agit, élevée depuis le Xe siècle, à des époques difficiles à préciser aujourd'hui, avait eu pour objet de rattacher à la ville primitive un centre de population qui s'était formé au levant de l'enceinte de Gauthier le Blanc, bien avant la fin du XIVe siècle. Il est à présumer qu'elle avait été ruinée par les Anglais et les Navarrais pendant la première période de la Guerre de Cent-Ans, et que le duc d'Orléans l'a seulement rétablie lors de sa prise de possession du comté de Valois.

En l'absence de documents susceptibles de nous édifier sur ce point, il ne serait pas téméraire de conjecturer que cette enceinte avait été édifiée par les bourgeois eux-mêmes, en vertu des pouvoirs que la charte de commune leur avait concédés. Ces pouvoirs, ou si l'on veut ces droits qui leur créaient, par voie de conséquence, des obligations sérieuses, étaient considérables. En livrant la ville à elle-même et la chargeant du soin de sa propre défense, le roi lui avait octroyé, dans la mesure la plus large, les moyens d'y pourvoir. L'article 28 de la charte de Philippe-Auguste du 12 juin 1215 s'exprime ainsi :

« Ubicumque major et jurati villam Crispiaci firmari voluerint, « in cujuscumque terra sit, absque forifacto firmabunt. »

Pour le maire et pour les jurés de Crépy, le droit de fortifier leur ville sur le territoire de qui que ce soit, est donc absolu et ne comporte aucune restriction.

Mais l'article 18 va plus loin dans cet ordre d'idées. En voici le texte :

« Si vero aliqua domus infra tertiam leucam sita sit, que ville « nocuerit, sine forifacto a burgensibus diruetur ; que si vi eorum « dirui non possit, vi et auxilio nostro diruetur. »

Donc si dans un rayon de trois lieues il y a quelque maison qui soit nuisible à la ville, les bourgeois ont le droit de l'abattre, et si leur force est insuffisante pour atteindre ce résultat, le roi s'engage à mettre à leur service sa propre force.

De pareils droits donnés, tout à coup, à une bourgeoisie qui, la veille encore, était dans la plus entière dépendance; de pareils engagements, pris en sa faveur par le pouvoir souverain, nous font bien comprendre aujourd'hui à quelles nécessités ce dernier avait dû céder, et combien étaient grands les dangers que courait l'existence de ces agglomérations urbaines, si les moyens les plus énergiques de pourvoir à leur protection ne leur avaient pas été départis.

La conséquence à en tirer en ce qui concerne spécialement la formation de la deuxième enceinte de Crépy, c'est qu'elle a été élevée, selon toute vraisemblance, par les bourgeois et par application des droits qui leur avaient été octroyés par les articles 18 et 28 de la charte de commune de 1215. Ce centre de population qui s'était développé en avant de la première enceinte, aura été enveloppé dans une ceinture de murailles nouvelles se prolongeant de la poterne Sainte-Agathe vers la porte du Paon, et de cette dernière vers la porte des Pourceaux, pour de là rejoindre la porte de Compiègne; mais cette œuvre, d'ailleurs considérable, accomplie sous l'empire des dangers que la charte visait, aura été entreprise peu de temps après l'octroi de cette charte et aura précédé de plus de 150 ans l'avènement du duc d'Orléans au comté de Valois.

Cette manière d'envisager comme vraisemblable et presque certaine, le développement de l'enceinte de la ville de Crépy, par application de l'article 28 de la charte de commune, nous serait, au surplus, confirmée par un fait que nous avons signalé dans la pièce justificative nº XI, relative aux Promenades. On a vu qu'en 1640 la ville avait fait don, aux Capucins, pour leur établissement, du terrain situé en avant des fossés qui protégeaient la base des remparts. Elle en était donc propriétaire, et cela est tout simple si cette deuxième enceinte était son œuvre. Si faibles que fussent, au XIII° siècle, la puissance et la portée des armes de jet, encore fallait-il qu'en avant des fossés un certain espace restât découvert, du côté de la plaine, pour donner au défenseur des vues contre l'assaillant, et ne pas procurer à ce dernier de moyens de cheminer à couvert contre la place. Cet espace faisait donc partie intégrante des fortifications là où elles n'étaient pas protégées, à leur base, par des escarpements naturels. C'était une zône de servitude que la ville s'était appropriée en développant son système de défenses, ainsi que sa charte de commune lui en avait conféré le droit.

Telle nous paraît devoir être la vérité, si surtout, comme le dit Carlier, et comme Graves semble l'admettre, la période communale a duré de 1117 à 1329, et si la charte de 1215, que nous possédons, n'était que la reproduction et la consécration des droits concédés depuis un siècle, soit par les seigneurs, soit par le roi. En tout cas, il nous paraît certain que la deuxième enceinte n'était pas contemporaine du duc d'Orléans, qu'elle avait précédé de beaucoup son avènement, et que, l'ayant trouvée ruinée, il l'a restaurée.

Cette explication nous a parue nécessaire, et nous pensons, également, devoir justifier quelques-uns des noms des chemins qui donnaient accès à la ville de Crépy dans le cours du XIV° siècle; l'un surtout, auquel nous avons attribué une triple appellation, savoir : Chemin de Bapaume, Chemin Pontois, Chemin des Flandres.

A cette époque, ainsi qu'on l'a vu, la ville de Crépy était l'une des stations les plus fréquentées par le commerce très actif qui existait entre la Champagne et les villes flamandes. Bapaume, au nord, était la station correspondante à l'entrée des Flandres. Nous avons signalé, d'après les comptes des argentiers de 1405 à 1431, au chapitre XII de cette étude, le grand nombre d'hôtelleries qui existaient à Crépy, au commencement du XV° siècle. C'était un des symptômes de l'activité commerciale qui avait longtemps régné entre ces provinces, et dont la capitale du Valois avait tiré un grand profit.

A ce point de vue, la voie de communication qui servait à ce mouvement commercial, et dont, sur plusieurs points, les traces ont presque disparu, était la plus importante pour elle.

Du côté de la Champagne, cette voie se dirigeait sur la Maladrerie de Saint-Ladre, où elle se divisait en deux embranchements : l'un, à droite, se portant vers Château-Thierry par Ormoy-le-Davien; le deuxième, à gauche, se détachant vers le bois du Tillet, qu'il traversait près de la lisière, pour pénétrer dans la forêt de Retz, entre les triages du Rond-Capitaine et de l'Arcançon, sur l'emplacement d'une voie forestière appelée encore le Chemin de Crépy, et se dirigeant ensuite vers La Ferté-Milon par Ivors et Boursonne.

Du côté des Flandres, après être descendue au Fonds-Marin en longeant les remparts, au sud, par le Chemin des Vaches, cette voie s'élevait sur le plateau de Sainte-Agathe par deux rampes : celle de Sainte-Agathe et celle de la Terrière, qui était la plus ancienne, et qui, d'après Carlier, aurait pénétré, en souterrain, dans la place, ce qui paraît de tous points invraisemblable. Du point de réunion de ces deux rampes, la route de Flandres se dirigeait vers Duvy, par le chemin de Saint-Sulpice, traversait ce village, remontait sur le plateau, à l'ouest, où, d'après Graves, elle se divisait en deux embranchements; l'un, à gauche, se dirigeant vers Pont-Sainte-Maxence, en passant au sud de Vérines, qui était à vrai dire le Chemin Pontois; le deuxième, vers la droite, passant au bois de Balizy, au sud de Trumilly, au Plessis-Cornefroy et à Chavercy; c'était le Chemin de Bapaume.

PLANCHES

PLAN DE LA COLLÉGIALE
DE
SAINT-THOMAS LE MARTYR LES CRESPY-EN-VALOIS

Echelle de 0,0025 par mètre

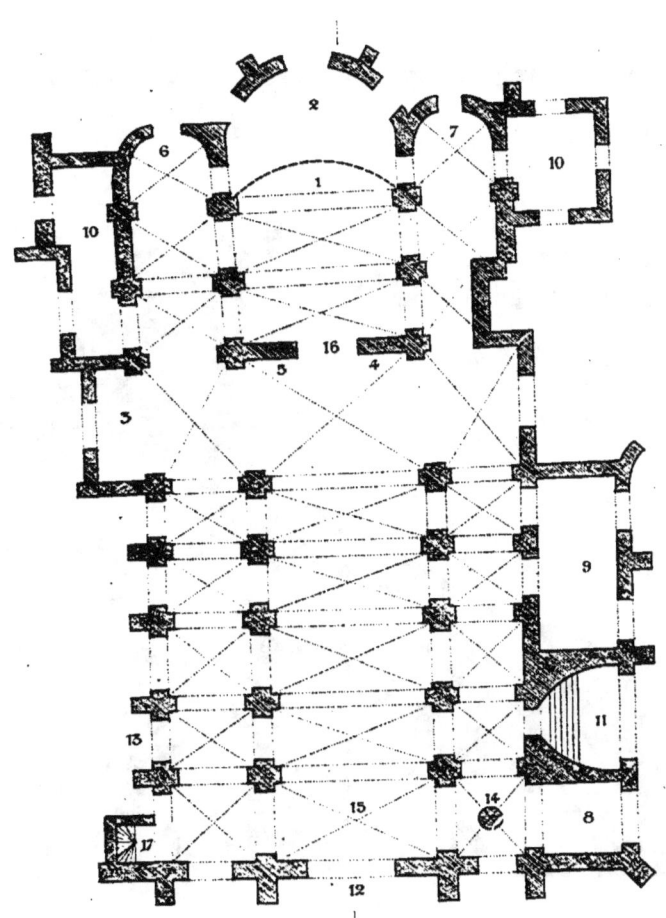

1. Maître autel.
2. St Éloi.
3. St Jehan-Baptiste.
4. Notre-Dame.
5. St Étienne autel de la paroisse, à cette chapelle était attaché le titre de St Antoine.
6. St Nicolas c'était la chapelle maladinale.
7. St Pierre.
8. St Joseph-St Rieul.
9. Chapelle de la Trinité.
10. Sacristies.
11. Porte latérale pour les fidèles.
12. Grand portail.
13. Porte des Chanoines.
14. Fonds baptismaux.
15. Tribune.
16. Jubé.
17. Escalier de la tour.

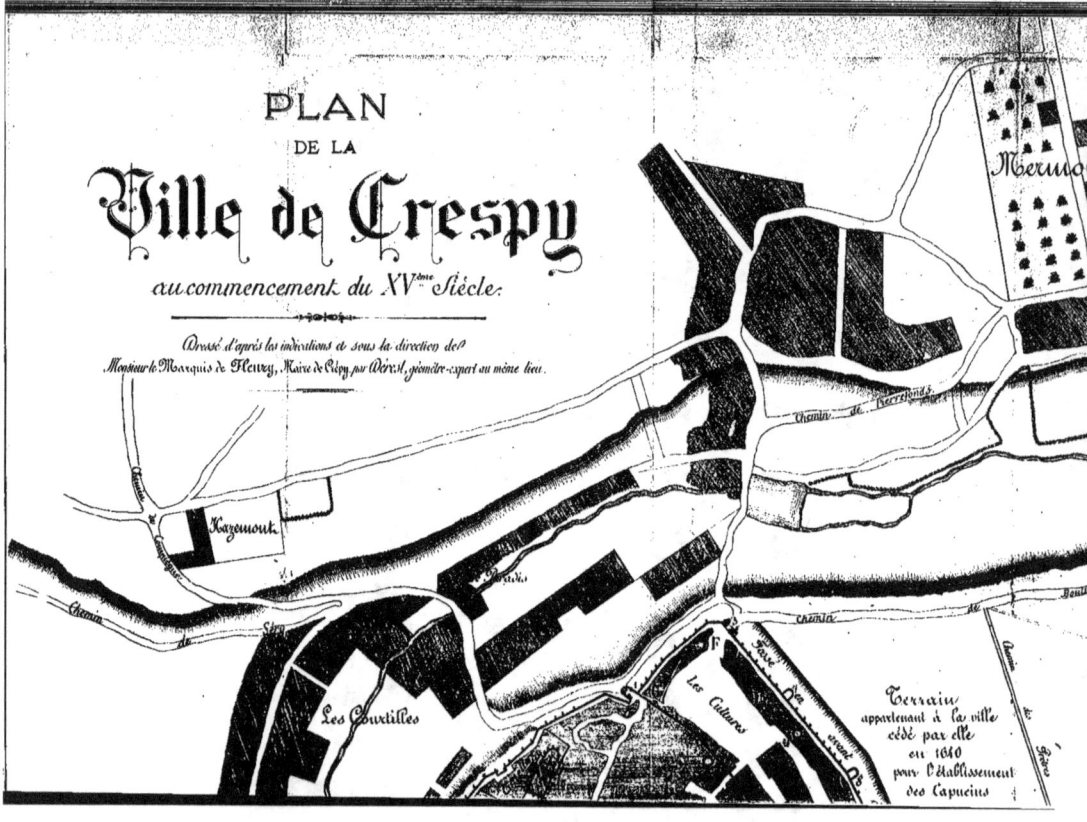

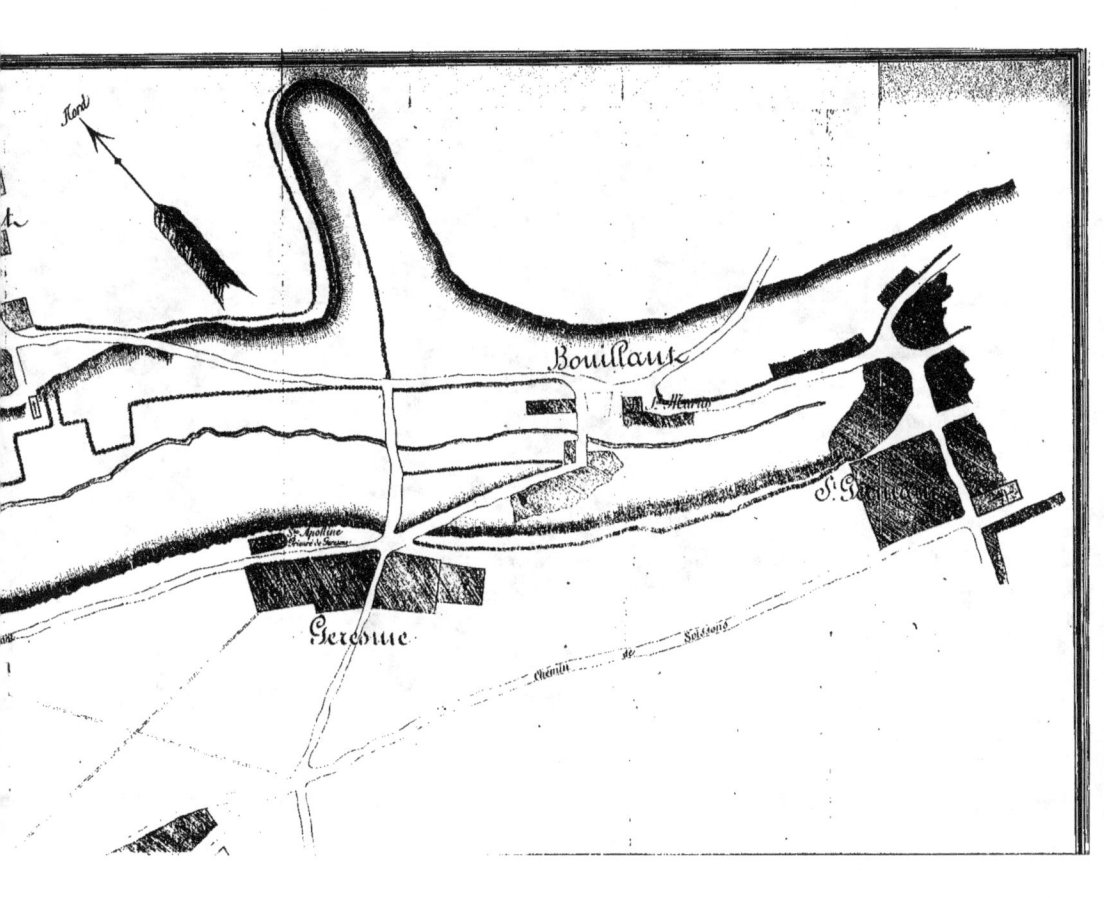

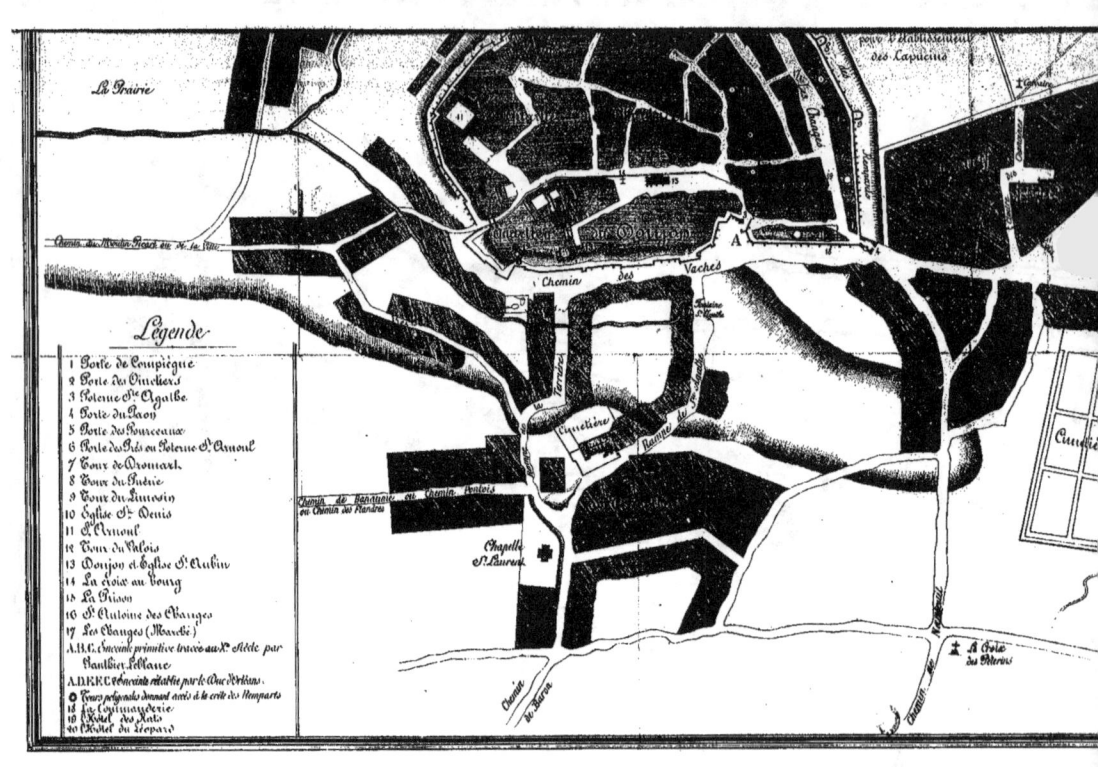

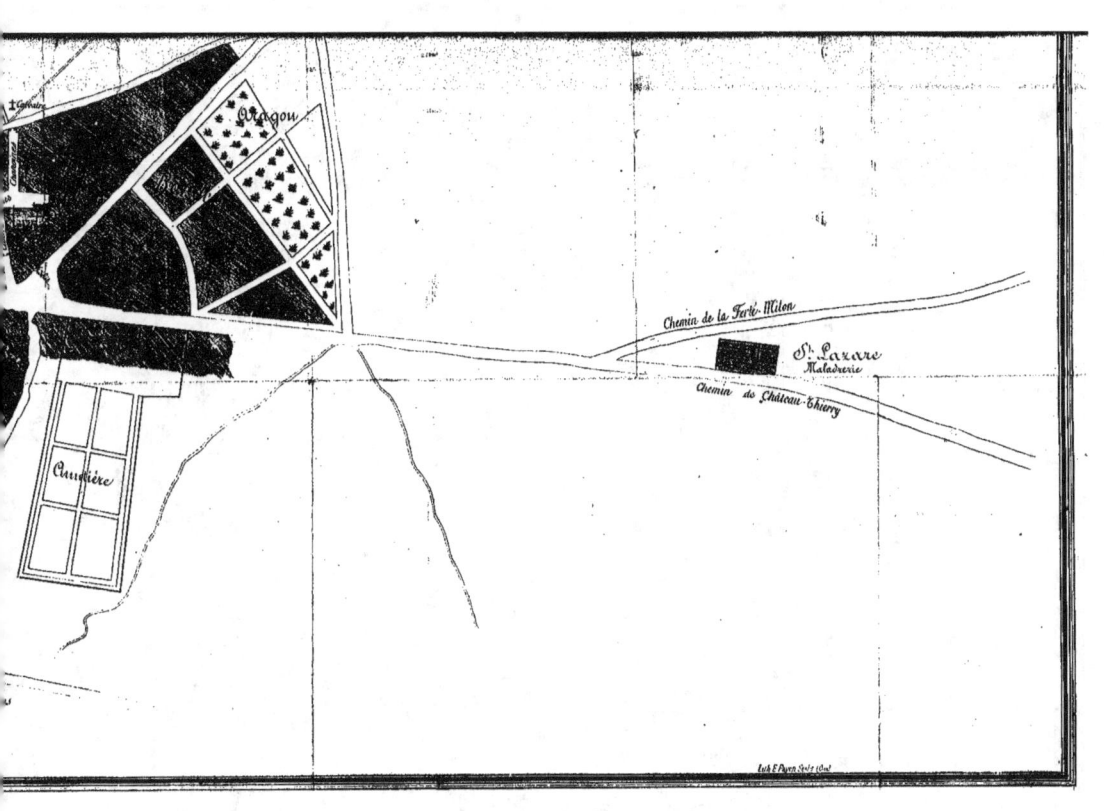

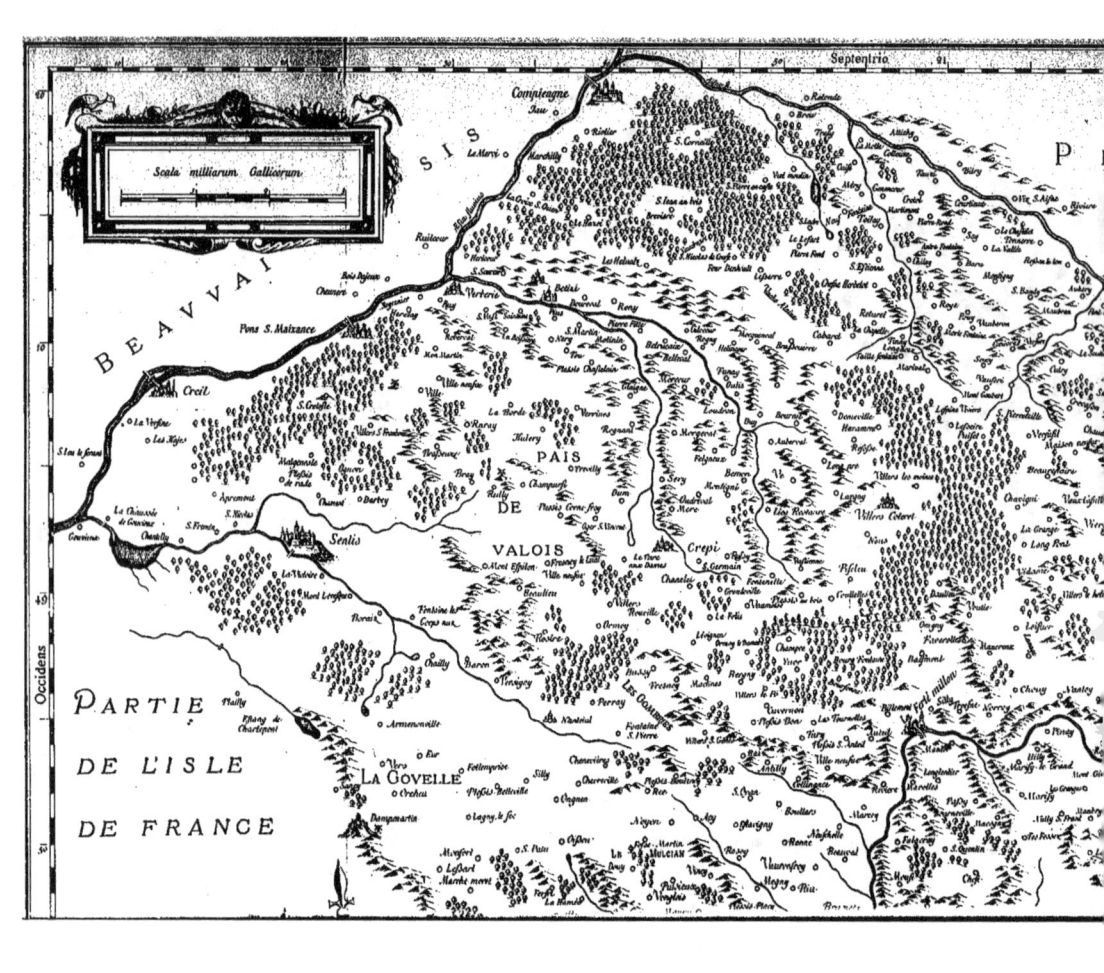

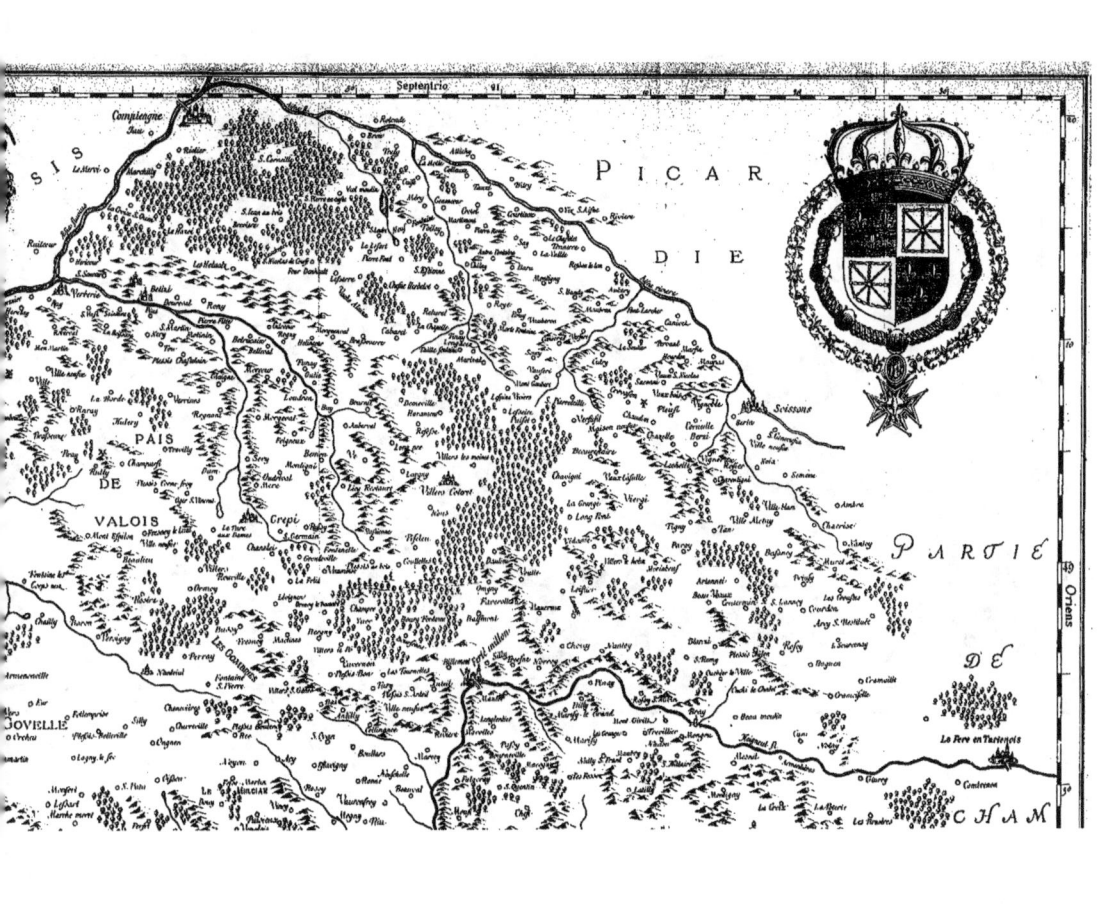

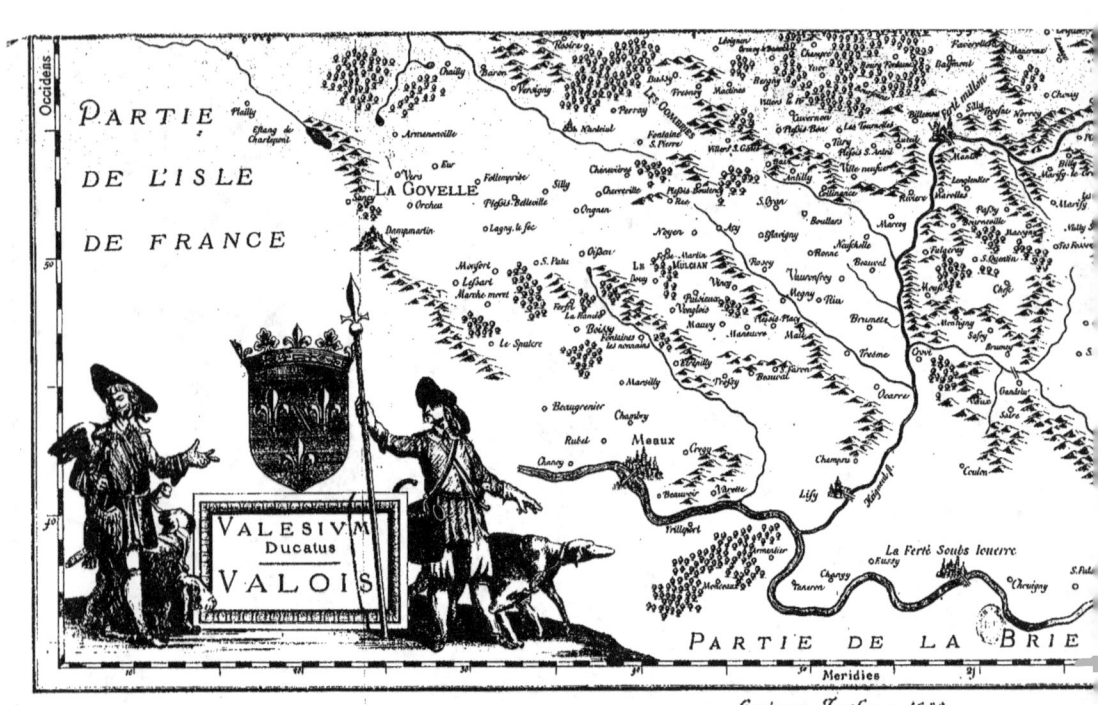

Gravée par Jonshon en 1630
publiée en 1652 dans l'atlas de Leclerc,
reproduite en 1663 dans l'atlas de Blaeu,
imprimé à Amsterdam.

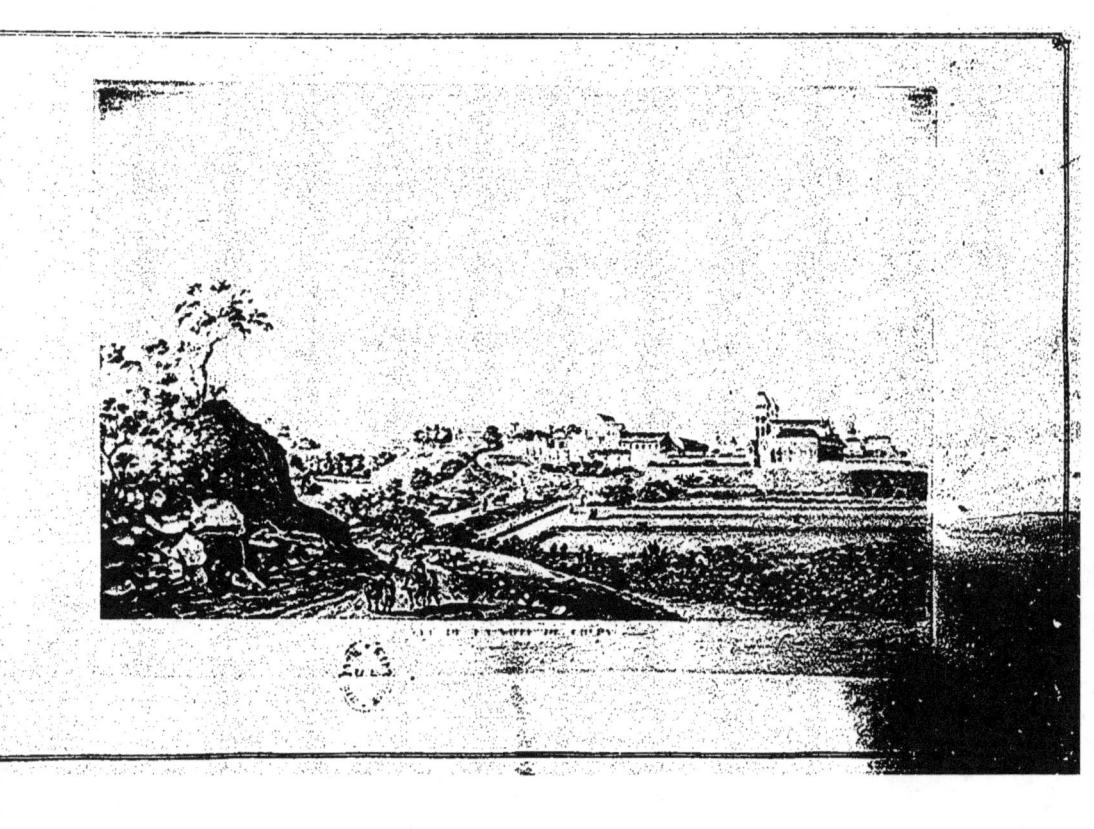

VUE DE L'ÉGLISE DE S.T THOMAS DE CRÉPY
dans le Valois

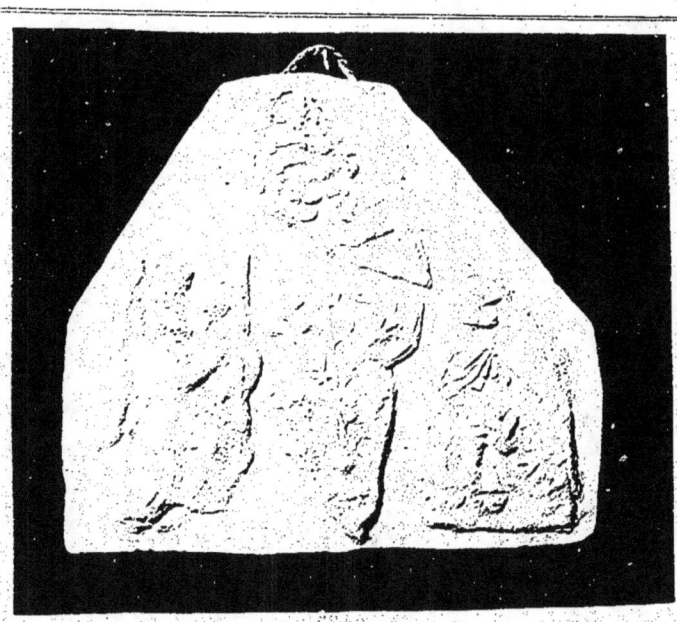

Moulage d'un Fragment de la Cloche de 1528
incrusté en relief sur la Cloche actuelle de 1597

Moulage d'un médaillon en relief sur la Cloche de St Thomas, indiquant ou son nom ou ceux de ses parrain et marraine.

Restes du Donjon

Le Couvent de St. Arnould.

VUE DE LA PORTE DU BEFROI A CREPY.

Mausolée de B. Simon, Cte de Crespy, dans l'Eglise de St Arnoul de Crespy.

Vue de l'Église et du faubourg Ste Agathe

Porte du Paon

TABLE DES MATIÈRES

	Pages.
CHAPITRE I⁰ʳ. Avant-Propos..................................	1
CHAPITRE II. Découverte de l'Inscription....................	5
CHAPITRE III. Fondation de la Collégiale de Saint-Thomas-le-Martyr. — Origine du vocable sous lequel elle fut consacrée..	11
CHAPITRE IV. Motifs qui ont obligé l'auteur à faire remonter cette étude à une époque de beaucoup antérieure à la première date portée sur l'Inscription enroulée autour de la cloche de Saint-Thomas..	19
CHAPITRE V. Première période de la Guerre de Cent-Ans. — De 1336 à la fin du XIV⁰ siècle................................	21
CHAPITRE VI. Deuxième période de la Guerre de Cent-Ans. — Événements accomplis jusqu'à la retraite de Charles VII en Touraine, à la fin de septembre 1429...................	25
CHAPITRE VII. Suite de la deuxième période de la Guerre de Cent-Ans, jusqu'à la prise de Jeanne d'Arc par les Anglo-Bourguignons, sous les murs de Compiègne, le 24 mai 1430...	39
CHAPITRE VIII. Suite de la deuxième période de la Guerre de Cent-Ans, jusqu'au siège et à la ruine de Crépy........	47
CHAPITRE IX. Quel était l'emplacement de la ville, et comment était formée son agglomération au moment où elle fut prise et saccagée par les Anglo-Bourguignons?........	63

Chapitre X. Quelles furent les causes qui portèrent les Anglais à faire subir à la ville de Crépy de pareils sévices?....... 69

Chapitre XI. Quelle date doit-on assigner au siège et à la ruine de Crépy par les Anglais?........ 75

Chapitre XII. Analyse des registres des recettes et des dépenses pour les années 1431 à 1433 et 1436 à 1439......... ... 87

§ I.er. Données générales sur l'administration et les finances de la ville de Crépy. — Suppression de la Commune. — Les jurés, les atournés, les échevins. — Date importante à relever au début du registre de 1432-1433 87

§ II. Recettes non muables. — Recettes muables. — Tailles. — Répartiteurs. — Destination des tailles de 1431 à 1433. — Secours envoyés à la ville de Compiègne assiégée par les Bourguignons. — Emprunt pour obtenir le départ de la garnison laissée par Charles VII en 1429. — Composition de cette garnison. — Mauvais rapports de cette garnison avec les habitants. — Autre date importante à relever (21 juillet 1431).. 95

§ III. Ambassade envoyée à Charles VII par les habitants de Crépy et du pays de Valois. — Jehan Plume, pensionnaire de la ville, conseiller en cour laye, ambassadeur. — Personnel et durée de l'ambassade. — Pouvoirs donnés à Jehan Plume, tant pour représenter le pays que pour emprunter au nom de la ville. — Identité de « Jehan Plume » avec « Jehan Plumé », auteur du premier Coutumier du Valois. — Son fils, lieutenant-général du bailliage du Valois, délégué et élu par les trois états du Valois pour porter à Senlis le traité de paix entre le roi de France et le roi d'Angleterre. — Approbation et ratification des traités par les états. — Leurs droits à cet égard.. 102

§ IV. Dépenses se rattachant aux événements militaires. — Regnauld des Fontaines, bailli du Valois pour Charles VII. — Le maréchal de Boussac. — Le Bâtard d'Orléans (Dunois). — Gaucourt. — Xaintrailles. — Montjoy. — Vigilance des habitants. — Vivres, approvisionnements envoyés par eux à l'armée française qui, sous les ordres de Dunois, était accourue au secours de la ville de Lagny, assiégée en 1432 par les Anglo-Bourguignons........... .. 111

§ V. Fortifications de Crépy. — Le prévôt forain chargé de leur surveillance. — Fournitures et approvisionnements de guerre. — Fabrication sur place d'armes et de poudre. — Une tasse d'argent mise en gage pour l'achat d'arbalestres. — Salaire des guetteurs 115

§ VI. Justifications de dépenses fournies par l'argentier. — Le guetteur du beffroy obligé de s'enfuir après la prise de la ville par les Anglais. — La cédule égarée. — Exemple intéressant de cote irrécouvrable. — Ménagements envers le pauvre peuple. — Emploi des doulces voies ordonné par le conseil de la ville et des Sages..... 120

§ VII. La population de Crépy sans garnison. - Son énergie, ses efforts pour se procurer des moyens de défense. — Ingrédients servant à fabriquer la poudre, les canons et les couleuvrines — Service du guet. — Service d'émissaires. — L'un d'eux arrive de Laigny le 6 juin 1432. — Cette date met de nouveau Carlier en contradiction avec l'argentier. — Examen comparatif des textes de l'argentier et de ceux de Monstrelet. — Leur concordance absolue. — Désaccord, de plus en plus prononcé, entre Carlier et la vérité. — Départ de l'armée française qui avait forcé les Anglais à lever le siège de Laigny. — Départ (widange) des Ecossais et Lombards qui formaient la garnison de Crépy. — Prise de Crépy par les Anglais le 24 mars 1432, dix-huit jours avant Pâques. — Elle est reprise par les Français en mai 1433. — Erreurs graves de Carlier constatées par les argentiers. — Les argentiers, Monstrelet et le Président Minet en complet accord 123

§ VIII. Charges de confiance imposées — Lettres obligatoires. - Procès avec quelques collecteurs. — Charges par héritage. — Principales industries en 1431. — Vins offerts à des personnages. — Frais dans les hôtelleries. — Mesures de la ville appendues aux murs du beffroy. — Lieux dits. — Noms de quelques rues. — Noms de plusieurs portes. — Hostel de Ratz. — Maison de ville .. 133

§ IX. Emplacement de la partie de la ville extérieure aux remparts. — Erreur de Carlier à ce sujet démontrée par les registres des argentiers. — Explication de ce fait. — Crépy centre des communications entre les Flandres et la Champagne. — Prospérité commerciale interrompue par la Guerre de Cent-Ans. — Emplacement et enseignes de quelques hôtelleries. - Noms des hôteliers et taverniers. . 139

§ X. Noms des personnages mentionnés dans les registres des

argentiers de 1431 à 1438. — Division de ces personnages par catégories.. 144

Chapitre XIII. — Quel fut le capitaine qui défendit Crépy contre les Anglais ? Quel fut celui qui en prit le commandement pour les Anglais ?.. 149

Chapitre XIV. Rôle de l'église et de la tour de Saint-Thomas dans les sièges subis par la ville de Crépy. — Etat de ses fortifications en 1430. — Les tours de défense. — La tour de Valois. — Le donjon. — Le vieux château. — L'auditoire... 161

Chapitre XV. Etat de la ville de Crépy de 1434 à 1445. — Création des armées permanentes. — Réformes militaires. — Mesures en usage à Crépy au XVe siècle. — Prix des denrées alimentaires.. 175

§ Ier. Etat de la ville, de sa population et de ses finances, depuis la prise d'assaut de 1434, par les Anglo-Bourguignons, jusqu'en 1445............................. 175

§ II. Création des armées permanentes. — Les compagnies d'ordonnance. - Deux lances mises à la charge de la ville de Crépy-en-Valois. — Les francs-archers. — Fournitures en vivres et en argent. — Effets produits par ces réformes militaires sur ses finances. — Altération des monnaies. — Taille du Roy permanente. — Perte du droit de consentir les impôts. — Les Eslus Royaux. — Passage de Charles VII à Crépy, en 1497.............................. 180

§ III. Mesures en usage à Crépy dans le cours du XVe siècle. — Prix des denrées alimentaires............................. 200

Chapitre XVI. Les apanagistes du Valois pendant le XVe siècle. — Charles d'Orléans, sa bravoure, sa longue captivité, sa délivrance, ses vertus, ses talents littéraires. — Son fils, Louis d'Orléans, lui succède en 1465 et monte sur le trône en 1498... 207

Chapitre XVII. Restauration de la Collégiale de Saint-Thomas. — Erection du clocher actuel. — Première date portée sur l'Inscription... 229

Chapitre XVIII. Changement dans les limites de l'exercice financier à partir du XVIe siècle. — Traité de paix de Crépy du 18 septembre 1544, entre François Ier et Charles-Quint. — Réforme dans le gouvernement intérieur de la ville. — Les eschevins succèdent aux attournés. — Le collège subventionné par la ville. — Les honoraires des prédicateurs à sa charge. — Epidémie en 1582 et 1583. — Dégradations aux fortifications pendant les guerres de religion. — Point où les attaques ont été dirigées. — Précautions pour la sécurité de la ville et la subsistance de ses habitants.................................... 233

Chapitre XIX. Guerre de religion. — Ses origines. — Causes qui l'ont entretenue pendant les règnes des derniers Valois. — Etat de ruine du Valois à l'avénement d'Henri IV... 243

Chapitre XX. La Ligue. — Prélude des événements militaires qui devaient s'accomplir sous les murs de Crépy. — Bataille de Senlis 249

Chapitre XXI. Siège, prise et pillage de Crépy, en février 1590, par les troupes royales................................... 257

Chapitre XXII. Prise et pillage de Crépy par les Ligueurs et les Espagnols en 1592. — Epuisement absolu du pays. — Lettres de neutralité. — La paix en 1597............. 269

Chapitre XXIII. Résumé de l'interprétation de l'Inscription.... 279

Chapitre XXIV. Résumé de cet écrit............................. 283

Chapitre XXV. Où l'auteur de cet écrit s'excuse auprès du lecteur. 287

PIÈCES A L'APPUI

I. Lettres de Philippe-Auguste, par lesquelles il accorde à la ville de Crépy-en-Valois les droits de commune. Juin 1215. . 291

II. Charte ancienne de l'affranchissement des habitans du Valois. 301

III. Quelques extraits des Commentaires de Laurent Bouchel sur les Coutumes des Baillages de Senlis, Comté de Clermont-en-Beauvoisis et Duché de Vallois..................... 307

IV. Notice sur la Collégiale de Saint-Thomas-le Martyr-les-Crespy-en-Valois....................................... 313

V. Argent presté à la ville de Crespy pour la widange des Escossais estant au dict Crespy et pour la dépense de Monseigneur de Fontaines, Gouverneur du Valois, pour ordonner la widange d'iceulx Escossais, par les habitants. 317

VI. Sentence rendue par Jehan Plume, lieutenant-général du baillage du Valois, touchant la ferme des estalages de Crespy, le 7 mars 1492... 321

VII. Remplacement d'un argentier qui n'avait pas fourni caution. 323

VIII. Lettres de neutralité accordées par le roy Henry IV à la ville de Crépy-en-Valois, en l'année 1592 (le 22 septembre). 327

IX. Lettres de neutralité accordées en 1592 aux habitants de Crépy-en-Valois par le Duc de Mayenne.............. 329
X. Note complémentaire au sujet du Bâtard de Thian et du Seigneur d'Auffémont.......................... 333
XI. Promenades.. 341
XII. Archers. — Compagnies de l'arc. — Compagnie de l'arquebuse. — Milice bourgeoise. — Enseigne. — Sobriquet... 345
XIII. Légendes : L'Hôtel de Ratz. — La Bête du Léopard. — L'Ordre du Porc-Epic........................... 349
XIV. Acte de décès du Président Minet.................... 355
XV. Délibération des Marguilliers de Sainte-Agathe au sujet du Président Minet................................ 357

ADDITIONS AUX PIÈCES JUSTIFICATIVES

Note préliminaire.. 359
Pièce A. Procès en réhabilitation de Jeanne d'Arc. — Déposition de Dunois. — Notices et Extraits des manuscrits de la Bibliothèque du Roi, par M. de Laverdy, t. III, p. 369.. 361
Note préliminaire relative aux Pièces B et C 363
Pièce B. Procès-verbal de l'assemblée des députés des bonnes villes et capitaines (20 janvier 1431).................. 365
Pièce C. Règlement pour les garnisons, les patis et les forteresses en mauvais état (10 avril 1431)................ 369
Note préliminaire relative à la Pièce D 373
Pièce D. Assemblée faicte en l'ostel de la ville de Senlis, le mercredi xx° jour de décembre l'an mil IIIIc et trente, à la requeste de Lorens Sorin, Polet Canterel, Pierre Choron et Jehan Cauche, attournéz (1).................... 375
Pièce E. Note au sujet de la widange des Ecossais en 1431-1432. 377
Pièce F. Prix du blé en 1430.............................. 379
Pièce G. Lettres de Charles VI portant règlement pour la vente des vivres à Paris.................................. 381
Préface pour le Mémoire historique sur le Valois, de M. Minet. 383
Mémoire historique sur le Valois, par M. Minet, Président au Bailliage et Siège présidial de Crespy (mort le 27 août

---

(1) Cette assemblée donne l'explication de l'ambassade de Jehan Plume auprès de Charles VII, en 1431.

— VII —

1749, et non en 1750, comme le dit à tort le copiste du
Mémoire)...................................... 389

NOTE EXPLICATIVE pour la Carte de la ville de Crépy-en-Valois
au commencement du XVᵉ siècle.................. 441

PLANCHES

1. Plan de la Collégiale de Saint-Thomas-le-Martyr-les-Crépy-en-Valois.
2. Carte de la ville de Crépy-en-Valois au commencement du XVᵉ siècle.
3. Carte du Valois au commencement du XVᵉ siècle (d'après la carte peinte, vers 1650, par Damien de Templeux, escuier, seigneur de Frestoy, et gravée par Joushon, sur un Mémoire écrit par le seigneur de Humerolles, bailly de Senlis).
4. Vue de la ville de Crépy-en-Valois, prise du côté de l'Abbaye de Saint-Arnould.
5. Vue de l'Eglise de Saint-Thomas de Crépy.
6. Moulage d'un fragment de la cloche de 1528 incrusté en relief sur la cloche actuelle de 1597.
7. Moulage d'un médaillon en relief sur la cloche de Saint-Thomas, indiquant ou son nom ou ceux de ses parrain et marraine.
8. Restes du Donjon.
9. Le Couvent de Saint-Arnould, à Crépy.
10. Vue de la Porte du Beffroy, à Crépy.
11. Mausolée du B. Simon, comte de Crépy, dans l'église de Saint-Arnould de Crépy.
12. Vue de l'Eglise et du Faubourg Sainte-Agathe, à Crépy.
13. Porte du Paon, à Crépy.

Errata

Pages	Lignes	
3	4	de Valois au lieu de, Du Valois
17	11	à sa mémoire, et non, de sa mémoire
53	5	une virgule après le mot partie
81	30	(Renvoi) Voir pages 365 et suivantes
85	27	Ces rapprochements et ces contradictions
106	35	Demeurant
118	28	ferrés et non senés
130	6	mené l'orloge du dict Defroy
133	8	18 jours au lieu de 3 jours
138	24	un point après le mot démolition
	25	où au lieu de ou
146	21	(Renvoi) Voir la page 365
150	18	de l'hian
152	24	(Renvoi) Voir page 333
187	18	à une somme
222	24	soutenir au lieu de soutenir
248	38	jouir au lieu de ouir
255	4	ouvrir au lieu de ouvrit
283	2	nous au lieu de moi
IV	25	de la table : Charles VIII au lieu de Ch. VII

www.ingramcontent.com/pod-product-compliance
Lightning Source LLC
Chambersburg PA
CBHW071720230426
43670CB00008B/1065